PELO AMOR AO SABER

ROBERT IRWIN

PELO AMOR AO SABER

Tradução de WALDÉA BARCELLOS
Revisão técnica de MAURÍCIO PARADA

EDITORA RECORD
RIO DE JANEIRO • SÃO PAULO
2008

CIP-Brasil. Catalogação-na-fonte
Sindicato Nacional dos Editores de Livros, RJ.

I72p Irwin, Robert, 1946-
   Pelo amor ao saber / de Robert Irwin; tradução de Waldéa Barcellos. – Rio de Janeiro: Record, 2008.

   Tradução de: For lust of knowing
   ISBN 978-85-01-07798-1

   1. Oriente e Ocidente. I. Título.

08-1201
CDD – 950
CDU – 94(5)

Título original em inglês:
FOR LUST OF KNOWING

Copyright © Robert Irwin, 2006
Originalmente publicado no Reino Unido pela Penguin Books Ltd, 2006

Todos os direitos reservados. Proibida a reprodução, armazenamento ou transmissão de partes deste livro através de quaisquer meios, sem prévia autorização por escrito. Proibida a venda desta edição em Portugal e resto da Europa.

Direitos exclusivos de publicação em língua portuguesa para o Brasil adquiridos pela
EDITORA RECORD LTDA.
Rua Argentina 171 – Rio de Janeiro, RJ – 20921-380 – Tel.: 2585-2000
que se reserva a propriedade literária desta tradução

Impresso no Brasil

ISBN 978-85-01-07798-1

PEDIDOS PELO REEMBOLSO POSTAL
Caixa Postal 23.052
Rio de Janeiro, RJ – 20922-970

EDITORA AFILIADA

Sumário

Introdução	7
1 O conflito entre civilizações antigas	17
2 Uma antiga heresia ou um novo paganismo	29
3 O orientalismo no Renascimento	69
4 A santidade dos estudos orientais	101
5 Iluminismo por assim dizer	133
6 Estudos orientais na era do vapor e da hipocrisia	169
7 Uma casa dividida contra si mesma	223
8 O apogeu por demais efêmero do orientalismo	277
9 Uma investigação sobre a natureza de uma determinada polêmica do século XX	323
10 Inimigos do orientalismo	361
Notas	385
Índice	429

Introdução

"*Você é um orientalista?*", *perguntou o lacaio.*
Estremeci por dentro. Era uma palavra com laivos, laivos sombrios. Um orientalista era alguém que andava por aí em trajes típicos, portava um teodolito de bolso e trabalhava pelo absoluto e total domínio do Ocidente.

Tim Mackintosh-Smith, *Travels with a Tangerine: A Journey in the Footsteps of Ibn Battutah* (2002) [Viagens com um tangerino: seguindo os passos de Ibn Battutah]

Um homem não vive apenas sua vida pessoal enquanto indivíduo, mas também, de modo consciente ou não, a vida de sua época e de seus contemporâneos.

Thomas Mann, *A montanha mágica* (1924)

Às vezes eu me considero um fóssil vivo, porque estudei numa escola em que o comparecimento diário aos serviços religiosos na capela bem como o estudo do latim eram compulsórios para todos (embora o grego fosse apenas para os garotos inteligentes). O ensino do latim dependia muito do aprendizado de cor das declinações e dos elementos de análise sintática e escansão. Nossos livros didáticos remontavam ao início do século XX ou até mesmo antes. Os professores dos clássicos detinham-se amorosos em questões graves como, por exemplo, a de saber se o "V" romano deveria ser pronunciado como um "U" ou não. Eu costumava jogar o jogo do alfabeto durante os sermões, e havia sermões prolongados pelo menos uma vez por semana. Eram-nos apresentadas figuras clássicas e bíblicas como modelos de comportamento — o rei Davi, Simão Macabeu, Caio Múcio Cévola ou Cipião, o Africano. O sistema educacional que suportei era sem dúvida muito mais semelhante ao praticado nos séculos XVII e XVIII do que ao sistema que prevalece no século XXI. Hoje a educação já não confere uma ênfase tão forte às realizações de heróis individuais; e, na maioria das escolas, a doutrinação cristã foi substituída por algo mais vago, mais gentil e mais multicultural. O aprendizado por memorização caiu em desgraça. Mesmo assim, considero agora que minha imersão precoce em textos em latim e na Bíblia se revelam úteis para a compreensão das origens e formação do orientalismo, pois, como veremos, o orientalismo se desenvolveu à sombra dos discursos muito mais imponentes da Bíblia e dos clássicos.

Esforcei-me ao máximo para tornar este livro interessante, para que ele possa ser lido por prazer, além de pela informação. Entretanto, isso criou problemas para mim, na medida em que uma característica crucial deste meu livro está em seu assunto não ser muito importante nem muito fascinante — ainda menos realmente sinistro. O antigo modo de adquirir conhecimento era um pouco entediante. Os estudos sérios costumam ser. A maior parte do que os orientalistas fazem há de parecer totalmente sem graça para quem não é orientalista. Não há nada assim tão empolgante em intelectuais pedantes ocupados em fazer comparações filológicas entre o árabe e o hebraico, em catalogar as moedas do Egito fatímida ou em estabelecer a cronologia básica das campanhas militares de Harun al-Rashid contra Bizâncio. Os estudos acadêmicos costumavam dar pouca ênfase à acessibilidade ou à pertinência sociopolítica contemporânea. Os principais textos dos primeiros orientalistas foram escritos em latim erudito, portanto somente poderiam ser lidos por uma elite instruída. Além disso, eram menores as pressões para publicar, e muitas traduções e ensaios acadêmicos permaneciam em manuscrito. Bispos devotos, patronos valorosos, tímidos antiquários, curadores de museu com muito tempo livre, lentes com suas becas e perucas — todos empreendiam suas investigações secretas em tomos empoeirados. Eles conseguiam encontrar empolgação em controvérsias havia muito tempo esquecidas, referentes aos decretos do Concílio da Calcedônia ou da maneira correta de pronunciar o grego clássico. Mentalmente, eles caminhavam e conversavam com os mortos. Muitos dos orientalistas que vou examinar consideravam sua pesquisa acadêmica uma espécie de oração; e, fossem católicos ou protestantes, seguiam para o túmulo convencidos de que, uma vez dado o último suspiro, eles enfrentariam a salvação ou a condenação eterna. Para a maioria de nós, é difícil penetrar nesse passado com a imaginação.

O orientalismo era e é um ramo subsidiário dos estudos ocidentais em geral; a história do orientalismo acadêmico é, portanto, um estudo de caso especial sobre o papel dos acadêmicos na vida cultural. Quem ensinou a quem e como funciona a transmissão acadêmica? Como se obtém reconhecimento como estudioso? Em qualquer século, que recursos eram necessários e estavam disponíveis para o objetivo de proceder a um estudo adequado de outra cultura? O estudo da língua árabe e do islã era realmente importante dentro da estrutura maior da vida intelectual ocidental? Essas são perguntas simples que ainda estão sem resposta. E além disso, há as questões mais tenebrosas, levantadas por críticos do orientalismo, como a de até que ponto os acadêmicos que trabalham nesta área colaboraram de modo consciente ou inconsciente com o imperialismo e com o sionismo. Certos dicionários e enciclopédias podem ser acusados como agentes da expropriação cultural? E já que chegamos a este ponto, será que todos os críticos do orientalismo escrevem em boa-fé, ou será que parte da polêmica não teria uma intenção oculta relacionada à política acadêmica dentro do país, ao anti-semitismo ou ao fundamentalismo islâmico?

Este livro não teria sido escrito se não fosse pelo livro de Edward Said, *Orientalismo*, publicado pela primeira vez em 1978. Said acrescentou um posfácio a uma reedição em 1995, mas nenhum dos erros sobre fatos e interpretações da primeira edição foi corrigido na versão ampliada. O que o livro diz? Resumindo: o orientalismo, o discurso hegemônico do imperialismo, é um discurso que restringe tudo o que pode ser escrito e pensado no Ocidente a respeito do Oriente, e mais especificamente a respeito do islã e dos árabes. Ele legitima a penetração e apropriação das terras árabes por parte do Ocidente e endossa o projeto sionista. Embora Said não seja coerente quanto aos primórdios do orientalismo, em geral ele afirma que sua origem está nas obras de estudiosos franceses e britânicos do final do século XVIII. Entretanto, a formação discursiva não estava restrita aos acadêmicos, já que administradores do império, exploradores e romancistas também participaram desse discurso ou foram vítimas dele. O Ocidente possui um monopólio sobre como o Oriente pode ser representado. As representações do Oriente portam invariavelmente implicações da superioridade ocidental ou mesmo, com muita freqüência, afirmações categóricas dessa superioridade. Ressalte-se que somente é possível falar de representações do Oriente, já que o Oriente não possui realidade objetiva, sendo apenas um construto do orientalismo. Caracteristicamente, o orientalismo é essencialista, racista, condescendente e sujeito a motivações ideológicas.

Embora alguns admiradores do livro de Said tenham admitido que ele contém muitos erros e com freqüência apresenta de modo equivocado as realizações dos orientalistas que examina, às vezes eles afirmam que o livro merece louvor e atenção por conta da pesquisa e debate subseqüentes que provocou. Não tenho tanta certeza disso. A maior parte do debate subseqüente ocorreu dentro dos parâmetros estabelecidos por Edward Said. Muito do que é decididamente de importância central para a história do orientalismo foi discretamente excluído por ele, ao passo que todo tipo de material irrelevante foi invocado para apoiar uma acusação à integridade e ao valor de determinados estudiosos. Uma sensação é a de que se é forçado a discutir não o que realmente aconteceu no passado, mas o que Said e seus partidários acham que deveria ter acontecido. Uma vez que se entre no labirinto de caminhos errados, perspectivas de *trompe-l'oeil* e becos sem saída, é dificílimo encontrar o caminho da saída e refletir com racionalidade e imparcialidade sobre o assunto. A distorção do tema de *Orientalismo* é tão fundamental que aceitar sua estrutura mais ampla como algo com que se possa trabalhar para então corrigir não passaria de desperdício de tempo. Circunscrevi, portanto, num único capítulo a maior parte de minhas discordâncias em relação a Said. Isso me permitiu mais espaço para examinar as principais obras produzidas por importantes orientalistas que foram de modo tão estranho desconsiderados ou menosprezados em *Orientalismo*. Para pôr minhas cartas na mesa já de início, a meu ver aquele livro é uma obra de uma impostura malévola na qual é difícil distinguir erros verdadeiros de falsidades propositadas. A meus leitores essa postura pode parecer um afastamento em relação à moderação e à cortesia normais ao debate acadêmico, mas infelizmente *Orientalismo* foi o primeiro a adotar essa atitude. Said, que morreu em 2003, era uma figura respeitada. Ao atacar seu livro mais importante, receio desagradar a alguns amigos meus. Por outro lado, sem dúvida também deixarei furiosos antigos inimigos, e nisso sentirei enorme prazer. Na realidade, estou atacando o livro, não o homem. Não discordo em termos significativos do que Said escreveu sobre a Palestina, Israel, *Kim* de Kipling, ou sobre a técnica de Glenn Gould ao piano.

Orientalismo foi um campeão de vendas — se merecia ter sido é outro assunto. *Pelo amor ao saber* vai cobrir boa parte do mesmo território de uma forma que espero seja mais coerente e acessível. O "território" em questão é vasto, pois, embora os orientalistas sempre fossem pouco numerosos e raramente fossem famosos, o trabalho que realizaram foi fortemente influenciado pelo que já tinha sido feito em exegese bíblica, crítica literária, historiografia e outras disciplinas de maior projeção; e às vezes, em contrapartida, a pesquisa feita por orientalistas tinha implicações na forma pela qual se lia a Bíblia ou Homero. Ela ainda podia lançar alguma luz sobre como as línguas em geral evoluíram. Logo, as questões apresentadas neste livro têm implicações para os que trabalham em estudos literários, históricos, teológicos e culturais — naturalmente além daqueles que trabalham com estudos orientais. Livros de importância crítica sobre o orientalismo de autoria de Anouar Abdel-Malek, Edward Said, Alain Grosrichard e outros também levantaram questões profundas e difíceis sobre a natureza do discurso, "o Outro", "o Contemplar" e um amplo leque de questões epistemológicas afins. Para lidar com esses e com outros textos críticos, é necessário levar em consideração a pertinência potencial para o estudo do orientalismo de conceitos formulados por Antonio Gramsci, Michel Foucault e outros. As conclusões alcançadas após um estudo da verdadeira história do orientalismo (ou no mínimo de uma história mais verdadeira) podem ser aplicáveis a controvérsias em campos com alguma ligação. (Estou pensando, por exemplo, em *Black Athena: The Afroasiatic Roots of Classical Civilization* [Atena negra: as raízes afro-asiáticas da civilização clássica] de Martin Bernal, 1987, e em *Inventing the Barbarian: Greek Self-Definition through Tragedy* [A invenção do bárbaro: autodefinição grega através da tragédia] de Edith Hall, 1989.)

Neste período inicial, são necessárias apenas algumas palavras referentes ao significado do termo "orientalismo", como está empregado no livro de Said e no meu. No século XVIII, a palavra francesa "Orientaliste" descrevia alguém que se interessava por questões levantinas (não chinesas, nem indianas). Na Grã-Bretanha, o termo "orientalista", como era usado mais para o final do século XVIII, se referia inicialmente a um estilo, mais do que a uma disciplina acadêmica. "Os dragões são um sinal inegável de orientalismo", segundo Thomas Warton em *History of English Poetry* [História da poesia inglesa] (1774-81). Foi apenas no início do século XIX que ele veio a designar o estudo de todas e quaisquer culturas e idiomas asiáticos. Houve um período na década de 1830 em que "orientalista" adquiriu um significado bastante específico no contexto da Índia Britânica. Lá os "orientalistas" eram administradores e estudiosos que defendiam a idéia de trabalhar com os tradicionais costumes e instituições muçulmanos e hindus, na medida do possível, e de estudar, ensinar e pesquisar a herança cultural indiana. Esses homens foram enfrentados e acabaram sendo derrotados por anglicistas como Macaulay e Bentinck, que, em termos gerais, preferiram impor as instituições britânicas e sua cultura ao subcontinente. Subseqüentemente, o termo "orientalista" apresentou a tendência a ser usado como referência a quem tenha feito um estudo especial das línguas e culturas asiáticas (e do norte da África). Pelo menos desde a década de 1960, o orientalismo está sob o ataque de partidários do islamismo, marxistas e outros; e a designação de "orientalista" adquiriu nuances pejorativas. Seja como for, se alguém quiser me chamar de "orientalista", eu me sentirei lisonjeado em vez de ofendido.

Quando publicou seu pequeno livro *British Orientalists* [Orientalistas britânicos] em 1943, A. J. Arberry escreveu a respeito de acadêmicos que viajavam pela Arábia, Pérsia, Índia, Indonésia e Extremo Oriente ou que escreviam sobre esses lugares. Em 1978 Said veio a usar a palavra "orientalismo" num novo sentido, mais restrito, para designar quem percorria o mundo árabe, o estudava ou escrevia a respeito dele, e mesmo nesse caso ele excluiu o norte da África a oeste do Egito. Não consigo adivinhar por que motivo ele excluiu o norte da África, mas, deixando-se de lado essa omissão, nesse caso específico aceito com prazer sua delimitação até certo ponto arbitrária do tema, pois é a história dos estudos ocidentais da história e da cultura árabe e do islã o que mais me interessa. Entretanto, costuma ser necessário lançar um olhar de esguelha para o que estava acontecendo nos estudos contemporâneos sobre os persas e turcos — particularmente os turcos, pois seria arbitrário isolar o estudo do mundo árabe pré-moderno dos estudos otomanos. Desenvolvimentos na sinologia e na egiptologia são também por vezes pertinentes e, naturalmente, qualquer estudo do orientalismo que deixe de tratar da importância avassaladora dos estudos bíblicos e do hebraico, bem como da religião em geral, para o modo pelo qual o islã e os árabes foram estudados e descritos seria despropositado e totalmente anacrônico.

Alguns autores consideraram que as origens do orientalismo seriam encontradas na Grécia Antiga. Outros sugeriram um início muito mais tardio, com os decretos do Concílio de Vienne em 1311-12. Ainda outros são da opinião de que não existiu nenhum orientalismo digno desse nome antes da invasão do Egito por Bonaparte em 1798. Do ponto de vista destes últimos, a ascensão do orientalismo começa praticamente ao mesmo tempo que a era dourada do imperialismo europeu. Minha própria visão, que esclarecerei em mais detalhes no decurso deste livro, é a de que não existiu ninguém que pudesse ser considerado um orientalista sério antes de Guillaume Postel (*c.* 1510-81), e que o orientalismo ou bem começa no século XVI com ele ou, se não tão cedo, não teria passado do início do século XVII, quando Jacob Golius (1596-1667) e Edward Pococke (1604-91), bem como outras figuras não tão eruditas ou industriosas, publicaram suas pesquisas pioneiras. Contudo, examinarei sucintamente o que poderia por equívoco ser interpretado como prova de um orientalismo remoto na Antigüidade e na Idade Média, antes de atacar o século XVII e posteriores.

Até as últimas décadas do século XIX, o orientalismo dispunha de poucos recursos do tipo de estruturas institucionais, e o apogeu do orientalismo institucional somente surgiu na segunda metade do século XX. Os institutos de pesquisa, os bancos de livros de referência, as conferências de especialistas e associações profissionais surgiram nessa época. Portanto, *Pelo amor ao saber* é principalmente uma história de estudiosos isolados, muitas vezes homens solitários e excêntricos. Expoentes intelectuais como, por exemplo, Postel, Erpenius e Silvestre de Sacy vasculharam a Europa em busca de correspondentes de erudição semelhante que pudessem ter alguma idéia da natureza dos problemas recônditos com que eles trabalhavam. Como o orientalismo não tinha nenhum discurso predominante e compulsório, eram muitos os interesses e estilos de pensamento em competição. Este livro contém, portanto, muitas descrições de indivíduos que eram orientalistas — diletantes, obsessivos, evangelizadores, livres-pensadores, loucos, charlatães, pedantes, românticos. (Mesmo assim, talvez ainda não seja o suficiente.) Não pode haver uma crônica única do orientalismo que se possa inserir em limites claramente definidos.

É provável que Edward Pococke tenha sido o melhor arabista da sua época; e, muito depois, Antoine Isaac Silvestre de Sacy tenha sido o mais ilustre estudioso do árabe clássico no início do século XIX. Não obstante, consigo apresentar melhores traduções do árabe do que qualquer uma dessas duas figuras impressionantes. Não é por eu ser mais inteligente nem mais aplicado do que eles, mas por eu ter aprendido com mestres dedicados, ao passo que Pococke e Silvestre de Sacy precisaram ser verdadeiros autodidatas. Além disso, tenho acesso a dicionários, gramáticas e outras ferramentas de referência muito melhores, como, por exemplo, a excelente *Encyclopaedia of Islam*. Um tema recorrente neste livro é o modo pelo qual cada geração de arabistas considerava insatisfatório o trabalho da geração anterior. Era mais ou menos inevitável que isso ocorresse. Pelos padrões atuais, ninguém nos séculos XVII e XVIII conhecia o idioma árabe assim tão bem. Os primeiros orientalistas costumavam ser impiedosos em suas críticas às traduções e decisões de edição uns dos outros. A rivalidade e o rancor foram poderosos propulsores na história do orientalismo.

Pelo amor ao saber não contém nenhum estudo das cartas de Flaubert escritas no Egito, dos romances de Disraeli, do quadro de Delacroix sobre *A morte de Sardanápalo* nem sobre a *Aida* de Verdi. Sou contrário à idéia de que o orientalismo possa ser encarado basicamente como um modelo de obras-primas literárias e de outras naturezas artísticas, criadas principalmente por homens brancos já mortos. Os produtos do orientalismo tradicional eram menos coloridos e menos fluentes que isso. Em seu aspecto mais importante, o orientalismo repousava sobre o enfadonho trabalho acadêmico e a total atenção aos detalhes filológicos. Não creio que o romancista Flaubert e o estudioso do árabe e do islã Sir Hamilton Gibb estivessem realmente contribuindo para o que em sua essência seria o mesmo discurso, ou se eram vítimas dele. Contudo, a distinção entre a produção acadêmica e a artística naturalmente não é perfeitamente nítida. Por exemplo, o romance *Vathek* de William Beckford apresenta notas de pé de página de aparência acadêmica; e, por outro lado, a compreensão de Gibb da carreira de Saladino foi profundamente influenciada por seu entusiasmo pelo romance *O talismã* de Walter Scott. Existe uma significativa superposição entre os estudos dos orientalistas e as obras artísticas de inspiração oriental; mas creio tratar-se somente de uma superposição e não de uma prova de um único discurso coeso. Mesmo assim, a forma pela qual o islã e os árabes foram apresentados por escritores e artistas ocidentais tem uma nítida importância, além de ser interessante por seu próprio mérito, e isso eu pretendo examinar num segundo volume, intitulado *As artes do orientalismo*.

Enquanto escrevia este livro, beneficiei-me de conversas com Helen Irwin, Mary Beard, Tom Holland, Charles Burnett, Roz Kaveney e com o professor Hugh Kennedy. Sou grato a meu editor, Stefan McGrath, por seu entusiasmo. Também fui favorecido pela revisão de Jane Robertson. Eles não são responsáveis por nenhum erro encontrado neste livro — quem dera que fossem. Embora eu tenha censurado pesadamente alguns críticos do orientalismo por seus erros factuais, tenho perfeita consciência de que, ao cobrir um campo tão vasto como o da história do orientalismo, é bem provável que eu mesmo tenha cometido uma grande quantidade de erros. Pelo menos, procurei acertar.

1
O conflito entre civilizações antigas

> *Mas como tudo isso começou? Se for história o que queremos, será uma história de conflito. E o conflito começa com o rapto de uma jovem, ou com o sacrifício de uma jovem. E o primeiro está continuamente se transformando no outro. Foram os "lobos mercadores", vindos por mar da Fenícia, que levaram a "tauropárthenos" de Argos. Tauropárthenos significa "a virgem dedicada ao touro". Seu nome era Io. Como um farol mandando sinais de uma montanha para outra, esse rapto acendeu a fogueira do ódio entre os dois continentes. Daquele momento em diante, a Europa e a Ásia nunca pararam de lutar entre si, com um golpe sendo recebido com outro. E assim os cretenses, "os javalis de Ida", afastaram a Europa da Ásia...*
>
> Roberto Calasso, *As núpcias de Cadmo e Harmonia*
> (1993)

TRÓIA, UM CAMPO DE BATALHA DOS ORIENTALISTAS?

O orientalismo é um pressuposto eterno? Ou foi um discurso que se formou, digamos, no início do século XIV, quando o Concílio de Vienne determinou o estabelecimento de cadeiras de árabe? Ou, digamos, no final do século XVIII, quando Bonaparte invadiu o Egito e sua equipe de estudiosos catalogou os detalhes etnográficos e as antigüidades do país? Ou talvez tenha sido um conflito de culturas que remontava a tempos pré-islâmicos e até mesmo pré-cristãos? Em *Crusade, Commerce and Culture* [Cruzada, comércio e cultura], o historiador árabe Aziz Atiya argumentou que as Cruzadas precisavam ser vistas no contexto de um conflito muito mais antigo e duradouro entre o Oriente e o Ocidente: "Essas relações remontam a uma antiguidade distante, para lá dos limites do mundo medieval. O pomo da discórdia era a fronteira indefinida da Europa, descrita de outro modo como as fronteiras espirituais do Ocidente em relação à Ásia."[1] Segundo Atiya, a mente grega criou a fronteira entre a Europa e a Ásia — a versão inicial da "Questão Oriental". Para essa mente grega, o legado helênico "pretendia abranger o mundo inteiro". Edward Said desenvolveu um argumento semelhante: "Considere-se primeiro a demarcação entre o Oriente e o Ocidente. Ela já parece ser nítida no tempo da *Ilíada*."[2]

"Bárbaros" (ou em grego *barbaros*) era originalmente um conceito lingüístico que se aplicava a todos os povos que não falassem grego. Desse modo, ele valia tanto para povos civilizados como para não civilizados. Era assim que os gregos consideravam os persas "bárbaros", mas dificilmente os considerariam rústicos ou incultos. Os gregos se impressionavam com o alfabeto fenício, com as moedas cunhadas na Lídia e com a escultura egípcia. (Martin Bernal, em *Black Athena: The Afroasiatic Roots of Classical Civilization* [1987], apresentou o argumento controverso de que a cultura grega em sua essência se derivou da cultura dos egípcios.) Em geral, os gregos admiravam os orientais, enquanto desprezavam os trácios e os citas das suas fronteiras setentrionais. Era tão provável que os "bárbaros" fossem ocidentais como orientais. Os gregos invejavam a fortuna de Giges e Creso, governantes da Lídia na Ásia Menor.[3] Como ressalta Calasso: "Desde o início, a elegância grega se opõe à suntuosidade asiática, com sua pródiga combinação de solenidade e abundância."[4] Na realidade, a demarcação entre o grego e o oriental não está assim tão clara em Homero. Em nenhum ponto na *Ilíada* (que foi provavelmente criada no século VIII a.C.) os troianos são chamados de bárbaros nem são tratados como bárbaros. Apenas os cários, do sudoeste da Ásia Menor, são caracterizados como "bárbaros" por Homero. Um ponto que se opunha a uma hipotética contraposição entre "gregos" e "bárbaros" nesse período remoto é a inexistência de um termo que designasse "grego" na Grécia Antiga. "Graeci" (com o significado de gregos) é um termo posterior cunhado pelos romanos. Entretanto, o conceito de heleno e de cultura helênica já estava em circulação na época de Heródoto.

O orientalista Bernard Lewis, numa análise das noções de "inclusão" e "exclusão" na antigüidade, sugeriu que a tendência a fazer esse tipo de distinção é comum a todas as épocas e a todos os lugares. No entanto, as distinções não eram necessariamente fixas e irrevogáveis. Embora os judeus distinguissem entre judeu e gentio, eles se dispunham a aceitar convertidos. De modo similar, os gregos distinguiam entre gregos e bárbaros, mas permitiam a possibilidade de alguém deixar de ser bárbaro pela adoção da língua e da cultura grega. Lewis prossegue: "Há outro aspecto segundo o qual os gregos e judeus eram únicos na antigüidade: em sua compaixão por um inimigo. Não há em qualquer outro lugar algo com que comparar a empatia com que o dramaturgo grego Ésquilo — ele próprio um veterano das guerras com a Pérsia — descreveu os sofrimentos dos persas derrotados..."[5] Edward Said adotou um ponto de vista bastante diferente da mesma peça, *Os persas*. Segundo ele, Ésquilo despeja sobre a Ásia "os sentimentos de vazio, perda e desastre... e, também, o lamento de que em algum passado glorioso a Ásia estava melhor, de que ela era por sua vez vitoriosa sobre a Europa".[6]

OS PERSAS

Se os persas sentiram necessidade de brincar com a noção de um "Outro", de elaborar uma relação de estereótipos raciais ou de encenar peças e escrever histórias a fim de justificar suas conquistas, essas atividades não ficaram registradas. Parece que eles simplesmente se dispunham a tentar conquistar os vizinhos. No século VI a.C., o império persa expandiu-se para o oeste até incluir a Lídia e as cidades gregas da Ásia Menor. E então Dario empreendeu preparações cuidadosas para a conquista de Atenas (490 a.C.). Depois de prolongados combates sem definição, os persas sofreram pesada derrota em Maratona e, depois de um esforço abortado de conquistar Atenas, a Primeira Guerra Persa chegou a um fim ignominioso. Dario morreu em 485 a.C., e coube a seu filho, Xerxes, planejar uma renovada campanha de conquista. Em 480 a.C. um enorme exército persa fez a travessia para entrar na Europa. Esse exército (que por sinal incluía grandes contingentes de gregos) foi derrotado nas Termópilas e em Platéia, e sua frota foi derrotada em Salamina. Foi esse o final dos esforços persas pela conquista da Grécia. É possível que essas tentativas de conquistar a Grécia tenham dado maior estímulo aos gregos para se considerarem uma raça distinta. (Os persas sem dúvida se consideravam uma raça distinta e se referiam a todos os estrangeiros como *anarya*, não-arianos. Os relevos na pedra da fortaleza persa de Persépolis retratavam as raças conquistadas em seus diversos trajes trazendo tributos aos conquistadores persas.)

Os persas de Ésquilo foi encenada pela primeira vez em 472 a.C., sete anos depois da retirada do exército persa da Grécia continental. Tanto o autor como a platéia eram veteranos daquela guerra. O irmão de Ésquilo foi morto no desfecho da batalha de Maratona. Sua mão foi decepada quando ele estava agarrado a uma nau persa. A peça de Ésquilo rememora a vitória das tropas gregas contra forças imensamente superiores. Entretanto, como Lewis indicou, ela procura fazê-lo a partir do ponto de vista dos persas. A peça, que é ambientada na Pérsia, tem início com um coro de persas em ansiosa especulação quanto ao destino da expedição de Xerxes. Atossa, a mãe do imperador, teve sonhos angustiantes. Chega então um mensageiro com um relato detalhado do fracasso em Salamina. (Em termos gregos, essa foi uma *peripéteia*, uma surpreendente mudança no curso dos acontecimentos.) O coro invoca o espírito do pai de Xerxes, Dario; e o espírito declara que a derrota foi provocada pelo excesso de arrogância de Xerxes e prevê a derrota em Platéia. Dario é apresentado como uma figura competente e heróica. Com a chegada do próprio Xerxes, as lamentações se redobram na corte. É importante ter em mente que a peça é de fato uma tragédia, muito embora os gregos não sejam as vítimas.[7]

O PAI DA HISTÓRIA

Voltaire acreditava que a história tinha começado com o relato de Heródoto da história da guerra entre os gregos e os persas. Grande parte da *História* escrita por Heródoto de Halicarnasso (*c.* 490-425 a.C.) foi baseada em experiência de primeira mão, pois o autor tinha viajado muito pela Ásia Menor, Cítia, Egito, Babilônia e por outros lugares. Ademais, no que dizia respeito a suas informações sobre a Pérsia, é provável que grande parte delas tenha se originado de mercenários gregos que tinham servido nos exércitos persas. Persas que sabiam falar grego também podem ter sido informantes para Heródoto. Já foi sugerido que as guerras persas teriam servido como o estímulo original para o livro ser escrito, e que o relato de Heródoto daquelas guerras teria sido escrito primeiro, com as outras partes acerca do Egito e de outros lugares sendo acrescentadas mais tarde. A *História* tem início com um prefácio sobre as origens lendárias da hostilidade entre os europeus e os asiáticos. É assim que Heródoto narra a história dos raptos de Io, Europa e Medéia, antes de passar para a Guerra de Tróia. Embora ele ressalte a antigüidade da discórdia entre o Oriente e o Ocidente, não há em sua *História* absolutamente nenhuma insinuação de que os troianos fossem em qualquer sentido inferiores aos gregos. No livro de Heródoto, a história de verdade começa não com as lendas que compõem a narrativa da Guerra de Tróia, mas com a carreira do último rei da Lídia, Creso, e sua derrota diante dos persas, que conquistaram os lídios. Em termos mais gerais, Heródoto demonstrou um interesse especial pelas vítimas do imperialismo persa: os lídios, egípcios, citas e líbios.

Heródoto parece ter sido extraordinariamente isento de preconceito racial e, em virtude de ter sua mente aberta para outras culturas, era conhecido como "barbarófilo". Ele escreveu um relato cheio de admiração pelas realizações dos faraós egípcios e não parava de louvar a grandiosidade do Egito e da Lídia, antes que essas terras caíssem diante dos persas. Quanto aos persas, Heródoto tinha a tendência a enfocar os aspectos pelos quais os persas eram diferentes dos gregos — em sua tradição de despotismo, sua prática da poligamia, suas comemorações de aniversários e outras questões. Entretanto, essas eram diferenças específicas, e não havia em Heródoto nenhuma sensação de alguma predominância de Alteridade. Por sinal, um aspecto que o impressionou nos persas era o racismo: "Depois de sua própria nação, eles prezam mais seus vizinhos mais próximos, e então os seguintes — e assim por diante, com o respeito se reduzindo à medida que a distância aumenta, sendo o mais remoto o mais desprezado. Eles se consideram superiores em todos os aspectos a todos os outros neste mundo e concedem a outras nações uma quota de qualidades positivas que vai se reduzindo com a distância, sendo os mais longínquos, a seus olhos, os piores."[8] Ele constantemente salientava a importância das *nomoi*, ou normas de comportamento tradicional, na formação dos costumes sociais. Acreditava que o costume estabelecido de longa data poderia fazer qualquer coisa parecer normal, e os estranhos hábitos dos persas apenas forneciam comprovação para o modo de pensar de Heródoto. Além disso, embora ele enumerasse os pontos pelos quais as culturas estrangeiras diferiam da cultura grega, isso não implicava a superioridade da cultura grega, e Heródoto repetidamente reconhecia várias dívidas da Grécia para com outras culturas, especialmente as do Egito e da Fenícia. Na realidade, acreditava que a Grécia tinha sido colonizada originalmente a partir do leste e que os espartanos descendiam dos egípcios. Decerto, a seus olhos, os persas eram muito menos diferentes que os citas. Segundo Said, Heródoto conquistou o Oriente por meio de visitas e por escrever a seu respeito.[9] Talvez sim, mas se for esse o caso, sua conquista foi totalmente de ordem metafórica.

O ARREBATAMENTO OCIDENTAL

O dramaturgo Eurípides (*c.* 484-406 a.C.) foi o mais conhecido dos grandes da tragédia grega. Sua peça, *As bacantes*, foi provavelmente produzida postumamente em Atenas no ano de 405 a.C. e é, em geral, considerada sua obra-prima. Ela trata da chegada do deus Dioniso a Tebas. As mulheres tebanas tornam-se suas devotas orgiásticas, ou bacantes, mas Penteu, o rei da cidade, recusa-se a reconhecer a divindade de Dioniso — apesar de manifestações tão claras de seus poderes, como, por exemplo, a destruição do palácio de Penteu. Disfarçado como um de seus seguidores, Dioniso então convence Penteu a se vestir de mulher para presenciar os mistérios dionisíacos. Penteu é, porém, desmascarado e dilacerado pelas bacantes.[10]

Segundo Said, em *As bacantes*, Eurípides associa Dioniso a ameaçadores mistérios orientais. A peça, que foi produzida numa ocasião em que os cultos orientais estavam se disseminando, apresentava o fascínio pelo Oriente como um perigo insinuante: "Dioniso é explicitamente ligado a sua origem asiática."[11] Mas que "origem asiática" é essa? Dioniso era filho de Zeus e Semele, a tebana, filha de Cadmo, que por sua vez era avô de Penteu. Conclui-se que Dioniso não é mais asiático do que Penteu. O único motivo para a possibilidade de considerá-lo asiático seria o fato de ele ter conquistado uma grande parte da Ásia (mas, se esse motivo valesse, também seria necessário considerar asiáticos Warren Hastings e o general Allenby). Seria uma pena que uma interpretação mal-humorada desestimulasse a leitura da peça, já que não se trata de um tratado polêmico contrário à introdução de novas ideologias orientais na Grécia. *As bacantes* é uma obra da imaginação que não está de modo algum relacionada com qualquer propaganda política. Na peça, Eurípides apresenta o racional e o irracional como elementos encontrados no interior do indivíduo, em vez de distribuídos entre os dois continentes. Como E. R. Dodds ressaltou em *The Greeks and the Irrational* [Os gregos e o irracional], a intenção da peça não era atacar os cultos dionisíacos, pois "resistir a Dioniso é reprimir o elemental na natureza de cada um".[12] A legitimidade da condição divina de Dioniso é afirmada com veemência.

Pelo contrário, a peça rememora a obstinação e insensatez de Penteu. Seu avô, Cadmo, o vidente Tirésias e o Coro, todos o aconselham a não se opor aos ritos dionisíacos. Said considera esses avisos prenúncios do orientalismo: "a partir desse momento os mistérios orientais serão levados a sério, e a menor das razões para isso não será o fato de eles desafiarem o Ocidente racional a novos exercícios de sua ambição e força."[13] No entanto, quando Eurípides escreveu essa peça, o culto dionisíaco já era uma parte aceita da paisagem espiritual de Atenas, e não há sinal de que Eurípides ou qualquer contemporâneo seu considerasse Dioniso um oriental irracional. A peça refere-se à sua "pele alva"; e, de acordo com a lenda, ele entrou na Grécia pela primeira vez vindo da Trácia (portanto do norte, não do leste). É provável que o culto em si tenha sido de origem miceniana. No século XX, o tema da veia dionisíaca na cultura grega e em termos gerais na cultura ocidental foi retomado e analisado pelo grande iconógrafo e historiador cultural alemão, Aby Warburg. Sir Ernst Gombrich (que mais tarde se tornou diretor do Warburg Institute da London University) resumiu o enfoque de Warburg: "Em seu mito, são venerados os extremos da emoção e do abandono, diante dos quais o homem moderno deve recuar com respeito, mas que, preservados nos símbolos da arte, contêm aquelas exatas matrizes de emoção que sozinhas possibilitam a expressão artística. Sem a paixão primordial que se descarregava nas danças das mênades e no arrebatamento das bacantes, a arte grega jamais teria conseguido criar aqueles 'superlativos' do gesto com que os artistas do Renascimento expressaram os valores humanos mais profundos."[14] Longe de serem monopólios asiáticos, o dionisíaco, o arrebatado e o irracional estão nas raízes da cultura ocidental.

AMANDO E ODIANDO OS PERSAS

Xenofonte (*c.* 430-354 a.C.) foi discípulo de Sócrates e historiador. Aristocrata, ele estava em desacordo com a república ateniense do seu tempo e, por isso, aceitou servir por um período no exército do príncipe persa Ciro, filho do rei Dario II. A *Ciropédia* ("Educação de Ciro") de Xenofonte apresentava um retrato idealizado do rei persa com o objetivo de servir de veículo para as reflexões de Xenofonte sobre a arte de governar e questões afins. Ele idealizou bastante os feitos de seu herói persa, de modo que a *Ciropédia* chega a dar a impressão de uma mistura de tratado político e romance histórico.[15] Segundo o livro de Xenofonte, seria recomendável que os gregos imitassem os feitos de Ciro, o perfeito governante e general. A exposição de Xenofonte da admirável constituição persa foi na realidade sua própria invenção. Entretanto, na época em que escreveu, estava claro que o império persa enfrentava dificuldades, e a obra termina condenando o luxo persa e narrando a desordem na qual a Pérsia caiu depois da morte de Ciro. Também deve ser ressaltado que em sua *Anábase*, relato da longa marcha de volta de um contingente de 10 mil soldados gregos depois de Ciro ter sido derrotado em sua tentativa de destronar seu irmão Artaxerxes II, Xenofonte apresentou os persas como fracos e traiçoeiros. Mesmo assim, a *Anábase* trata mais da política grega e da retórica da liderança do que dos persas; e, como o romancista e crítico italiano Italo Calvino observou a respeito de Xenofonte, nesse livro ele demonstrou constante respeito pelas terras hostis atravessadas pelos gregos: "Embora com freqüência demonstre um distanciamento ou aversão para com os costumes 'bárbaros', também é preciso que se diga que a hipocrisia 'colonialista' é algo que lhe é totalmente desconhecido. Ele tem consciência de estar na vanguarda de uma horda de parasitas estrangeiros..."[16]

Ainda que não seja justo apresentar Ésquilo, Eurípides e Heródoto como protótipos inequívocos dos cúmplices orientalistas do imperialismo, isso não quer dizer que não seja possível encontrar estereotipação racial e antioriental em textos gregos. Seria espantoso se todos os gregos fossem totalmente isentos desse tipo de preconceito. É compreensível que o famoso filósofo Aristóteles (384-322 a.C.) demonstrasse preconceito a favor do que ele conhecia melhor, que era a cidade-Estado; e em seu tratado, *A política*, ele apresentou um retrato nada elogioso do despotismo oriental. Ele afirmou que a Pérsia era um exemplo típico de tiranias que proibiam as associações privadas e exerciam vigilância rigorosa sobre seus cidadãos. Mas a tirania não era uma instituição especificamente oriental e ao mesmo tempo que examinava a tirania persa Aristóteles falava da tirania de Periandro de Corinto.[17] De modo semelhante, ele classificava a Pérsia ao lado de Esparta e Creta como as raças marciais. Por outro lado, Aristóteles acreditava, sim, que a tirania era mais aceitável a raças não-gregas: "e é porque os bárbaros são por natureza de caráter mais servil do que os gregos (e os asiáticos mais do que os europeus) que eles toleram o governo despótico sem ressentimento."[18] Mais para o final de *A política*, ele especulou sobre os efeitos que o clima exerce sobre o povo da Europa, tornando-os cheios de energia, enquanto "as raças asiáticas possuem inteligência e talentos, mas carecem de coragem e força de vontade; por isso permanecem escravizadas e subjugadas".[19] É importante, porém, ter em mente que Aristóteles não estava de fato muito interessado na Ásia ou em seus problemas. Ele estava escrevendo sobre a Grécia e suas cidades-Estados, muito embora esses Estados estivessem condenados pela ascensão do império macedônio de Alexandre, e tanto o território grego como o persa estivessem agora dentro das fronteiras daquele império. O médico Hipócrates (morto *c.* 400 a.C.), como Aristóteles, acreditava que o clima e a região desempenhavam um papel na formação das pessoas.[20] Em *Ares, águas e lugares*, ele comparou as condições geofísicas na Ásia e na Europa e defendeu a hipótese de que o temperamento asiático era diferente do europeu porque o clima era diferente. (Anteriormente, Heródoto tinha feito seu Ciro, quase ficcional, comentar "um país ameno faz homens amenos".) Esse tipo de raciocínio voltaria à tona no século XVII nos escritos de Montesquieu.

A ROMA ÁRABE

No período romano, Roma travou uma série de guerras contra os governantes partos e sassânidas da Pérsia. Entretanto, os combates na frente oriental aparentemente não eram acompanhados de propaganda nitidamente racista contra orientais sinistros. Muito antes da ascensão do islã no século VII, havia grandes contingentes de árabes estabelecidos nas províncias orientais de Roma, e alguns árabes eram proeminentes na sociedade romana. O imperador Filipe (244-49 d.C.) era árabe. O imperador Severo casou-se com uma árabe e, portanto, a dinastia severiana (193-235 d.C.) era meio árabe. O famoso filósofo neoplatônico, Iâmblico, era árabe. No entanto, o termo árabe era empregado de modo mais comum para designar um estilo de vida nômade ou seminômade do que como uma designação racial. A plena contribuição dos árabes (e dos persas, berberes e outros) à cultura e à sociedade romana foi ocultada pela tendência dos árabes das cidades de adotar nomes romanos ou gregos. O poeta satírico Juvenal queixou-se do predomínio da influência da cultura oriental em Roma: "o Orontes [um rio na Síria] veio desaguar no Tibre." Em suas *Sátiras*, ele associou os habitantes gregos e sírios de Roma à decadência e à boa vida. A maioria dos habitantes das províncias orientais do império romano era de árabes ou de falantes do aramaico. Roma mantinha em sua fronteira oriental uma série de reinos subordinados — Emesa, Nabatéia, Palmira e Edessa — que eram árabes. Palmira e Petra eram importantes cidades de comércio e de alta cultura. Estrabão e Diodoro Sículo escreveram com admiração sobre os árabes nabateanos da região. Soldados árabes lutaram em exércitos romanos contra os persas. Não era apenas que os árabes estivessem se estabelecendo por todas as províncias orientais do império séculos antes das conquistas islâmicas, mas havia também comunidades de árabes em alguns portos do Mediterrâneo ocidental. Algumas comunidades árabes chegaram a se instalar na Grã-Bretanha romana.[21] Os árabes participaram de uma cultura clássica, centrada no Mediterrâneo; e, nos séculos medievais que se seguiram, o islã haveria de se tornar um dos principais legatários dessa cultura.

Afirmam alguns que, nos séculos que se seguiram às obras de Ésquilo, Eurípides e Heródoto, os gregos e romanos continuaram a desenvolver um conhecimento taxonômico do Oriente, e que esse conhecimento foi transmitido para a Europa cristã. À primeira vista, isso pode parecer plausível, mas há uma grande falha de continuidade e, até o século XV, muito poucos acadêmicos na Europa Ocidental conseguiam ler grego. Como veremos quando examinarmos os textos de figuras medievais como, por exemplo, Pedro, o Venerável, e Ricoldo de Monte Croce, tem-se a impressão de que eles não devem absolutamente nada a qualquer conhecimento taxonômico prefigurado por dramaturgos e historiadores gregos. Eles tinham seus próprios preconceitos cristãos medievais recém-criados.

2
Uma antiga heresia ou um novo paganismo

E naquela ocasião, Sir Palamidas, o Sarraceno, estava naquele país e era muito benquisto pelo rei e pela rainha. E todos os dias Sir Palamidas se aproximava da Bela Isolda e lhe oferecia muitos presentes, pois sentia extremo amor por ela. Tudo isso Tristão observava e sabia muito bem que Sir Palamidas era um nobre cavaleiro e um homem poderoso.

Sir Thomas Malory, *Morte d'Arthur*, Tomo VIII, cap. 9

A CHEGADA DO ISLÃ

"Do Oriente Médio por volta do ano 600 d.C., pode-se fazer uma afirmação com toda a certeza: suas chances de ser conquistado por tribos de árabes em nome de uma nova religião eram tão remotas que ninguém sequer tinha chegado a especular que isso pudesse ocorrer. O islã se abateu sobre o mundo como um desdobramento totalmente inesperado..."[1] Não obstante, em 632, o ano da morte do profeta Maomé, a maior parte da península da Arábia já estava submissa ao islã. Nos anos seguintes, não apenas a Síria foi tomada das mãos dos bizantinos, mas também os persas sassânidas foram derrotados, tendo sido ocupada sua capital, Qadisiyya. Os árabes conquistaram o Egito em 642. Desse ponto em diante, exércitos árabes avançaram contra o leste atravessando o Irã e o Khurasan, para acabar atingindo as fronteiras da China, enquanto outras forças árabes e berberes seguiam para o oeste, atravessando o norte da África e penetrando na Espanha em 715. Por um tempo, chegou a parecer que algumas áreas do sul da França e da Suíça poderiam ser incluídas nas fronteiras do califado árabe. Por motivos que permanecem misteriosos, as fontes latinas mais antigas se referiam aos novos conquistadores como "agarenos" ou como "sarracenos". Embora os árabes muçulmanos fizessem pouco esforço para converter seus súditos recém-conquistados, ainda assim a conversão ao islã apresentava vantagens políticas, sociais e, acima de tudo, fiscais. Conseqüentemente, a cristandade se deparava não apenas com uma ameaça militar, mas com uma ameaça também de ordem ideológica.

Era natural que os pensadores cristãos interpretassem o estranho e inesperado fenômeno do islã em termos do que já lhes era familiar. Portanto, eles se inclinavam a apresentar o islã para si mesmos não como uma religião nova, mas como a variante de uma antiga heresia. Como Richard Southern observou: "Havia apenas um modo pelo qual esse caos (como deve ter parecido ser) de verdades e falsidades poderia ser tratado por um pensador do século XII, se chegasse a ser levado a seu alcance: ele devia ser tratado como uma heresia, mais misteriosa em sua operação do que outras heresias que tinham surgido ao longo da história cristã, mas como elas uma perversão mais ou menos deliberada da fé verdadeira, o que exigia refutação por meio das regras normais de argumentação."[2] Geralmente os pensadores cristãos caracterizavam o islã como uma variante do arianismo. Ário (c. 250-c. 336) ensinava que Deus Filho era inferior a Deus Pai e que, diferentemente de Deus Pai, Jesus nasceu de uma mulher, suportou tormentos mortais e acabou por morrer. Essa doutrina foi rejeitada pelo Concílio de Nicéia em 325. A afirmação de que o islã era uma heresia cristã foi reforçada pela disseminação da lenda de um encontro precoce de Maomé com um monge herege. A biografia do Profeta escrita no século IX por Ibn Hisham dá conta do encontro de Maomé, aos 12 anos de idade, no deserto da Síria, com um monge cristão chamado Bahira (ou, em algumas versões, Sergius). Na versão do muçulmano, o monge reconheceu o sinal do profeta entre os ombros de Maomé e previu sua importância futura. Polemistas cristãos inventaram, porém, histórias sobre como um monge (em algumas versões, na realidade um cardeal renegado) ensinou a Maomé os elementos de uma perniciosa heresia cristã.[3]

Durante a Idade Média, os cristãos foram atacados por polemistas muçulmanos. Os muçulmanos rejeitavam a idéia de que um Deus pudesse nascer da carne de uma mulher. Eles negavam que Jesus tivesse morrido na cruz. Afirmavam que os cristãos não eram verdadeiros monoteístas, já que realmente adoravam três deuses.[4] Também alegavam que os cristãos teriam alterado os textos do Antigo e do Novo Testamento. Por sua vez, os cristãos caracterizavam o islã como uma seita sensual — de onde viria sua sanção da poligamia. Indicando o número de esposas que o Profeta teve, eles o acusavam de ser motivado pela sensualidade. O islã era uma religião violenta que devia seu sucesso à força das armas. Os polemistas cristãos ridicularizavam a natureza terrena e sexual do paraíso descrito no Corão. Zombavam da incapacidade de Maomé realizar milagres. É claro, porém, que a questão mais fundamental era a recusa dos muçulmanos a reconhecer a divindade de Cristo.[5]

Entre os que escreviam em grego e latim, havia uma tendência de explicar a captura de Jerusalém pelos muçulmanos e os outros sucessos muçulmanos como uma punição pela falta de união entre os cristãos e outras falhas. (Esse tipo de explicação permaneceria popular até uma boa parte do século XVIII.) Houve também alguns pensadores devotos que interpretaram a vitória do islã como um prenúncio do Final dos Tempos. Os muçulmanos eram sem dúvida um dos chifres da quarta besta, prevista por Daniel no Antigo Testamento, cuja chegada precederia de imediato a entronização do Ancião dos dias: "Depois disso, olhava eu nas visões da noite, e eis aqui uma quarta besta, espantosa, terrível e extremamente forte, que tinha enormes dentes de ferro; devorava e despedaçava, e as sobras pisoteava; e era diferente de todas as bestas que havia antes, e tinha dez chifres."[6]

Contudo, embora um punhado de religiosos compusesse polêmicas ou profecias caluniosas direcionadas contra o islã, o essencial era que a maioria dos cristãos não sentia absolutamente nenhum interesse pela nova religião. O bispo Arculfo foi a Jerusalém em peregrinação por volta do ano 700. Como estava dominado pelo desejo de caminhar e prestar adoração no lugar onde Cristo tinha caminhado no passado, os muçulmanos (que ocupavam Jerusalém desde 637) eram para ele praticamente invisíveis. Ele apenas registrou, antes de passar a escrever sobre os locais sagrados dos cristãos, que na área do Templo "os sarracenos agora levantaram uma casa de oração quadrada, num estilo tosco, dispondo tábuas e vigas sobre o que resta de velhas ruínas, e o que se diz é que ela abrigará cerca de três mil homens".[7] De modo semelhante, o Venerável Beda em sua *História* mencionou os ataques de piratas sarracenos às Ilhas Britânicas, sem se dar ao trabalho de questionar sua religião.

A REAÇÃO CRISTÃ DO ORIENTE

São João Damasceno, também conhecido como Yuhanna ibn Mansur (morto *c.* 749), foi provavelmente o primeiro a lidar com a teologia muçulmana em detalhe. João Damasceno parece ter sido descendente de árabes. Ele sem dúvida conhecia o idioma árabe, embora também lesse e fosse fluente em grego. Em Damasco, ele foi colega de escola de Yazid, filho do califa omíada Muawiya I. Quando os bizantinos ainda governavam a Síria, o pai de João tinha trabalhado para o imperador Heráclio como administrador financeiro. João fez o mesmo para os califas omíadas, apesar de João parecer se considerar formalmente súdito do imperador bizantino. Em 724, ele abandonou a vida pública, pois tinha se tornado impossível para cristãos continuarem a manter altos postos sob o regime dos califas na Síria. O ex-funcionário público recolheu-se ao mosteiro de São Sabas na Palestina, onde estudou teologia e filosofia.

"O último padre da igreja bizantina", como Peter Brown caracterizou João, escreveu extensamente sobre questões teológicas. O islã, em si, não era um tema importante a seu ver. O domínio árabe sobre a Síria era encarado como um aborrecimento temporário. Ele estava muito mais preocupado com o movimento iconoclasta no interior da igreja ortodoxa, e sua prioridade era combater os que negavam a legitimidade da oração diante de imagens sagradas e procuravam destruir os ícones da igreja. A maior parte do que ele escreveu sobre o islã foi dentro do contexto de um exame muito mais amplo dos cismas que ameaçavam a Igreja. Sua suma ortodoxa, *A fonte do conhecimento*, escrita em grego pouco depois de 742, tratava essencialmente de problemas de cristologia e se tornou o texto básico da ortodoxia bizantina sobre essas questões. A obra é em três partes, sendo a segunda dedicada a heresias. São examinadas mais de cem heresias, mas elas se dividem em quatro tipos básicos: barbarismo, citismo, helenismo e judaísmo. Para a maior parte da seção sobre heresias, João recorreu a conhecimentos anteriores, mas as partes que cobriam o iconoclasmo e o islã parecem ter sido de sua autoria. O islã é coberto num capítulo sobre "A heresia dos ismaelianos" (embora João também chamasse os muçulmanos de agarenos). Ele naturalmente se concentrou na doutrina islâmica referente a Cristo, que condenou porque os muçulmanos negavam a especial missão redentora de Cristo. João transmitiu a polêmica lenda de que Maomé teria sido instruído por um monge ariano. O motivo pelo qual João considerava Maomé um herege ariano estava no fato de Maomé, da mesma forma que os arianos, negar a coeternidade do Filho com o Pai. João também afirmou que uma boa parte das alegadas revelações proféticas tinha sido colhida do Antigo e do Novo Testamento. Era evidente que João conhecia bastante bem o Corão e citava o que considerava paralelismos textuais entre a revelação recebida por Maomé e as escrituras anteriores. Ele criticou a sanção à poligamia por ser imoral. Também fez uso polêmico do episódio em que Zayd ibn Haritha, filho adotivo de Maomé, tendo se casado com a bela Zaynab, foi induzido a divorciar-se dela para que o Profeta pudesse desposá-la. Houve uma revelação corânica para sancionar esse procedimento.[8] Aos olhos de João, essa era mais uma prova da sensualidade do islã. (Hoje é de aceitação geral entre os estudiosos que os casamentos do Profeta foram contratados principalmente com objetivos políticos em vez de sexuais.)

A hostilidade que permeia o relato de João sobre o islã deveria ser entendida no contexto da época. Os cristãos que viviam sob o domínio islâmico eram tolerados, mas havia limites rigorosos a essa tolerância. Durante o governo do califa omíada 'Abd al-Malik (de 685 a 705) o árabe substituiu o grego como língua administrativa. Durante o governo de

Yazid II (de 720 a 724), os cristãos foram energicamente perseguidos, e imagens e cruzes cristãs foram destruídas em todo o califado. A igreja de São João em Damasco foi demolida para dar lugar à mesquita omíada. O mosteiro de São Sabas, onde São João se dedicou aos estudos e compôs suas polêmicas, está situado uns 16 km ao sul de Jerusalém. O subterrâneo de sua capela contém os crânios de monges massacrados em ataques de beduínos. João foi um escritor de estilo e erudição; mas, como escreveu em grego, seu impacto foi de início limitado, até *A fonte do conhecimento* ser traduzida para o latim no século XII, chegando então ao conhecimento de Tomás de Aquino, que lia algumas páginas todos os dias. João também escreveu especificamente contra o iconoclasmo em *Três discursos contra os caluniadores das imagens sacras* e produziu um breve *Debate* (entre um muçulmano e um cristão). Ele estava mais interessado em revigorar a fé de cristãos hesitantes do que em montar uma investida direta contra o próprio islã.[9]

Era mais ou menos inevitável que os primeiros ataques ao islã fossem lançados no Oriente Próximo pelos cristãos que tinham a sensação de sua fé estar ameaçada. 'Abd al-Masih ibn Ishaq al-Kindi (embora seja provável que esse não fosse seu nome verdadeiro) foi um árabe cristão que compilou um ataque ao islã em algum ponto dos séculos IX ou X. Sua *Risala*, ou "Carta", foi apresentada como um intercâmbio epistolar entre um cristão e um muçulmano. A carta, supostamente redigida por um muçulmano, apresentava uma defesa não muito convincente da conversão ao islamismo. A resposta cristã muito mais longa incluía uma versão hostil da vida do Profeta, que o acusava, entre outras coisas, de um excessivo recurso à violência e da repetida prática de desposar belas mulheres. Também incluía inevitavelmente a história da instrução do Profeta pelo monge herege e chamava atenção para suas 15 esposas. Al-Kindi defendeu a doutrina da Trindade contra alegações muçulmanas de que ela seria um politeísmo apenas ligeiramente disfarçado. Ele chamou a atenção para os meios violentos usados para a difusão do islã. Salientou pontos em que o Corão parecia se contradizer e questionou a doutrina muçulmana da ab-rogação, pela qual se considera que certas partes do Corão invalidam outras. Sustentou posição contrária a ser o árabe do Corão a língua de Deus, pois, se esse fosse realmente o caso, por que tantas palavras dela seriam empréstimos? O árabe de al-Kindi foi traduzido para o latim no século XII em Toledo com o patrocínio de Pedro de Cluny (ver adiante). Versões da *Risala* foram com freqüência incluídas em compilações posteriores de material contrário aos muçulmanos, e ao longo de séculos na Europa Ocidental o tratado bastante criativo de al-Kindi foi considerado a principal fonte sobre a vida do Profeta. O tratado de al-Kindi oferecia a aparência de equilíbrio, já que mesclava elogios e acusações ao Profeta (embora muito mais acusações do que louvores), e havia muito pouco material disponível em latim com o qual fosse possível cotejar as invenções e equívocos da *Risala*.[10]

A REAÇÃO ESPANHOLA

Em contraste com meras afrontas, sérios esforços cristãos para entender o islã começaram na Espanha, ainda que os clérigos que procuravam entender melhor o islã naturalmente só o fizessem para ter mais material com que trabalhar para refutar seus erros. Mesmo assim, havia quem condenasse qualquer estudo do islã ou do árabe pelo motivo que fosse. No século IX, Paulo Álvaro censurou aqueles cristãos que se dedicavam a "construir imensas bibliotecas deles [escritos árabes] a um custo enorme... praticamente ninguém consegue escrever uma carta passável em latim para um amigo, mas são inúmeros os que conseguem se expressar em árabe e compõem poesia nessa língua melhor do que os próprios árabes". Os cristãos na Espanha aplicavam-se ao estudo da filosofia, teologia e ciência árabe e assim por diante, enquanto negligenciavam o latim e na verdade sua própria fé.[11] Álvaro atribuía ao islã um maléfico papel apocalíptico, pois ele preparava o caminho para a vinda do Anticristo, como profetizado no Livro de Daniel. Ele acusou o islã de ser uma combinação de várias heresias e uma mescla ardilosamente deliberada de verdade e falsidade. Grande parte da sedução da falsa fé era a satisfação sensual que ela permitia a seus adeptos. Álvaro, tendo consultado os astros quanto a essa questão, estava confiante de que o islã estava fadado ao fracasso. Sob sua influência, alguns cristãos espanhóis procuraram e encontraram o martírio pelas mãos dos muçulmanos. Quem insultasse o islã ou procurasse converter muçulmanos ao cristianismo enfrentava a pena de morte. Um amigo de Álvaro, o ilustre clérigo Eulógio, foi preso por esconder um convertido do islã para o cristianismo e foi subseqüentemente decapitado. Ele foi um dos últimos de uma série de fanáticos cristãos que, ao denunciar publicamente o islã e seu Profeta, procuraram e encontraram o martírio em Córdova na década de 850.[12]

Não obstante, em geral, o califado de Córdova era um regime extraordinariamente tolerante, sob o qual cristãos e judeus, bem como muçulmanos, conseguiam prosperar, muito embora, como na Síria omíada, essa tolerância tivesse limites; e cristãos e judeus sofressem todo tipo de discriminação.[13] O califado de Córdova desintegrou-se nas décadas iniciais do século XI, e mais para o final do mesmo século a Espanha foi ocupada pelos almorávidas, berberes marroquinos que seguiam uma forma muito mais intolerante do islã. Tanto os cristãos como os judeus foram perseguidos de modo intermitente pelos novos senhores de al-Andalus (Espanha muçulmana). Em 1066 houve um massacre de judeus em Granada.[14] Uma série de igrejas cristãs foi demolida, e muitos cristãos e judeus foram deportados para o norte da África. A antiga *convivência*, ou modo tolerante de coexistir, estava ameaçada.

Não eram apenas os cristãos, como Álvaro, que se preocupavam com seus correligionários mergulharem em livros árabes. Também os muçulmanos estavam desconfiados. Ibn 'Abdun, um fiscal do mercado em Sevilha, escrevendo por volta do ano de 1100, aconselhava os companheiros muçulmanos a não vender livros árabes para judeus e cristãos, porque, na sua opinião, os compradores traduziam os livros e depois reivindicavam a autoria como se os tivessem escrito.[15] No século XII, Toledo tornou-se o centro principal para traduções cristãs e estudos de textos árabes. Em 1085, essa importante cidade muçulmana tinha caído diante do exército de Afonso VI de Castela. Uma importante conseqüência desse feito foi a de que grandes quantidades de manuscritos árabes caíram nas mãos de cristãos. Raimundo, arcebispo de Toledo (1125-51), encorajou estudiosos a virem para Toledo para trabalhar com os textos árabes.[16] O projeto de

Raimundo recebeu o poderoso incentivo de um dos religiosos mais influentes da Europa, Pedro, o Venerável, abade de Cluny. Tendo visitado mosteiros cluniacenses no norte da Espanha em 1142, Pedro ficou consternado ao ver que os monges cluniacenses estavam se esforçando muito pouco para combater a ameaça ideológica representada pelo islã: "Indignei-me com o fato de os latinos desconhecerem a causa de tanta perdição e, por conta dessa ignorância, não ser possível induzi-los a opor qualquer tipo de resistência."[17]

O MOVIMENTO DA TRADUÇÃO

Por ordem de Pedro, o Corão foi traduzido para o latim pela primeira vez em 1143, por um inglês, Robert de Ketton. (Deve-se ressaltar que, segundo a doutrina islâmica, o Corão, a Palavra de Deus, é rigorosamente intraduzível; somente são possíveis aproximações.) Um muçulmano, um certo Muhammad, foi também contratado para garantir a fidelidade da tradução. A versão de Robert de Ketton, embora logo fosse esquecida, foi redescoberta no século XVI, e então firmou posição até que no século XVII as traduções de Du Ryer e Marracci apareceram em francês e em latim, respectivamente. É evidente que Pedro encomendou a tradução do Corão para melhor refutá-lo; e, por volta da mesma época, Robert de Ketton e o estudioso seu colega Hermann de Caríntia também foram contratados para traduzir outras obras com finalidades polêmicas. O debate de al-Kindi entre um cristão e um muçulmano era uma escolha natural para ser traduzido, e a versão latina recebeu o título de *Epistola Saraceni*. *Fabulae Saracenorum*, obra organizada por Robert, era uma coletânea de tradições islâmicas acerca de um amplo leque de tópicos. Hermann de Caríntia apresentou *Liber Generationis Mahumet*, tradução de um tratado sobre a genealogia do Profeta. Ele também traduziu *As perguntas de Abdallah ibn Salam* como *Doctrina Mahumet*, um diálogo didático bastante interessante, no qual "Abdallah, o judeu, questionou o Profeta Maomé sobre cosmologia, numerologia, a vida após a morte e diversos outros assuntos" (com algumas adivinhações de quebra). Ao final do interrogatório, o judeu fica tão satisfeito com as respostas recebidas que se converte ao islamismo.[18]

À exceção do Corão, os textos que o grupo de Toledo decidiu traduzir eram de natureza bastante folclórica. Eles não faziam nenhum esforço para enfrentar diretamente a forte tradição escolástica da teologia e filosofia islâmicas. Em correspondência com o grande cisterciense Bernardo de Claraval, Pedro declarou em tom de confidência ainda não ter certeza se os muçulmanos eram hereges ou pagãos. Bernardo (e é provável que ele representasse a opinião da maioria quanto a esse assunto) era hostil ao interesse de Pedro pelas tradições islâmicas. Ele parece ter considerado que o melhor modo de lidar com a doutrina islâmica era deixá-la de lado por completo.[19] Nos séculos que viriam, muitos cristãos haveriam de alegar que os que estudavam e traduziam os livros dos muçulmanos corriam o risco de ser contaminados por eles.

Pedro também escreveu uma refutação do islã, *A abominável heresia ou seita dos sarracenos*, na qual ele se dirigia aos muçulmanos como se segue: "Dirijo-me a vós não com armas, mas com palavras; não com a força, mas com a razão; não com ódio, mas com amor."[20] (Na realidade, está evidente pelas cartas escritas a outros cristãos que Pedro tinha grande entusiasmo pelo uso da força das armas para lidar com a ameaça do islã e que apoiava a *Reconquista* e as Cruzadas.) O tratado de Pedro, dirigido formalmente aos muçulmanos, foi em qualquer caso um exercício bastante sem sentido, pois foi redigido em latim e nunca foi traduzido para o árabe. É importante ter em mente que, numa época de manuscritos, escrever um tratado era uma coisa. Conseguir circulá-lo era outra bem diferente. Os cristãos fora da península Ibérica tinham pouco interesse pelo islã. Portanto manuscritos que tratassem desse assunto costumavam ficar esquecidos em cópias únicas. Quanto à tradução do Corão por Robert de Ketton, poucos estudiosos medievais sequer chegaram a tomar conhecimento de sua existência; e em 1209 ou 1210, Marcos de Toledo, sem saber que o trabalho já tinha sido realizado, traduziu todo o Corão mais uma vez (e sua versão atraiu um número ainda menor de leitores).[21] A tradução de Robert de Ketton somente atingiu um número maior de leitores quando foi impressa em Zurique em 1543, cerca de quatrocentos anos depois de sua composição original.

Embora Pedro tivesse contratado seus tradutores para fornecer material com o qual ele pudesse combater a doutrina islâmica, Robert de Ketton e Hermann de Caríntia parecem ter sentido um interesse primordial por obras científicas, matemáticas e divinatórias. Robert haveria de traduzir obras sobre alquimia, álgebra e o astrolábio. Hermann traduziu vários textos sobre astronomia. Muito já se escreveu sobre o impulso que as traduções do árabe conferiram à matemática, ciência e filosofia ocidentais a partir do século XII, e essa é a pura verdade.[22] Traduções de tratados árabes sobre matemática tiveram uma importância especial. Os textos em árabe foram o principal canal para a introdução da matemática euclidiana no Ocidente, o que foi de crucial importância para o posterior desenvolvimento da ciência ocidental. Além disso, havia também matemáticos árabes que eram proeminentes por seus próprios méritos. O tratado de álgebra *Hisab al-Jabr wa almuqabala*, do matemático do século IX Muhammad ibn Musa al-Khwarizmi, foi a primeira obra árabe sobre matemática a ser traduzida para o latim e exerceu influência fundamental para a evolução da matemática no Ocidente. Em particular, o célebre matemático pisano Lionardo Fibonacci recorreu pesadamente a al-Khwarizmi e a outros matemáticos árabes em sua própria obra. Al-Khwarizmi também escreveu *Sobre os cálculos indianos* (o título em latim era *Algoritmi de numero indorum*), que apresentou aos leitores da versão em latim o uso do que hoje chamamos de "algarismos arábicos", embora, como indica o título do tratado, esses algarismos de fato tenham se originado na Índia. Os "algarismos arábicos", aí incluído o crucial zero, permitiram cálculos muito mais sofisticados do que tinha sido possível para os maiores talentos matemáticos de séculos anteriores. Entretanto, apesar das óbvias vantagens que oferecia, era geral o preconceito contra a notação inovadora, e séculos se passaram até ela substituir o desajeitado sistema numérico romano na maioria dos países europeus. Por fim, al-Khwarizmi produziu o *Zij*, um conjunto de tabelas astronômicas que foi muito estudado no Ocidente. Ibn al-Haytham (*c.* 965-1039), que foi conhecido no Ocidente como Al-Hazen, produziu uma importante obra sobre a óptica e a aplicação da matemática a problemas da óptica, como, por exemplo, a refração. Ibn al-Haytham demonstrou que a luz parte do objeto para o olho, ao passo que anteriormente Ptolomeu e Euclides afirmavam que o olho percebia as coisas emitindo raios até os objetos. Al-Khwarizmi e Ibn al-Haytham foram estudados e comentados no Ocidente, mas houve outros matemáticos ainda mais sofisticados no mundo islâmico medieval cuja obra permaneceu desconhecida na Europa até os tempos modernos.[23]

A contribuição árabe medieval ao desenvolvimento da filosofia européia não foi menos significativa. Intelectuais em Paris, Oxford, Bolonha e outros lugares tomaram conhecimento das obras de Aristóteles principalmente por meio de traduções do árabe. Gerardo de Cremona (*c*. 1114-87), que trabalhava em Toledo e que talvez tenha sido o mais conceituado tradutor de obras científicas, também traduziu do árabe algumas das obras mais consagradas de Aristóteles. Comentários árabes sobre Aristóteles também não foram menos significativos em seu impacto sobre o ensino de filosofia e teologia em Paris e Oxford. O filósofo do século XI Ibn Sina — ou Avicena, como era conhecido pelos latinistas — foi de longe o mais ilustre comentador de Aristóteles. Como observou Bertrand Russell, Avicena "passou a vida naquele tipo de lugar que se costumava pensar existir somente na poesia", pois ele cresceu e estudou em Bokhara, Khiva, Khorasan e Teerã.[24] Em seus extensos textos, Ibn Sina procurou conciliar a filosofia grega com a teologia islâmica de um modo que haveria de exercer forte impacto sobre o desenvolvimento da escolástica européia, já que pensadores cristãos empregaram variantes dos argumentos de Avicena para conciliar a filosofia aristotélica com a doutrina cristã.

As obras de Avicena começaram a ser traduzidas em Toledo nas últimas décadas do século XII. De início, os escolásticos ocidentais tiveram alguma dificuldade para distinguir suas idéias das idéias de Aristóteles. Ademais, quando foram traduzir o polêmico ataque do místico sufi al-Ghazali a Avicena, eles o interpretaram equivocadamente como uma mera sinopse da filosofia de Avicena. Apesar dessas dificuldades, além daquelas inerentes à tradução de termos filosóficos complexos, o modo de Avicena raciocinar sobre o universo e o essencial pareceu descortinar perspectivas empolgantes. Ele dominou o filosofar do século XIII. Forneceu material para disputas escolásticas bem como um arsenal de estratégias de debates. "Não se pode exagerar a importância do pensamento de Avicena para o Ocidente", como disse Gordon Leff. Entretanto, Leff acrescentou a sugestão de que nisso havia tanto aspectos negativos como positivos. Especificamente, os pensadores cristãos tinham dificuldades com o determinismo de Avicena; pois, como ele ensinava que tudo era ao mesmo tempo necessário e determinado, isso parecia negar a Deus o livre-arbítrio.[25]

Seria fácil citar outros exemplos de manifestações razoáveis, valiosas e até mesmo brilhantes da erudição árabe que exerceram uma influência crucial na evolução da cultura e da tecnologia na cristandade medieval. É válido, porém, fazer uma pausa para examinar se grande parte do que foi traduzido tinha realmente algum valor. O problema com a ciência islâmica era o de uma boa parte dela não ser exatamente científica, apesar de na Espanha tradutores entusiasmados evidentemente considerarem que era. Eles traduziam obras sobre astrologia, alquimia, numerologia, omplatoscopia (adivinhação a partir das rachaduras nos ossos calcinados de carneiros), geomancia (adivinhação a partir de marcas na areia), haruspicação (adivinhação a partir de entranhas) e práticas obscuras de natureza semelhante. Todas as primeiras traduções na Espanha a partir do árabe tratavam de adivinhação ou daquelas partes da matemática que seriam necessárias para praticar a adivinhação.[26] Com o tempo, alguns pensadores ocidentais usariam a matemática para a arquitetura, engenharia e balística, enquanto outros a desenvolveriam como um sistema de pensamento exclusivamente especulativo. A curto prazo, porém, sofisticadas operações matemáticas eram usadas principalmente como auxiliares da astrologia, com o objetivo de determinar por meios astrológicos o destino de dinastias, casos de amor e colheitas.

Aqui serão apresentados apenas alguns exemplos de obras árabes de ocultismo que foram traduzidas para o latim, mas todas elas importantes. Com benevolência pode-se descrever Jabir ibn Hayyan como o "pai da química moderna". Entretanto, "Jabir" não era realmente uma única pessoa, mas uma coleção de literatura efetivamente anônima; e mais, essa literatura tratava principalmente de questões de ocultismo, como a confecção de talismãs e receitas para venenos que supostamente conseguiriam matar a distância.[27] O *Ghayat al-Hakim*, traduzido para o latim no século XIII como *Picatrix* e atribuído espuriamente a um famoso matemático árabe da Espanha, al-Majriti, era ainda mais sinistro em suas intenções. Trata-se de uma coleção de encantamentos bastante malévolos, com o uso de ingredientes repugnantes.[28] O polímata do século IX Abu Yusuf Yaqub ibn Ishaq al-Kindi estudou e escreveu em Bagdá e em Basra. (Esse al-Kindi não deve ser confundido com o polemista cristão de muito menor impacto de que se tratou anteriormente.) Segundo Fritz Zimmerman, al-Kindi "escreveu sobre questões de matemática, lógica, metafísica e ética, mas também sobre perfumes, medicamentos, alimentos, pedras preciosas, instrumentos musicais, espadas, abelhas e pombos" — e ainda sobre muitas outras coisas. Al-Kindi usou a astrologia para determinar a duração do califado árabe e, em geral, seus escritos eram permeados de práticas e crenças do ocultismo. Em *De Radiis* ("Sobre os raios"), tratado que sobreviveu somente em sua tradução latina do século XII, al-Kindi expôs uma visão essencialmente mágica do universo, na qual radiações ocultas provenientes dos astros influenciavam os assuntos humanos. Cada astro exercia uma influência sobre um grupo específico de objetos. Embora os raios estelares fossem de suma importância, tudo no universo emitia raios. Do mesmo modo, segundo *De Radiis*, as palavras possuíam poderes mágicos, especialmente se fossem proferidas sob conjunções estelares particularmente favoráveis e associadas ao uso de imagens talismânicas e ao sacrifício de animais com finalidade mágica. Apesar do esforço de al-Kindi para apresentar esse material de uma forma que parecesse lógica e científica, ele ainda assim só era científico no sentido mais amplo e vago. Outras obras de al-Kindi que foram traduzidas tratavam da astrologia e do poder de previsão dos sonhos.[29]

Os primeiros tradutores tinham grande entusiasmo por traduzir Aristóteles, pois ele gozava de enorme prestígio, por ter sido preceptor de Alexandre, o Grande. Entretanto, eles não estavam bem preparados para distinguir o que de fato fora escrito por Aristóteles do que não fora. Muito do que traduziram não era de autoria de Aristóteles mas tinha sido redigido por outras mãos, menos sensatas. Entre os muitos textos apócrifos atribuídos a Aristóteles havia uma *Teologia* neoplatônica, um tratado de alquimia *Sobre as doze águas do rio secreto*, um astrológico *Livro sobre as propriedades dos elementos e dos planetas* e acima de tudo *Secreta Secretorum* ("Segredo dos segredos"), que, antes de ser traduzido para o latim, tinha circulado amplamente no mundo árabe com o título de *Sirr al-Asrar*. Também na Europa ele se tornou uma obra popular e influente; e mais de duzentos manuscritos da versão latina sobreviveram. O *Secreta Secretorum*, que originalmente foi compilado em siríaco no século VIII, é um tratado enciclopédico sobre a política, a ética e a medicina, mas ele também apresenta noções astrológicas, e uma crença nas virtudes ocultas de plantas e pedras permeia seu tratamento de muitos assuntos. O livro está cheio de histórias curiosas, aí incluída a da donzela venenosa. A donzela venenosa era uma jovem meticulosamente coberta de veneno que foi enviada para Alexandre por um potentado inimigo, e seu abraço tóxico teria sem dúvida matado Alexandre se o plano ardiloso não tivesse sido detectado pelo vigilante Aristóteles.[30]

AVICENA NO OCIDENTE

Houve também problemas com o comentador de Aristóteles, Avicena, e a reverência que lhe era dedicada. Avicena escreveu em torno de duzentos livros, e muitos deles tratavam de questões do ocultismo. Avicena afirmou em *Liber de Anima* ("O livro do espírito") que a imaginação podia atuar num corpo a distância, logo era possível atribuir poderes verdadeiros ao mau-olhado.[31] Esse tema haveria de ser retomado por ocultistas cristãos. Dada a quantidade de material ocultista sendo traduzida e estudada em Toledo, não surpreende que a cidade tenha adquirido uma reputação para a feitiçaria e a magia negra. Segundo Charles Homer Haskins, "a Espanha tornou-se o palco de visões e profecias, de mistificações como a de Virgílio de Córdova, de lendas, como a universidade de demonologia em Toledo".[32]

Avicena foi tão famoso como autoridade médica quanto como filósofo e estudioso do invisível. Seu *al-Qanun fi al-Tibb* ("O cânone da medicina"), que foi traduzido por Gerardo de Cremona no século XII, tornou-se o manual padrão para a medicina na Europa medieval. Com o advento da imprensa no século XV, houve 16 edições somente naquele século. Grande parte do que Avicena reciclou no *Qanun* era derivada dos médicos gregos Hipócrates (c. 460-c. 370 a.C.) e Galeno (129-199 d.C.). Nada que tenha sido escrito por Hipócrates sobreviveu, mas suas doutrinas médicas foram conhecidas através dos resumos fornecidos por Galeno. Este último era um cirurgião grego que operava gladiadores antes de se tornar o médico de Marco Aurélio. Galeno, em seus vários tratados, compilou as observações e teorias de seus predecessores, e suas opiniões médicas eram moldadas tanto pela filosofia como pela observação clínica. A medicina galênica era baseada na teoria dos quatro humores (sangue, fleuma, bile negra e bile amarela), sendo as doenças causadas por um desequilíbrio entre esses humores. A saúde do corpo dependia da manutenção do equilíbrio correto entre calor, frio, secura e umidade. Conseqüentemente, os medicamentos eram divididos em quatro tipos básicos: quentes, frios, purgantes e sudoríferos (substâncias que provocam a transpiração). Galeno via o coração como uma fornalha (mais do que uma bomba, que seria uma analogia mais fiel). Sua interpretação de como o corpo funcionava era fundamentalmente equivocada, e a medicina galênica não chegou a ajudar ninguém a se curar.[33] Era uma forma sistemática de entender mal o mundo e, em geral, era provável que uma pessoa doente obtivesse melhor resultado consultando uma curandeira do que um médico instruído que tivesse absorvido os ensinamentos de Galeno.

O *Qanun* de Avicena era uma compilação sem originalidade que recorria pesadamente a equívocos da medicina galênica. "Não se encontra ali nenhuma experiência pessoal do autor, nem nenhuma idéia nova", de acordo com Manfred Ullman. Aparentemente Avicena não realizou nenhuma dissecação e, na realidade, a lei islâmica proíbe a dissecação de corpos humanos. O principal valor do *Qanun* estava em seu modo de expor conhecimentos antigos de uma forma sistemática. Mas grande parte do material assim apresentado era ao mesmo tempo descabido e inútil. Por exemplo, Avicena, seguindo seus predecessores, declarou que a loucura era causada por um desequilíbrio nas biles. Em especial, um predomínio da bile negra era a causa da melancolia (embora Avicena aceitasse que *jinn* [demônios] também pudessem causar a melancolia). O excesso de pêlos era um dos sintomas dessa triste enfermidade. A licantropia, ou transformação em lobisomem, era mais uma versão possível da melancolia. É improvável que Avicena tenha algum dia precisado tratar um lobisomem. Ele estava, sim, transmitindo irrefletidamente um trecho do antigo folclore grego que tinha encontrado um jeito de se inserir nos manuais médicos. De acordo com Galeno e com Avicena a seguir seu exemplo, a sangria era uma cura para todos os tipos de doenças (e, numa época em que a esterilização ainda não tinha se tornado a norma, surge a dúvida se mais gente morria por conta da cura do que da queixa). A cauterização era mais um recurso doloroso porém confiável nesse tipo de medicina. Com exceção das atividades dos *jinn*, Avicena negou que houvesse causas e curas mágicas, e também escreveu uma refutação da astrologia. Entretanto, embora ele procurasse adotar posições racionalistas, sua grande obra médica era realmente uma reelaboração livresca e antiquada dos conhecimentos dos gregos, que tinha pouca pertinência prática para os reais problemas de saúde do Oriente Próximo medieval — ou para os da Europa.[34]

Um problema mais ou menos análogo decorreu da transmissão dos conhecimentos astronômicos gregos para o Ocidente através dos árabes. Era essencialmente o sistema ptolemaico que estava sendo transmitido, estudado e elaborado, e o problema com essa imagem do universo estava em se basear no pressuposto de que a Terra estivesse no centro do Universo, de modo que os demais planetas e o Sol girassem em torno dela, com a esfera das estrelas fixas servindo como a casca exterior do Universo. Esse sistema foi exposto no *Almagest*, obra de imensa influência de Cláudio Ptolomeu (*c.* 100-178 d.C.). O sistema ptolemaico tinha a vantagem de fornecer uma estrutura para observações e cálculos, apesar de ser excessivamente elaborado e baseado numa falsa premissa. O *Almagest* (que foi traduzido do árabe pelo infatigável Gerardo de Cremona) era uma obra extremamente complexa. Apesar de permitir a previsão da posição das estrelas de ano para ano, na realidade a maioria dos estudiosos medievais de astronomia (Dante, incluído) preferia usar versões resumidas ou simplificadas da obra de Ptolomeu, redigidas por terceiros. Foi somente no século XVI que figuras como Galileu, Kepler e Copérnico conseguiram descobrir uma saída do modelo ptolemaico que se mostrava cada vez mais difícil de manejar. Na Idade Média, a astronomia de Ptolomeu costumava ser confundida com sua astrologia.[35] Como no caso dos escritos de Galeno e Avicena, os tratados ptolemaicos davam a estudiosos iniciantes algo com que exercitar a mente; mas, ao final de toda aquela ginástica mental, era provável que os resultados ficassem aquém do esperado. As traduções de obras científicas do árabe, que tinham começado no século XII, foram se reduzindo a quase nada no início do século XIII. Depois do século XIV, não houve mais traduções desse tipo. O conhecimento grego, intermediado pela erudição árabe, tinha fornecido estímulo e informações equivocadas em igual proporção.

AVERROES E OS AVERROÍSTAS LATINOS

Voltando à filosofia, o impacto de Averroes sobre a filosofia escolástica ocidental foi, sob certos aspectos, ainda maior do que o de Avicena. Averroes (cujo nome é uma deturpação alatinada do nome verdadeiro em árabe Ibn Rushd) nasceu em 1126 em Córdova e morreu em 1198 em Marrakesh. Como Avicena, Averroes, que era conhecido como o "Comentador", foi principalmente valorizado no Ocidente por suas exposições da filosofia de Aristóteles. O que era característico de seu pensamento era o fato de ele sustentar (ou no mínimo ser considerado que ele sustentava) não haver nenhuma harmonia necessária entre a fé e a razão. Ele ensinava que a existência de Deus poderia ser provada pela razão e que o mundo sempre tinha existido; e rejeitava a noção de imortalidade da alma pessoal. Averroes foi traduzido para o latim no início do século XIII por Miguel Escoto; e, a partir da década de 1230, o averroísmo foi uma questão importante e até certo ponto polêmica a princípio em Paris e mais tarde em Oxford. Filósofos cristãos averroístas, como Siger de Brabante, acreditavam que Averroes tinha demonstrado a unidade do intelecto compartilhado por toda a humanidade. Além disso, Siger e seus seguidores afirmavam que, mesmo que a interpretação averroísta do mundo pudesse não estar correta, ainda assim era a leitura correta de Aristóteles. Apesar de Tomás de Aquino apresentar feroz oposição à interpretação que Siger fez de Averroes, Dante em retrospectiva resolveu amenizar suas diferenças e os colocou lado a lado no *Paraíso*, onde fez com que Tomás de Aquino elogiasse a lógica de Siger. Os escritos de Averroes atraíram entusiastas e leitores descuidados de ambos os lados e, por um tempo, qualquer pessoa suspeita de ser algum tipo de livre-pensador tinha a probabilidade de ser rotulada de averroísta. Curiosamente, apesar das acusações e tentativas de proibir o ensino do averroísmo nas universidades, na realidade seus pontos de vista eram mais conhecidos e debatidos na Europa cristã do que no mundo islâmico.[36]

Apesar da associação do averroísmo a idéias suspeitas e vagamente ateístas, mesmo assim o filósofo árabe foi estudado com enorme atenção e respeito por figuras perfeitamente ortodoxas como Santo Tomás de Aquino e Dante. Em seu volumoso tratado teológico, *Summa contra Gentiles*, Tomás de Aquino propôs usar a razão mais do que as Escrituras para converter os descrentes, e Averroes foi citado 503 vezes ao longo dos argumentos da *Summa*. (Por impressionante que fosse, é questionável que um único infiel tenha jamais se convertido tentando avançar pelo latim de Tomás de Aquino.) Na *Summa*, o capítulo 6 do tomo 5 tratava do islã. Previsivelmente Tomás de Aquino apresentou Maomé como o fundador de uma heresia que astuciosamente fazia uso tanto de verdades como de falsidades. Maomé transmitiu sua mensagem primeiro a "homens não familiarizados com o método divino... mas um povo animalesco que vivia nos desertos".[37] Embora o averroísmo por um período fizesse furor entre os escolásticos ousados, a partir de meados do século XIV entrou em declínio; e, de modo mais amplo, houve uma queda acentuada nos estudos árabes. No século XV, como veremos, alguns importantes pensadores humanistas fizeram enorme esforço para exprimir dúvidas quanto à confiabilidade ou valor do estudo da filosofia grega através de traduções do árabe que geralmente eram deselegantes e imprecisas. Uma boa parte de Aristóteles e de seus comentadores árabes tinha sido mal traduzida num latim barbaresco que causava repulsa aos exigentes estilistas do latim dos séculos XV e XVI. Depois que Averroes foi traduzido para o latim, somente no século XVII houve outras traduções importantes do árabe.

OS CRUZADOS E SEUS VIZINHOS

A maior parte do trabalho de tradução era feita na Espanha e, em menor grau, na Sicília. Talvez fosse possível imaginar que o estabelecimento de principados de cruzados no Mediterrâneo oriental no século XII tivesse servido como um canal de influência cultural que teria permitido aos francos ou ocidentais uma maior familiarização com a alta cultura árabe e islâmica. Entretanto, os acadêmicos não costumavam participar das cruzadas, nem se estabelecer no Oriente. E um intelectual formado em Paris, como Guilherme, arcebispo de Tiro, era uma raridade. O tradutor científico do século XII Adelardo de Bath também parece ter visitado a Síria dos cruzados, embora não haja nenhuma indicação sobre o que foi fazer lá. Também foi o caso de que, a menos que os francos tivessem resolvido se interessar pelo estudo do Corão e das tradições de transmissão oral referentes ao profeta Maomé e seus contemporâneos, provavelmente não houvesse assim tanto que eles pudessem ter aprendido com seus vizinhos e súditos muçulmanos no século XII. Os lugares que os cruzados tinham conquistado na Síria e na Palestina eram pequenas cidades que comercializavam sabão, couro e vidro. Eram locais atrasados em termos intelectuais e muito distantes dos grandes centros culturais do islamismo de Bagdá ou Isfahan. O último grande período de efervescência cultural na Síria tinha ocorrido durante o regime dos príncipes hamdanidas em Alepo no século X. Os célebres poetas al-Mutanabbi e Abu Tammam, o filósofo al-Farabi, o pregador Ibn Nubata e muitos outros prosperaram sob o benévolo patrocínio dessa grande dinastia árabe. Já na década de 1090, a Síria e a Palestina não dispunham de nenhum filósofo, cientista, poeta ou historiador de qualquer projeção ou originalidade. Sem dúvida, o declínio cultural foi exacerbado pela chegada dos cruzados, pois estes matavam estudiosos e destruíam bibliotecas ou redistribuíam seu acervo. (Sabemos que eles pagaram à guarnição fatímida em Ascalon resgate pelos livros árabes saqueados de Jerusalém.)

A proximidade com os muçulmanos na Palestina e na Síria de início não estimulou nenhuma compreensão do islã. Em sua crônica do início do século XII sobre a Primeira Cruzada, *Gesta Dei per Francos*, Guibert de Nogent, quando veio a escrever sobre a carreira de Maomé, observou que "é seguro falar mal de alguém cuja malignidade supera qualquer mal que se possa dizer". Em outras palavras, quando diante de algo tão nefasto, não é necessário verificar os fatos, e Guibert parece ter confiado em informações errôneas trazidas por peregrinos provenientes da Terra Santa. Entretanto, Guibert fez um grande esforço para corrigir uma noção equivocada popular na época, quando salientou não ser verdade que os muçulmanos considerassem Maomé como Deus.[38]

No século XIII, pensadores proeminentes, como, por exemplo, Roger Bacon e Raimundo Lúlio, chegaram a defender a pregação e a conversão como o método para a cristandade triunfar sobre o islã. Ademais, as ordens pregadoras dos franciscanos e dominicanos despacharam pregadores para o Oriente Médio e outras regiões de infiéis. Era inevitável que esses pregadores precisassem adquirir algum conhecimento do islã e dos árabes para embasar sua pregação. Embora Jacques de Vitry (c. 1160-1240) não fosse frade, ele era essencialmente um pregador e tinha viajado ao longo de todo o litoral dos principados cruzados, pregando especialmente para os muçulmanos antes de ser nomeado bispo de Acre em 1219. Ele alegou ter conseguido algumas conversões e sugeriu que um número maior teria ocorrido se não fosse o contraste que os muçulmanos viam entre os prazeres terrenos oferecidos por sua religião e as exigências rigorosas da moralidade cristã. É presumível que Jacques de Vitry tenha pregado aos muçulmanos em árabe, embora isso não esteja comprovado. Apesar de ele ter algum conhecimento das crenças muçulmanas, isso não se devia a um estudo sistemático. Ele preferia confiar em fragmentos de informações orais, dos quais nem todos eram fiéis à realidade. Por exemplo, ele afirmava que os muçulmanos adoravam em segredo um ídolo de Maomé que era mantido no interior do Domo da Rocha em Jerusalém.[39]

Guilherme de Trípoli, um missionário com base no convento dominicano na cidade dos cruzados de Acre, sem dúvida conhecia o idioma árabe muito bem. Seu *Tractatus de Statu Saracenorum* (1273) era um guia das crenças e costumes islâmicos. Ele tinha lido o Corão e sentia um interesse especial pelo relato que o Corão oferecia sobre Jesus. Entretanto, ele também aceitava calúnias antimuçulmanas tão conhecidas como a história de que o monge herege Bahira teria ensinado a heresia a Maomé, assim como a história de que Maomé somente teria proibido a ingestão de álcool depois de ter se embriagado vergonhosamente. Guilherme alegava ter batizado mais de mil muçulmanos (o que parece exageradamente improvável) e ele não considerava que em sua maioria os muçulmanos estivessem longe da salvação, pois entendia que o islã tinha muito em comum com o cristianismo. Além disso, ele acreditava que estava próximo o fim do islã, e que então os muçulmanos estariam propensos a se converter à verdadeira fé. Chegou a seu conhecimento que isso tinha sido previsto por astrólogos muçulmanos. Logo, não havia necessidade de mais uma cruzada. A visão de Guilherme do modo pelo qual as coisas estavam se ajeitando no Oriente era extraordinariamente otimista. Em menos de vinte anos, em 1291, os exércitos muçulmanos sob o comando do sultão mameluco al-Ashraf Khalil tomaram Acre e o restante das cidades e castelos dos cruzados no litoral sírio-palestino.[40]

Ricoldo de Monte Croce, um missionário dominicano, estava no Iraque na época da queda de Acre. Ele viu os cristãos cativos sendo trazidos para Bagdá para serem vendidos como escravos e especulou sobre o destino das freiras que talvez tivessem sido capturadas. (De acordo com o folclore do período, as freiras eram especialmente requisitadas pelos senhores de haréns por conta de sua reputação de gerar guerreiros excepcionais.) Ricoldo ficou sem palavras diante do sucesso e prosperidade dos muçulmanos. Por que Deus lhes concedera tudo aquilo? Mesmo assim, ele foi extraordinário na profundidade e detalhe de seus conhecimentos do islã bem como em sua avaliação favorável das maneiras e costumes muçulmanos. Em seu *Itinerarius*, ou "Viagem", ele incluiu muito louvor aos árabes: "Descrevemos, portanto, resumidamente certas obras de perfeição dos muçulmanos, mais para envergonhar os cristãos do que para elogiar os muçulmanos. Pois quem não há de se espantar se examinar cuidadosamente como é enorme entre esses mesmos muçulmanos a atenção ao estudo, a devoção nas preces, a compaixão pelos pobres, a reverência pelo nome de Deus, pelos profetas e pelos locais sagrados, sua atitude séria, sua generosidade para com desconhecidos e a harmonia e amor que têm uns pelos outros." A seriedade era uma característica marcante da vida muçulmana.

Ricoldo também ficou especialmente impressionado com as *madrasas*, ou faculdades religiosas, e acertadamente identificou as duas principais como a Nizamiyya e a Mustansariyya. O contraste que Ricoldo fazia para fins de pregação entre os sarracenos virtuosos e os cristão pecaminosos haveria de ser retomado por outros autores cristãos, incluindo-se John Mandeville. Se bem que a devoção dos sarracenos fosse admirada, ainda assim, no que dizia respeito a Ricoldo, ela era uma devoção a uma falsa fé, e ele criticou pesadamente sua lei sagrada por ser confusa, obscura, enganosa, irracional e violenta. (Quando saía de Bagdá, ele foi atacado por muçulmanos mongóis, que o espancaram, tentaram forçá-lo a se converter ao islã e o fizeram trabalhar como cameleiro. Tudo isso pode tê-lo indisposto contra a religião.) Mais tarde, em 1310, ele também escreveu uma refutação ao Corão, intitulada *Improbatio alchorani*. Escrevendo sobre sua experiência como missionário, ele observou que era muito difícil transmitir uma idéia correta da Trindade para uma platéia muçulmana, e que era mais fácil atacar o islã do que defender o cristianismo.[41]

OS CRISTÃOS INÍQUOS

Ricoldo (e John Mandeville mais tarde) somente elogiava as maneiras e costumes dos muçulmanos com o objetivo de provocar em seus irmãos cristãos vergonha por suas imperfeições; e, em geral, deve estar evidente a partir de grande parte do já exposto que os polemistas cristãos fizeram esforços apenas superficiais para compreender seus adversários muçulmanos. Os muçulmanos reagiram de modo semelhante e escreveram suas próprias obras polêmicas imprecisas e caluniosas sobre os cristãos e a cristandade. E, se os cristãos acusavam os muçulmanos de idolatria, também ocorreu de os muçulmanos acusarem os cristãos de politeísmo. O jurista e beletrista andaluz Ibn Hazm (994-1064) escreveu um tratado encantador sobre o amor cortês intitulado *O colar da pomba*. No entanto, ele também escreveu o longo e rancoroso *Kitab al-Fisal fi-al-Milal wa-al-Ahwa' wa-al-Nihal*, ou "Livro da distinção nas religiões, heresias, seitas", no qual procurava demonstrar a superioridade do islã sunita em relação a todas as outras fés e seitas. O *Kitab al-Fisal* incluía um extenso e feroz ataque ao judaísmo e à cristandade. Segundo Ibn Hazm, os cristãos tinham alterado o Novo Testamento, removendo profecias referentes à vinda de Maomé. Eles corromperam os Evangelhos com mentiras. "Tudo isso demonstra que a comunidade cristã é totalmente desprezível."[42]

De modo semelhante, o rigoroso jurista e teólogo muçulmano Ibn Taymiyya (1263-1328) considerava que as Escrituras cristãs tinham sido corrompidas de modo inconseqüente.[43] Era um lugar-comum na polêmica muçulmana denunciar a liberdade sexual e a falta de ciúme sexual dos cristãos. De acordo com Ibrahim ibn Yaqub, que escreveu na Espanha islâmica, os homens eslavos se divorciavam das mulheres se descobrissem que eram virgens. A mesma fonte acusou os cristãos da Galícia no norte da Espanha de se lavarem no máximo duas vezes por ano. (Naturalmente, ele bem pode ter tido razão quanto ao segundo ponto.) A *Cosmografia* do persa al-Qazwini do século XIII fazia a mesma afirmação a respeito dos francos em geral. (Qazwini morreu em 1283.)[44] O anônimo *Mar de virtudes*, escrito na Síria do século XII, zombava dos cristãos por adorarem alguém que tinha sido incapaz de se salvar da execução. Além disso, "qualquer um que acredite que seu Deus tenha saído das partes pudendas de uma mulher é totalmente insano". Segundo o autor anônimo, mulheres não casadas tinham permissão para fornicar com quem bem quisessem, mas deitar-se com padres em igrejas era considerado particularmente louvável.[45] Ibn 'Abdun, fiscal de mercados e da moral na Sevilha do início do século XII, depois de decretar que cristãos e judeus estavam proibidos de contratar criadagem muçulmana, continuou: "As mulheres muçulmanas devem ser impedidas de entrar em suas igrejas abomináveis, pois os padres são malfeitores, fornicadores e sodomitas. As mulheres francas devem ser proibidas de entrar na igreja, salvo nos dias de festividades ou serviços religiosos, pois é seu hábito comer, beber e fornicar com os padres, entre os quais não existe um único que não tenha duas mulheres ou mais com quem se deita."[46]

Num estilo mais popular e pitoresco, poemas épicos folclóricos árabes sobre heróis lendários ou quase lendários, como, por exemplo, Antar, Sayyid Battal e Baybars, apresentavam os francos como guerreiros covardes e fanfarrões, e descrevia a Europa como uma região de feiticeiros, envenenadores e piratas.[47] Os poemas épicos ocidentais costumavam apresentar uma imagem inversa, na qual os cristãos eram paladinos e os sarracenos eram os bandidos. É importante recordar que, durante boa parte da Idade Média, a cristandade esteve na defensiva e, por exemplo, a *Canção de Rolando* relembra a derrota, não a vitória. Na *Canção*, que talvez tenha sido escrita mais para o final do século XI, o heróico cavaleiro Rolando e seu pequeno exército são atraídos por um conselheiro mau e traiçoeiro, Ganelon, a uma emboscada dos sarracenos nos Pireneus. Subseqüentemente, o suserano de Rolando, o imperador Carlos Magno, vinga-se dos sarracenos. O comandante destes, o rei Marsilo, é um traidor, mas os sarracenos são apresentados como bravos guerreiros e admirados por isso:

> Chega um Emir de Balaguer,
> Nobre de compleição; olhos firmes e claros,
> Quando em carreira vem a cavalo,
> Em sua armadura, tem porte sobranceiro,
> E por toda parte é famoso pela coragem;
> Se fosse cristão, passaria por cavaleiro.[48]

Quem quer que tenha composto a *Canção* não estava nem um pouco interessado nas realidades do islã. Como os cristãos adoram a Santíssima Trindade, da mesma forma os *paynim*, ou pagãos, sarracenos adoram sua própria Trindade de ídolos: Mahound (uma deturpação de Maomé), Termagant e Apollyon. Como os cristãos têm a Bíblia, supõe-se (acertadamente) que também os muçulmanos tenham um livro sagrado. A sociedade sarracena parece ser feudal e cavalheiresca, exatamente como a da França sob o regime de Carlos Magno. Não há uma noção significativa do "Outro". A *Canção de Rolando* e outros poemas épicos semelhantes da França medieval lidavam com a fantasia, e quem compunha essas fantasias não sentia necessidade de consultar nenhuma tradução do Corão para o latim nem nenhuma polêmica cluniacense para descobrir como o islã era de fato. Os sarracenos eram vilões estereotipados de fantasia e, desse modo, foram precursores dos peles-vermelhas e dos *daleks*.[49]

O MUÇULMANO NA LITERATURA OCIDENTAL MEDIEVAL

Uma falta de curiosidade semelhante a respeito do islã e do estilo de vida dos árabes também é característica de literatura mais séria no período medieval. Por exemplo, o primeiro fato a ser mencionado sobre a atitude de Dante diante do islã é que ele apresentava um desinteresse quase total pela religião, fosse como fosse. Ele sentia grande interesse pela luta entre o papado e o império, bem como entre seus defensores guelfos e gibelinos. Era ainda mais interessado no destino de sua adorada Beatriz na vida após a morte e, acima de tudo, meditava sobre o divino "amor que move as estrelas". Entretanto, parece praticamente desconhecer o mundo que existia para além das fronteiras da cristandade. Em sua *Divina Comédia* (que provavelmente começou a escrever em 1307), cinco muçulmanos são mencionados, todos rapidamente. Maomé e seu primo 'Ali não eram tratados como fundadores de uma religião nova e falsa, mas como semeadores de discórdia.[50] Como Dante parece ter acreditado equivocadamente que Maomé teria de início sido cristão, por esse motivo ele não o considerava algum "Outro" totalmente desconhecido. Entretanto, já que Maomé e seus seguidores tinham causado muitos problemas à verdadeira igreja cristã, aos olhos de Dante era inevitável que ele devesse ter sido condenado. Mas a verdade era que Dante pôs uma boa quantidade de italianos cristãos, aí incluído um de seus próprios parentes, em círculos ainda inferiores do Inferno. Se Dante estava interessado em qualquer ponto da cultura árabe, era principalmente na filosofia averroísta ensinada pelo escolástico Siger de Brabante, que atraía sua atenção favoravelmente. Os outros únicos muçulmanos a figurar na *Divina Comédia* — o "grande Saladino, distraído e só", Avicena e Averroes — estão no Limbo com outros pagãos heróicos e virtuosos.[51] Estão ali porque, apesar de suas virtudes, eles não escolheram nem poderiam escolher Cristo. (Virgílio, que serviu como guia de Dante no Inferno, era do mesmo modo um habitante do Limbo.) Contudo, correndo o risco de ser repetitivo, a falta de interesse de Dante pelo islã é evidente.[52]

Os muçulmanos aparecem em algumas histórias do *Decamerão* de Giovanni Boccaccio (*c*. 1313-75). A terceira história do primeiro dia de narrativas apresenta uma imagem favorável de Saladino como governante generoso e corajoso. É a história dos três anéis. Nela, Saladino pergunta a um sábio judeu qual é a melhor religião. O judeu conta a história de um homem moribundo que tinha três filhos. Os filhos foram levados a crer que aquele que recebesse o anel do pai seria seu herdeiro legítimo. Eles não se deram conta, porém, de que o pai tinha mandado fazer mais dois anéis que eram idênticos sob todos os aspectos, de tal modo que era impossível dizer quem tinha o direito exclusivo à herança. A partir dessa história, o judeu extraiu uma moral: "Meu senhor, digo-lhe que o mesmo vale para as três Leis dadas por Deus Pai a três povos, tema da pergunta que você me fez. Cada um desses povos considera possuir a herança, a verdadeira Lei, e cumpre Seus Mandamentos. Mas qual deles realmente a detém é uma questão tão longe de ser resolvida quanto a questão dos anéis." (Boccaccio também apresentou uma imagem altamente favorável de Saladino na nona história do décimo dia.)

Boccaccio parece ter conhecido bem algumas histórias incluídas em *As mil e uma noites* e apresentou em seu *Decamerão* reelaborações de alguns famosos contos orientais, como a história da generosidade de Hatim Tai.[53] Raimundo Lúlio, polímata catalão, era igualmente versado nas histórias tradicionais árabes. Lúlio (*c*. 1232-1315) nasceu numa rica família catalã em Maiorca e passou a vida como um jovem dissoluto. Passou então por uma crise religiosa. De acordo com uma versão, ele estava assediando a bela e jovem esposa de outro homem. Ela era virtuosa e resistiu à sua corte, mas ele era persistente. "Depois de pedir permissão ao marido para recorrer a uma solução drástica, ela convocou o admirador para vir ter com ela em algum lugar reservado — talvez os próprios aposentos dela —, quando, em vez de ceder a seus pedidos, como ele sem dúvida esperava, ela descobriu o peito e exibiu um seio que estava sendo lentamente consumido por um câncer repugnante. 'Vê, Raimundo', exclamou ela, 'a podridão deste corpo que conquistou teu afeto! Como teria sido melhor se tu tivesses dedicado teu amor a Jesus Cristo, de quem podes receber um prêmio que é eterno!'"

A decisão de Lúlio de abandonar a busca de coisas mundanas e deixar a família para servir a Cristo ocorreu em 1263. Antes da conversão, ele havia composto poesia trovadoresca amorosa, mas depois escreveu lamentos sobre sua anterior escravidão ao desejo pelas mulheres. Dedicou-se especialmente a trabalhar pela conversão dos muçulmanos e judeus: "abdicar da vida e da alma em nome do amor e do louvor a Ele; e realizar isso cumprindo a missão de converter para Seu culto e serviço os sarracenos que, em números tão altos, cercavam os cristãos por todos os lados." Para Lúlio era evidente que qualquer pessoa que se propusesse a fazer trabalho missionário entre os muçulmanos precisaria dominar o árabe; mas estudar esse idioma não era uma questão simples na Idade Média, pois não havia cursos universitários dessa língua, nem gramáticas do árabe. Lúlio adquiriu portanto um escravo mourisco, com a intenção de que o escravo lhe ensinasse o árabe. Um dia, Lúlio foi informado de que o mouro estivera blasfemando contra Cristo e, por esse motivo, golpeou o mouro diversas vezes. Acostumado como estava, em seu papel de professor de árabe, a ser tratado como um mestre, o mouro ficou furioso. Depois de aguardar por alguns dias a hora certa, ele investiu contra Lúlio com uma faca, gritando: "Agora, você vai morrer!" E conseguiu ferir Lúlio antes que este arrancasse a faca de suas mãos. O mouro cometeu suicídio na prisão.

Lúlio passou nove anos estudando árabe e o islã em Maiorca. Havia alguma urgência em seus estudos, pois ele temia que os mongóis, que àquela época tinham conquistado a maior parte da Ásia, aí incluídos o Irã e o Iraque, se convertessem ao islamismo, se missionários cristãos não os alcançassem primeiro. Suas primeiras obras foram todas escritas em árabe: *O compêndio da lógica de al-Ghazali*, *O livro de contemplação* e *O livro do gentio e dos três sábios*. Ele também traduziu a lógica de al-Ghazali em versos rimados em catalão. Como bem no início de seus estudos, Lúlio tinha se deparado com os textos do pensador místico sufi al-Ghazali (*c.* 1033-1111) e estudado sua lógica, o sufismo exerceu forte influência sobre suas obras subseqüentes. Lúlio foi um escritor de prolificidade espantosa; e já foi calculado que ele teria escrito aproximadamente 250 livros. Somente algumas dessas obras serão examinadas aqui. *O livro do gentio e dos três sábios* apresenta um debate entre um cristão, um sarraceno e um judeu na presença de um gentio neutro. A oração do sarraceno é descrita com precisão, bem como os principais pontos da doutrina islâmica. Lúlio afirmou que, para obter informações, recorreu ao Corão, aos *hadiths* (relatos de citações e feitos do profeta Maomé) e a comentários sobre um e outro. O representante cristão de Lúlio salientou a natureza materialista da noção muçulmana do paraíso, mas o sarraceno respondeu que também existe uma glória espiritual no paraíso e que ela consiste na visão e contemplação de Deus. O sarraceno tentou apresentar, sem sucesso, o argumento de que, como Maomé é alvo de reverência tão disseminada, Deus deve ter aprovado essa reverência e, portanto, Maomé é de fato um profeta. O sarraceno foi o último a falar no debate, mas o gentio partiu sem pronunciar um veredicto. Os três resolveram continuar o debate até que conseguissem chegar a um consenso. É possível que *O livro do gentio* tenha sido calcado numa fonte árabe não identificada.[54]

Além dos numerosos tratados sobre teologia e filosofia, Lúlio também escreveu um romance. *Blanquerna* é um romance missionário, no qual o herói epônimo decide, ainda rapaz, tornar-se eremita. Os pais consternados tentam usar a filha de um amigo para seduzi-lo, afastando-o desse caminho austero, mas o encontro dos dois resulta na conversão da jovem a uma vocação religiosa. Ela se torna freira, enquanto Blanquerna vaga por muitas terras desconhecidas em busca do local perfeito para construir seu eremitério. Como o peregrino de Bunyan, ele enfrenta todos os tipos de provação e se depara com muitas personagens alegóricas. Acaba por preferir a vida monástica e ascende, de início, ao posto de abade do mosteiro. Passa então a bispo e finalmente a papa. Depois de anos presidindo a Igreja como um papa reformista, ele abdica ao papado e volta a seu objetivo original, tornando-se eremita. Em seu isolamento, ele escreve dois livros, *O livro do amante e do amado* e *A arte da contemplação*. O livro termina abruptamente com a chegada do imperador, que está procurando por Blanquerna e é encaminhado a seu eremitério.[55]

A narrativa divagante de *Blanquerna* é juncada de fábulas e contos, a maior parte dos quais parece derivar de originais árabes. O encaixe de histórias dentro de histórias era característico da literatura árabe medieval e pode ser encontrado em coleções de histórias como *Kalila wa-Dimna* e *As mil e uma noites*. *O livro do amante e do amado*, que está encaixado em *Blanquerna* e que trata de como o místico se aproxima de Deus, que é o "Amado", foi escrito, segundo Lúlio, "à maneira dos sufis"; e, como no caso do *Livro do gentio*, é possível que tenha sido inspirado num texto árabe perdido. Sem dúvida, o livro é permeado por temas árabes, e nele Lúlio deixa explícita sua admiração pelo sufismo. Blanquerna lembrou-se de um sarraceno ter-lhe relatado que "os sarracenos dispõem de determinados religiosos, e que, entre outros, existem homens chamados sufis, que são os mais valorizados entre eles, e esses homens têm palavras de amor e exemplos sucintos que dão aos homens enorme devoção". Lúlio parece ter absorvido a prática sufi de meditar nos nomes de Deus e a transformou numa prática devocional cristã. Na época em que escreveu *Blanquerna*, Lúlio acreditava que o trabalho missionário e os debates eram a maior esperança da cristandade de conseguir derrotar a ameaça islâmica. Era avesso à idéia de mais cruzadas. Na *Arte da contemplação*, entre outras coisas, Lúlio argumentava que empreender cruzadas era uma péssima idéia, pois, se Deus tivesse aprovado as cruzadas, elas teriam tido mais sucesso no passado. Em outro trecho em *Blanquerna*, o sultão do Egito manifesta sarcástica surpresa diante do fato de os cruzados cristãos procurarem imitar os costumes violentos de Maomé, em vez das pacíficas pregações de Cristo e seus Apóstolos.

Não há espaço aqui para delinear o conteúdo dos outros mais de duzentos textos de Lúlio, embora muitos deles esclareçam suas várias opiniões sobre os árabes e suas propostas para lidar com a ameaça do islã. Com a possível exceção de Ricoldo de Monte Croce, nenhum pensador medieval europeu parece ter sido mais versado na literatura e no pensamento árabes. Neles Lúlio encontrou muito a admirar. Além de sua paixão pelo sufismo, ele elogiou a beleza do Corão e afirmou que os muçulmanos viviam mais do que os cristãos porque sua dieta e seus trajes eram mais racionais. Mesmo assim, era irredutível ao considerar a religião muçulmana falsa; e seus seguidores, condenados ao inferno. O averroísmo era uma doutrina muçulmana especialmente repreensível e, durante sua última estada em Paris, Lúlio redigiu alguns ataques contra o averroísmo e a interpretação averroísta de Aristóteles. Ele parece ter considerado que o averroísmo estaria no cerne do mal do islã; e que a idéia averroísta das duas verdades seria especificamente condenável. É provável que a hostilidade especial de Lúlio seja devida em grande parte a suas leituras iniciais de al-Ghazali, o maior crítico de Averroes no mundo islâmico.

Embora Lúlio tenha inicialmente confiado em iniciativas missionárias, depois da queda do que restava do Reino de Jerusalém diante dos mamelucos muçulmanos em 1291, ele adotou a opinião de que a força também era necessária e que na realidade uma nova cruzada seria desejável. (Entretanto, Lúlio insistia que algum conhecimento do árabe seria tão necessário para o cruzado como era para o missionário.) Numa obra tardia, *O debate com Hamar, o Sarraceno*, Lúlio manifestou ansiedade quanto ao fato de a cristandade estar enfrentando a dupla ameaça do islã e dos mongóis. Um terço dos mongóis já tinha se convertido ao islã. Além disso, o sultão mameluco do Egito tinha conseguido recrutar renegados cristãos, com um terço de seu exército sendo composto por esses homens. Esse tratado foi escrito na prisão em Bougie, Argélia. Em 1295 Lúlio tinha se tornado um terceiro da ordem franciscana (quer dizer, ele se vinculou à ordem religiosa, apesar de continuar sendo leigo). A partir daí, seguiu três vezes em missões evangélicas ao norte da África, procurando o martírio com essa atitude, pois qualquer um que tentasse converter os muçulmanos a abandonar sua fé estava exposto à condenação à morte. Na terceira viagem, ele conseguiu realizar sua ambição e foi apedrejado até a morte por uma multidão em 1315 ou 1316.

O prolífico Lúlio, com seus múltiplos talentos, talvez seja mais bem conhecido por sua *Ars Magna*, um tratado que descreve uma espécie de computador medieval acionado manualmente. Ele era composto de uma roda giratória provida de letras que representavam princípios abstratos. A rotação dos seus círculos podia ser feita de um modo que demonstrasse a existência de Deus e as verdades do dogma cristão, e Lúlio aparentemente teria esperado que bastaria a um muçulmano vê-la em operação para se converter. Ele era um gênio cujos escritos são repletos de fantasias, idiossincrasias e preconceitos — exemplificados, por exemplo, em sua incansável campanha contra cosméticos femininos. Na excelente obra pioneira do medievalista Richard Southern, *Western Views of Islam in the Middle Ages* (1962) [Visões ocidentais do islã na Idade Média], Southern escreveu que, embora Lúlio fosse "uma das figuras mais irresistíveis no estudo do islã" (Southern), não diria muito sobre ele porque Lúlio tinha "uma veia de loucura à qual não consigo fazer justiça". Por outro lado, o famoso orientalista do século XX Louis Massignon elogiou Lúlio pela profundidade de sua empatia para com o islã e por reconhecer como o islã estava próximo do cristianismo.[56] Entretanto, pode ser que este seja um caso de atração entre iguais, pois, como veremos, também em Massignon havia uma veia de loucura.

A campanha de Lúlio e outros, aí incluído o famoso filósofo e cientista Roger Bacon, convenceu o Concílio de Vienne (1311-12) a decretar que fossem criadas cadeiras de grego, hebraico, caldeu e árabe nas universidades de Avignon, Paris, Oxford, Bolonha e Salamanca. Os proponentes da medida insistiam que o ensino de línguas orientais deveria atender ao objetivo duplo de auxiliar na conversão dos infiéis e de promover a exegese bíblica. As cadeiras de grego e hebraico tiveram breve existência em algumas universidades, mas nenhuma cadeira de árabe foi criada em parte alguma. Supostamente o ensino do árabe deveria ser financiado por fundos eclesiásticos adicionais, e isso nunca ocorreu. O

Concílio da Basiléia (1341) tentou restabelecer o decreto mas sem nenhum sucesso. Edward Said declarou que o Concílio de Vienne assinalou o início da existência formal do orientalismo.[57] Na realidade, no que disse respeito ao estudo e ensino do árabe, seu decreto foi letra morta. Mais que isso, como observou, ele foi "a última salva a um ideal moribundo".[58] Projetos para cruzadas continuaram a ser engendrados nos séculos XIV e XV, mas poucas expedições foram organizadas, e um número ainda menor chegou de fato a realizar alguma coisa. Houve um declínio paralelo (se bem que temporário) no interesse em mandar missionários para converter os muçulmanos. Como mais uma vez Southern salientou, a cristandade no século XIV sabia menos sobre o islã do que tinha sabido no século XII.[59] O fracasso de missões papais despachadas para converter os mongóis foi especialmente desmoralizador, pois houvera grandes esperanças de formação de uma aliança com os mongóis, que poderiam ser trazidos para o lado da cristandade e usados contra os muçulmanos no Oriente Próximo.

A INIQÜIDADE DO ISLÃ E DO PAPADO

Quem realmente desejava estudar o islã enfrentava dificuldades consideráveis. Fora da Espanha, era difícil encontrar exemplares completos do Corão em qualquer ponto da Europa. Quando João de Segóvia (c. 1400-1458) resolveu aprender árabe e traduzir o Corão como um recurso para disputas com os muçulmanos, ele procurou um árabe ou um estudioso do árabe que lhe ensinasse o idioma. Como não teve êxito na tentativa, precisou aprender sozinho. Tendo conseguido aprender a língua, passado a traduzir o Corão (tradução esta que está perdida), e escrito uma refutação ao texto, ele foi imediatamente atacado por Jean Germain, bispo de Nevers e Chalon, e chanceler da Ordem do Tosão de Ouro, por ter dado publicidade às doutrinas de uma heresia abominável.[60] Pelos séculos afora, quem tentasse traduzir do árabe ou estudar o islã corria o risco de ser acusado de ser simpatizante criptomuçulmano.

Também foi o caso que, pelos séculos que viriam, quem escrevia sobre o islã costumava fazê-lo não por estar interessado no islã em si, mas por desejar usar o exame de seus rituais e práticas como uma vara com a qual atingir o papado ou, como alternativa, como uma vara com a qual surrar os que recomendavam a reforma da Igreja Católica. O escolástico inglês, John Wyclif (*c.* 1324-84), empreendeu campanha pela reforma do papado e pela tradução da Bíblia nas línguas vernáculas. Como Wyclif explicitou em vários de seus escritos, embora os muçulmanos estivessem mal orientados, não o estavam mais do que os católicos. O islã, como ele o entendia, era exatamente como a Igreja Católica que ele conhecia — violento, corrupto e ganancioso. A ascensão do islã tinha sido causada pelo orgulho e pela ganância da Igreja. O poder e a riqueza eram as características inconvenientes tanto do papado como do islã. Na realidade, aos olhos de Wyclif, a Igreja Católica era, em certo sentido, uma instituição muçulmana.[61] Esse tipo de acusação, uma afronta por associação, haveria de tornar-se um motivo comum e, como veremos, Martinho Lutero viria a fazer afirmações polêmicas análogas sobre as semelhanças entre o papado e o islã.

O poeta William Langland (*c.* 1332-*c.* 1400) também usou uma versão deturpada do islã para apresentar pontos polêmicos contra a Igreja estabelecida. Em seu grande poema, *Piers Plowman*, ele se opôs ao monopólio dos padres sobre as chaves da salvação e sugeriu que os muçulmanos e judeus também pudessem ser salvos independentemente dos sacramentos da Igreja. Prosseguiu apresentando uma conhecida descrição polêmica das origens do islã na qual Maomé, um padre renegado, frustrado em sua ambição de tornar-se papa, teria fundado uma nova religião. O profeta teria astuciosamente treinado uma pomba para pousar sobre seu ombro e com o bico tirar grãos de cereal de sua orelha, para que as pessoas para quem ele pregava acreditassem que a pomba era um mensageiro do paraíso murmurando em seu ouvido. Embora a história de Langland seja tanto fantasiosa como hostil, é importante salientar que ele no fundo não estava interessado nas origens do islã em si, pois imediatamente passou a censurar o clero cristão de sua época por alimentar uma pomba chamada Avareza e por comportar-se de modo tão desonesto quanto Maomé.[62]

O ROMANTISMO DO ORIENTE

Ficcionistas e geógrafos gostavam de se deter no território do islã e nas terras do Oriente em termos mais gerais como lugares fantásticos, repletos de tesouros, maravilhas, tribos e animais desconhecidos. Como Robert Bartlett observou, "a Ásia tinha a reputação de ser vasta, rica e plena de assombros. A riqueza e fertilidade da Índia eram fabulosas. Guilherme de Newburgh, ao examinar a situação da Terra Santa, menciona que a Bíblia estabelece o lugar especial da Palestina, mas considera que isso não pode significar que ela seja a região mais rica e mais fértil do mundo 'a menos que as informações sobre a Índia sejam falsas'... O Oriente era também onde a natureza era mais brincalhona, produzindo maravilhas e esquisitices de todos os tipos."[63] As maravilhas do Oriente incluíam o ataúde do profeta Maomé, que supostamente flutuava no ar sustentado por ímãs ocultos; a Caaba em Meca, que se dizia ser um santuário cheio de ídolos que matavam qualquer pássaro que pousasse neles; o cordeiro vegetal da Tartária, que crescia como planta e só se soltava quando maduro; o Vale de Diamantes, cujas pedras preciosas eram colhidas por garimpeiros com o uso de aves gigantes; e o império do antigo rei cristão, de fabulosa fortuna, o Preste João. A ficção científica moderna localiza suas maravilhas em galáxias distantes. Os que negociavam com o assombro nos tempos medievais localizavam seus prodígios em partes remotas do Oriente. Além de ser a terra de monstros fantásticos e imensos tesouros, o Oriente também era um lugar de sabedoria — mais notadamente a sabedoria dos gimnosofistas indianos e dos sábios chineses.

O relato mais popular das maravilhas da Ásia foi fornecido em 1356 ou 1357 por um autor que se intitulava Sir John Mandeville. Mandeville apresentou sua obra como um guia confiável para peregrinos a caminho da Terra Santa e alegava tê-lo escrito para satisfazer a curiosidade intelectual daqueles que desejavam seguir em peregrinação, mas não podiam em razão de uma proibição papal vigente na época. Na realidade, seu livro estende-se muito mais, por todas as terras da Ásia, e é principalmente uma compilação de assombros interessantes, que incluem o cordeiro vegetal, a fonte da juventude e formigueiros de pó de ouro. Se realmente existiu um cavaleiro inglês chamado Sir John Mandeville é questionável e, de fato, a questão ainda está sendo debatida. (M. C. Seymour levantou a conjectura de que o livro pode ter sido escrito por um clérigo francês.) O ponto importante acerca do autor, quem quer que tenha sido, é o de que ele teve muitos leitores durante um período prolongado, e aproximadamente trezentos manuscritos da sua obra em vários idiomas sobreviveram desde a época medieval.[64]

Ainda que seu relato das maravilhas do Oriente seja repleto dos absurdos mais espantosos, não há motivo para acreditar que seus leitores tenham sido gravemente enganados por suas invencionices. Mandeville escrevia para divertir, e seu público lia para se divertir. Essa era uma época em que os autores de relatos de viagens não eram obrigados a se ater rigorosamente aos fatos. Outros autores de relatos de viagens, como, por exemplo, Marco Polo e Ludovico Varthema, produziram narrativas que, embora menos exuberantemente fantásticas que a de Mandeville, ainda tinham muita fantasia. Na realidade, Mandeville, que provavelmente jamais pôs os pés na Ásia e que, em vez disso, recorreu às bibliotecas da Europa, apenas reciclou antigos relatos de viajantes. Em seu prólogo ele afirmou ter lutado pelo sultão mameluco do Egito nas guerras contra os beduínos e alegou ter gozado de alta consideração por parte do sultão. Mesmo que isso não tenha sido verdade e mesmo que grande parte do relato de Mandeville seja uma fantasia desvairada, as informações sobre o Oriente Médio eram relativamente corretas.

Ele descreveu uma audiência que supostamente teria tido com o sultão. O sultão falou primeiro: "Ele perguntou como os cristãos se governavam em nossos países. E eu respondi: 'Senhor, bastante bem... graças a Deus.' E ele respondeu dizendo: 'Claro que não. Não mesmo. Pois seus padres não servem direito a Deus com uma vida virtuosa, como deveriam. Pois eles deveriam dar a homens menos instruídos um exemplo de como viver bem e fazem o contrário, dando exemplos de todos os tipos de iniquidade. Resultado, nos dias santos, quando as pessoas deveriam ir à igreja para servir a Deus, elas vão para a taberna e passam o dia inteiro — e talvez a noite toda — bebendo e comendo demais, como animais desprovidos de razão que não sabem quando comeram o suficiente. E depois, por causa da embriaguez, eles resvalam para discursos fanfarrões, discussões e brigas, até alguém matar alguém. É comum que os cristãos enganem uns aos outros, e que desrespeitem os juramentos mais importantes..."[65] E o sultão prossegue na mesma linha, pois Mandeville se utiliza dele como seu porta-voz para um sermão em que denuncia o orgulho dos cristãos, seus trajes extravagantes, sua libidinagem, cobiça e assim por diante.

Em comparação, Mandeville descreve os muçulmanos como "muito devotos e honestos em sua lei, bons cumpridores dos mandamentos do Corão, que Deus lhes enviou por seu mensageiro Maomé, com quem, pelo que dizem, o anjo Gabriel falou muitas vezes, transmitindo-lhe a vontade de Deus". Mandeville endossava a antiga idéia de que os cristãos tinham perdido seus territórios no Oriente para os muçulmanos como um castigo por pecados. O louvor de Mandeville a virtudes muçulmanas com o objetivo de instilar uma sensação de vergonha em seus leitores cristãos acompanhava exercícios anteriores na mesma linha por parte de Ricoldo de Monte Croce e outros. Mais especificamente, o diálogo de Mandeville parece ter sido calcado no relato de uma conversa semelhante que supostamente teria ocorrido entre o cônego Guilherme de Utrecht e um nobre sarraceno, depois da captura de Jerusalém por Saladino, como foi descrita no século XIII no *Dialogus Miraculorum* de Cesário de Heisterbach.[66] Para sua explanação da doutrina e prática muçulmanas, Mandeville mais uma vez recorreu pesadamente ao *Tractatus de Statu Saracenorum* (c. 1273) de Guilherme de Trípoli e à enciclopédia do século XIII, *Speculum Historicum*, de Vicente de Beauvais.[67] Como Guilherme de Trípoli, Mandeville ressaltou o quanto o islã tinha em comum com o cristianismo e manifestou otimismo quanto à possibilidade de sua conversão ao cristianismo. Mesmo assim, é importante ressaltar que Mandeville não se preocupava exclusivamente com questões muçulmanas e que, no mínimo, ele estava ainda mais interessado nas doutrinas e atividades dos cristãos orientais.

Embora Mandeville apresentasse uma descrição razoavelmente favorável dos muçulmanos de sua época, seu relato das origens do islã estava contaminado pelas tolices costumeiras sobre a ligação de Maomé com eremitas e seus ataques de epilepsia, disfarçados como visitas de Gabriel. Ele também apresentou uma coleção do que seriam supostamente letras árabes, bem como uma amostra de vocabulário árabe, embora esteja evidente que Mandeville nada sabia do árabe e que as supostas letras árabes não eram nada disso. Por outro lado, sua descrição da Terra Santa é bastante confiável, pelo menos por ter ele plagiado narrativas anteriores, mais comedidas, de peregrinações, em especial o *Itinerarium* de Wilhelm von Bodensele (*c.* 1336). Mandeville acompanhou as convenções da literatura dos peregrinos, reivindicando uma guerra santa, mas sugeriu que ela deveria ser travada por homens santos.

Por motivos que não estão claros, Ziauddin Sardar referiu-se a Mandeville como "o decano e modelo de todos os que escrevem sobre viagens, patrono e arquétipo de todos os orientalistas".[68] Mas isso corresponderia a conferir a Mandeville um aspecto sério, acadêmico, ao qual o autor não aspirou. Como vimos, ele nem viajou, nem conhecia o idioma árabe. Samuel Johnson, com mais acerto, elogiou Mandeville pela "força do pensamento e beleza da expressão", e Mary B. Campbell afirmou que deveríamos considerá-lo o primeiro escritor sério de ficção em prosa desde Petrônio.[69] Com o passar do tempo, como veremos, o entusiasmo de Mandeville por celebrar as maravilhas da Ásia encontraria eco nos escritos do primeiro grande orientalista europeu, Guillaume Postel (um estudioso que de fato viajou e que sabia árabe muito bem). Além disso, o entusiasmo de Mandeville por catalogar maravilhas exóticas encontraria mais um eco em outra modalidade: nas vitrines de curiosidades dos séculos XVII e XVIII, naquelas coleções de artefatos raros, antiguidades e simulações de monstros pela arte da taxidermia.

Este foi um capítulo sobre os estudos do islã e as polêmicas contra ele na Europa medieval. Por isso, o islã e todos os tipos de questões muçulmanas estiveram no foco da atenção. Entretanto, em termos mais gerais, o islã não ocupava lugar de destaque no pensamento europeu medieval. Na melhor das hipóteses, ele desempenhou um pequeno papel na formação da auto-imagem da cristandade. Além disso, não vemos sentido nos escritos medievais europeus sobre ser o Oriente Médio atrasado em termos tecnológicos, econômicos ou militares; e houve alguns autores, como

Adelardo de Bath, que reconheceram ser a cultura árabe sob certos aspectos mais avançada. Os árabes e turcos não eram considerados bárbaros, nem eram conscientemente considerados não-europeus, pois era pouca ou nenhuma a noção de qualquer tipo de identidade européia nesse período. Sem dúvida, muitas informações equivocadas sobre o islã circularam por toda a cristandade medieval. De modo igualmente óbvio, isso ocorria porque aqueles que tocavam em assuntos islâmicos não se davam ao trabalho de verificar os fatos e porque a fantasia polêmica atendia melhor a suas necessidades. Procurar acertar os fatos foi o que os orientalistas fizeram a partir do século XVI.

3

O orientalismo no Renascimento

A FUGA AO CONHECIMENTO ÁRABE

É provável que a palavra "Renascimento" evoque associações com novas invenções, exploração de territórios desconhecidos, liberdade de pensamento, rompimento com velhas convenções artísticas, renovação, primavera cultural e assim por diante. Entretanto, o Renascimento europeu dos séculos XV e XVI foi acima de tudo inspirado e promovido pelo meticuloso estudo textual de antigos manuscritos, pois o Renascimento, ou "renascença", foi em sua essência uma redescoberta da literatura da Antiguidade e de sua cultura humanista. No contexto do Renascimento, o humanismo significou o retorno a fontes clássicas e a aplicação de técnicas de crítica textual a essas fontes, bem como a adoção de modelos clássicos para o comportamento. À medida que estudiosos humanistas procuravam recuperar os textos originais de escritores como, por exemplo, Tucídides, Heródoto, Cícero e Juvenal e moldar seu próprio estilo no de mestres clássicos, houve um declínio correspondente no interesse pelo idioma árabe. Agora era freqüente que os árabes fossem acusados de ter deturpado o sentido ou o estilo dos textos clássicos que transmitiam; e, na realidade, a isso mais problemas tinham se somado em decorrência de, por sua vez, as traduções árabes em si terem sido mal traduzidas para o latim.[1] Já no século XIII, o filósofo franciscano Roger Bacon manifestara seu desprezo pelos maus tradutores do árabe para o latim, que "não entendiam o assunto tratado, nem os idiomas — nem mesmo o latim".[2] Além disso, à medida que um maior número de estudiosos ganhava acesso direto a textos em grego, começou a se chegar à conclusão de como podiam ser enganosas as versões árabes de originais em grego. O humanista preocupado com o estilo desprezava as rígidas traduções medievais literais, produzidas a duras penas, e o anterior entusiasmo pelo idioma árabe (encontrado, admita-se, em círculos restritos de intelectuais) agora com freqüência se transformava aos poucos em franca hostilidade.

O poeta e humanista italiano Francesco Petrarca (1304-74) foi um crítico precoce e veemente da cultura e dos textos árabes. Ele detestava a ciência árabe. Em carta a um amigo médico, ele elogiou ligeiramente mas em geral condenou a medicina e a literatura árabes: "Ninguém tem maneiras tão cativantes; também ninguém é mais terno ou mais carente de vigor; e, para usar os termos exatos, ninguém é mais cruel ou mais depravado. A mente dos homens tende a atuar de modo diferente; mas, como você costumava dizer, cada homem irradia sua própria disciplina mental peculiar. Resumindo: ninguém me convencerá de que da Arábia possa vir algo de bom..."[3] Petrarca esforçou-se por escrever num impecável latim ciceroniano e, imerso na latinidade e nos cânones latinos do que constituía a boa poesia, ele demonstrava segurança em sua condenação da literatura dos árabes e, especialmente, de sua poesia (embora não haja provas de que de fato tenha se dado ao trabalho de ler alguma peça). Petrarca, um rigoroso moralista cristão que tinha feito um estudo aprofundado dos escritos de Santo Agostinho, também era hostil ao averroísmo, pois, entre outras noções perniciosas, a idéia averroísta das duas verdades e a doutrina da eternidade do mundo pareciam ameaçar a fé cristã. Ele prezava sua cultura latinizada como um escudo contra o pecado. Em carta a Boccaccio, ele descreveu a visita que recebeu de um averroísta, que "pertencia àquela seita de homens que praticam a filosofia no estilo moderno e acreditam que somente conseguem ser bastante eficientes quando ladram contra Cristo e Sua doutrina celestial".[4] O visitante enfureceu Petrarca ao proclamar a superioridade dos escritos de Averroes em relação aos de São Paulo e Santo Agostinho. Petrarca passou então a insistir com outro amigo, Luigi Marsili, para que escrevesse "*contra canem ilium rabidum Averroim*" (contra aquele cão raivoso Averroes).[5]

Averroes não era o único alvo de Petrarca e dos que pensavam como ele. Em geral, eles eram mais hostis ao escolasticismo do período medieval tardio e a sua forte dependência, sem questionamento, em relação a Aristóteles. Petrarca declarou que o brilho de Aristóteles "ofuscou muitos olhos turvos e fracos, levando muitos homens a cair nas valas do erro".[6] No século anterior, o filósofo de Oxford Roger Bacon, chocado com a qualidade estarrecedora das traduções latinas das obras de Aristóteles, declarou que, se pudesse, mandaria queimar todas elas.[7] O grande humanista italiano Lorenzo Valla (1405-57) atacou Avicena e Averroes por sua reverência cega para com Aristóteles.[8] O "arabismo" tornou-se um termo pejorativo, à medida que o idioma árabe passou a ser associado de forma bastante rígida ao averroísmo e aos ultrapassados modos de pensar da escolástica.

Petrarca, não tendo conseguido aprender grego, exaltava os escritores latinos em detrimento dos gregos. Entretanto, os que conheciam o grego muito bem tinham a mesma probabilidade de demonstrar hostilidade a traduções e comentários em árabe. Por algum tempo, o termo "arabista" chegou a significar alguém que não estava familiarizado com o original grego mas dependia de uma tradução latina do texto em árabe. Humanistas do Renascimento, que já não se contentavam com versões de textos gregos em árabe, de redação deselegante e tradução imprecisa, preferiram caçar manuscritos dos originais gregos em bibliotecas de mosteiros e em outros locais. Alguns estudiosos humanistas partiram para o Oriente Próximo para procurar originais, copiar inscrições e fazer registros das ruínas clássicas. Os árabes que viviam à sombra daquelas ruínas eram mais ou menos invisíveis para esses estudiosos. Ciríaco de Ancona (1391-1456) viajou pela Turquia, Grécia e Egito, copiando inscrições e recolhendo antigüidades. Ele proclamou que o objetivo da arqueologia era "despertar os mortos", em outras palavras, reavivar a gloriosa cultura da antigüidade clássica.[9] Bernardo Michelozzi e Bonsignore Bonsignori, que percorreram o Levante em 1497-8, estavam basicamente à procura de manuscritos gregos e latinos em vez de árabes, e os estudiosos bizantinos forneceram grande parte do que buscava.[10] Alguns pesquisadores de manuscritos do século XV partiram numa demanda condenada ao fracasso em busca dos tomos perdidos da história de Lívio, de preferência no original em latim, mas, se isso não fosse possível, em alguma tradução árabe. Na realidade, não havia assim tanta erudição clássica que estivesse preservada somente em árabe e que ainda estivesse sem tradução. Os tomos cinco, seis e sete de *Cônicos* de Apolônio foram descobertos numa versão árabe no início do século XVII, e esses três complementaram os quatro primeiros tomos que tinham sobrevivido no original grego. (Os *Cônicos*, de autoria de um dos maiores matemáticos gregos, Apolônio de Perga, no século III a.C., tratava das propriedades de seções cônicas: círculo, elipse, parábola e hipérbole. O poeta e matemático Omar Khayyam era familiarizado com os *Cônicos* e elaborou a partir de algumas de suas proposições.)[11] Entretanto, a redescoberta de partes da obra de Apolônio em árabe foi um caso excepcional, e caçadores de manuscritos procuraram em vão por quimeras como, por exemplo, uma versão árabe dos livros perdidos de Lívio.

Apesar da ampla reação contra a erudição árabe, o averroísmo ainda tinha seus defensores; e a Universidade de Pádua, em particular, continuou a ser um centro de estudos averroístas e de especialização aristotélica em termos mais gerais. O alemão Nicolau de Cusa (1401-64), que estudou em Pádua e foi influenciado pelo averroísmo paduano, era um homem de vastos interesses, que incluíam a pesquisa da quadratura do círculo — iniciativa em que acreditou ter obtido sucesso. (Somente em 1882 foi provado que ela seria impossível.) Ele também desenvolveu um modelo heliocêntrico do sistema planetário e denunciou como uma fraude medieval a Doação de Constantino, segundo a qual no ano de 315 d.C. o imperador Constantino teria doado ao papa metade de seu império. Em 1448 ele se tornou cardeal e desempenhou um papel importante nas negociações para promover a união da Igreja Ortodoxa Grega com Roma. Nada disso é de nosso interesse aqui. Em 1460 Nicolau de Cusa escreveu *Cribratio Alcoran* ("O crivo do Corão"), no qual assumia uma postura crítica diante do texto do Corão (ou melhor, diante da fraca versão latina que estava a seu alcance). Ele concluiu que o Corão exibia nítidos sinais de ter sido influenciado pelo cristianismo nestoriano. Os nestorianos sustentam que a divindade e a humanidade de Cristo não estavam unidas numa única personalidade consciente. No entanto, o papel judaico na formação do Corão era para ele ainda mais óbvio. Essa influência se apresentava de dois modos. Em primeiro lugar, Maomé teria sido orientado por um hipotético conselheiro judeu; e em segundo, depois da morte de Maomé, outros judeus inseriram trechos polêmicos contrários ao cristianismo no texto do Corão. Pode-se considerar a tese de Nicolau de Cusa um exemplo precoce da aplicação de técnicas críticas ao texto do Corão, embora de uma forma primitiva e confusa. Suas especulações sobre a influência cristã e judaica no Corão seriam retomadas no século XIX. Ele se concentrou no que percebia serem os elementos cristãos no islã, não com o objetivo de menosprezar esta última fé, mas para demonstrar sua compatibilidade com o cristianismo. Se conseguisse esse intento, ele acreditava ser possível convencer o sultão otomano Mehmed II a converter-se ao cristianismo. Apesar de suas opiniões terem caído nas boas graças do papa Pio II, elas não encontraram nenhuma receptividade por parte do sultão otomano.[12]

A SABEDORIA HERMÉTICA

A mente mística e conciliadora de Nicolau de Cusa procurou estabelecer um terreno espiritual comum a respeito do qual os católicos, ortodoxos gregos e hussitas pudessem concordar entre si e com os muçulmanos: "A religião e a adoração a Deus, em todos os homens dotados do espírito, em toda a diversidade dos ritos, são uma coisa só." O nobre florentino Pico della Mirandola (1463-94), chamado de "fênix de sua época", era uma criatura mais combativa. Pico estudou primeiro o hebraico e depois o aramaico e o árabe. Estudou com Flávio Mitrídates, um judeu convertido ao cristianismo, e com Elias de Medigo, outro judeu, que também apresentou o pensamento averroísta a Pico. (Muitos judeus na Itália do século XV tinham lá chegado, fugindo da perseguição espanhola.) No último quarto do século XV, a cabala cristã, a reinterpretação cristã de certos textos rabínicos esotéricos, começou a entrar na moda em rodas intelectuais na Itália e em outros países. Pico, um dos fundadores desse movimento, engajou-se no estudo do hebraico com o objetivo de dominar a cabala e então usá-la para demonstrar as verdades da versão cristã da Bíblia. Ele estudou o texto da Bíblia em busca de significados ocultos que achava que o texto continha. "Não há conhecimento que nos dê mais certeza da divindade de Cristo do que a magia e a cabala." Ele acreditava na aplicação da gematria (um método cabalístico de interpretação das escrituras hebraicas por meio da troca de palavras cujas letras tenham o mesmo valor numérico quando somadas) para extrair o significado oculto do texto bíblico. Na qualidade de primeira língua, a falada por Adão e Eva no Jardim do Éden, o hebraico possuía propriedades mágicas, não encontradas em nenhuma das línguas suas sucessoras.

Embora Pico demonstrasse entusiasmo em relação à antiga sabedoria hebraica, sua atitude para com a erudição árabe era ambivalente; e, apesar de seus estudos de idiomas orientais, ele era hostil aos filósofos árabes: "Pelo amor de Deus, deixem-nos Pitágoras, Platão e Aristóteles, e guardem para si seu Omar, seu Alcabitius, seu Avenzoar, seu Abenragel." Ele também criticava a poesia árabe (embora, como Petrarca, pareça ter evitado sua leitura). Entretanto, apesar de todo o desprezo que manifestava pela erudição árabe, Pico abriu seu famoso *Discurso sobre a dignidade do homem* (c. 1486) fazendo referência a suas leituras dos "registros dos árabes" e citando um determinado "Abdala, o sarraceno" que, ao lhe perguntarem qual era a coisa mais maravilhosa do mundo, respondeu: "Não há nada para se ver que seja mais maravilhoso que o homem." Se bem que o discurso subseqüente se apoiasse principalmente em citações de autores clássicos latinos e recorresse à autoridade dos antigos hebreus e dos zoroastristas, Pico também teve palavras de louvor a dirigir aos seguintes pensadores árabes: Averroes, Avempace (de modo mais correto, Ibn Bajja), al-Farabi, Avicena e al-Kindi. De modo semelhante, em seu não menos conhecido tratado contra a astrologia, ele citou Avicena e Averroes. (Mesmo que se menosprezasse a erudição árabe, ainda era conveniente recorrer à sua autoridade.) Por sinal, vale salientar que Pico não atacou a astrologia a partir da perspectiva de um racionalista moderno, mas, como defensor de outro ramo do ocultismo, conhecido como magia natural. Pico morreu jovem, e com o tempo os assuntos de seu interesse e seu estilo de pensamento influenciaram apenas um punhado de intelectuais excêntricos. Ainda em vida, algumas de suas teses cabalísticas foram condenadas como heréticas pela Igreja; e, quanto a muitos textos herméticos em cuja antigüidade Pico tinha confiado plenamente, mais tarde foi demonstrado que se tratava de falsificações de idade mais recente.[13]

Pico e seus contemporâneos eram fascinados pelo pouco que conheciam sobre o antigo Egito. No século XV, considerava-se que o Egito era a fonte da maior parte do que mais tarde veio a ser identificado como cultura grega — uma teoria que recentemente foi retomada e defendida de modo vigoroso e controvertido por Martin Bernal.[14] Platônicos do Renascimento, como, por exemplo, Marsílio Ficino, acreditavam que os hieróglifos egípcios representavam idéias platônicas sobre o Universo e questões divinas. Os sacerdotes egípcios usavam os hieróglifos esotéricos para ocultar mistérios divinos dos olhos profanos.[15] Foi Ficino que, em 1471, traduziu o *Corpus Hermeticum* do grego para o latim. Tratava-se de um conjunto de textos platônicos e ocultistas atribuídos a um sábio antigo e semidivino, Hermes Trismegisto, que em alguns de seus aspectos pode ser considerado uma versão clássica do deus egípcio, Tot. Pico acreditava ingenuamente na existência literal dessa figura e no que pareciam ser profecias enigmáticas da vinda de Cristo por Hermes Trismegisto.[16] Como veremos, no início do século seguinte, Isaac Casaubon viria a demonstrar que a fé que Pico pôs na autenticidade e antigüidade dos escritos herméticos foi equivocada. No século XVII, o fascinante pensador Athanasius Kircher (mais a respeito no próximo capítulo) faria um ataque mais determinado contra os mistérios dos hieróglifos. Contudo, a egiptologia primitiva, baseada em falsas premissas e alimentando esperanças insensatas de redescobrir uma antiga sabedoria perdida, fez ainda menos progresso nos séculos imediatamente subseqüentes do que os estudos árabes. O estudo da língua e da cultura dos antigos egípcios tornou-se o território intelectualmente marginalizado dos que se dedicavam à cabala, ao rosacrucianismo e à maçonaria.

A LUTA PELA SUPREMACIA MUNDIAL

Os séculos XV e XVI foram o apogeu dos impérios muçulmanos: o mogol na Índia, o safávida na Pérsia, o mameluco na Síria e no Egito e o otomano na Turquia. Alguns observadores europeus avisaram que a cristandade era uma ilha em processo de encolhimento cercada pela maré alta do islã. A queda de Constantinopla diante do sultão otomano Mehmed II em 1453 parecia ameaçar a própria sobrevivência da cristandade. Sua captura pelos turcos não foi apenas um desastre político e militar, mas também um desastre cultural para a Europa humanista. Como Enéas Sílvio (mais tarde, papa Pio II) escreveu, foi "a segunda morte de Homero e Platão". À tomada de Constantinopla seguiram-se outras conquistas turcas de ilhas gregas e territórios dos Bálcãs. Em 1521, Suleiman, o Magnífico, capturou Belgrado e então destruiu o exército húngaro na batalha de Mohacs em 1526; e em 1529 os turcos cercaram a Viena dos Habsburgos pela primeira vez. Um pouco mais para o leste, os turcos estavam avançando para invadir o território que atualmente é a Romênia. No Mediterrâneo, eles ocuparam Rodes em 1522, Chipre em 1571 e Creta em 1669. Em outras partes do mundo, especialmente no sudeste da Ásia e na África subsaariana, o islã continuava a conseguir conversões e a ampliar seu território. Um número significativo daqueles que lutavam pelos otomanos e eram comandantes ou tripulação dos navios dos corsários da Barbaria era de renegados europeus que tinham se convertido do cristianismo ao islã. Esses casos eram amplamente divulgados e condenados nos púlpitos de toda a Europa.[17] A cristandade estava cercada.

Apenas no Ocidente os exércitos cristãos tinham obtido vitórias significativas contra o islã. Em 1492 o que restava do reino násrida de Granada rendeu-se aos monarcas espanhóis católicos, Fernando e Isabel. Naquele mesmo ano, Colombo partiu em sua viagem de exploração, a travessia do Atlântico. Sua empreitada foi inspirada pela ideologia das Cruzadas. Ele esperava conseguir um acesso comercial independente para as riquezas das Índias que passasse ao largo dos impérios islâmicos dos otomanos, mamelucos e safávidas. Acreditava estar vivendo num período muito próximo do Final dos Tempos, e foi inspirado pela informação de que astrólogos teriam previsto a iminente derrocada da seita de Maomé e a chegada do anticristo. Colombo expôs seus objetivos num documento endereçado a Fernando e Isabel: "Vossas Altezas, como príncipes católicos e bons cristãos, devotos e propagadores da fé cristã, além de inimigos da seita de Maomé e de todas as idolatrias e heresias, conceberam o plano de enviar a mim, Cristóvão Colombo, a esse país das Índias, para ali ver os príncipes, os povos, o território, sua disposição e tudo o mais, bem como a forma pela qual seria possível converter essas regiões para nossa santa fé."[18] Quando Colombo zarpou para atravessar o Atlântico, ele teve o cuidado de incluir na tripulação um judeu que falava árabe, pois sua expectativa era a de que chegariam às Índias Orientais, onde era sabido que havia muitos mercadores muçulmanos falantes do árabe nos portos da China, Malásia e Índia. Até certo ponto deve ter sido para ele uma decepção descobrir, ao tocar em terra firme pela primeira vez, que os caribes desconheciam totalmente o árabe.

De início houve uma relutância em reconhecer que a América era de fato um continente novo e diferente. Benito Arias Montano, organizador espanhol do projeto da Bíblia Poliglota de Antuérpia, estava tão convencido de que a América devia ter sido do conhecimento dos autores da Bíblia que acrescentou aos textos da edição de Antuérpia uma lista das formas hebraicas de topônimos americanos que ele considerava ter descoberto na Bíblia.[19] O flamengo Ogier Ghiselin de Busbecq, embaixador dos Habsburgos na Istambul muçulmana de 1554 a 1562, acreditava que as potências cristãs estavam desperdiçando tempo e recursos na América, enquanto a própria sobrevivência da cristandade era ameaçada por avanços otomanos na Europa; e censurava os que esbanjavam recursos na "busca das Índias e dos Antípodas do outro lado de vastas extensões de oceano, à procura de ouro". Alguns observadores turcos, entretanto, foram mais perspicazes.[20] Por volta de 1580, um geógrafo otomano, autor de *Tarikh al-Hind al-Garbi* ("História da Índia do Ocidente"), advertia para o fato de as colônias européias nas costas das Américas representarem a longo prazo perigo econômico para a prosperidade e sobrevivência do sultanato.[21] Fiéis ao espírito de cruzado de Colombo, quando decidiram colonizar as Américas, os espanhóis se conduziram como se estivessem travando uma nova guerra santa. A literatura do período costumava comparar os índios americanos, bárbaros e pagãos, aos muçulmanos; e era comum que escritores cristãos acusassem tanto uns como outros de idolatria, sodomia e indolência.[22]

A ASCENSÃO DA LITERATURA DE VIAGENS

O descobrimento da América também promoveu um entusiasmo renovado pelas narrativas de viagens. Curiosamente, porém, as pessoas estavam muito mais interessadas em ler sobre as terras islâmicas e as que se situavam ainda mais distantes na direção leste do que sobre o Novo Mundo. Giambattista Ramusio publicou uma coleção extremamente popular de narrativas de viagens, *Racolta de Navigazioni et viaggi* (Veneza, 1550-59), e foi principalmente através da coleção de Ramusio que se tornou mais conhecido o relato de Marco Polo de sua viagem ao Grande Khan. Nas décadas de 1580 e 1590, Richard Hakluyt publicou uma série de narrativas de expedições, em sua maioria referentes a viagens às Américas. E então, em 1613, Samuel Purchas publicou um equivalente em inglês da antologia de Ramusio, *Purchas, his Pilgrimage, or Relations of the World and the Religions observed in all the Ages* [Purchas, sua peregrinação, ou relações do mundo e das religiões observadas em todas as épocas]; e em 1625 ele complementou a coleção com mais dois livros que reuniam relatos de viajantes de todas as partes do mundo então conhecido. Purchas era ardoroso defensor dos textos de viagem de Mandeville. A descrição que Purchas deu de Xanadu viria a inspirar o famoso poema de Coleridge. Como o título da coleção de Purchas sugere, ele concebia a viagem como uma espécie de ato de devoção.[23]

A peregrinação à Terra Santa ainda era muito popular nas últimas décadas do século XV, e nesse período foi produzida uma literatura abundante e repetitiva. A partir daquela época, caiu acentuadamente a moda de fazer uma peregrinação de verdade a Jerusalém, em comparação com a leitura de textos a respeito do assunto. Mesmo assim, quem viajava pelo

Oriente costumava moldar sua narrativa nos precedentes fornecidos por peregrinos literários, como fez Jean Thenaud, por exemplo, ao acompanhar o embaixador francês ao sultão mameluco do Egito, Qansuh al-Ghuri, em 1512.[24] Pierre Belon foi outro viajante voltado para a literatura que participou da comitiva de um embaixador francês, embora fosse a Istambul na década de 1540. Belon era um naturalista que investigou a zoologia e a botânica da Turquia, do Egito e da Síria, e os resultados dessas pesquisas apareceram em *Les observations de plusieurs singularitez et choses memorables trouvées en Grece, Asie, Iudée, Égypte Arabie et autres pays estranges* (1554). Belon, que também foi responsável pela introdução na França de plantas do Oriente Médio até então desconhecidas, foi assassinado em 1564, possivelmente por um huguenote.[25] Ogier Ghiselin de Busbecq (1522-92), embaixador dos Habsburgos em Constantinopla, que temia que os turcos estivessem obtendo vantagens na Europa enquanto as potências cristãs esbanjavam seus recursos na América, já foi mencionado. Como muitos diplomatas no início do período moderno, Busbecq também se dedicava a uma larga faixa de interesses intelectuais, como lingüista, antiquário, zoólogo e botânico. Quando voltou para a Europa, ele trouxe consigo 264 manuscritos gregos, bem como uma considerável coleção de moedas gregas e romanas e seis fêmeas de camelo. Suas cartas da Turquia para um amigo, de início publicadas em latim como *Itinera Constantinopolitanum et Amasium. Eiusdem... de acie contra Turcam instruenda consilium* (1581), proporcionavam um quadro da vida turca impregnado da sensibilidade de um classicista e de citações de Plínio, Políbio, Galeno e Plauto.[26]

Embora Nicolas de Nicolay (1517-83) possa ser descrito como soldado, espião ou cartógrafo, ele era efetivamente um escritor profissional dedicado a relatos de viagens, que percorreu toda a Europa, o norte da África e a Turquia, e depois escreveu sobre suas experiências, de modo mais notável em *Les quatre premiers livres des navigations et peregrinations orientales* (1567). O livro de Nicolay era ilustrado com os trajes exóticos do Oriente, e é presumível que fosse muito consultado por pintores europeus de temas orientais, assim como por pessoas que tivessem sido convidadas para festas à fantasia.[27] Contudo, o número de viajantes que iam até o Oriente

Próximo e depois escreviam sobre suas experiências no século XVI era insignificante em comparação com o que viria a ser no século XVII. À medida que mercadores, peregrinos e aventureiros com interesses acadêmicos traziam de volta para a Europa objetos exóticos de todos os tipos — tambores de índios americanos, conchas extraordinárias, peças de cerâmica persa, ervas até então desconhecidas, tritões empalhados, marfins chineses, dinheiro indiano, presas de narval e assim por diante — colecionadores particulares montavam gabinetes de curiosidades, que eram coleções não sistemáticas de tudo que fosse raro e assombroso. O gabinete de curiosidades, uma tentativa primitiva e muitas vezes fantasiosa de organizar o fluxo de novos conhecimentos provenientes de regiões exóticas, além de ser o antepassado do museu, foi também um dos precursores institucionais do orientalismo sério.[28]

Além das narrativas de viajantes sobre regiões exóticas, os acadêmicos europeus também aprenderam muito com informantes nativos. Leão, o Africano, foi de longe o mais importante desses informantes no século XVI. Leão, cujo nome original era Hasan ibn Muhammad al-Wazzan, era um árabe nascido em Granada em 1493 ou 1494. Quando ele era pequeno, sua família migrou para Fez, no Marrocos. Hasan recebeu uma boa formação e, ainda jovem, serviu em várias missões diplomáticas no norte da África, tanto que chegou a conhecer muito bem regiões da África, aí incluído o Egito. Em 1518, ele foi capturado por corsários perto de Jerba, uma ilha ao largo do litoral da Tunísia, e levado para Roma, onde aprendeu italiano. O papa Leão X, da família Médici, tornou-se seu patrono; e por isso, quando se converteu em 1520, Hasan adotou Leão como seu nome cristão. Leão, o Africano, estudou os historiadores latinos. Ele escreveu muito, embora a maior parte de seus escritos não tenha sobrevivido; e, entre outras obras, forneceu biografias de árabes famosos por sua erudição para serem usadas por acadêmicos europeus. Leão também tinha ligações com os cabalistas cristãos e apresentou Guillaume Postel à *za'irja*, um estranho tipo de máquina divinatória do norte da África, constituída por rodas giratórias concêntricas gravadas com letras, que podiam ser levadas a responder perguntas sobre coisas invisíveis. Ele também forneceu informações cruciais sobre quais obras em árabe eram importantes, e isso viria a servir de guia para gerações de futuros caçadores de manuscritos em sua pesquisa por obras em árabe. Foi com Leão, por exemplo, que o Ocidente tomou conhecimento da importância de *Maqamat*, o clássico *jeu d'esprit* literário do século XII, bem como de *Muqaddima*, os prolegômenos teóricos ao estudo da história, de autoria do filósofo e historiador Ibn Khaldun. Entretanto, a principal obra de Leão foi *História e descrição da África e das coisas extraordinárias ali contidas*. Essa obra ele escreveu em italiano (deselegante), tendo terminado o manuscrito em 1526. A *Descrição* trata principalmente da África ao norte do Saara; e a seção a respeito da cidade de Leão, Fez, é bastante detalhada. Leão recorreu muito a suas próprias observações como embaixador itinerante, mas também extraiu muito da história perdida do norte da África de autoria do poeta Ibn al-Raqiq al-Qayrawani e citou obras clássicas de autores como al-Mas'udi, al-Idrisi e Ibn Khaldun. Ramusio publicou a *Descrição* em 1550, e mais tarde ela foi traduzida para o latim, o francês e o inglês (esta última por John Pory). Algum tempo antes de 1550 Leão voltou discretamente para o norte da África; e, de volta ao lar, é presumível que tenha reassumido sua identidade muçulmana.[29]

Em geral, os esforços cristãos de evangelização entre os muçulmanos do Oriente Próximo e do norte da África não obtiveram sucesso; e no século XVI importava mais escrever tratados para uso hipotético por parte de missionários do que realmente despachar evangelizadores pelos territórios dos infiéis. Além disso, alguns dos que escreviam livros sobre o islã ou sobre idiomas orientais, embora sugerissem que esses estudos poderiam ser úteis no fomento a atividades missionárias, aparentavam estar utilizando essa afirmação como um pretexto para justificar seu interesse mais estritamente intelectual pelo exótico. Por exemplo, no prefácio de um tratado sobre a língua árabe, a declaração de que ele teria algum elevado propósito cristão poderia muito bem garantir patrocínio e um subsídio financeiro de algum alto dignitário eclesiástico. Vale também relembrar que as missões católicas e protestantes não eram necessariamente direcionadas para as populações muçulmanas. Com grande freqüência, a meta proposta era trazer os árabes, gregos e coptas cristãos do Oriente para o rebanho católico ou protestante. Em particular, os católicos e os luteranos competiam entre si para alcançar um entendimento ecumênico com os cristãos ortodoxos gregos, que agora eram súditos do sultão otomano. A única igreja oriental que se mantinha em comunhão com Roma era a igreja maronita. Os maronitas libaneses na Itália, sob a proteção do papa e da República de Veneza, foram fundamentais para o fomento do estudo do siríaco, e os maronitas também forneceram manuscritos árabes à biblioteca do Vaticano.[30] Além dos esforços para corrigir os costumes dos cristãos orientais (como as pessoas de pensamento missionário no Ocidente encaravam a questão), ainda por séculos outros missionários cristãos trabalhariam na conversão dos judeus, pois muitos acreditavam que a total conversão dos judeus era uma condição necessária para o final dos tempos. (Esse era um período em que os devotos realmente ansiavam pelo final dos tempos com certo entusiasmo.)

O LOUCO PAI DO ORIENTALISMO: GUILLAUME POSTEL

Embora Guillaume Postel fosse sob certos aspectos uma figura totalmente excepcional, em muitos sentidos ele foi um perfeito produto do seu tempo. Como Thenaud, Busbecq e Belon, Postel tirou proveito acadêmico de suas missões diplomáticas francesas ao Oriente Próximo. Ele foi um escritor que produziu tratados eruditos para quem fosse versado em latim e hebraico. Escreveu também no vernáculo relatos de maneiras e costumes turcos e muçulmanos dirigidos a um público maior, que lia em francês. Foi herdeiro intelectual da cabala cristã de Pico e dos esforços de Nicolau de Cusa em busca da concórdia entre as grandes fés do mundo; bem como defensor de missões de evangelização de muçulmanos.

O fato de Guillaume Postel — o primeiro verdadeiro orientalista — ser também completamente louco pode ser interpretado como um presságio agourento para a história futura de uma disciplina intelectual. Nascido em 1510, ele ficou órfão e era uma criança-prodígio, que se sustentou inicialmente trabalhando como criado numa escola em Beauce, onde teria aprendido sozinho o hebraico. Subseqüentemente encontrou inspiração na leitura de Pico della Mirandola sobre a versão cabalística do cristianismo e seguiu o exemplo de Pico ao acreditar que as doutrinas ocultas da cabala poderiam ser usadas para demonstrar as verdades do cristianismo. Portanto, o estudo do hebraico e o domínio da cabala poderiam ser de enorme utilidade para missionários, pois eles poderiam recorrer a essa sabedoria oculta para comprovar as irrefutáveis verdades do cristianismo. Entretanto, o conhecimento de Postel das fontes em hebraico era muito superior ao de Pico. Postel traduziu para o latim grande parte do texto cabalístico, o *Zohar*. Ele foi também uma figura proeminente na pesquisa sobre a protolíngua, a *Ursprache*. Em seu *De originibus seu de Hebraicae linguae et gentis antiquitate* (1538), ele defendeu a tese de que o hebraico era a protolíngua e dele descenderiam não apenas o árabe e o caldeu, mas também o híndi e o grego — bem como todos os outros idiomas. Sua crença na primazia do hebraico não era na época uma questão particularmente controversa. O que era um pouco excêntrico era sua idéia de que, para obter a paz mundial e um modo de vida utópico, era necessário que todos voltassem a falar hebraico, pois ele era a *via veritas perdita*, "o caminho perdido da verdade". Ademais, ele sustentava que a própria estrutura da língua hebraica, por ser de ordenamento divino, confirmaria a revelação cristã. Tendo em vista o status extraordinário que ele atribuía aos estudos do hebraico, era inevitável que seu interesse por outras línguas fosse subsidiário àqueles estudos. Entretanto, também seu conhecimento do grego era excelente, e ele escreveu um estudo pioneiro sobre as instituições atenienses.

Em 1535-7, Postel acompanhou o embaixador francês enviado por Francisco I a Suleiman, o Magnífico, em Constantinopla, onde a missão de Postel era recolher manuscritos orientais para o rei francês. Ao mesmo tempo, Postel estudou árabe e turco. Em Istambul, ele aprendeu árabe tão rápido que seu professor achou que ele talvez fosse um demônio. Ele também conseguiu aprender de ouvido versões coloquiais do grego, do copta e do armênio. (Mais tarde, ele se vangloriava de ser capaz de viajar até a fronteira da China sem enfrentar problemas de linguagem.) Ele estudou o árabe principalmente para aperfeiçoar seu conhecimento de hebraico, pois as duas línguas semíticas tinham em comum muitas características gramaticais e itens de vocabulário. No entanto, o árabe também era útil para o estudo das doutrinas dos cristãos orientais. Em 1539, ele se tornou o primeiro ocupante da cadeira de árabe em Paris — no Collège de France. (O Collège de France, instituto humanista de ensino superior, foi fundado por Francisco I em 1530.) Por volta de 1538-43, Postel, recorrendo muito a gramáticas árabes do período medieval, escreveu e publicou *Grammatica Arabica*, a primeira gramática do árabe clássico na Europa. Embora não primasse pela precisão, ela permaneceria sendo o principal livro didático até que Erpenius, aproveitando a obra de Postel e a aperfeiçoando, publicasse sua gramática do árabe em 1613. Depois que Postel fez outra viagem ao Oriente, dessa vez à Terra Santa em 1549, uma história ligeiramente enigmática começou a circular, dando conta de que sua barba estava grisalha quando da partida para o Oriente e negra quando de sua volta. Houve também rumores de que essa criatura misteriosa e de espantosa erudição possuiria o elixir da vida. Em razão de suas viagens ao Oriente Próximo, ele pôde publicar *De la république des Turcs, et là où l'occasion s'offrera, des meurs et loys de tous Muhamedistes* (1559), que foi acompanhado de dois volumes complementares com títulos ainda mais prolixos. Esses livros apresentaram aos leitores franceses a vida do Profeta, a história do islã, a língua árabe, bem como a religião, as leis, os costumes dos turcos otomanos.

Durante sua vida, ele foi o principal especialista sobre o idioma árabe e o islã na Europa, mas também era totalmente amalucado. Em Veneza, em 1547, ele havia conhecido uma mulher chamada Johanna, a quem identificou confiantemente como a Shekinah (presença divina) da cabala, o papa angelical, a Mater Mundi, a Nova Eva e a consumação da eternidade, entre outros atributos. Johanna (como o Super-Homem) possuía visão de raios X, tanto que conseguia enxergar Satã sentado no centro da Terra. Impressionado, Postel, tornou-se seu discípulo. Quando chegou de volta de sua segunda viagem ao Oriente Médio, a Mater Mundi tinha morrido. Contudo, esse foi apenas um revés temporário, pois em 1551 ela retornou a este mundo, apossando-se do corpo de Postel, de modo que ele se tornou a Mater Mundi, a Nova Eva e assim por diante. (Ele não diz se recebeu a visão de raios X.) Como profeta da Nova Era, ele passou a produzir uma sucessão de panfletos e livros estranhos, o que lhe criou problemas com a Inquisição em Veneza. No entanto, a Inquisição, numa disposição extraordinariamente benévola, determinou que ele não era herege, mas apenas insano. Uma autoridade do Santo Ofício, que tinha examinado em 1555 os escritos de Postel em busca de heresia, relatou que, embora suas idéias fossem decididamente heréticas, "felizmente, seria impossível que alguém as entendesse a não ser o próprio autor". Postel foi encarcerado na Itália de 1555 até 1559 e depois foi novamente preso como louco em St Martin des Champs em Paris a partir de 1563. Esse último período de reclusão foi mais semelhante a uma prisão domiciliar de natureza médica, com conforto e sem desonra, uma vez que sua erudição, bem como sua personalidade afável, continuou a inspirar enorme respeito até sua morte em 1581.

A erudição de Postel baseou-se principalmente na cabala e no neoplatonismo, mas também no que ele conseguiu descobrir a respeito das doutrinas de grupos muçulmanos como, por exemplo, os drusos e ismaelianos. Em especial, sua noção da sucessiva encarnação do Divino em homens (e ele se considerava um exemplo proeminente) pode ter sido derivada originalmente de sua leitura da literatura drusa. Seu entusiasmo pelos drusos era especial porque ele havia determinado que os drusos eram de origem francesa e que seu nome derivava do termo "druida". A suposta natureza francesa dos drusos era de singular importância, já que Postel era um ardoroso patriota que acreditava ser o povo francês o povo escolhido do Final dos Tempos, e que o rei da França poderia reivindicar o direito de ser rei do mundo, em razão de ser descendente direto de Noé (embora fosse possível imaginar que na época de Postel houvesse muitos que poderiam apresentar a mesma reivindicação).

Sem dúvida, havia muitos franceses no século XVI que acreditavam pertencer à raça escolhida. Mas Postel tinha uma quantidade de outras idéias mais inusitadas — como, por exemplo, sua crença na superioridade das mulheres. E, para nos atermos a questões orientais, ele afirmava que Maomé era um profeta autêntico e que os muçulmanos deveriam ser considerados meio cristãos. Ademais, sua obra *De la république des Turcs et là où l'occasion s'offrera, des meurs et loys de tous Muhamedistes* fornecia uma descrição extraordinariamente favorável das maneiras e costumes dos muçulmanos. Ainda que sua atitude diante do estilo de vida dos turcos não fosse de aceitação total, ele considerava que eles eram melhores do que os cristãos no modo de arranjar casamentos e divórcios, na caridade, em como se preparavam para a educação e no silêncio decoroso de suas orações. Ele admirou e elogiou o harém-palácio do sultão otomano, o Serralho (e não foi de modo algum o único europeu em visita a Istambul a ter essa impressão). Ele sustentava que quase tudo na Ásia era superior a quase tudo na cristandade: "Todas as coisas que no Ocidente consideramos de uma engenhosidade extraordinária são como meras sombras dos primores orientais." Como um todo, o Oriente era superior ao Ocidente porque o paraíso terrestre tinha se localizado lá. E citava comprovações da excelência oriental, como, por exemplo, o *borametz*, um arbusto oriental que dava cordeiros como frutos, ou outra árvore oriental que produzia pão, vinho, seda, vinagre e óleo. (Pico della Mirandola abrigava noções vagamente semelhantes acerca do Oriente, pois acreditava que o sol era mais forte na parte leste do mundo, onde produzia pedras preciosas, perfumes, leões, tigres e elefantes.) Outra prova apresentada por Postel da superioridade do Oriente era o fato de os Três Reis Magos serem provenientes de lá. Até mesmo no século XVIII, importantes pensadores do Iluminismo europeu procuravam estímulo em sábios orientais — não apenas Buda e Confúcio, mas também em figuras do Oriente Próximo como, por exemplo, o antigo sábio árabe Luqman, o Esopo dos árabes.

Postel também considerava o Oriente superior em suas artes e manufaturas. Ainda que poucos contemporâneos seus tivessem endossado sua posição quanto à superioridade das mulheres, menos ainda quanto à visão de raios X da encarnação da Shekinah que vivia em Veneza, mesmo assim suas opiniões sobre o Oriente eram muito disseminadas nos séculos XVI e XVII. O joalheiro francês Jean Chardin (1643-1713) realizou um levantamento meticuloso das diversas indústrias e ofícios da Pérsia safávida, ao final do qual concluiu que em sua maior parte, embora não em tudo, a Pérsia era mais avançada do que a Europa Ocidental. Outros temiam a superioridade militar dos otomanos, pois foi somente mais para o fim do século XVII que se pôde observar uma mudança de direção na maré militar.

Postel encontrou muito a admirar tanto na cultura otomana como na árabe, mas seu estudo do islã foi motivado essencialmente pelo temor. Até as décadas finais do século XVII, os avanços dos turcos otomanos nos Bálcãs pareciam ameaçar a própria sobrevivência da cristandade. Ele percebia, temeroso, que o islã já prevalecia em cinco sextos do mundo conhecido. Ao mesmo tempo, a ascensão do protestantismo representava um perigo correspondente dentro das fronteiras da cristandade. Convencido de que o islã e o protestantismo eram perigosamente semelhantes, ele escreveu um tratado sobre a equivalência dessas ameaças, *Alcorani seu legis Mahometi et Evangelistum concordiae liber* (Paris, 1543). Os reformadores protestantes eram, como Maomé tinha sido, semeadores de discórdia. "Os filhos espirituais de Lutero são os bastardinhos de Mahom", em suas palavras. Postel também nutria a opinião comum de que o islã tinha sido enviado como um flagelo contra os cristãos orientais por conta de suas divisões e insubordinação. Ele queria encontrar e publicar os textos dos cristãos orientais com o objetivo de expor seus erros. Tendo deparado com um *hadith*, ou ditado, apócrifo atribuído (nesse caso, falsamente) ao profeta Maomé, que dizia que a tradução do Corão para outros idiomas seria o fim dos muçulmanos, Postel não hesitou em traduzir grandes trechos da obra para o latim em *De Orbis Concordia Libri Quatuor* (1544). Além de uma tradução de partes do Corão, o livro de Postel também apresentava um relato da vida do Profeta, bem como ataques tanto ao Corão como ao Profeta. Entretanto, apesar de sua hostilidade à revelação do Profeta, Postel não o descreveu como um impostor. E mais, como seu título sugere, *De Orbis Concordia* não era tanto uma obra de polêmica, mas a exposição de um programa para a harmonia universal e a busca de um denominador comum para todas as crenças, sendo esse denominador comum um catolicismo explicado em termos racionais e filosóficos. No contexto turbulento das guerras religiosas do século XVI, suas idéias a respeito desse tema eram quase tão ensandecidas quanto suas noções sobre a Mater Mundi e a Shekinah.[31]

Postel morreu em 1581. Apesar de sua posição aparentemente marginal como o louco cabalista com planos sonhadores para a paz mundial, ele manteve contato com todos os principais orientalistas e projetos orientais. Entre os discípulos de Postel, estavam Raphelengius e Joseph Justus Scaliger (mais sobre eles, adiante). Os manuscritos que ele recolheu no Oriente foram também importantes para pesquisas acadêmicas posteriores. Em particular, um manuscrito da geografia do príncipe sírio Abu al-Fida do século XIV viria a ser muito estudado pois fornecia grande quantidade de informações vitais para cartógrafos sobre as terras orientais.

O CORÃO IMPRESSO

Postel também tinha aconselhado Theodor Bibliander em seu trabalho numa versão impressa do Corão em latim. Um paradoxo surpreendente na história da cultura ocidental foi o de a invenção da imprensa ter de início tido um efeito arcaizante, uma vez que textos medievais negligenciados receberam uma circulação muito maior do que a obtida quando tinham sido escritos. (Os primeiros livros impressos por Caxton não tratavam de novas tecnologias nem das modas literárias mais recentes, mas em sua maioria eram tratados de cavalaria medieval.) Antes do século XVI, muito poucos acadêmicos tinham acesso ao manuscrito do século XII da tradução do Corão para o latim de autoria de Robert de Ketton. Entretanto, em 1543 Theodor Bibliander, um protestante, estudioso de textos de exegese judaica, produziu uma edição do trabalho de Robert de Ketton, com o título de *Machumetis Saracenorum principis, eiusque successorum vitae, ac doctrina, ipseque Alcoran, Quo velut authentico legum diuinarum codice Agareni & Turcae...* (e assim por diante). A versão de Bibliander do texto viria a ser impressa em mais três edições na Basiléia e em Zurique nos anos que se seguiram. A versão impressa da tradução de Robert de Ketton era acompanhada de ataques medievais ao Profeta e aos muçulmanos, por parte de Pedro, o Venerável, e outros. Apesar da bagagem polêmica contrária ao islamismo, o homem que imprimiu pela primeira vez essa versão do Corão, Johann Herbst, foi detido pela administração municipal da Basiléia por disseminar propaganda pró-muçulmana. Temia-se que até mesmo o leitor mais virtuoso ou sofisticado pudesse se deixar seduzir pelas heresias do livro condenável.[32] Como diversos outros gráficos descobririam, qualquer um que imprimisse o Corão corria o risco de ser acusado de criptomuçulmano e, por esse motivo, receber a sentença de passar um período na prisão. Por outro lado, havia tanto interesse entre o público leitor por um livro que tinha uma reputação tão censurável que imprimir uma tradução do Corão era um empreendimento bastante lucrativo.

A prisão de Herbst foi de curta duração, pois o líder da Reforma na Alemanha, Martinho Lutero (1483-1546), imediatamente veio em defesa de Bibliander e seu editor. Um dos manuscritos que Bibliander tinha usado para sua edição foi fornecido por Lutero, que também escreveu o prefácio da segunda edição de Bibliander, publicada na Basiléia em 1550. Quando mais jovem, Lutero tinha recomendado que não se deveria resistir aos turcos, pois sua vinda era uma punição por pecados. Posteriormente, quando um exército turco sitiou Viena em 1529, ele mudou de opinião.[33] Mesmo assim, ele não parece ter tido uma conscientização específica da ameaça ideológica que o islã representava até mais tarde na vida, quando deparou com *Im probatio al chorani* de Ricoldo de Monte Croce, obra que o impressionou tanto que ele a traduziu para o alemão em 1542. Embora Lutero se interessasse pela polêmica medieval contra o islã (e também tivesse prefaciado *Cribratio Alcoran* de Nicolau de Cusa), na realidade, ele não acreditava ser possível converter muçulmanos, pois a seu ver eles teriam endurecido o coração contra o cristianismo e estariam fora do alcance da redenção. Além disso, uma nova cruzada contra o islã seria inútil enquanto a cristandade estivesse dividida e entregue ao pecado. Era até mesmo possível que os turcos derrotassem os cristãos; e, até certo ponto, ele escreveu para preparar seus leitores para essa possibilidade. Contudo, apesar de todo o horrorizado fascínio que sentia pelo islã, Lutero ainda considerava o papa como o verdadeiro anticristo, pois para ele as doutrinas do islã eram toscas e ridículas em comparação com a sofisticada corrupção do catolicismo romano. Exatamente como o católico

Postel considerava que a verdadeira cristandade estaria sob o ataque da dupla ameaça do islã e do protestantismo, Lutero acreditava que a ameaça vinha do islã e da Igreja Católica. Apesar dos avanços que os turcos estavam conseguindo nos Bálcãs, Lutero tinha certeza de que a corrupção da Igreja Católica era a ameaça maior à verdadeira fé. A cabeça do anticristo era o papa, enquanto seu corpo era o islã. Esse era um período em que, se uma pessoa pensasse em se definir em termos de um "Outro", se essa pessoa fosse protestante, era provável que o "Outro" fosse católico, e vice-versa. De acordo com Lutero, "*Turca et Papa in formis religionis nihil different aut variant, nisi in ceremoniis*" (Os turcos e o papa não diferem na forma de sua religião, a menos que seja nos rituais).[34]

POLIGLOTAS

Existe um tipo de história triunfalista da cultura européia que apresenta o progresso das artes e ciências em termos de uma acumulação de ganhos sem percalços. Nesse progresso, toda importante iniciativa intelectual inevitavelmente gera resultados que beneficiam o mundo. Entretanto, uma versão seletiva da história intelectual, como essa, deixa de levar em conta a importância passada de projetos grandiosos, apoiados pelas melhores inteligências e muitas vezes por recursos abundantes, que ainda assim não deram em nada. A história da cultura é (ou pelo menos deveria ser) cheia de becos sem saída, como por exemplo os esforços de Joseph Justus Scaliger, James Ussher, conde Jean Potocki e outros para estabelecer uma cronologia universal que confirmasse o calendário aparente estabelecido pela Bíblia, ou as tentativas de obter a quadratura do círculo, por Nicolau de Cusa e outros. Nos séculos XVI e XVII, a produção das Bíblias poliglotas foi mais um importante empreendimento acadêmico que atualmente está mais ou menos esquecido.

Uma Bíblia poliglota é aquela em que o texto é impresso em várias línguas em colunas paralelas. O objetivo dessa disposição é permitir uma leitura mais precisa do texto original e corrigir o que possivelmente seriam traduções equivocadas nas escrituras da Vulgata em latim.[35] As primeiras

Bíblias poliglotas eram essencialmente iniciativas católicas. A Bíblia Poliglota Complutense de 1514-17 foi produzida na Espanha e incluía textos em hebraico, grego e latim. A Poliglota de Antuérpia de 1569-72, embora se baseasse nas interpretações estabelecidas pela Bíblia Complutense, era uma produção mais ambiciosa e teve distribuição mais ampla. Deixando qualquer outro aspecto de lado, a Bíblia de Antuérpia era um objeto de exibição da última palavra em arte gráfica. Christophe Plantin, um príncipe do mundo gráfico e editor, ficou também famoso por imprimir em 1570 o *Theatrum orbis terrarum* de Abraham Ortelius, um atlas universal cuja publicação levou a tecnologia gráfica da época a seus limites. A Bíblia poliglota não representou um esforço técnico menor. O texto da Vulgata Latina aparecia disposto paralelamente com versões em grego, hebraico, aramaico e siríaco; e os tipos exóticos eram utilizados em tamanhos variados. Além disso, uma equipe dos principais estudiosos da Bíblia na Europa também proporcionou um vasto respaldo acadêmico. Ainda que não fosse impresso nenhum texto da Bíblia em árabe, o conhecimento do árabe era necessário para lançar luz sobre alguns problemas apresentados pelos textos nos outros idiomas semíticos: o hebraico, o aramaico e o siríaco.[36] O estudioso que supervisionou o projeto da Bíblia Poliglota de Antuérpia, Benito Arias Montano, era um especialista bíblico que dominava o árabe tanto quanto o hebraico.[37] (Era Arias Montano quem acreditava que a América aparecia no Antigo Testamento.) Era também inevitável que Postel fosse convocado a dar consultoria. Como já foi mencionado, Postel também tinha sido professor de Franciscus Raphelengius (1539-97). Não obstante, este último, um judeu convertido ao cristianismo que se tornou revisor na editora de Plantin, parece ter aprendido a maior parte do seu árabe como autodidata enquanto trabalhava na Bíblia poliglota. Ele é um exemplo impressionante, mesmo que de modo algum atípico, de um homem que conseguiu dominar o idioma árabe fora de qualquer instituição acadêmica. Posteriormente ele se tornou catedrático de hebraico em Leiden, e sua ilustre carreira como estudioso do hebraico e do árabe, bem como do latim, caldeu, siríaco, persa e etíope, será examinada no próximo capítulo.[38]

A Bíblia Poliglota de Antuérpia, sob o patrocínio de Filipe II da Espanha, foi uma iniciativa católica (embora houvesse muitos católicos que duvidavam da sabedoria de questionar a confiabilidade da Vulgata de São Jerônimo), e no século XVI o estudo do árabe e do islã ainda era dominado pela erudição católica. Por muito tempo, cidades italianas, em especial Roma e Veneza, foram os principais centros de estudo do islã. A biblioteca do Vaticano foi fundada em 1475. Em 1488 ela já tinha 22 manuscritos árabes. Com o passar do tempo, essa biblioteca recebeu mais manuscritos doados por cristãos orientais. Entretanto, pelo menos até o final do século XVII, o estudo do árabe fora das grandes bibliotecas foi gravemente prejudicado pela pura dificuldade e despesa de aquisição de manuscritos árabes, e de conseguir que fossem impressos manuscritos árabes, com suas letras de formato estranho.

O papado patrocinou os primeiros experimentos de impressão em árabe, e em 1514 o papa Júlio II custeou a impressão de *Kitab salat al-sawa'i* de Gregorio de' Gregori, um livro de horas com tipos em árabe, projetado para ser usado por cristãos orientais. Esse foi o primeiro livro impresso com o alfabeto árabe. Seguiu-se a impressão em 1516 por parte do dominicano genovês Agostino Giustiniani de um Saltério poliglota, no qual os Salmos apareciam em latim, grego, hebraico, aramaico e árabe. Posteriormente, um editor de Veneza, Paganino de Paganini, produziu um Corão para uso de missionários em 1537-8. Esses primeiros textos impressos tinham uma distribuição limitada e caráter experimental. Os tipos não seguiam com exatidão suficiente a escrita cursiva do árabe e, por isso, não deviam ter uma boa aparência para os leitores do árabe. As coisas mudaram com a fundação da Gráfica Oriental Medici. Ela foi instalada em Roma em 1584 sob a direção de Giovan Battista Raimondi e o patrocínio do papa Gregório XIII. Essa foi a primeira gráfica na Europa dedicada a imprimir livros com tipos árabes, e os tipos que empregava eram surpreendentemente elegantes. O objetivo primordial de imprimir livros em árabe não era auxiliar no estudo acadêmico do mundo árabe nem mesmo publicar obras polêmicas contra o islã, mas produzir livros em árabe que pudessem ser usados em missões evangelizadoras aos cristãos orientais (coptas, maronitas, nestorianos e outros), procurando converter para o catolicismo essas ovelhas desgarradas. Uma de suas publicações mais importantes foi uma versão dos Evangelhos em árabe em 1591. Contudo, a Gráfica Medici também publicou aquele manual médico padrão, o *Cânon* de Avicena, bem como uma seleção de gramáticas e obras de erudição para consumo na Europa, aí incluída a geografia do mundo de al-Idrisi, do século XII. Ela encontrou um mercado reduzido para o que imprimia e, conseqüentemente, operava com um prejuízo substancial. Depois de imprimir apenas sete textos em árabe, o projeto foi abandonado em 1595.[39]

Raimondi e seus patrocinadores tinham esperança de que a gráfica pudesse ter um bom mercado no Oriente Próximo, uma vez que não havia gráficas muçulmanas que empregassem tipos arábicos. Embora gregos, judeus e armênios no império otomano acabassem por receber permissão para imprimir livros em sua língua natal, os teólogos muçulmanos afirmavam que pôr no prelo a linguagem sagrada do Corão seria uma espécie de profanação. (Além da objeção religiosa à impressão, os interesses pessoais dos escribas e copistas também tinham algum peso.) Somente nas últimas décadas do século XVIII, Ibrahim Muteferrika recebeu permissão para fundar uma tipografia com tipos arábicos em Istambul.[40] Alguns escritores ocidentais nos séculos XVI e XVII sugeriram que a invenção e o uso da imprensa no Ocidente demonstravam a superioridade da cristandade em relação ao islã, muito embora o tema da superioridade tecnológica do Ocidente em comparação com o restante do mundo ainda não fosse plenamente expresso.

A LATINIDADE DO ORIENTALISMO DO SÉCULO XVI

Já se disse o suficiente aqui sobre a subordinação dos estudos árabes aos hebraicos. O estudo do idioma árabe também foi dominado pelos interesses de classicistas, se bem que as fronteiras entre as disciplinas acadêmicas não fossem nítidas, pois os maiores classicistas da época em geral também dominavam o hebraico, sem sombra de dúvida. Estudiosos dos clássicos apenas ocasionalmente se davam ao trabalho de aprender a "arranhar" o árabe. Mesmo assim, eles costumavam demonstrar um interesse simpático pela língua, e o orientalismo embrionário dos séculos XVI e XVII somente conseguiu progredir com dificuldade em razão do interesse de estudiosos dos clássicos tão famosos como Scaliger, Isaac Casaubon, Lancelot Andrewes e Henry Saville. Joseph Justus Scaliger (1540-1609) era um polímata e no consenso geral o maior estudioso da sua época, "o príncipe dos acadêmicos". Sua família era de origem italiana e vinha de Genebra. Ele era filho do não menos famoso controversista, gramático e filósofo Julius Caesar Scaliger (1484-1558). Seu pai, um mestre rigoroso, exigia que o menino Joseph Justus fizesse um pequeno discurso em latim todos os dias. Entretanto, o pai proibia o filho de estudar grego, estudo ao qual Joseph Justus se dedicou somente depois da morte do pai, tendo concluído que "quem não sabe grego não sabe nada". Aos 16 anos, ele escreveu uma tragédia em latim. Posteriormente escreveria poesia naquele mesmo idioma. Forçado a ser gênio pelo programa educacional do pai, Joseph Justus Scaliger parece ter sido uma figura atormentada. Toda a vida, ele sofreu de sonhos estranhos e constipação crônica. Dormia pouco e costumava se esquecer de comer. Também relatou que um dia, quando cavalgava por um charco, deparou-se com o Demônio disfarçado como um negro que procurou atraí-lo para um atoleiro.[41]

Tendo sido criado na França como católico, Scaliger converteu-se ao calvinismo em 1562. No mesmo ano, Postel, pouco antes de ser preso por heresia, despertou o interesse de Scaliger por línguas orientais — de início, pelo hebraico. Daquele momento em diante, Scaliger reverenciou Postel, embora com reservas: "*Postellus excellens philosophus, cosmographus, mathematicus, historicus stultus, linguarum non ignarus, sed nullius ad unguem peritus. Invideo illi Arabicam linguam.*" (Postel, excelente filósofo, cosmógrafo e matemático, historiador tolo, conhece muitas línguas, mas não é perito em nenhuma. Invejo-lhe seu árabe.) Scaliger ficou famoso principalmente como classicista e filólogo, e organizou uma série de textos importantes em latim e em grego. Sua edição da *Astronomica* de Manílio, obra notoriamente corrompida e difícil, um tratado de astrologia do século I d.C., era especialmente valorizada. (Classicistas posteriores de primeira linha, aí incluídos Richard Bentley e A. E. Housman, também quebrariam a cabeça com o mesmo texto.) Scaliger tinha uma atitude messiânica quanto à importância da língua: "Nossas disputas teológicas decorrem da ignorância da gramática." Ele também estudou o siríaco, o copta, o árabe e o persa; e publicou *Proverbia Arabica*, uma pequena coleção de provérbios árabes.

Mesmo assim, seu conhecimento do árabe e das outras línguas orientais era superficial, e seu interesse por fontes árabes era principalmente pela luz que elas poderiam lançar sobre a cronologia do mundo. Nos séculos XVI e XVII, a cronologia do mundo era um tema empolgante e controverso ou, nas palavras de Anthony Grafton, "um assunto renomadamente rebarbativo". *Annales Veteris et Novi Testamenti* (1650-54) de James Ussher fixava a criação do mundo como tendo ocorrido em 23 de outubro de 4004 a.C., e o Dilúvio era confiantemente datado por ele em 1.656 anos depois da criação. Mas Ussher contou apenas com a Bíblia, suplementada por fontes gregas e latinas. Scaliger, em sua grande obra acerca da cronologia, *Opus de emendatione temporum* (1583), lançou uma rede mais ampla e recorreu a uma série de fontes exóticas, aí incluídas fontes árabes. Scaliger e outros procuraram cotejar dados da Bíblia e de historiadores clássicos com o que os estudiosos acreditavam saber acerca da cronologia da história egípcia, bem como da cronologia chinesa e do calendário asteca, com o objetivo de produzir uma linha do tempo unificada da história mundial que confirmasse a cronologia da Bíblia. Os crescentes problemas dos cronologistas eram uma das conseqüências menos significativas da expansão do poderio europeu pelo mundo inteiro e do resultante influxo de dados exóticos e incoerentes, quase nenhum dos quais parecia sustentar as deduções possíveis a partir das Escrituras. Algumas das melhores cabeças da Europa, aí incluídos Leibniz e Newton, assim como Scaliger, lutaram com questões cronológicas. (Postel, por sinal, tinha afirmado que Rômulo inventou um calendário defeituoso para extirpar a lembrança de Noé.) Scaliger fez o que pôde, embora tenha sido obrigado a concluir que qualquer um que imaginasse ter calculado plenamente a cronologia dos Reis de Israel estaria forçosamente louco.

Scaliger tinha estudado com Postel e o admirava, mas não tinha a mesma fé que Postel no trabalho missionário e na futura harmonia mundial. Para ele, missionários que falassem árabe teriam pouca chance de sucesso. Ele sugeriu que o árabe de Postel não era de fato assim tão bom e também acreditava que era equivocada a ênfase de Postel em aprender árabe através do estudo de traduções dos Evangelhos para aquele idioma. Era muito melhor estudar árabe através de trabalho com o Corão e obras originais da literatura árabe. "Não se pode dominar mais o árabe sem o Corão do que o hebraico sem a Bíblia", como observou ele para Casaubon.[42] (Uma grande vantagem do aprendizado do árabe a partir do Corão era e é o fato de que esse é o único texto que apresenta normalmente as vogais. Manuscritos árabes de outras obras não apenas omitiam as vogais, mas costumavam ser descuidados quanto à inserção dos sinais diacríticos que distinguiam algumas consoantes de outras.) Scaliger identificou a carência de manuscritos árabes em bibliotecas européias como o maior problema da época. Ele também era avesso às noções de que o conhecimento do hebraico seria de grande auxílio para o aprendizado do árabe e que o principal objetivo do estudo do árabe seria o aprimoramento de estudos do hebraico. Sugeriu que o estudo do turco e o uso de manuais, gramáticas e dicionários turcos do árabe poderiam ser de maior utilidade para os arabistas europeus.

Talvez porque a luta pela preponderância intelectual e a busca de patrocínio fossem tão acirradas nesse período, eram comuns a rivalidade e o rancor acadêmicos. Scaliger tratava com desdém todos os acadêmicos seus colegas, com exceção de Raphelengius, a quem ele se dignou emprestar manuscritos e prestou ajuda em seu primitivo dicionário em latim, *Thesaurus linguae arabicae*. (Como veremos, Erpenius e outros arabistas posteriores habitualmente desfaziam do trabalho de seus predecessores e contemporâneos.) Em 1592, Scaliger foi convidado para a Universidade de Leiden, onde permaneceu até sua morte, em 1609. Ele detestava dar aulas. Entretanto, foi uma importante figura nos bastidores, e é quase certo que tenha sido por insistência sua que uma Cátedra de Árabe foi estabelecida em Leiden em 1599. Suas idéias quanto à necessidade de reunir mais manuscritos árabes, de separar os estudos árabes dos estudos hebraicos e de usar recursos turcos decerto exerceram forte influência sobre o primeiro ocupante significativo daquela cátedra, Tomás Erpenius.

Isaac Casaubon (1559-1614), amigo e rival de Scaliger, também incentivou o trabalho de Erpenius com a gramática e a literatura árabe. Como Scaliger, Casaubon era um refugiado protestante vindo da França e, desse modo, mais um exemplo da diáspora intelectual que resultou da perseguição religiosa naquele país. Subseqüentemente, em Paris, caçadores de cabeça dedicados ao aspecto espiritual fizeram enorme esforço para atraí-lo de volta para a fé católica, embora sem sucesso. Como Scaliger, Casaubon era um classicista e filólogo e, ao lado de Scaliger, é provável que tenha sido o mais famoso intelectual da Europa no século XVI. Com efeito, Scaliger chamou-o de "homem mais erudito da Europa". O grego e o hebraico não eram considerados pelos protestantes do século XVI matérias marginais, adequadas principalmente para exercitar a mente em formação de meninos em escolas de elite. Na verdade, o estudo atento das línguas da Bíblia era um dos segredos da salvação eterna. Casaubon produziu comentários e edições críticas de uma série de textos gregos. (George Eliot tomou o nome de Casaubon emprestado para o intelectual pedante e excessivamente ambicioso com quem Dorothea tem um casamento infeliz no romance *Middlemarch*.) Suas traduções de alguns dos textos gregos para o latim também foram bem acolhidas por estudiosos de menor sucesso. Seu principal feito digno de torná-lo famoso foi a demonstração, em *De rebus sacris et ecclesiasticis exercitationes XVI ad Baronii annales*, de que os escritos herméticos não tinham sido redigidos em egípcio por um antigo sábio chamado Hermes Trismegisto, que esses escritos nem de longe eram tão antigos como tinha sido imaginado e que, como não eram anteriores à vida de Cristo, não poderiam ser interpretados como profecias de Sua vinda ou, em termos mais gerais, como confirmação das verdades do cristianismo (como Pico della Mirandola tinha suposto). Em vez disso, era possível demonstrar que os escritos herméticos apresentavam empréstimos tanto da Bíblia como de Platão. Embora Casaubon acabasse por se estabelecer na Inglaterra em 1610, ele ficou impressionado com a limitação dos interesses intelectuais naquele país: "A única leitura que prospera aqui é a de teologia; nenhum livro é publicado aqui que não seja teológico e de autores ingleses. Os homens instruídos nesta parte do mundo condenam tudo que não esteja relacionado à teologia." Mesmo não tendo sido de fato um arabista, Casaubon colecionou livros e manuscritos em árabe, e ainda existe um exemplar da edição da Gráfica Medici de uma gramática árabe, a *Ajurrumiyya*, com anotações feitas com a letra de Casaubon. Em termos mais gerais, ele foi a figura central para o avanço dos estudos do árabe na Europa e, como Scaliger, um patrocinador de Erpenius, o primeiro grande orientalista do século XVII. Casaubon era de uma devoção ardente e sonhava com a formação de uma aliança ecumênica entre o protestantismo e as igrejas orientais. Fica claro a partir do diário de trabalho que ele mantinha, e que foi publicado postumamente, que ele considerava a pesquisa acadêmica uma forma de oração.[43]

Excluindo-se Postel, em sua maioria os que se interessavam pelo árabe no século XVI eram amadores, como Casaubon. Esses amadores fizeram um trabalho valioso colecionando manuscritos, patrocinando e provendo de recursos a geração seguinte de orientalistas acadêmicos mais dedicados. No século XVII, o simpático interesse de Casaubon pelo árabe seria mantido por clérigos ingleses, classicistas e estudiosos com interesses filológicos ou científicos. No século seguinte, com a notável exceção de Marracci, os protestantes dominaram o estudo do islã e dos árabes. O proto-orientalismo do século XVI era principalmente uma questão católica. Postel era católico, embora fosse excêntrico. O papado acolheu árabes maronitas em Roma e deu os primeiros passos com a aquisição de manuscritos para a biblioteca do Vaticano. Como vimos, a Gráfica Medici em Roma foi estabelecida com o patrocínio do papa. A gráfica de Plantin em Antuérpia publicou uma enorme quantidade de literatura destinada à promoção do culto e do estudo católico; e o católico devoto, Filipe II da Espanha, foi o principal patrocinador da Bíblia Poliglota de Antuérpia. No século que se seguiu, a condição de Antuérpia como centro comercial e intelectual sofreu uma queda abrupta. A grande Bíblia poliglota seguinte seria produzida em Londres, enquanto o papel intelectual de Antuérpia seria usurpado por Leiden, na República Holandesa. Ainda que não tivesse se realizado a esperança da Gráfica Medici de vendas substanciais no Oriente Próximo, gráficos esclarecidos como Raimondi e Plantin tiveram um papel de vanguarda no século XVI na promoção dos estudos orientais. No século XVII, esse papel seria assumido por um punhado de professores universitários, principalmente por Erpenius e Golius, em Leiden, e Pococke, em Oxford.

4
A santidade dos estudos orientais

Logo não deixa de assombrar que aqueles árabes eruditos tenham entregado com tanta submissão sua crença aos absurdos do Corão. Como os ilustres Geber, Avicena e Almanzor poderiam se contentar com a explicação das causas dos terremotos, apresentadas pela doutrina de seu Profeta; ou seja, pela movimentação de um enorme Touro, sobre cujos chifres toda a Terra estava pousada. Como sua fé pôde cair tanto a ponto de aceitar que suas gerações no Paraíso fossem feitas pelo perfume de uma cidra ou que a felicidade de seu Paraíso consistisse num jubileu de cópula, ou seja, um coito de um ato prolongado por cinqüenta anos. Assim, está quase fora do alcance da perplexidade como a crença de criaturas razoáveis um dia pudesse se submeter à Idolatria...

Sir Thomas Browne, *Pseudodoxia epidêmica*,
Primeiro Tomo, Capítulo V

A LÍNGUA ACADÊMICA

Este capítulo, como os anteriores, é dedicado àqueles que se interessaram pelo islã, pelo idioma árabe e pelos árabes. Contudo, ainda é preciso relembrar que não foram muitas as pessoas a demonstrar esse interesse. As que demonstraram costumavam ser até certo ponto isoladas das questões mundanas, e sua abordagem do islã e dos árabes era geralmente acadêmica e antiquária mais do que utilitarista. Sob esse aspecto, os estudos dos orientalistas refletiam de modo mais amplo a erudição dos séculos XVII e XVIII. Os orientalistas costumavam moldar seu estudo das línguas orientais no modo pelo qual o latim e o grego eram estudados pelos contemporâneos. O paradoxo aqui está no fato de que, embora línguas vivas — como, por exemplo, o árabe, o persa e o chinês — fossem estudadas como se fossem línguas mortas, esse não era realmente o caso do latim e do grego. O latim era uma língua viva nos séculos XVII e XVIII. Ele não só era a língua normal do discurso acadêmico, mas poetas e dramaturgos compunham nela, e crianças talvez a usassem em seus jogos ao ar livre. A filosofia e a ciência exigiam a precisão do latim e, como Bill Bryson salientou, obras tão marcantes e avançadas de autoria de ingleses, como o *Novum Organum* (1620) de Francis Bacon, *De motu cordis* (1628) de William Harvey e *Philosophiae naturalis principia mathematica* (1687) de Isaac Newton foram compostas naquela língua. A língua inglesa não era considerada um veículo adequado para o debate de questões acadêmicas sérias. Era de rotina que até mesmo gramáticas e dicionários do inglês fossem redigidos em latim; e seus autores lutavam para fazer com que a gramática inglesa coubesse na camisa-de-força da gramática latina, como, por exemplo, em *De Recta et Emendata Linguae Anglicae Scriptione Dialogus* (1568), de Thomas Smith, *Logonomia Anglica* (1619) de Alexander Gil e *Grammatica Linguae Anglicanae* (1653) de John Wallis. Era inevitável que obras importantes escritas no vernáculo, como *Pilgrim's Progress* de Bunyan ou o *Don Quixote* de Cervantes, fossem então traduzidas para o latim, para que pudessem atingir um público leitor internacional, mais amplo.[1]

O latim era um pré-requisito para o estudo do árabe, pois os dicionários e gramáticas do árabe eram em latim, como quase toda a literatura acadêmica de apoio. Os homens (isso mesmo, todos homens) que se dedicavam ao estudo do árabe tinham primeiro estudado latim e grego (quase sempre também o hebraico e com grande freqüência o siríaco). À medida que os estudiosos se familiarizavam com os tesouros da literatura árabe, eles passavam a comparar aquela literatura aos clássicos gregos e latinos. Quando, nas últimas décadas do século XVIII, William Jones (ver o capítulo seguinte) traduziu obras árabes e persas com o objetivo de apresentá-las a um público inglês, era inevitável que tentasse adequar as estrofes orientais aos gêneros clássicos, e assim ele se entusiasmava com "pastorais", "éclogas" persas e assim por diante. Mesmo no século XX, R. A. Nicholson, cuja formação acadêmica tinha sido classicista, considerava perfeitamente natural comparar com modelos gregos e romanos a poesia pré-islâmica que apresentou em sua *A Literary History of the Arabs* [Uma história literária dos árabes]. Por outro lado, quem estava entediado com as grandes obras da antigüidade e achava que as artes e os conhecimentos dos antigos gregos e romanos tinham sido supervalorizados (e esses eram uma minoria vociferante), agarrava-se à literatura oriental como algo que fornecia um tesouro de novas imagens, modos de expressão e heróis que poderiam proporcionar uma fuga às restrições dos precedentes clássicos. Os heróis incluíam o guerreiro poeta pré-islâmico 'Antar, o califa abássida Harum al-Rashid e o cavalheiresco sultão Saladino. Esopo agora enfrentava concorrência de antigos sábios árabes recém-descobertos, que incluíam Luqman e 'Ali (primo do Profeta e suposta fonte de uma coletânea de *Sentenças* edificantes, sobre as quais ver adiante). A *Bibliothèque orientale* de D'Herbelot, uma versão precoce da *Encyclopaedia of Islam*, publicada no final do século XVII, teria um toque de Plutarco, uma vez que as anedotas e trechos de poesia eram usados para iluminar a vida e o caráter moral dos grandes do mundo oriental. Não era só que os dicionários do árabe compilados por europeus dessem o significado em latim, mas também as primeiras gramáticas árabes eram calcadas, em excesso, em gramáticas da língua latina. Os grandes orientalistas holandeses do século XVII que trabalharam nesses dicionários e gramáticas — Raphelengius, Erpenius e Golius — adotaram nomes latinizados, em vez de escrever usando o nome original holandês, que soava tão bárbaro. Naturalmente, esse também era um período em que estudiosos holandeses — bem como seus colegas húngaros, poloneses, russos e dinamarqueses — descobriram ser relativamente fácil ter um acesso direto a um público leitor internacional, já que podiam publicar em latim.

Embora decerto fosse menor o número de indivíduos fluentes em grego, mesmo assim sabia-se que estudiosos trocavam idéias naquele idioma (e naturalmente o grego era valorizado como uma ferramenta essencial para estudos do Novo Testamento). Junto com o latim, o hebraico era também mais ou menos essencial para os orientalistas porque a maioria das gráficas não dispunha de uma fonte árabe, tanto que os estudiosos que queriam publicar nesse campo precisavam se contentar com a transliteração das palavras em árabe para o hebraico, de modo que o *Aliph* árabe passava a ser um *Aleph* hebraico, o *Ba* árabe, um *Beth* hebraico e assim por diante.

O ESTUDO COMO DEVOÇÃO

Nos tempos modernos, os estudos árabes prosperaram (na medida em que se possa dizer que chegaram a prosperar) em departamentos universitários. Entretanto, as universidades no século XVII davam remuneração e apoio apenas limitados a quem estudava as matérias orientais. Logo, o papel do patrocinador individual era muito mais importante. Felizmente, os grandes e os bons levaram a sério suas responsabilidades. Figuras imponentes e ricas como, por exemplo, o arcebispo William Laud, Sir Thomas Bodley, o bispo Lancelot Andrewes e Sir Henry Savile podem ter tido um conhecimento apenas pequeno do árabe ou, em alguns casos, nenhum conhecimento, mas os estudos do idioma árabe no século XVII não poderiam ter sobrevivido e prosperado sem seu interesse benévolo. Como poucos livros publicados a respeito do Oriente Médio poderiam ter esperança de recuperar seu custo com a renda das vendas ao público, uma subvenção de um patrocinador costumava ser uma necessidade. Como o historiador David C. Douglas escreveu acerca do período ligeiramente posterior: "É muito fácil ridicularizar as circunstâncias que cercavam o patrocínio particular das letras nos primeiros anos do século XVIII, e os extensos cumprimentos das dedicatórias contemporâneas nutrem a presunção de uma época que prefere a lisonja de um grande público à satisfação de um patrocinador. Todavia, a redação apressada, voltada para extrair dinheiro com a máxima rapidez possível do maior número de bolsos, não é necessariamente um método melhor para produzir bons livros do que o esforço para agradar o gosto exigente de uma classe culta e próspera."[2] Como veremos, em muitos casos, o patrocinador era na realidade o iniciador de um projeto acadêmico e não apenas uma pessoa a quem seria possível solicitar financiamento. Laud, Andrewes e outros tinham uma nítida visão da direção na qual desejavam que a atividade acadêmica seguisse.

A maioria dos patrocinadores que tinham interesse e recursos para apoiar a pesquisa orientalista era de clérigos. A maioria dos que de fato realizavam a pesquisa era, de modo semelhante, de clérigos. A salvação — da própria alma e de outras — era a questão central da época. Os estudiosos chegavam ao árabe somente depois de estudar a Bíblia e provavelmente os idiomas hebraico e siríaco. O estudo de todas as três línguas semíticas era encarado como parte efetiva da teologia. Muito poucas pessoas, se é que alguma, estudavam o islã por si. Pelo contrário, polemistas cristãos elaboraram perfis de uma vida de Maomé e da ascensão do islã que com freqüência pretendiam usar em polêmicas intraconfessionais. Por exemplo, estudiosos católicos fizeram uso de uma exposição das "horríveis heresias e perversões" do islã para atacar o que alegavam ser desvios essencialmente similares em relação à verdadeira fé por parte de protestantes. A negação protestante da eficácia da intercessão dos santos e a adesão protestante à noção da predestinação não seriam essencialmente idênticas à posição muçulmana referente a essas questões? Os protestantes, por sua vez, atacavam o papa como um Maomé moderno e encontravam todos os tipos de semelhanças sinistras entre o islã e o catolicismo romano. A verdadeira natureza do islã não estava em questão. Os estudiosos protestantes também pesquisavam vigorosamente a literatura em árabe das igrejas cristãs orientais para nela descobrir argumentos e precedentes a contrapor a pontos tais como a reivindicação de primazia por parte do bispo de Roma ou às doutrinas católicas da transubstanciação e do purgatório. Como disse o arabista William Bedwell: "Os escritos dos árabes [cristãos] nada dizem sobre o purgatório, sobre o ímpio sacrifício da missa, sobre a supremacia de Pedro e dos apóstolos, sobre justificação meritória; e não há uma palavra que seja sobre aquelas outras fantasias da imaginação."[3] Os protestantes também precisavam travar batalhas polêmicas numa segunda frente, contra outros sectários. A seita sociniana, que ensinava que Jesus não era Deus, mas apenas um profeta de Deus, era obviamente vulnerável à acusação de que sua doutrina era uma forma de criptoislamismo. Os unitarianos, que também rejeitavam a divindade de Cristo, podiam ser acusados do mesmo erro. Os seguidores do deísmo ou "religião natural", que negavam o sobrenatural e os milagres cristãos, eram muitas vezes retratados como companheiros de viagem do islã.

Como foi indicado no capítulo anterior, missões ao Oriente costumavam se concentrar em conquistar cristãos orientais, mais do que em converter muçulmanos. Por sinal, um tema importante das histórias da ascensão do islã escritas nessa época era o de que ele seria uma punição determinada por Deus aos cristãos orientais por suas dissensões e decadência. A lenda medieval do sinistro monge nestoriano que guiou Maomé para o caminho de heresiarca permanecia popular no início da era moderna. Alguns, mas somente alguns, orientalistas acreditavam que talvez fosse possível conseguir conversões entre os muçulmanos. No que dizia respeito aos missionários, o que estava em jogo na vitória no debate era salvar as almas dos incultos das chamas do Inferno. Os muçulmanos, naturalmente, encaravam as missões cristãs a uma luz muito menos favorável. A partir da perspectiva cristã do século XVII, os muçulmanos eram inferiores, não em razão de sua raça ou cultura, mas porque professavam uma fé que não era verdadeira e por isso enfrentavam a condenação eterna. Mesmo assim, havia muitos que consideravam perigoso entrar em qualquer tipo de debate com os muçulmanos, pois havia riscos definidos inerentes ao estudo da doutrina muçulmana. Numa boa quantidade de países, entre os quais a Inglaterra sob o regime de Cromwell, a impressão do Corão continuava proibida.[4]

A PRIMEIRA IDADE DE OURO DO ORIENTALISMO BRITÂNICO

O século XVII, e em especial as décadas anteriores à eclosão da Guerra Civil, em 1642, foi o apogeu dos estudos islâmicos e árabes na Inglaterra. Nesse período, a Inglaterra (junto com a Holanda) obteve uma proeminência nos estudos islâmicos que só viria a recuperar na segunda metade do século XX. Contudo, a vida e os escritos de William Bedwell (1563-1632) proporcionaram ao orientalismo inglês um início pouco promissor. Bedwell foi o primeiro inglês a estudar árabe desde a Idade Média. Infelizmente, embora tivesse entusiasmo, ele parece não ter sido de uma inteligência especialmente brilhante; e Erpenius, que estudou com ele, o considerava preguiçoso. Bedwell começou como prior de Santa Ethelburga em Bishopsgate. A partir de 1604, ele foi contratado para a tradução da Bíblia — a versão tradicional em inglês, chamada de King James Version — sob a supervisão de Lancelot Andrewes, que era na época bispo de Ely. Andrewes pagou para Bedwell ir a Leiden estudar árabe e depois conseguiu-lhe uma nomeação para vigário em High Cross em Tottenham. Por toda a sua vida, daí em diante, Bedwell haveria de dedicar-se a estudar árabe. (Seu outro objeto de estudo para a vida inteira foram as técnicas de medição empregadas por artífices.) Ele talvez seja mais conhecido como autor de *Maomé desmascarado. Ou uma revelação das diversas invenções, falsidades e impurezas do sedutor ignominioso, Maomé. Com uma demonstração das falhas de sua Lei, contida no amaldiçoado Corão. Escrito há muito tempo em arábico e agora traduzido para o inglês...* nas palavras da primeira metade do título; e mesmo assim não se pode afirmar que ele seja muito conhecido.

Bedwell pouco sabia sobre os árabes e odiava o islã. Ele considerava sua missão cristã produzir uma edição de várias das *Epístolas* em árabe e em latim; e foi um dos religiosos que esperava encontrar sustentação para a condição e as doutrinas da Igreja Anglicana nos escritos árabes das igrejas cristãs orientais. Ele também tinha planos mais grandiosos e trabalhou num dicionário que seria ainda mais vasto que o do holandês Raphelengius, mas nunca o terminou. (O dicionário era organizado segundo a ordem alfabética hebraica, o que provavelmente teria sido adequado a um público leitor em potencial composto quase totalmente por religiosos eruditos.) Empreendeu esforços não muito convincentes para persuadir seu pequeno número de leitores de que o conhecimento do idioma árabe era realmente útil, pois, alegava ele, essa era a língua da diplomacia desde as Ilhas Afortunadas até o Mar da China. Entretanto, embora nesse período os contatos diplomáticos no Marrocos fossem normalmente realizados em árabe, em outros locais no Oriente Médio, o persa ou o turco era o idioma mais comum da diplomacia. Por pouco tempo, Bedwell foi professor de Pococke e Erpenius, mas, como veremos, esses dois estudiosos haveriam de superá-lo. Foram reduzidas as realizações de Bedwell, mas ele de fato trabalhou sozinho, com contatos apenas esporádicos com estudiosos de pensamento afim, a maior parte dos quais vivia no continente europeu. Embora Alastair Hamilton, autor de uma bela biografia sua, tenha escrito que a vida de Bedwell não foi "simplesmente uma história de fracassos, planos frustrados e livros não publicados", mesmo assim é essa a impressão que persiste.[5] O público inglês não sentia um interesse especial pelos estudos árabes, e Bedwell somente conseguiu o progresso que obteve graças ao apoio e incentivo de seu patrocinador, Lancelot Andrewes, que parece tê-lo contratado para efetuar as pesquisas que ele, Andrewes, não tinha tempo para empreender em detalhe. É para Andrewes que nos voltamos agora.

Lancelot Andrewes (1555-1626), sucessivamente bispo de Ely, Chichester e Winchester, foi um dos astros intelectuais da época. Descrito como "um anjo no púlpito", ele ficou especialmente famoso pela prosa elegante de seus sermões, cujas reflexões eram lançadas numa perspectiva metafísica, baseando-se em especulações eruditas, incongruências e paradoxos extremos. Seus sermões valiam-se de seu conhecimento do grego e do latim e usavam a crítica textual para atingir grande eloqüência. De acordo com *Brief Lives* [Vidas breves] de John Aubrey, o rei James I, que apreciava o bispo por seus sermões, perguntou a um lorde escocês o que achava deles. O lorde respondeu que o bispo "era culto, mas brincava com o texto como uma criança travessa, que apanha uma coisa e a joga para lá e para cá, brincando com ela, para depois pegar outra, e também brincar um pouco com ela. Ah, isso aqui é bonito, aquilo lá também". De acordo com um crítico mais recente, porém, os sermões de Andrewes "estão entre o que havia de melhor na prosa de sua época". Esse crítico foi o poeta T. S. Eliot, que reciclou parte do eloqüente fraseado de Andrewes tanto em seu *Four Quartets* [Quatro quartetos] como em *Journey of the Magi* [A viagem dos magos] (e no século XVII os sermões de Andrewes já tinham proporcionado inspiração literária ao poeta John Donne).[6]

Andrewes acreditava que a fé cristã poderia ser revitalizada pelo estudo. Ele se dedicava às pesquisas acadêmicas pela manhã e dizia achar "que não poderia ser um estudioso de verdade quem viesse procurá-lo antes do meio-dia". Suas horas de estudo eram invariavelmente precedidas por orações, e às vezes ele orava em hebraico. Sua formação inicial tinha se baseado principalmente nos clássicos, e um crítico jesuíta o acusou de ter conquistado sua diocese através da leitura de Terêncio e Plauto. Andrewes, que foi um dos religiosos que comandaram a principal tradução da Bíblia para o inglês, chamada de Versão Autorizada, tornou-se mestre de teologia patrística e supostamente de 15 idiomas. De acordo com Thomas Fuller, autor de *The History of the Worthies of England* [A história dos eminentes da Inglaterra], ele quase poderia "ter servido como intérprete geral na confusão das línguas" (ou seja, depois da queda da Torre de Babel). Andrewes tinha uma reputação internacional e mantinha uma correspondência internacional. Era amigo dos estudiosos Casaubon e Erpenius, e talvez tenha sido por influência deles que adquiriu seu ligeiro conhecimento do idioma árabe. Segundo Bedwell, Andrewes começou a trabalhar num dicionário de árabe, que não deu em nada. Ele possuía um dos dois únicos exemplares do *Lexicon* árabe de Raphelengius na Inglaterra.[7] A certa altura, ele tentou fazer com que o grande orientalista holandês Erpenius viesse para a Inglaterra; e, tendo fracassado, parece ter decidido transformar Bedwell no equivalente inglês de Erpenius.

O ÁRABE CHEGA A OXFORD

Pode-se afirmar que James I foi o primeiro rei erudito a ocupar o trono da Inglaterra, com exceção de Alfred, e era natural que os clérigos eruditos fossem seus preferidos. William Laud, arcebispo de Cantuária de 1633 até sua decapitação em 1645, era proeminente entre esses religiosos eruditos. Tendo sido aluno de Andrewes, ele recebeu forte influência de seu estilo de estudos cristãos bem como de sua dedicação ao conhecimento oriental. Laud colecionava manuscritos orientais, que acabaram sendo adquiridos pela Biblioteca Bodleiana de Oxford.[8] Em 1630, Laud, que na época ainda era bispo de Londres, tinha se tornado reitor da Universidade de Oxford e, horrorizado com a sonolenta brandura do lugar (nada muda, pode haver quem diga), decidiu tentar elevar seu padrão acadêmico ao nível dos vigentes no continente europeu. No início do século XVII, Oxford gozava de uma reputação internacional como centro de torpor intelectual. Laud estava determinado a transformar a universidade num centro de erudição internacional. A existência de uma biblioteca de primeira classe em Oxford era um dos pré-requisitos necessários para essa renovação intelectual, e a criação da Biblioteca Bodleiana ocorreu nesse século sob o patrocínio de Sir Thomas Bodley, John Selden e do próprio Laud. Laud também atribuía grande importância ao ensino de idiomas orientais. Desde a década de 1530, existia uma cadeira de hebraico em Oxford. Laud acreditava que um estudo meticuloso do hebraico original do Antigo Testamento forneceria argumentação vital para a Igreja Anglicana em sua disputa doutrinária com os católicos romanos. Ele já servia como pedra angular para a crítica bíblica. O idioma árabe era de alguma utilidade para elucidar alguns pontos de vocabulário e gramática do hebraico (embora na realidade fosse muito menos útil do que alegavam seus defensores).

Já tinha havido algumas tentativas infrutíferas de estabelecer o ensino regular do árabe em Oxford. Em 1610 Abudacnus chegou a Oxford. "Abudacnus" era uma versão latinizada da última parte do nome de Yusuf ibn Abu Dhaqan. "José, Pai da Barba", portanto também conhecido como Joseph Barbatus, era um cristão copta do Egito que tinha viajado por toda a Europa dando aulas de árabe — a Erpenius entre outros. Embora Abudacnus permanecesse em Oxford até 1613, ele parece não ter sido um professor inspirador, e sua estada deixou pouco impacto duradouro. Um problema era ele falar a forma coloquial egípcia da língua e não conseguir ler o árabe clássico direto, enquanto os estudiosos europeus com quem entrava em contato estavam familiarizados apenas com o árabe clássico. (Os intelectuais ocidentais tinham pouca ou nenhuma noção da evolução da língua árabe e da proliferação de várias formas coloquiais.) Em 1613 Abudacnus atravessou de volta para o continente europeu e retomou a vida de intelectual ambulante fracassado.[9]

Matthias Pasor (1599-1658), que chegou a Oxford mais de uma década depois, era um intelectual mais sólido. Ex-professor de matemática e teologia em Heidelberg e refugiado da Guerra dos Trinta Anos, Pasor chegou a Oxford em 1624, tendo rapidamente estudado árabe em Leiden. Ele ensinava (embora "pregava" talvez fosse o termo mais adequado) que, através do árabe, seria possível atingir uma melhor compreensão das Escrituras; e, com base nessa melhor compreensão, os inúmeros erros do catolicismo poderiam ser refutados com maior facilidade. Sua *Oratio pro linguae Arabicae professione*, um discurso proferido em 1626, tirou proveito do discurso anterior elaborado por Erpenius em Leiden (ver adiante); e, por sua vez, o discurso de Pasor foi amplamente plagiado e usurpado por professores de árabe de épocas posteriores como fonte para aulas inaugurais. Entretanto, Pasor ensinou árabe somente por um ano antes de passar para o hebraico, o siríaco e o aramaico. Ademais, seus estudos do árabe tinham sido mais apressados que profundos. O árabe era um assunto entre muitos que por pouco tempo atraíram seu interesse.[10]

Os ensinamentos de Abudacnus e Pasor proporcionaram uma inspiração frutífera para aqueles estudantes de Oxford que tinham pensado em aprender árabe. Nas primeiras décadas do século XVII, um conhecimento real ou pretenso do árabe tornou-se uma proclamação de erudição (nas palavras de Mordechai Feingold).[11] Nas décadas de 1620 e 1630, era cada vez maior a crença de que informações científicas de valor para astrônomos, geógrafos e matemáticos estavam ocultas em manuscritos árabes ainda não lidos. O rico e bombástico diretor de Merton College, em Oxford, Sir Henry Savile (1549-1622), assumiu a iniciativa de promover esse tipo de pesquisa. Como tantos dos principais mecenas dos estudos árabes, ele próprio era um classicista. Savile acalentava sonhos vãos de se igualar ao mais erudito acadêmico da Europa, o poderoso Scaliger. Savile traduziu a história de Tácito e organizou uma edição de São João Crisóstomo. Era também especialista no texto da Versão Autorizada da Bíblia e na história de mosteiros medievais ingleses, além de colecionar manuscritos. Ademais, seus estudos clássicos e dedicados à antigüidade eram concomitantes com interesses matemáticos e científicos. Ele se esforçou muito, mas sem sucesso, em tentativas de obter a quadratura do círculo (atividade intelectual que, do mesmo modo que a compilação de Bíblias poliglotas e cronologias mundiais, subseqüentemente saiu de moda). Estudou o tratado de Ptolomeu sobre astronomia, o *Almagest*, e em 1619 fundou as cátedras savilianas de geometria e astronomia.[12]

Em 1643, John Greaves tornou-se o catedrático saviliano de astronomia. Greaves (1602-52), um pesquisador de Merton, era matemático e, como o homem que fez a dotação para a cátedra, estava convencido de que ainda havia muito material científico de valor a ser encontrado em manuscritos clássicos e orientais. Ele sentia um interesse especial por escritores árabes e persas que se dedicavam à astronomia, e em 1638-9, incentivado por Laud, Greaves (que naquela época era catedrático de geometria em Gresham College, Londres) viajou para a Itália, Istambul e para o Egito em busca de manuscritos científicos. Em Istambul, ele subornou um soldado otomano para que roubasse um belo exemplar do *Almagest* de Ptolomeu da biblioteca do sultão; e no Egito fez medições meticulosas da Grande Pirâmide. De volta à Inglaterra, em 1646 Greaves publicou *Pyramidagraphia or a Discourse on the Pyramids of Egypt* [Piramidografia ou um discurso sobre as pirâmides do Egito]. Seu principal interesse era a metrologia — as unidades de medida empregadas pelos antigos egípcios, romanos e outros — bem como a medição do tamanho da Terra. Em 1648 caiu em desgraça por ser monarquista e perdeu sua cátedra. (É curioso como um interesse pelo idioma árabe era no século XVII associado intimamente com simpatias monarquistas.) Em aposentadoria forçada, ele publicou uma série de tratados, entre eles o notável *Of the Manner of Hatching Eggs at Cairo* [O modo de chocar ovos no Cairo] (um estudo extraordinariamente avançado sobre avicultura intensiva). Em 1649, publicou *Elementa Linguae Persicae*, uma gramática persa. Seu interesse pelo persa era incomum tendo em vista que o persa era uma matéria ainda mais desprezada que o árabe. Principalmente, Greaves trabalhou com o *Zij*, tabelas astronômicas compiladas em persa por ordem de Ulugh Beg, governante timúrida da Transoxiana e Khurasan no século XV. Greaves também estudou a *Geografia* de Abu al-Fida, um príncipe árabe sírio do século XIV (mas ficou decepcionado com os inúmeros erros no texto, entre os quais estava o mar Vermelho totalmente errado). Apesar das esperanças de Greaves pelo futuro desse tipo de pesquisa, ele foi um dos últimos acadêmicos a tentar extrair dados científicos úteis de manuscritos medievais árabes e persas. Com o tempo, o próprio Greaves concluiu que não havia de fato nenhuma informação geográfica valiosa na obra de Abu al-Fida. Greaves, que tinha grande entusiasmo por imprimir em árabe, possuía uma fonte de renda particular, o que não era nada mau, já que imprimir textos com caracteres arábicos era um passatempo dispendioso.[13]

EDWARD POCOCKE

Greaves tinha sido protegido de Laud e tornou-se amigo e aliado do homem que talvez tenha sido o maior orientalista do século XVII, Edward Pococke (1604-91).[14] Laud foi sempre simpático à causa dos estudos orientais, e a cátedra laudiana de árabe foi estabelecida em 1636, inicialmente para dar a Pococke um emprego adequado. Embora Laud nunca tivesse conhecido Pococke pessoalmente, mas apenas mantido correspondência com ele acerca de moedas exóticas, ele confiou na enfática recomendação de Vossius, um matemático holandês que estava convencido do valor de manuscritos medievais árabes sobre matemática. Pococke estudara latim, grego e hebraico em Oxford e freqüentado as palestras de Pasor em 1626-27. Passou então a aprender o que pôde com Bedwell.

Contudo, Pococke haveria de dever seu excelente conhecimento do árabe à sua prolongada estada em Alepo de 1630 a 1636 como capelão da Companhia do Levante. A Companhia do Levante tinha sido organizada em 1581 para realizar atividades comerciais nas terras do sultão otomano. Foi então instalada uma embaixada em Istambul e consulados em Esmirna e Alepo. Esta última era o principal centro mercantil ou "feitoria" da Companhia do Levante na Síria e negociava principalmente com o algodão, grande parte do qual era cultivado na Síria e na Palestina, bem como com sedas importadas por caravanas provenientes de locais mais a leste. A capelania em Alepo na realidade serviu como uma bolsa de estudos árabes e islâmicos; e diversos outros acadêmicos ilustres ocupariam esse cargo subseqüentemente, entre eles, Robert Huntington, que usou sua temporada ali em 1671-78 para colecionar manuscritos orientais que com o tempo ele legou para a Biblioteca Bodleiana de Oxford. Entretanto, Pococke foi o intelectual mais brilhante nessa seqüência de capelães eruditos da Companhia do Levante.

Ao voltar para a Inglaterra em 1636, deram-lhe a cátedra que Laud tinha fundado. Pococke era professor não apenas de árabe, mas também de hebraico; e, apesar de seu forte interesse pelo árabe e de dispor de um bom domínio da língua, o árabe ficava em segundo lugar em relação a seus estudos do hebraico e do Antigo Testamento em hebraico. Ele salientava o valor de comentários sobre questões religiosas redigidos por judeus que escreviam em árabe, por exemplo, o médico, filósofo e rabino do século XII, Maimônides, e uma de suas obras mais importantes foi uma edição de *Porta Mosis* de Maimônides, um volume de discursos sobre a Mishná, que Maimônides tinha escrito em árabe, mas usando letras hebraicas. Embora hoje Pococke seja famoso (se é que ele chega a ser famoso) como arabista, ele foi um hebraísta de primeira e um dos maiores estudiosos a trabalhar nesse campo. Como a maioria dos orientalistas no início do período moderno, Pococke estudou árabe para entender melhor a Bíblia e, como Bedwell, sentia forte interesse pelos cristãos orientais. Embora a atenção que Pococke dirigia ao islã fosse totalmente hostil, sua hostilidade era conducente a conhecimentos sólidos, pois ele se preocupava especialmente em desacreditar o folclore ocidental e toscas mentiras polêmicas sobre o Profeta e a doutrina muçulmana, a fim de poder expor os verdadeiros erros do islã. Segundo Pococke, era melhor estudar o Corão e seus comentários com atitude crítica do que perder tempo engendrando tolices incríveis sobre ímãs gigantescos que manteriam a sepultura de Maomé solta no ar e outras lendas medievais semelhantes.

Em 1637, Pococke tirou uma licença do magistério e foi a Istambul à caça de manuscritos. Só voltou em 1641, e àquela altura Laud estava detido na Torre (onde Pococke o visitou) e o Longo Parlamento* estava em sessão. Os anos que se seguiram foram difíceis, tendo em vista que Pococke era conhecido por ser um monarquista fervoroso. Durante o regime republicano o ocupante da cátedra laudiana de árabe não recebeu remuneração, e Pococke lutou para sobreviver ensinando hebraico. Apesar da precariedade de sua posição, ele estava até certo ponto protegido por sua reputação internacional como acadêmico, bem como por alguns amigos influentes do lado do Parlamento, sendo o mais notável o jurista, historiador, antiquário e respeitado parlamentar John Selden (1584-1654). Os interesses de Selden eram bastante amplos e ele escreveu sobre temas como, por exemplo, a história dos julgamentos por combate e dos dízimos na Inglaterra medieval. Mas também se interessava por religiões orientais, especialmente as da antiga Síria. Seu tratado, *De Diis Syriis* (1617), tornou-o famoso como orientalista. Como seu hebraico era bom e ele sabia um pouco de árabe, colecionava manuscritos nesses dois idiomas (e eles também foram acabar na Biblioteca Bodleiana). Embora o principal interesse oriental de Selden fosse pelo direito rabínico, ele traduziu do árabe um fragmento do *Nazm al-Jawhar* ("Cordão de Pérolas"), uma história cristã do mundo a partir da Criação, escrita pelo patriarca melquita de Alexandria, Said ib Bitriq Eutychius (876-940). Selden recrutou Pococke para ajudá-lo na edição de uma pequena parte dessa crônica a fim de defender pontos polêmicos contemporâneos contra os que sustentavam a primazia dos bispos. Posteriormente, em 1652, Pococke produziria uma edição e tradução para o latim da íntegra da obra de Eutychius.

---

*Episódio da crise política entre a monarquia Stuart e o parlamento inglês. O "Longo Parlamento" foi convocado por Carlos I em novembro de 1640 e a legislativa terminou apenas em 1653. Daí seu nome. Durante esse período o arcebispo de Cantuária, William Laud, foi executado. (*N. do R.T.*)

Até então Erpenius tinha sido a única outra pessoa a traduzir uma crônica árabe para o latim.

Eutychius e o que Eutychius tinha a dizer sobre assuntos tais como o Concílio de Calcedônia no século V eram a paixão dominante de Selden; mas no que dizia respeito ao próprio Pococke, o trabalho que ele fez a respeito de Bar Hebraeus era muito mais próximo dos seus interesses e de significado muito maior para o desenvolvimento do orientalismo em geral. Bar Hebraeus, também conhecido como Abu al-Faraj, foi um cronista árabe cristão do século XIII que recorreu pesadamente a crônicas muçulmanas para compilar sua própria história desde a Criação até a época em que viveu. Em 1650 Pococke publicou o *Specimen historiae Arabum* (1650), no qual um longo excerto traduzido para o latim da obra de Bar Hebraeus serviu como veículo para as abundantes anotações que eram baseadas no conhecimento muito mais geral de Pococke sobre a história e a cultura do Oriente Médio. Por muito tempo, esse trabalho estaria entre os primeiros recursos procurados por qualquer um que estudasse a história do islã.

Durante os tempos difíceis do regime republicano, Pococke, como alguns outros acadêmicos monarquistas que tinham caído em desgraça, também encontrou uma espécie de refúgio no trabalho numa nova Bíblia poliglota. Exatamente como alguns dos principais orientalistas do século XVI tinham se reunido para trabalhar na Bíblia Poliglota de Antuérpia, também em 1655-57 uma equipe de estudiosos ingleses com interesses orientais reuniu-se para trabalhar na Bíblia Poliglota de Londres. Além do próprio Pococke, entre eles estavam Abraham Wheelocke (catedrático de árabe de Cambridge), Edmund Castell (posteriormente catedrático de árabe), Thomas Hyde (um persianista) e Thomas Greaves (como seu irmão John, um arabista). A Poliglota de Londres era ainda mais grandiosa e mais erudita que sua predecessora produzida em Antuérpia, e incluía versões em siríaco e árabe de partes do texto. No século XVII, porém, a maioria dos católicos tinha chegado à conclusão de que a Vulgata em latim era suficiente para sua fé, ao passo que os protestantes se dedicavam mais a um meticuloso estudo filológico do texto bíblico. Pococke foi consultor sobre o texto em árabe do Pentateuco. Wheelocke descreveu a iniciativa como "a restauração do Evangelho, à qual entusiastas empolados se opõem nestes nossos dias".[15] A publicação da Bíblia Poliglota de Londres não foi muito bem recebida. Um crítico acusou-a de "proporcionar um alicerce para o maometismo; como um esteio importantíssimo para o papado; como a raiz para muito ateísmo oculto no mundo".[16] A moda de projetos filológicos tão grandiosos chegou ao fim com essa dispendiosa publicação, e não houve outras Bíblias poliglotas.

Além de seu trabalho na Bíblia poliglota, Pococke produziu uma tradução completa de Bar Hebraeus e a ela anexou uma história dos árabes composta por ele mesmo. Produzida quando ele já estava em idade avançada, essa foi uma obra importante no campo dos estudos árabes. Entretanto, embora *Bar Hebraeus, Historia compendiosa dynastiarum* fosse publicada em 1663, ela recebeu tão pouca atenção que Pococke, deprimido, passou a dedicar menos tempo a questões árabes e islâmicas, preferindo voltar-se para o estudo de profetas hebreus de menor importância, o que tinha mais probabilidade de levá-lo à fama e à fortuna (embora de fato isso não tenha acontecido). Apesar de sua concentração cada vez maior em assuntos bíblicos, com o passar da idade, Pococke tinha uma energia prodigiosa e ao longo de sua carreira produziu um extraordinário volume de obras acadêmicas orientalistas, parte sob a forma de publicação e parte como notas para palestras. As publicações incluíram uma organização e tradução para o latim com anotações da *Lamiyyat*, de al-Tughrai (1061-1120), uma longa *qasida*, ou ode, na qual al-Tughrai lamentava os tempos corruptos em que vivia e se queixava de ser esquecido na velhice enquanto homens mais jovens eram preferidos. Como a ode era famosa, ou notória, por sua linguagem obscura, a edição de Pococke, *Carmen Tograi*, foi uma façanha. Ele trabalhou em vários outros textos árabes, lidando com literatura, provérbios e história. A investigação acadêmica por parte de Pococke de textos de autoria de, entre outros, al-Maydani, al-Hariri, 'Abd al-Latif al-Baghdadi e Ibn 'Arabshah, formou o núcleo do que ainda estava sendo estudado por arabistas até o início do século XIX.

A mais conhecida tradução do árabe de Pococke foi a de uma fábula filosófica de Ibn Tufayl do século XII, *Hayy ibn Yaqzan*, como *Philosophus*

Autodidactus, publicada em 1671. É possível que essa história sobre uma criança abandonada, criada por uma gazela numa ilha deserta, que inicialmente aprende a se defender sozinha, passa então a examinar de que modo o universo funciona e acaba por descobrir Deus, tenha tido alguma influência no *Robinson Crusoe* de Daniel Defoe. A fantasia de Ibn Tufayl também pode ter tido um papel na formação da filosofia empírica inglesa desenvolvida por John Locke e outros. Como *Hayy ibn Yaqzan*, o *Ensaio sobre o entendimento humano* (1690) de Locke é uma investigação sobre os tipos de conhecimento para os quais Deus capacitou os seres humanos.

Entre as obras menos importantes de Pococke encontra-se sua tradução de um brevíssimo tratado anônimo em árabe sobre o hábito de beber café, *A natureza da bebida* Kauhi, *ou* Coffe, *e o fruto do qual é feita. Descrita por um filisteu árabe* (1659). O hábito de beber café teve origem no Iêmen por volta do século XIII e se disseminou por todo o império otomano no século XVI. Diz-se que Pococke teria sido o primeiro homem na Inglaterra a beber café. Quem suspeitava da nova bebida alegava que ela teria provocado sua paralisia. (O autor árabe, por sua vez, avisava que beber café com leite poderia causar a lepra.) Por muito tempo, beber café foi um hábito encarado com enorme suspeita em determinados círculos, pois estava contaminado por sua associação com o maometismo.[17] Pococke equiparou-se a Golius como o maior estudioso do árabe no século XVII, mas ele não deixou discípulo algum com capacidade para igualar sua erudição e argúcia.

O ÁRABE CHEGA A CAMBRIDGE

A cátedra laudiana que foi estabelecida em Oxford em 1636 tinha sido precedida pela fundação em Cambridge em 1632 da cátedra Thomas Adams de árabe. Thomas Adams era um rico negociante de tecidos e prefeito de Londres, que esperava conseguir, com sua beneficência, contribuir para a conversão dos muçulmanos. Na sua opinião, o ensino do árabe deveria servir ao objetivo de "ampliar as fronteiras da Igreja e propagar a religião cristã àqueles que agora estão nas trevas".[18] Abraham Wheelocke (c. 1593-1653), o primeiro acadêmico a ocupar a cátedra Thomas Adams de árabe em Cambridge, era um fervoroso adversário do islã: "Deixando de lado algumas grotescas idolatrias da igreja de Roma, e seu governo tirânico, a única pressão aplicada contra a Igreja de Cristo é o Corão de Maomé; desejo dedicar até meu último alento a esta causa e, com meus fracos talentos, gostaria de tentar escrever Notas contra o Corão na Língua do Corão, que é o Arábico."[19] Entretanto, ele tinha uma atitude bastante insólita para com o "Arábico" que deveria supostamente ensinar. Ele salientava que se tratava de uma língua difícil, sem grande utilidade, e além disso não havia na Grã-Bretanha muitos livros disponíveis naquela língua. Conseqüentemente, ele considerava parte de seus deveres acadêmicos desestimular os alunos de se matricularem na matéria. Nisso ele obteve bastante sucesso e, em certa ocasião, ao descobrir que nenhum aluno tinha aparecido para sua aula, deixou um aviso de que "Amanhã o professor de árabe irá para o deserto". Ele não publicou praticamente nada em árabe nem sobre o idioma, embora planejasse escrever uma refutação do Corão. Wheelocke foi também lente de anglo-saxão, e era muito mais interessado nesse tema do que em questões orientais. Se sentia algum interesse pelas igrejas orientais, era sua possível importância como fontes para o cristianismo anglo-saxão que atraía sua atenção. Ele também gostava de ocasionalmente compor poesia em latim. Apesar de suas duas matrículas como professor universitário, sua situação financeira sempre foi precária, se bem que não tão precária quanto a de seu sucessor na cátedra.

O reverendo Edmund Castell (1606-86), segundo ocupante da cátedra Thomas Adams, de 1667 a 1685, era sob certos aspectos uma figura mais considerável. Como tantos colegas seus, Castell não sentia o menor interesse pelo islã. Pelo contrário, seu principal entusiasmo era voltado para o esforço de estabelecer laços com as igrejas cristãs orientais. Entretanto, ele também tinha esperanças de que o árabe fosse útil para a identificação de plantas obscuras mencionadas na Bíblia. Ele havia colaborado na Bíblia Poliglota de Londres, e seu próprio trabalho no *Lexicon Heptaglotton* (1669), um dicionário comparativo de sete idiomas (hebraico, caldeu, siríaco, samaritano, etíope, árabe e persa), evoluiu como um desdobramento daquele projeto. Em sua essência, tratava-se de um dicionário de línguas semíticas, e o persa foi incluído somente porque ainda não tinha sido demonstrado que o persa não era uma língua semítica. (Na realidade, o persa é um idioma indo-ariano.) Se não fosse para muito mais que isso, o *Lexicon* poderia ser útil para a leitura da Bíblia poliglota. Ele ocupava 4.007 páginas e incluía descrições das gramáticas dos vários idiomas.

Castell considerava que estava em algum tipo de férias se trabalhasse menos de 16 horas por dia. Mas ele sempre se sentia péssimo e cheio de queixas. E, quando terminou seu dicionário poliglota, as pessoas já tinham perdido o entusiasmo pelo estudo da Bíblia poliglota. Castell arruinou-se em seu empreendimento extravagante em termos tipográficos. Quinhentos exemplares permaneciam por vender quando de sua morte, e ratos destruíram grande parte do que restou. Ainda mais exemplares desapareceram no Grande Incêndio de Londres. Ele não só perdeu uma pequena fortuna, mas mergulhou tão fundo no estudo dos idiomas orientais que supostamente esqueceu sua própria língua. Acabou meio cego e na miséria.[20] (Posteriormente, como veremos, Simon Ockley e George Sale se arruinaram de modo semelhante por seu entusiasmo orientalista.)

Embora Wheelocke tenha deixado um legado de pouco impacto como arabista, ele dominava o persa e ensinou esse idioma a Thomas Hyde (1636-1703). Hyde subseqüentemente mudou-se para Oxford. Acadêmico de vasta erudição, corpulento e distraído, ele trabalhou nos textos árabe, persa e siríaco da Bíblia poliglota. Com o tempo, ele somou ao cargo de bibliotecário da Biblioteca Bodleiana a cátedra laudiana de árabe (1691) e a cátedra régia de hebraico (1697). Dizia-se também que Hyde sabia turco, malaio, armênio e chinês, e ele trabalhou como tradutor para Carlos II. Também supervisionou a impressão dos Evangelhos em malaio. Seus amplos interesses também incluíam jogos orientais, monstros marinhos e sereias. Ele trabalhou nas tabelas astronômicas de Ulugh Beg com as quais John Greaves tinha anteriormente dado os primeiros passos. Como Greaves, ele se interessou pela *Geografia* de Abu al-Fida e planejou publicá-la, mas não avançou no plano. Hyde considerava a *Historia religionis veterum Persarum* (1700) sua maior obra, mas sua exposição sobre as religiões pré-islâmicas da Pérsia, em especial o zoroastrismo, recorreu tanto a fontes persas muito mais recentes, já da era islâmica, que esse estudo era de valor limitado. Sem dúvida ela lhe trouxe pouca compensação, e John Cleland (que realmente obteve sucesso com seu romance pornográfico, *Fanny Hill*) lembra-se de Hyde ter usado exemplares não vendidos de seu estudo sobre as religiões da Pérsia como combustível para ferver água. Hyde tinha uma visão pessimista do valor de dar aulas sobre a língua árabe, "sendo poucos os ouvintes e ainda mais escassos os praticantes".[21]

De acordo com Humphrey Prideaux (1648-1724), Hyde "não compreende o senso comum em sua língua materna, e por isso não consigo imaginar que ele possa fazer sentido de qualquer coisa que esteja escrita em outro idioma". Entretanto, o livro do próprio Prideaux sobre Maomé seria criticado por um livreiro a quem ele o ofereceu para publicação. O livreiro afirmou que "seria possível desejar que o livro tivesse um pouco mais de humor". Tratava-se de *The True Nature of Imposture fully display'd in the Life of Mahomet* [A verdadeira natureza da impostura totalmente revelada na vida de Maomé], publicado em 1697.[22] O texto decerto carecia de humor, pois seu autor usou o pretexto de uma história da vida do Profeta como veículo para condenar os deístas e todos os tipos de extremistas religiosos: "Não temos razão para temer que Deus possa do mesmo modo erguer algum *Maomé* contra nós por nossa total confusão?... E a julgar pelo início do avanço dos socinianos, quacres e deístas nesta Terra, podemos ter razão para temer que a Ira já há algum tempo emanou do Senhor para punir essas nossas iniqüidades e contestações, e que a Peste já está entre nós."[23] Prideaux, cuja biografia de Maomé fazia parte do projeto de uma "História da ruína da igreja oriental", considerava a ascensão do islã um castigo pelas dissensões e heresias dos cristãos orientais. Embora ele se queixasse da grave carência de livros em árabe, seu conhecimento do idioma árabe era fraco ou inexistente. (Sua afirmação de que a língua árabe era muito parecida com o inglês levanta em mim sérias dúvidas.) Ele recorreu tanto às obras de escritores anteriores que a "verdadeira natureza da impostura" estava no fato de Prideaux se fazer passar por arabista. Seu livro estava cheio de erros, como George Sale no século seguinte salientou com entusiasmo. *Connection* (1716-18), de Prideaux, um tratado histórico e teológico sobre o período entre o final do Antigo e o início do Novo Testamento, foi uma obra mais substancial e mais acadêmica. Depois da morte de Pococke, foi oferecida a Prideaux a cátedra laudiana, mas ele a rejeitou, talvez felizmente; e Hyde, que se dedicava mais verdadeiramente ao orientalismo, aceitou o posto. Contudo, o sucessor de Hyde na cátedra laudiana de árabe, John Wallis (1703-38), era uma indolente nulidade acadêmica, maior apreciador das boas companhias do que das obras eruditas; e, como veremos no próximo capítulo, o prestígio e as realizações do orientalismo inglês apresentaram um declínio acentuado no século XVIII.

A IDADE ÁUREA DO ORIENTALISMO HOLANDÊS

Durante o século XVII, os orientalistas ingleses mantinham uma correspondência regular com seus colegas orientalistas protestantes na Holanda. A Universidade de Leiden, fundada em 1575 imediatamente após a revolta holandesa contra a Espanha, era o centro do orientalismo holandês e da vida acadêmica em termos mais gerais. Ela era de fato a principal universidade protestante na Europa, e fervilhava com estudantes britânicos, alemães e huguenotes franceses. Em seus primeiros anos, a universidade recorreu em peso aos intelectuais franceses, e Joseph Scaliger foi somente o maior dos vários acadêmicos franceses recrutados por ela. Apesar da animada vida intelectual e das numerosas livrarias de Leiden, o rabugento Scaliger descreveu o lugar como "um charco dentro de um charco". A cátedra de árabe de Leiden foi estabelecida em 1600, e pelos dois séculos seguintes Leiden dominaria os estudos orientais. Os alicerces para a superioridade de Leiden nessa área foram criados por Scaliger e Franciscus Raphelengius, tendo ambos estudado árabe com Postel antes de introduzir o idioma em Leiden. (O trabalho de Raphelengius na Bíblia Poliglota de Antuérpia para a gráfica de Plantin foi mencionado na capítulo anterior.)

Raphelengius mudou-se de Antuérpia para Leiden em 1585 e com o tempo tornou-se catedrático de hebraico. Ele foi responsável pela instalação da primeira gráfica árabe na Holanda e foi também o primeiro a compilar para publicação um dicionário árabe-latim, o *Lexicon Arabico-Latinum* (publicado postumamente em 1613, tendo sua morte ocorrido em 1597). Nessa obra, Raphelengius valeu-se muito de um glossário moçárabe latim-árabe, que tinha sido compilado por cristãos falantes do árabe, moradores de Toledo no século XII, sob o domínio dos mouros, para auxiliá-los no estudo do latim. Era evidente que essa era uma fonte estranha a utilizar para a elaboração de um dicionário destinado a orientar acadêmicos já fluentes em latim em seu estudo do idioma árabe que não lhes era familiar. Postel tinha adquirido o manuscrito, mas ele acabou em Leiden. O dicionário de Raphelengius não era uma compilação muito bem organizada nem precisa, e seu principal mercado era entre estudiosos da Bíblia, interessados no hebraico e no aramaico.[24]

Depois da morte de Raphelengius em 1597, o acadêmico Erpenius (Thomas van Erpe) (1584-1625) acompanhou a impressão do dicionário de Raphelengius e forneceu acréscimos e correções próprias. (Erpenius, ao trabalhar no dicionário, seguiu o conselho anterior de Scaliger de que os orientalistas fizessem uso de traduções turcas dos grandes dicionários medievais.) Se o católico Postel foi o primeiro verdadeiro orientalista, Erpenius foi sem dúvida o primeiro grande orientalista protestante. Erpenius foi aluno e cliente de Scaliger e também estudou com Bedwell, embora não tenha conseguido aprender muito com este último. Em 1613 Erpenius foi nomeado catedrático de línguas orientais (1613-24). Seu discurso inaugural sobre a *sapientia* (sapiência) dos árabes seria muito plagiado por professores de árabe. Ele tinha aprendido o árabe com tanta rapidez que foi acusado de usar a magia para isso (exatamente como tinha acontecido com Postel no passado). Erpenius alegava que o árabe não era uma língua difícil de aprender. (Devo confessar que não foi essa a minha experiência.) Ele também derrubou a noção de que o árabe fosse útil para o estudo do hebraico, ainda que fosse esse o motivo pelo qual ele próprio tinha começado a estudar árabe e na realidade seu principal interesse intelectual fosse pelo uso de vogais em hebraico. Ele recomendava o estudo do turco para entender melhor o árabe, em grande parte por causa da utilidade dos dicionários turco-árabes, que o capacitaram para fazer muitas correções ao dicionário de Raphelengius. (Deve-se salientar que no século XVII quase ninguém achava que o idioma turco merecesse ser estudado por si só. Ao passo que os árabes eram respeitados por sua cultura e ciência, os europeus costumavam encarar os turcos como descendentes bárbaros dos citas.)

Erpenius era um acadêmico diligente e produziu edições de muitas obras clássicas da literatura árabe, para servir como base para o ensino. Entre suas descobertas estava a *Geografia* de Abu al-Fida na qual mais tarde Greaves viria a trabalhar. Erpenius pôde fazer uso dos manuscritos árabes reunidos por Postel (alguns dos quais estavam em Leiden e outros em Heidelberg) para produzir a *Historia Saracenica* de 1625. Essa história era profundamente baseada numa crônica de um cristão copta do século XIII, al-Makin. Embora al-Makin fosse cristão, sua crônica foi compilada principalmente a partir de fontes muçulmanas, de modo que Erpenius fez o que foi na realidade uma versão muçulmana da história muçulmana, disponível na Europa pela primeira vez. Entretanto, a obra magna de Erpenius foi sua *Grammatica Arabica*, publicada em Leiden em 1613. Nela, a primeira gramática árabe digna desse nome escrita numa língua européia, ele lutou para impor uma inadequada estrutura gramatical latinizada aos usos do árabe clássico. A gramática de Erpenius foi retrabalhada por Silvestre de Sacy no início do século XIX, depois revisada pelo norueguês Karl Caspari em 1848, e o texto de Caspari foi revisado em 1859 por William Wright com o título de *A Grammar of the Arabic Language* [Uma gramática da língua árabe], que continua a ser uma obra de referência até os nossos dias. O orientalismo no século XVII era um campo rancoroso e competitivo, cheio de maledicência e plágios, no qual Erpenius se sentia perfeitamente à vontade. Ele não escondia seu desdém pelo trabalho de outros.[25]

Depois da morte precoce de Erpenius, com a peste, seu melhor aluno, Golius (Jacob Gool) (1596-1667), sucedeu-lhe como catedrático. Golius tinha formação em filosofia e teologia, e estudara matemática e astronomia antes de passar para o orientalismo. Ele ocupava a cátedra de matemática e, como Greaves, acreditava que os matemáticos ocidentais ainda tinham muito a aprender com os árabes. Viajou muito pelo norte da África e pelo Oriente Médio, onde andou à caça de manuscritos. No Marrocos, serviu à embaixada holandesa como engenheiro. Passou nove anos no Marrocos, e foi lá que encontrou um exemplar do dicionário biográfico do século XIII, de Ibn Khallikan, bem como outras obras identificadas por Leão, o Africano, como fontes essenciais para a compreensão do pensamento e da literatura árabes. Em 1636, Golius publicou o texto árabe da vida de Tamerlão de Ibn 'Arabshah, a '*Aja'ib al-Maqdur*. (Esse haveria de tornar-se um texto padrão para o ensino de árabe por toda a Europa, e muitos estudantes devem ter amaldiçoado Golius, tendo em vista que Ibn 'Arabshah escrevia num estilo monstruosamente rebuscado e obscuro.) Enquanto o dicionário de Raphelengius não era muito mais do que uma pretensiosa lista de palavras, o dicionário árabe-latim de Golius, o *Lexicon Arabico-Latinum* (1653), tornou-se obsoleto somente no século XIX. Golius seguiu o exemplo de Erpenius ao basear seu dicionário nos grandes dicionários medievais árabes, suplementados por dicionários turco-árabes. (Mesmo assim, como Pococke salientou, ainda havia sérias falhas no dicionário de Golius.)

Golius não gostava da subordinação do estudo do árabe ao do hebraico e do siríaco e preferia estudar turco e persa. Ele também estudou outras línguas, entre elas o chinês. Golius era um gênio e se deliciava com isso. Ele brigava com seus rivais, desfazia de sua erudição e impedia seu acesso a manuscritos importantes. Reconhecia somente Pococke como seu igual em termos intelectuais. Como o grande Scaliger antes dele, Golius considerava o magistério abaixo de sua dignidade. Talvez tenha sido em parte por isso que, quando morreu, em 1677, a seqüência de grandes orientalistas de Leiden tenha sofrido uma interrupção temporária.[26] Os bons tempos do orientalismo em Leiden seriam retomados por um breve período com a nomeação de Albert Schultens para uma cátedra em 1729.

O ORIENTALISMO CATÓLICO

O orientalismo católico, mesmo com suas limitações, devia muito pouco ao progresso alcançado pelos orientalistas no norte protestante. Em Roma e outros centros católicos, parece ter havido menos interesse em fazer uso de manuscritos árabes para fins científicos e também menos interesse em manter contato com os cristãos orientais, à exceção dos maronitas, os cristãos libaneses em comunhão com Roma, para os quais um colégio tinha sido fundado em Roma em 1584 pelo papa Gregório XIII. Os acadêmicos maronitas, falantes nativos do árabe e do siríaco, auxiliaram na publicação de um punhado de livros impressos em árabe pela Gráfica Medici.[27] Contudo, novas traduções do Corão foram produzidas por católicos, com o objetivo de auxiliar missionários que fossem às terras muçulmanas, ou ainda para alimentar a polêmica antimuçulmana. A tradução do Corão para o francês em 1647 por André du Ryer, o ex-vice-cônsul francês em Alexandria, tinha uma introdução que declarava ter sido a tradução produzida para o uso de missionários, para que eles pudessem ter material para suas missões de conversão. Esse era um pretexto tradicional usado pelos que desejavam evitar censuras e desaprovação eclesiástica diante de qualquer tradução do Corão. Eram consideráveis os riscos envolvidos em publicar uma tradução dessas, mas também eram consideráveis os lucros, pois o Corão era visto como uma espécie de livro negro ou texto satânico, e sempre houve leitores ávidos por novidades desse tipo.

No caso de Du Ryer, seu verdadeiro objetivo parece ter sido o de produzir uma tradução legível que despertasse o público francês para uma das glórias da literatura árabe. Como Galland, que traduziu *As mil e uma noites* meio século depois, Du Ryer tratou de abrandar a falta de refinamento do idioma árabe, transformando-o num francês majestoso e nobre. "Fiz o Profeta falar francês", declarou ele. A tradução de Du Ryer foi a primeira tradução completa do Corão desde a Idade Média e a primeira feita para uma língua vernácula. Ele fez extenso uso da literatura muçulmana *tafsir* para elucidar as dificuldades no texto do Corão. Precisou, porém, trabalhar sem um bom dicionário ou gramática do árabe.

Era inevitável que sua tradução fosse bastante imprecisa, e os que empreenderam traduções posteriores tiveram o cuidado de execrar o trabalho de seu predecessor. Marracci alegou que Du Ryer tinha confiado em conselheiros incompetentes. Havia "erros em todas as páginas", na opinião de George Sale. Como Alastair Hamilton e Francis Richard disseram em seu estudo da vida e das obras de Du Ryer: "Os arabistas europeus, como a maioria dos acadêmicos, raramente se distinguiram por um tratamento caridoso dispensado a seus colegas, e Du Ryer foi vítima de sua malevolência."[28] Apesar da declaração de Du Ryer de suas piedosas intenções cristãs, a publicação gerou muitos protestos, com as pessoas o acusando de promover os interesses do islã através da divulgação de suas falsas doutrinas. Mesmo assim, sua tradução escandalosa vendeu muito bem e foi ela mesma traduzida para o inglês, o holandês, o alemão e o russo.

Foram feitas acusações semelhantes acerca da tradução seguinte, dessa vez para o latim, muito embora ela fosse, sob todos os aspectos, um trabalho acadêmico superior. Ludovico Marracci (1612-1700) era membro do clero regular da Madre de Deus e confessor do papa Inocêncio XI. Marracci aprendeu sozinho o grego, o hebraico, o siríaco, o caldeu e o árabe. Ele foi um dos que trabalharam na *Biblia Sacra Arabica* (1671), uma tradução da Bíblia para o árabe, antes de passar para a produção de um ataque ao Corão em quatro volumes, o *Prodromus ad refutationem Alcorani* (1691), como um prelúdio à publicação em 1698 do *Alcorani textus universus*, um volume que incluía o texto em árabe e a tradução de Marracci para o latim. O texto em latim, uma tradução literal, era acompanhado de anotações extensas e hostis. O islã "exclui totalmente aqueles mistérios de nossa fé". O islã estava destinado a prosperar porque o mundo estava cheio de tolos, e as pessoas tinham uma inclinação natural para o mal. Sob esse aspecto, ele não diferia muito do protestantismo, que Marracci considerava em sua essência uma forma variante do islã.

Embora ele fosse impiedoso no ataque às doutrinas muçulmanas, sua hostilidade não estava fundamentada na ignorância. Ele havia passado quarenta anos estudando o que via como um texto maldito, e suas anotações recorriam pesadamente às obras de comentadores muçulmanos. Apesar de seus comentários de uma hostilidade feroz, o papa de início o proibiu de publicar o texto. No século XVII, era considerado perigoso estudar o islã. No entanto, nenhum preconceito semelhante se aplicava ao estudo de doutrinas e rituais pagãos da Grécia e da Roma antigas. A tradução de Marracci seria muito aproveitada por George Sale no século seguinte, e é digno de nota que as citações de Sale de comentadores muçulmanos estejam restritas àquelas já feitas por Marracci. Fora os assuntos islâmicos, a outra especialidade de Marracci eram biografias de monjas de vida santa.[29]

Deve-se salientar que apenas um punhado de acadêmicos chegava a nutrir algum interesse pelo árabe. Nesse período, o mundo erudito em geral estava muito mais interessado no hebraico e, em menor grau, nos mistérios dos hieróglifos egípcios. Antes do século XVI, era muito disseminada a crença de que a civilização e a linguagem seriam de origem egípcia. Dali em diante, o foco mudou para a Grécia antiga como a fonte da civilização européia, enquanto a maioria dos estudiosos aceitava que o hebraico era a língua original, a partir da qual descendiam todas as outras línguas, entre elas o egípcio antigo.

No século XVII, a tocha de lingüista louco passou de Guillaume Postel para Athanasius Kircher (1601-80), o pensador jesuíta excêntrico e estudioso voraz, que foi descrito por um de seus críticos como "o mais erudito de todos os loucos".[30] Kircher ensinou línguas orientais em Würzburg antes de se instalar no Colégio Jesuíta em Roma, em 1635. Lá ele foi forçado por Nicolas-Claude Fabri de Peresc, um antiquário aristocrata que colecionava múmias e que tinha adquirido alguns papiros egípcios, a fazer pesquisas sobre o egípcio faraônico e o copta (o idioma dos descendentes dos antigos egípcios). A Roma do século XVII tinha mais de uma dúzia de obeliscos que forneciam material para ele trabalhar. Seu *Oedipus Aegyptiacus* (1652-5) foi uma tentativa, respaldada por um conhecimento do copta, de interpretar hieróglifos faraônicos como uma linguagem hermética que encarnava verdades místicas e filosóficas. Pelo termo "hermético", Kircher queria dizer que a língua tinha literalmente sido engendrada por Hermes Trismegisto e organizada de tal modo que seus ideogramas representavam as forças metafísicas fundamentais em atuação no mundo real. (Kircher insistia obstinadamente em considerar Hermes uma figura histórica de grande antigüidade, apesar de Isaac Casaubon já ter demonstrado que a literatura hermética tinha sido forjada num período de antigüidade mais recente.) A "decifração" de Kircher dos hieróglifos permitiu-lhe apresentar um quadro empolgante da cultura do antigo Egito que era ao mesmo tempo bastante mística e completamente falsa. Entretanto, pelo menos ele adivinhou que os hieróglifos eram uma espécie de escrita. Alguns de seus predecessores achavam que eles eram meramente decorativos.[31] Ele apresentou a antiga revelação hermética egípcia como um prenúncio da revelação cristã.

Outro de seus livros maravilhosamente estranhos, a *Turris Babel* (1679), era um estudo da história do mundo, a arquitetura da malfadada Torre de Babel e a maldição da confusão de idiomas. Quando Adão chamou cada animal por seu verdadeiro nome em hebraico, esse não foi um ato arbitrário, mas uma operação cabalística que revelou os nomes dos animais através da permuta das letras em hebraico, para ser possível definir suas verdadeiras naturezas. Todas as línguas que sobreviviam no mundo eram versões degeneradas dos mistérios herméticos originais, conforme revelados em hebraico. Kircher sustentava que os ideogramas chineses, com seus significados precisos e facilmente decifráveis, eram inferiores aos hieróglifos egípcios dos quais derivavam. Quanto aos hieróglifos egípcios, ele acreditava equivocadamente que esses seriam pictogramas que ilustravam mistérios teológicos mais elevados. Como Postel, Kircher acreditava que a unificação lingüística era um pré-requisito para a paz mundial. Ele também escreveu sobre uma larga variedade de temas, aí incluídos códigos e sua decifração, música, a Atlântida, o canto de aves, a arca de Noé, lanternas mágicas, vulcões, a China, a matemática e a piramidologia. Sobrevivem até hoje 44 de seus livros e cerca de duas mil cartas. Ele inventou uma máquina de vomitar e estátuas que espionavam, além de um piano acionado por gatos aos berros. Também ajudou Bernini a instalar o obelisco na Piazza Navona e ensinou os princípios de perspectiva a Poussin. O famoso gabinete de curiosidades de

Kircher, o Museo Kircheriano no Colégio Romano do Vaticano, refletia seus variados interesses: antigüidades egípcias, animais empalhados, pedras estranhas, manchas solares, autômatos, microscópios, chifres de rinocerontes e anomalias médicas. (O que resta dessa coleção pode ser encontrado atualmente no Museo Preistorico ed Etnografico L. Pigorini, em Roma.) Kircher foi um dos últimos estudiosos a aspirar a conhecer tudo. É provável que o filósofo Leibniz (1646-1716) tenha sido o último.

O presunçoso fascínio de Kircher pelo esotérico, pelo bizarro e pelo monstruoso fez com que suas publicações, embora tocassem em quase todos os campos de pesquisa, fossem geralmente marginais em relação ao conhecimento tradicional sobre aquelas áreas, e isso sem dúvida se aplicou a sua contribuição ao estudo do árabe e do islã. Pietro della Vale, o viajante romano pelas terras árabes, pelo Irã e pela Índia, forneceu a Kircher o manuscrito de um dicionário copta-árabe; e, como o conhecimento do árabe era uma condição necessária para o estudo do copta, Kircher adquiriu alguns rudimentos dessa língua. Suas idéias insensatas sobre a história das pirâmides e sobre como foram construídas por Hermes Trismegisto foram provavelmente baseadas em fontes árabes. Kircher parece ter produzido uma tradução (agora perdida) do árabe e do hebraico de uma obra de Avicena sobre ervas medicinais. Mesmo assim, Kircher não considerava o árabe de grande interesse. Além disso, apesar de ser tolerante quanto à maioria das religiões, e até as apreciar, ele detestava o islã e o que acreditava serem promessas de felicidade sensual na vida após a morte. Em termos mais gerais, grande parte do conhecimento e dos materiais de pesquisa sobre o Oriente de Kircher foi fornecida por missões jesuítas em regiões distantes, especialmente na China, mas os jesuítas não tinham conseguido se estabelecer nos países árabes. Kircher foi primordialmente um sinólogo e egiptólogo. No século XX, um aspecto específico de seu pensamento impenetrável foi revitalizado por Martin Bernal em *Black Athena* (1987), obra na qual a crença de Kircher nas origens egípcias da sabedoria grega foi restaurada e atualizada por Bernal de um modo altamente controverso.[32]

Pocock, Erpenius, Golius e Marracci teriam poucos herdeiros intelectuais. O fascínio de Kircher pela cultura chinesa e pelos hieróglifos egípcios foi um prenúncio mais correto de desdobramentos futuros no século XVIII, quando em geral a *intelligentsia* se interessou mais por sábios chineses do que por guerreiros e profetas árabes.

5

Iluminismo por assim dizer

Docentes admiráveis! Docentes de poder!
Erguendo-se em meu olhar interior
Cheios de histórias antigas, vinho do porto,
Sono — e erudição por assim dizer.

Hilaire Belloc, "Lines to a Don"

No circuito Oxford-Cambridge e em paróquias rurais, os clérigos que se interessavam por textos em árabe por motivos acadêmicos e teológicos não sentiam interesse algum por árabes de carne e osso, mas queriam apenas ter maior conhecimento sobre o modo de vida de Abraão e Moisés, identificar a flora e a fauna da Bíblia e mapear a topografia da antiga Palestina. Entretanto, príncipes, diplomatas, soldados e mercadores tinham um interesse mais imediato nos turcos e no império turco-otomano. Até as últimas décadas do século XVII, o interesse do Ocidente pelos turcos era principalmente motivado pelo medo. Os otomanos no século XVII dominavam praticamente toda a região dos Bálcãs. Apenas o diminuto principado montanhês de Montenegro conservava uma independência nominal. Os turcos tinham por duas vezes sitiado Viena, em 1529 e 1683. A marinha otomana dominava o Mediterrâneo oriental. Richard Knolles, em sua *General History of the Turks* [História geral dos turcos] (1603), os tinha descrito como o "atual terror do mundo".[1] Pensadores cristãos no Ocidente perguntavam-se ansiosos por que razão Deus parecia favorecer aquele grande império muçulmano, e havia quem temesse que os muçulmanos estavam destinados a conquistar toda a cristandade. No século XVI, Ogier Ghiselin de Busbecq, embaixador imperial em Constantinopla, afirmara que esse era o resultado mais provável: "[Do lado dos turcos] estão os recursos de um império poderoso, uma força inigualável, o hábito da vitória, resistência e capacidade para trabalhar, a união, disciplina, frugalidade e atitude vigilante. De nosso lado estão a pobreza pública, o luxo particular, a força prejudicada, o desânimo, a falta de resistência e treinamento; os soldados são insubordinados, os oficiais são avarentos; há um desdém pela disciplina; reinam a licenciosidade, a irresponsabilidade, a embriaguez e a devassidão; e, o pior de tudo, o inimigo está acostumado à vitória; e nós, à derrota. Podemos duvidar de qual será o resultado?" Busbecq acreditava que os cristãos estavam desperdiçando recursos na exploração e colonização das Américas.[2]

Nas últimas décadas do século XVII, o viajante francês Jean de Thévenot, em *Relation d'un Voyage fait au Levant* (3 volumes, 1665, 1674, 1678), talvez tenha sido o primeiro a diagnosticar uma doença naquela que superficialmente ainda era uma grande potência no Oriente, pois ele considerava que o império otomano estava em rápida decadência: "Todos esses povos não têm nada mais de que se vangloriar a não ser suas ruínas e seus farrapos."[3] A análise de Thévenot provou-se correta, e algumas décadas mais tarde, em 1699, pelo Tratado de Carlowitz, os turcos tiveram de aceitar uma derrota humilhante e ceder a Hungria, a Transilvânia e a Podólia a uma aliança de potências cristãs. Cessaram os temores ocidentais quanto ao triunfo do islã e dos turcos.

Nem os antigos medos nem um novo interesse predatório pelo Oriente Próximo tinham se traduzido em qualquer entusiasmo significativo pela língua ou pela cultura dos turcos. Knolles, o autor de uma *General History of the Turks*, citado no início deste capítulo, não sabia turco. Nos séculos XVI e XVII, não havia nenhuma cadeira de turco em universidades européias, nem havia empenho algum em traduzir a literatura turca. Até o século XX, não havia na Grã-Bretanha nem na França nada que se pudesse chamar de tradição de estudos turcos.[4] Embora no século XVIII diplomatas, mercadores, soldados e caçadores de manuscritos fizessem extensas viagens pelo império otomano, eles costumavam contar com cristãos e judeus de cada região para atuar como intérpretes da língua e da cultura desconhecidas. Maronitas, armênios e gregos fanariotas serviam como agentes das várias potências européias.

Os que atuavam como intermediários e intérpretes eram conhecidos como *tarjumans* ou dragomanos (do árabe *tarajama*, "traduzir"). Havia escolas para esses tradutores em Paris, Veneza e em Pera (o subúrbio de Constantinopla do lado norte do Corno de Ouro).[5] Examinaremos agora a carreira de dois desses dragomanos, Jean-Joseph Marcel e Freiherr von Hammer-Purgstall. A formação que esses homens receberam foi em árabe contemporâneo, o que era muito diferente do que era ensinado em universidades pelos herdeiros intelectuais de Pococke ou Erpenius. O grande orientalista Sir William Jones (sobre quem falaremos mais adiante) faria comentários desdenhosos sobre o nível de desenvolvimento acadêmico dos dragomanos: "Em geral ocorre que pessoas que residiram entre os TURCOS e que, por seu talento para os dialetos ORIENTAIS, estão mais bem qualificadas para nos apresentar uma descrição exata daquela nação estavam confinadas a uma baixa classe social ou estavam engajadas em perspectivas de interesse, e eram pouco afeitas às letras corteses ou à filosofia; enquanto aqueles que, a partir de seus postos elevados e refinado gosto pela literatura, tivessem tido tanto a oportunidade como o desejo de penetrar nos segredos das políticas TURCAS eram totalmente ignorantes do idioma usado em Constantinopla e, conseqüentemente, carentes do único meio pelo qual poderiam descobrir, com algum grau de certeza, os sentimentos e preconceitos de um povo tão singular (...) Quanto à generalidade dos intérpretes, não podemos esperar de homens de sua condição qualquer tipo de profundidade de raciocínio ou argúcia de observação. Se meras palavras são tudo o que expressam, meras palavras devem ser tudo o que podem fingir que sabem." Não obstante as censuras de Jones, a instituição haveria de ter uma longa história, e Sir Andrew Ryan, em sua autobiografia, *The Last of the Dragomans* [O último dos dragomanos], descreve como freqüentou uma dessas escolas para intérpretes em Constantinopla em 1899.

As condições para o comércio dentro do sultanato otomano eram regulamentadas por tratados comerciais conhecidos como Capitulações. Já em 1535, eram outorgadas Capitulações aos franceses no império otomano. Na segunda metade do século XVII, Jean-Baptiste Colbert, o principal ministro de Luís XIV, empenhou-se especialmente em promover os interesses comerciais da França no Levante. (Ele também patrocinou caças a antigüidades e manuscritos orientais.) Uma Companhia do Levante foi fundada em Marselha em 1671. Os franceses estavam particularmente envolvidos na aquisição de algodão dos portos palestinos e libaneses. Havia também uma forte presença comercial francesa em Alexandria, e ao longo do século XVIII os mercadores de Marselha e seus aliados políticos começaram a cogitar a conveniência de uma ocupação francesa do Egito. Com o declínio do sultanato, os embaixadores da França, Grã-Bretanha e das outras potências tiveram êxito na obtenção de concessões e privilégios cada vez mais extravagantes. Seus mercadores conquistaram uma posição não muito inferior à da imunidade diplomática. Além disso, seus criados e intérpretes, muitos deles cristãos e judeus naturais das regiões, costumavam estar cobertos pelos mesmos privilégios.

A Companhia do Levante da França competia com a Companhia Britânica do Levante. A principal base comercial da Grã-Bretanha no Oriente Próximo era a "feitoria" da Companhia Britânica do Levante em Alepo, cidade que era um importante posto de escala para o mercado da seda.[6] (Naquela época, "feitoria" era um termo que se referia a uma colônia de comercialização em outro país.) No início do século XVIII, a Companhia Britânica do Levante já estava em acentuada decadência, enquanto, em comparação, a sorte sorria para a Companhia Britânica das Índias Orientais. A rivalidade da Grã-Bretanha com a França abarcava continentes. Isso culminaria na Guerra dos Sete Anos (1756-63) na qual ambições territoriais européias e globais foram totalmente confundidas. Como disse Macaulay num famoso ensaio sobre Frederico, o Grande: "Para poder espoliar um vizinho que havia prometido defender, negros lutavam na costa de Coramandel, e peles-vermelhas se escalpelavam às margens dos Grandes Lagos da América do Norte." Se os britânicos de fato definiam sua própria identidade através da distinção em relação a algum concebível "Outro" que era corrupto, despótico e devasso, a França era sem dúvida esse Outro. O quadro de William Hogarth, *O portão de Calais* (1749), que retrata franceses esqueléticos, sob as ordens de um padre, babando de inveja da carne destinada para os britânicos, ilustra com vigor o desdém britânico pelos franceses.

O triunfo definitivo dos britânicos sobre os franceses na Índia nas últimas décadas do século XVIII foi o passo crucial para o estabelecimento do maior império que o mundo já viu. Embora a Companhia Britânica do Levante ainda mantivesse suas "feitorias" em Alepo e em outros pontos no Oriente Médio, as ambições comerciais da Grã-Bretanha cada vez mais se concentravam na Índia. A partir da década de 1740, os britânicos e os franceses, representados por suas respectivas Companhias das Índias, disputaram os restos do império mogol na Índia. Em 1761, nos últimos estágios da Guerra dos Sete Anos, os franceses foram decisivamente derrotados, e a Companhia Britânica das Índias Orientais tornou-se a maior força no subcontinente. Era do interesse da Companhia treinar seus funcionários nos idiomas pertinentes e, com o tempo, ela instituiu provas de árabe, com o oferecimento de pequenos bônus financeiros para quem passasse nessas provas. A Companhia também patrocinou *A Grammar of the Arabick Language* [Uma gramática da língua árabe] (1776) de John Richardson.[7] Ainda assim, o persa e o turco eram na realidade muito mais importantes para o projeto imperialista. O persa era a língua das cortes indianas, mas não se sabe como nem mesmo esse fato levou a um aumento correspondente do interesse pelos estudos persas na Inglaterra até William Jones resolver estudar esse idioma como um capricho de menino. Quanto a estudos do sânscrito, como veremos, o pioneiro neles foi um francês, Anquetil-Duperron, e então, a partir das últimas décadas do século XVIII, o setor foi mais ou menos monopolizado por acadêmicos e escritores alemães.

Enquanto os franceses dominavam cada vez mais o comércio do Mediterrâneo oriental, e os britânicos estabeleciam sua soberania na Índia, os holandeses estavam tratando de colonizar Java, Sumatra e outras ilhas, e os russos estavam se expandindo na Ásia Central, além de continuar a anexar territórios conquistados da Turquia otomana. Entretanto, talvez somente na Rússia tenha havido uma correlação entre os números de muçulmanos conquistados pela potência imperialista e um crescimento nos estudos orientalistas. Em geral, os diplomatas, soldados e mercadores franceses e britânicos no Levante e na Índia muçulmana trabalhavam com intérpretes e informantes nativos. Era raro o indivíduo que se dava ao trabalho de se familiarizar com o Corão e com a literatura persa e árabe. No início do século XVIII, ainda havia pouca interação entre as esferas do imperialismo e do orientalismo.

A PRIMEIRA ENCICLOPÉDIA DO ISLÃ

Embora o latim continuasse a ser a principal língua da erudição, os vernáculos ganharam respeitabilidade acadêmica a partir do final do século XVII. A França era o território onde havia a maior probabilidade de encontrar livros sérios publicados no vernáculo em vez de em latim. (Os acadêmicos alemães costumavam ater-se obstinadamente ao latim.) No que dizia respeito ao orientalismo, a publicação em francês da enciclopédica *Bibliothèque orientale* de d'Herbelot foi um marco, pois o público leitor mais amplo na França somente tomou conhecimento real da literatura e da história dos árabes, persas e turcos com o surgimento dessa obra. A subseqüente publicação por Galland de uma tradução para o francês das *Mil e uma noites* aumentou ainda mais a conscientização geral sobre a cultura oriental e o interesse por ela.

Barthélémy d'Herbelot (1625-95) era um católico fervoroso que, depois de começar pelo estudo dos clássicos e da filosofia, passou a estudar o hebraico para melhor entender o Antigo Testamento. Mais tarde ele se tornou catedrático de siríaco no Collège de France. D'Herbelot foi um de uma série de antiquários e orientalistas cujos estudos foram patrocinados por Colbert. Ainda que a *Bibliothèque* possa ser vista como uma precursora da *Encyclopaedia of Islam* do século XX e na realidade fosse utilizada como obra de referência, mesmo assim a compilação de d'Herbelot tinha um tom bastante literário, com anedotas e eventuais estrofes recheando os verbetes. A obra *Vidas* de Plutarco forneceu um modelo literário, já que d'Herbelot estava tão interessado em extrair conclusões morais como em relatar acontecimentos. Ele nunca tinha viajado pelo Oriente Médio e naturalmente não dedicava nenhuma atenção a seu comércio ou política contemporânea. À semelhança das enciclopédias que a sucederam, os verbetes da *Bibliothèque* estavam dispostos em ordem alfabética. Ele dá uma vaga impressão de pedir desculpas por isso, ao alegar que essa ordem "não causa tanta confusão como seria possível imaginar".[8] Gibbon, nas notas de pé de página de *Declínio e queda do império romano*, foi condescendente com a *Bibliothèque* chamando-a de "agradável miscelânea" e afirmou nunca ter podido "digerir a ordem alfabética". Gibbon também salientou que d'Herbelot parecia ser mais forte em história persa do que em história árabe, se bem que dificilmente ele poderia ter conseguido escrever os últimos volumes de sua história sem recorrer com freqüência à *Bibliothèque orientale*.[9]

A *Bibliothèque* concentrava a atenção na cultura turca, persa e árabe, embora um apêndice dedicado à cultura chinesa fosse acrescentado a uma edição posterior. Em suas pesquisas, d'Herbelot contou com os manuscritos árabes que tinham sido reunidos sob o patrocínio de Colbert e outros e mantidos na biblioteca real. D'Herbelot, que não tinha a menor noção de análise crítica de fontes, recorreu com excepcional freqüência a compilações persas tardias, mas sua tarefa foi facilitada por um manuscrito específico que tinha sido adquirido pelo agente de Colbert, Antoine Galland, em Istambul. Tratava-se do *Kashf al-Zunun*, de Hajji Khalifa, também conhecido como Katib Celebi. Hajji Khalifa era um historiador turco e bibliógrafo de manuscritos do século XVII, e seu *Kashf al-Zunun* relacionava e fornecia uma descrição sucinta de 14.500 obras em árabe, persa e turco. Foi essa a grande descoberta e importante recurso de referência do orientalismo do século XVII, traduzido para o latim muito mais tarde por Gustav Flügel (em 1853-8). O *Kashf al-Zunun* moldou em termos decisivos a imagem que os orientalistas tinham da cultura islâmica.[10] Entre outras coisas, a organização alfabética de Hajji Khalifa pode ter influenciado a decisão de d'Herbelot de organizar seu material da mesma forma. D'Herbelot também recorreu extensamente a al-Zamakhshari (1075-

1144), um comentador corânico que também escreveu sobre gramática e lexicografia. Quando tratava da história árabe, era natural que d'Herbelot, um católico devoto, recorresse sempre que possível a cronistas árabes cristãos; e, seguindo o exemplo de seus precursores medievais e renascentistas, ele denunciou Maomé ferozmente como impostor. D'Herbelot argumentava que boa parte da revelação islâmica derivava do Antigo Testamento e das tradições judaicas. Para d'Herbelot, que estava imerso nos clássicos gregos e latinos, o Oriente era uma antigüidade inexplorada e, embora ele não se interessasse especialmente pela Arábia pré-islâmica, era apaixonado pela Pérsia e Egito pré-islâmicos. D'Herbelot morreu antes que fosse possível imprimir sua *Bibliothèque orientale*, mas ela foi publicada em 1697 pelo amigo e colega de trabalho, Antoine Galland. Galland também escreveu uma introdução para a obra, na qual, entre outras coisas, sugeria que um estudo das fontes árabes poderia lançar mais luz sobre a história das Cruzadas. Como a de d'Herbelot, a formação de Galland tinha sido totalmente voltada para os clássicos, e logo no início de sua carreira sua principal área de conhecimento tinha sido a numismática. De 1670 a 1675, ele foi agregado à embaixada francesa em Constantinopla onde aprendeu turco, auxiliado pelos dragomanos gregos da embaixada. Tendo dominado o idioma turco, ele estudou árabe e persa com turcos em Constantinopla. Passou uma segunda temporada no Oriente, de 1679 a 1688. Uma de suas principais missões era a de caçar para Luís XV todo tipo de raridade, moedas, medalhas, curiosidades e manuscritos. Sua outra tarefa importante era a de pesquisar as opiniões de vários prelados das igrejas orientais quanto à verdadeira presença de Cristo na eucaristia e a transubstanciação. Esperava-se que suas opiniões pudessem ser usadas por polemistas católicos contra os protestantes e jansenistas. Há um toque rochefoucauldiano nos *Penseés morales des Arabes* de Galland, que ele publicou em 1682 e, em geral, essa foi uma época em que a cultura árabe recebeu de seus tradutores e popularizadores europeus um verniz de refinamento e formalismo. Posteriormente, Galland ocupou a cátedra de árabe no Collège Royale de 1709 em diante.

A partir de 1704, Galland começou a publicação de sua tradução da obra que o tornaria famoso, *As mil e uma noites*. Os volumes finais de *Les*

Mille et une nuits saíram em 1717. Ele pretendia que sua tradução da coleção de histórias medievais fosse não apenas uma diversão literária, mas também uma obra de instrução que informaria aos leitores como era o modo de vida dos povos orientais; e, com esse objetivo, inseriu numerosos comentários explicativos em sua tradução. Na introdução ao primeiro volume, ele escreveu que parte do prazer de ler essas histórias estava em tomar conhecimento dos "costumes e maneiras dos orientais, bem como das cerimônias, tanto pagãs como maometanas, pois essas coisas estão mais bem descritas nesses contos que nos relatos de escritores e viajantes".

D'Herbelot e Galland foram os primeiros orientalistas a se dedicar com seriedade à literatura secular do Oriente Médio. A tradução de Galland das *Noites* tornou-se rapidamente um enorme sucesso de vendas (como ocorreu com as traduções de seu francês para o inglês, o alemão e outras línguas).[11] A *Bibliothèque orientale*, por outro lado, era um livro caro e nunca vendeu bem na França. Com a morte de Galland, por um tempo as pesquisas sérias sobre o islã e a cultura árabe mais ou menos cessaram na França.

Embora edições futuras da *Bibliothèque* viessem a aparecer com correções e acréscimos, essas correções e acréscimos eram baseados nas pesquisas de acadêmicos que não eram franceses, como, por exemplo, Schultens e Reiske (sobre os quais falarei mais adiante). Escritores franceses proeminentes, que escreveram sobre o islã posteriormente no século XVIII, costumavam não saber árabe nem nenhum outro idioma oriental. Por exemplo, a *Vie de Mahomet* (1730) de Henri, Comte de Boulainvilliers, publicada postumamente, era na realidade um exercício de agressão à igreja e ao sistema.[12] Boulainvilliers recorreu pesadamente a textos de Edward Pococke, ainda que Pococke, um religioso monarquista, tivesse ficado horrorizado com o uso feito de suas pesquisas. A *Vie de Mahomet* começava por escandalizar ao negar que o profeta Maomé fosse um impostor e, em vez disso, o elogiava como grande estadista e orador. O islã era apresentado como uma antevisão pastoral árabe do deísmo do século XVIII. Boulainvilliers, que não sabia árabe, estava entre uma série de escritores que adotaram a estratégia de fingir escrever sobre assuntos árabes quando seus verdadeiros alvos eram a Igreja Católica e a monarquia francesa.

Autores do iluminismo e livres-pensadores eram especialmente propensos a esse tipo de disfarce literário. Voltaire escreveu alternadamente em louvor e em censura ao Profeta, dependendo da questão política local que ele desejava defender. Sua peça, *Le Fanatisme, ou Mahomet le Prophète*, apresentava Maomé como impostor e tirano. Por outro lado, no *Essai sur l'histoire générale*, Voltaire elogiava o Profeta como um grande líder, perspicaz e audacioso. (Não foram poucos os pensadores iluministas franceses que passaram a louvar o islã como uma forma de atacar o cristianismo, o papa ou a monarquia Bourbon.) Mesmo assim, Voltaire ainda considerava líquido e certo que o Profeta era um impostor; e, embora pudesse ter hesitado quanto aos méritos do islã e do Profeta, à semelhança da maioria dos pensadores do século XVIII, ele era bastante peremptório em sua atitude diante das Cruzadas medievais. Ele sustentava que a única coisa que os europeus traziam das Cruzadas era a lepra.[13]

DOCENTES SONOLENTOS E ORIENTALISTAS EMPOBRECIDOS

A estagnação do orientalismo francês ao longo da maior parte do século XVIII refletiu-se na Inglaterra. Em geral, esse não foi um bom período para as universidades inglesas. Oxford e Cambridge estavam ociosas em termos intelectuais. Somente controvérsias teológicas continuavam a despertar muita paixão. Numa carta de 1734, o poeta Thomas Gray escreveu o seguinte a Horace Walpole sobre Cambridge: "Os Diretores das Faculdades são 12 cavalheiros grisalhos, todos ensandecidos de orgulho; os pesquisadores são dorminhocos, analfabetos, obtusos e bêbados; os estagiários imitam os pesquisadores, são afetados ou então nada." Horace Walpole não tinha melhor impressão de Oxford e a descreveu como "o berçário de tolices e preconceitos".[14] Edward Gibbon, olhando em retrospectiva para seu tempo em Oxford, escreveu o seguinte: "Não reconheço nenhuma obrigação para com a Universidade de Oxford, e ela me rejeitará como filho com o mesmo prazer com que estou disposto a negá-la como mãe. Passei 14 meses em Magdalen College: eles se revelaram os 14 meses mais ociosos e menos proveitosos da minha vida." Gibbon tinha vagas intenções de estudar árabe em Oxford, mas foi desestimulado por seu orientador.[15] Muito mais tarde, na década de 1790, Chateaubriand, exilado na Inglaterra, celebraria com melancolia a decadência das sedes do saber naquele país: "Já as incubadoras de conhecimento, Oxford e Cambridge, estão assumindo um aspecto deserto: suas faculdades e capelas góticas, semi-abandonadas, entristecem o olhar. Em seus claustros, perto das lajes sepulcrais da Idade Média, jazem esquecidos os anais de mármore dos antigos povos da Grécia: ruínas vigiando ruínas." Indolentes e beócios ocupavam as cátedras universitárias. Quando eram dadas aulas sobre questões orientais, o que era raro, a freqüência era baixa. Durante seu estudo sobre Mark Pattison, biógrafo de Scaliger e reformador universitário do século XIX, John Sparrow teve a oportunidade de registrar que "é freqüente que se diga que Oxford somente emergiu do século XVIII quando o século XIX já estava pela metade".[16]

Em geral, os acadêmicos já não estavam tão empenhados em obter o texto exato da Bíblia e, depois da Restauração, houve um declínio no entusiasmo pelo projeto da Bíblia poliglota. Mesmo assim, quando rapaz na França, Jean Gagnier (1670?-1740) tinha sentido interesse pelo hebraico e pelo árabe depois que lhe mostraram um exemplar de uma Bíblia poliglota. Posteriormente, ele se mudou para a Inglaterra e, tendo se convertido ao anglicanismo, tornou-se um religioso inglês. Em 1723, publicou o texto árabe da parte da crônica de Abu al-Fida, do século XIV, que tratava da vida de Maomé, junto com uma tradução para o latim. Em 1724, ele se tornou catedrático de árabe da cátedra de lorde Almoner em Cambridge. Gagnier era um acadêmico de verdade e detectou rapidamente até que ponto a biografia do Profeta de autoria de Boulainvilliers era pura fantasia. Por isso, produziu sua própria *Vie de Mahomet* (1732) para refutar os erros do livro anterior e denunciar a suposta racionalidade do islã (um tema que às vezes era retomado por racionalistas e deístas franceses). Entretanto, o livro de Gagnier teve pouco impacto, pelo menos de início.[17]

Embora d'Herbelot e Galland tenham coberto vastas áreas de história e literatura, dois ingleses, Simon Ockley e George Sale, foram os pioneiros na apresentação séria do islã numa língua vernácula. Simon Ockley

(1678-1720) estudou hebraico em Cambridge e por volta de 1701 começou a aprender árabe sozinho.[18] (Naturalmente, não havia em Cambridge ninguém capaz de ensinar esse idioma.) Ele foi nomeado vigário em 1705, e em 1708 publicou uma tradução da fábula da ilha deserta de Ibn Tufayl, *Hayy ibn Yaqzan*, com o título de *The Improvement of Human Reason, exhibited in the Life of Hai ebn Yoqdhan* [O aperfeiçoamento da razão humana, exibido na vida de Hai ebn Yoqdhan]. A tradução inglesa de Ockley tinha sido precedida pela tradução latina de Pocock, o *Philosophus Autodidactus* (1671). É mais provável que Daniel Defoe tenha lido o inglês de Ockley do que o latim de Pococke, antes de passar a escrever *Robinson Crusoé* (1719).

Em 1711 Ockley tornou-se o quinto ocupante da cátedra Thomas Adams de árabe em Cambridge. Ockley, um entusiasta pela cultura oriental, não tinha tanta estima pela sua própria: "No que diz respeito ao temor a Deus, ao controle dos apetites, à prudência e sobriedade na condução da vida, à decência e moderação em todas as circunstâncias — em relação a todas essas coisas (e, afinal de contas, em importância nada lhes é superior), declaro que, se o Ocidente acrescentou uma letra que seja à sabedoria acumulada do Oriente, meus poderes de percepção estiveram estranhamente suspensos." Sua obra principal foi *The History of the Saracens* (2 volumes, 1708-18), que cobria o início da história dos árabes a partir da morte de Maomé em 632 (tendo a vida de Maomé já sido coberta por Prideaux até a morte do califa 'Abd al-Malik em 705). Como alguns de seus predecessores, Ockley de início estava interessado principalmente na história da igreja oriental. No entanto, enquanto escrevia e pesquisava, sua atenção foi atraída para a história dos árabes em si. E, embora se referisse rotineiramente a Maomé como um impostor, ele ainda assim descrevia os guerreiros árabes muçulmanos como heróis. Ockley apresentou a história de um povo notável tanto pelas armas como pela erudição. Apesar de estar instalado em Cambridge, ele viajava regularmente para Oxford porque a Bodleiana tinha uma coleção muito melhor de manuscritos árabes. Em sua história, ele recorreu muito à *Bibliothèque* de d'Herbelot, mas, como sabia árabe, também fez uso de um cronista que acreditava ser al-Waqidi (morto em 823), mas que os orientalistas modernos preferem chamar de pseudo-Waqidi, visto que a crônica atribuída a Waqidi é uma obra mais recente, escrita sob pseudônimo, com a inclusão de muitos elementos de lendas.

Os esforços de Ockley para aprender o persa foram "frustrados por astros malévolos e invejosos". Ele salientou que seu tratamento foi muito diferente do generoso patrocínio que Pétis de la Croix recebeu de Colbert. Ainda não era possível dedicar-se aos estudos orientais sem o apoio regular de um patrocinador rico, e Ockley não conseguiu garantir esse apoio. Suas maneiras rudes e os rumores de que bebia muito podem ter estado relacionados a essa dificuldade, embora também fosse verdade que o estudo do árabe já não estava tão na moda como tinha estado na época de Laud e Andrewes. A cátedra de Ockley quase não lhe trazia dinheiro, e sua renda principal, porém insuficiente, provinha do vicariato de Swavesey. O segundo volume da *History of the Saracens* foi completado na prisão no Castelo de Cambridge, por ter ele sido detido por endividamento em 1717. Pelo menos, sua cela revelou-se um local mais tranqüilo para ele fazer pesquisas do que sua paróquia miserável. Morreu na prisão, deixando a mulher e seis filhos em extrema pobreza. Em *Calamities of Authors* (1813), de Isaac Disraeli, ele é descrito em posição proeminente como "talvez o primeiro que nos mostrou outros heróis além daqueles da Grécia e de Roma; sábios mais contemplativos, e um povo mais magnífico do que os férreos senhores do mundo". Foi a *History of the Saracens* de Ockley que fez com que Gibbon se interessasse pelo islã e lhe inspirou o desejo de estudar árabe em Oxford. Gibbon chamou-o de "espirituoso e erudito", acrescentando que sua obra não merecia "as petulantes censuras de Reiske".[19]

A exposição de Gibbon da ascensão do império dos árabes, quando acabou sendo incorporada ao *Declínio e queda do império romano*, recorreu pesadamente não só a Ockley e d'Herbelot, mas também à obra de George Sale (1697?-1736). Aos olhos de Gibbon, parte do encanto de Sale pode ter estado nas cadências elegantes e majestosas que o escritor preferia. Como salientou P. M. Holt, Sale "foi o primeiro arabista inglês digno de nota que não era eclesiástico". Além disso, ele nem era acadêmico, nem viajante. Era um advogado londrino, de fora do sistema universitário, e aprendeu árabe com dois cristãos sírios em Londres. Mesmo assim, havia antecedentes cristãos no orientalismo de Sale, já que ele primeiro trabalhou para a Sociedade pela Promoção do Conhecimento Cristão, revisando sua tradução do Novo Testamento para o árabe antes de, em 1734, produzir uma tradução do Corão para o inglês. (Sale também acreditava que Deus reservara aos protestantes a futura glória de derrotar o islã.) A tradução de Sale recorreu muito à versão latina de Marracci e, como a versão de Marracci, ela era mais do que uma simples tradução, pois continha no prefácio muitas explicações sobre a história e a cultura dos muçulmanos. Esse "Discurso Preliminar" foi traduzido na França, onde atraiu o entusiasmo de Voltaire. Na acauteladora abertura dirigida aos leitores, Sale sugeriu que não precisava apresentar justificativas para publicar sua tradução do Corão, por ser impossível que a fé cristã fosse ameaçada por "um embuste tão evidente". Ele considerava os árabes o flagelo de Deus enviado para castigar os cristãos por seus erros e dissidências. Ele também aproveitou a oportunidade para acusar os "escritores da comunhão romana" pelas insuficiências de suas refutações ao islã. A seus olhos, os missionários católicos em terras muçulmanas eram tolhidos por sua adoração de imagens e pela doutrina da transubstanciação. Não era provável que se conseguisse conquistar sequer um muçulmano sensato com uma religião tão crivada de superstições. "Somente os protestantes são capazes de atacar o Corão com sucesso."

Para abrir espaço para sua tradução, ele fazia pouco de seus predecessores, aí incluídas a tradução latina de Robert de Ketton e a francesa de Du Ryer. A tradução de Marracci era exata e literal; e, embora Sale não apreciasse as longas refutações que Marracci fazia das doutrinas islâmicas, ele ainda reconhecia o uso que tinha feito da tradução latina. Apesar de Sale ter deixado perfeitamente claro que considerava Maomé um impostor, "por mais criminoso que Maomé possa ter sido ao impor à humanidade uma falsa religião, não lhe deveriam ser negados os louvores a que faz jus por suas verdadeiras virtudes". Apesar desse louvor terrivelmente leve, muitos dos leitores consideraram sua descrição do Profeta e da ascensão do islã por demais favorável; e Gibbon chamou Sale de "meio-muçulmano".[20]

Aqueles mercadores que não sentiam nenhum interesse especial pela história nem pela polêmica cristã, mas que desejavam aprender mais sobre o Oriente Médio contemporâneo, eram mais bem atendidos por Alexander Russell, com sua *The Natural History of Aleppo, containing a Description of the City, and the Principal Natural Productions in its Neighbourhood, together with an Account of the Climate, Inhabitants and Diseases; Particularly of the Plague, with the Methods used by the Europeans for their Preservation* [A história natural de Alepo, com uma descrição da cidade, e os principais produtos naturais da vizinhança, com informações sobre o clima, os habitantes e as enfermidades; em particular a peste, com os métodos usados pelos europeus para sua proteção] (1756, 1794, edição revisada por seu meio-irmão Patrick). De 1745 a 1753 Alexander Russell foi médico residente da comunidade mercantil da Companhia Inglesa do Levante em Alepo. Sua principal especialidade era a peste. Na verdade, sua intenção original era fornecer uma explicação da peste e um meio de enfrentá-la. Contudo, o segundo capítulo, extremamente longo, cobria questões tais como a população, língua, trajes, consumo de café e fumo, hábitos alimentares, cerimônias religiosas, vida em família, diversão e ritos fúnebres.[21] Na época, o livro de Russell era a fonte clássica e competente sobre a vida diária num país muçulmano; e no século seguinte foi reconhecido como a inspiração de *Manners and Customs of the Modern Egyptians* [Maneiras e costumes dos egípcios modernos] de Lane. Em seu prefácio, Lane haveria de louvar a "obra erudita e excelente" dos irmãos Russell.[22] Como seu meio-irmão, Patrick, tinha fortes interesses científicos e era especialista em botânica e em terremotos. Patrick fez acréscimos consideráveis a *The Natural History of Aleppo* e lhe conferiu uma dimensão mais humana. Em sua descrição da cultura árabe, ele recorreu às pesquisas de Sir William Jones sobre a literatura árabe, e é para este que agora nos voltamos.

O "JONES ORIENTAL"

Segundo o turcólogo do século XX Harold Bowen, Sir William Jones (1746-94), também conhecido como "Oriental Jones", dominava 13 línguas e "arranhava" 28.[23] Quando menino, começou com o hebraico, mas, considerando aquela língua fácil demais para ser interessante, passou para o árabe. Traduziu de volta para o árabe fragmentos da versão inglesa das *Mil e uma noites* só por diversão. (Naquela época as pessoas buscavam a diversão onde podiam encontrar.) Enquanto estudou em Oxford, ele contratou Mirza, um sírio de Alepo, para ensinar-lhe o idioma. (Como em Cambridge cinqüenta anos antes, nenhum integrante do corpo docente era capaz de cumprir essa tarefa.) Depois do árabe, Jones passou para o persa e para o turco. Traduziu uma biografia do governante persa Nadir Xá para Cristiano VII da Dinamarca, e a tradução foi publicada em 1770. Sua *Grammar of the Persian Language* [Gramática da língua persa], publicada apenas um ano depois, era na realidade mais útil para poetas do que para administradores imperiais, visto que o conhecimento de Jones do persa era até certo ponto aleatório e, além disso, por ele estar mais interessado em apresentar poetas persas a um público europeu do que em produzir uma "cola" para mercadores e administradores que trabalhassem em regiões exóticas. A *Grammar* é repleta de trechos extraídos dos famosos poetas persas medievais. As explorações de Jones da poesia persa deixaram-no convencido de que a literatura européia estava estagnada e precisava se liberar de modelos clássicos: "Os asiáticos superam os habitantes de regiões mais frias na vivacidade de sua fantasia e riqueza de sua criatividade."[24]

Por outro lado, embora Jones tivesse descoberto algo de novo e diferente na poesia persa, em outro sentido ele também a encarava como totalmente familiar. Sendo imperfeita sua noção da pura Alteridade da poesia persa, ele descreveu o poema épico de Firdawsi do século XI, o *Shahnama*, como tendo sido escrito com "o espírito de nosso Dryden e a ternura de Pope". (A justiça dessa comparação não é óbvia para um leitor moderno.) Ele também comparou Firdawsi a Homero e Hafiz de Shiraz a Petrarca. Jones tinha o forte desejo de que cavalheiros com tempo disponível abraçassem o estudo do idioma persa: "Posso afirmar com segurança que poucas odes dos gregos ou romanos sobre temas semelhantes são mais refinadas do que os poemas líricos desses poetas persas." À semelhança do estudo da literatura grega e da latina, o estudo do persa construía o caráter: "É raro, em qualquer língua européia, o sentimento terno ou lição de moral que não tenha um paralelo por parte dos poetas da Ásia."[25]

Embora dedicasse menos tempo à literatura árabe, Jones produziu uma série de traduções importantes, embora juncadas de erros, da poesia árabe. Em 1782, ele publicou *Moallakat* (mais corretamente *Mu'allaqat*). Essa coleção de sete odes árabes pré-islâmicas, compostas por autores diversos, foi tratada por ele como uma série de ensaios no estilo pastoral. Com isso, os poetas árabes passaram a ser nada mais do que versões orientais de Teócrito, montados em camelos — pastores em paisagens luxuriantes entoando canções de amor por uma ninfa ou outra. Parte do problema era que o termo "Arabia Felix" ("Feliz Arábia") tinha dado a Jones uma impressão totalmente fantasiosa de que prevalecia no sudoeste da Arábia uma região verdejante, bastante semelhante à zona rural inglesa. Mesmo conhecendo tão pouco sobre o povo quanto sobre a terra que ocupava, ele considerava os nobres e ferozes árabes superiores aos persas e hindus, mais mansos. (Esse tipo de generalização era comum nos tempos pré-modernos, e não apenas na cultura ocidental.)

Era impossível ganhar a vida como orientalista; e, na introdução da gramática do persa, Jones se queixava da dificuldade de conseguir patrocínio para os estudos orientais. Bem cedo na vida, o pai de Jones tinha cogitado empregá-lo num tribunal para que ele obtivesse formação jurídica, mas Jones tinha resistido à idéia pelos motivos compreensíveis de ser péssima a qualidade do latim usado nos livros de direito ingleses. Entretanto, ele acabou precisando sujeitar-se aos estudos jurídicos e foi inscrito como advogado no foro em 1774. Sua carreira apresentou diversos desvios de rota. Por exemplo, sua esperança era a de chegar ao Parlamento, mas seu liberalismo, sua aversão à escravidão e seu apoio à independência americana contaram pontos contra ele. Mesmo assim, em 1783 ele foi nomeado Juiz do Supremo Tribunal em Calcutá; e a nomeação veio acompanhada de um título de "Sir". Ele estava feliz ao zarpar para a Índia, pois, entre outras coisas, tinha esperança de lá encontrar provas da ocorrência do Dilúvio do Gênese.

Quando partiu para Calcutá, ele não tinha nenhuma intenção de estudar sânscrito. Uma vez que sucumbiu a essa tentação erudita, logo estava declarando que o sânscrito era "mais perfeito que o grego, mais abundante que o latim e de um refinamento mais primoroso que qualquer dos dois idiomas". Daquele momento em diante, voltou-se para o estudo do sânscrito e da filologia comparativa. Em 1786, Jones foi o primeiro a fazer a ligação entre o sânscrito, o grego e o latim e declarar que as três línguas deviam descender de uma antepassada comum. O estabelecimento de uma família de línguas indo-arianas por filólogos europeus é algo que não agradou a Edward Said, e ele parece duvidar da validade dessas conclusões, embora não explique por que motivo.[26] Apesar de a ligação que Jones fez do sânscrito a um grande grupo de línguas européias ser bastante sólida, sua etnologia era até certo ponto arcaica e confusa, pois ele sustentava que os gregos, os indianos, os chineses, os japoneses, os mexicanos e os peruanos, todos descendiam de Ham, filho de Noé. Etnólogos posteriores a ele tinham a tendência a afirmar ser Ham o antepassado somente dos povos negros.

Em 1784 Jones fundou a Sociedade Asiática de Bengala, o protótipo e inspiração para as posteriores associações eruditas de orientalistas, a Société Asiatique e a Real Sociedade Asiática.[27] Jones foi também o primeiro orientalista a se dedicar a sério, embora por pouco tempo, à literatura turca; e, além desse e de seus outros interesses orientais, na qualidade de amador, ele era astrônomo, botânico, músico, historiador do xadrez e especialista em pangolins. Suas pesquisas sobre a poesia árabe e persa foram tão importantes para a literatura inglesa quanto foram para os estudos orientais, ou talvez até mais. Byron, Southey e Moore leram sua obra. "Locksley Hall" de Tennyson deve muito a *Mu'allaqat* de Jones. As pesquisas de Jones também foram importantes para a literatura alemã. Tanto Goethe (1749-1832) como Friedrich Rückert (1788-1866) foram inspirados em sua poesia pelas traduções de Jones de temas orientais — mas tudo isso é na realidade assunto para outro livro.

Apesar de Jones ter sido o grande pioneiro dos estudos indianos, seus principais herdeiros nesse campo foram franceses e alemães; e os estudos indológicos e do sânscrito eram dominados por acadêmicos como, por exemplo, Jean Pierre Abel Rémusat, August Wilhelm Schlegel, Eugène Burnouf e Max Müller. Foram os franceses que instalaram a primeira cadeira universitária de sânscrito.[28] Muitos altos funcionários e soldados da Companhia Britânica das Índias Orientais aprenderam o persa ou uma ou mais de uma das línguas da Índia, mas era raro que essas pessoas adquirissem mais do que um conhecimento coloquial. Em *La Renaissance orientale* (1950), Raymond Schwab defendeu a tese de que os verdadeiros primórdios do orientalismo deveriam ser encontrados nas últimas décadas do século XVIII. Ainda que tenha apresentado muitas provas para essa afirmação, seu principal interesse era pela Índia; e sua conclusão, na melhor das hipóteses, é válida somente para os estudos indianos. Como já vimos, os estudos árabes tiveram início já no século XVII com Postel, Pococke, Erpenius, Golius e Marracci. No seu campo no século XVIII, não houve figuras grandiosas que lhes fossem comparáveis. Mesmo assim, parece verdadeiro que os estudos indianos tenham deslanchado nas décadas finais do século XVIII.

O grande indólogo francês, Abraham Hyacinthe Anquetil-Duperron, morou na Índia do grão-mogol Awrangzeb de 1755 a 1761. Ele publicou uma edição do *Zend-Avesta* de Zoroastro, bem como uma narrativa de suas viagens. Ele era hostil à descrição estereotipada do despotismo oriental apresentada em *L'Esprit des lois* (1748), obra na qual Montesquieu afirmava que o despotismo, condicionado por fatores materiais e climáticos, era onipresente na Ásia e era de uma arbitrariedade selvagem, exigindo obediência cega e girando em torno dos mistérios do harém. Aos olhos de Anquetil-Duperron, essa visão da política e da sociedade asiáticas somente poderia servir como um instrumento de opressão sobre os povos da Ásia. Em *Legislation orientale* (1778), ele usou seu íntimo conhecimento das questões indianas para refutar as afirmações de Montesquieu de que os déspotas orientais não deviam obediência à lei e que sob o domínio dos mongóis não existia a propriedade privada.

Como tantos orientalistas que lhe foram posteriores, Anquetil-Duperron era de um antiimperialismo feroz. Na introdução de outra obra sua, *Le Despotisme considéré dans les trois états où il passe pour être, la Turquie, la Perse et l'Hindoustan*, ele manifestou seu temor de que o conceito de despotismo oriental tivesse sido invocado por certos pensadores ocidentais com o objetivo de justificar o domínio opressor dos europeus sobre a Ásia.[29] Sob muitos aspectos, Anquetil-Duperron adiantou muitos princípios do *Orientalismo* de Said, embora Said, que trata dele, prefira não mencionar esse fato. Samuel Johnson, como Anquetil-Duperron, tinha suas suspeitas quanto ao modo de argumentar de Montesquieu, e comentou com Boswell que Montesquieu sempre conseguia descobrir algum obscuro exemplo oriental para dar sustentação a qualquer coisa que quisesse dizer.[30]

TUDO EM PAZ NA HOLANDA

Sale, Russell e Jones deram importantes contribuições aos estudos islâmicos, mas isso foi fora das universidades. Leiden não estava menos moribunda que Oxford e Cambridge. Depois de Golius, os estudos orientais em Leiden entraram em forte decadência.[31] A figura que mais sobressaiu nas décadas iniciais do século XVIII, Adrian Reeland (1676-1718), haveria de tornar-se catedrático de línguas orientais em Utrecht, não em Leiden.[32] Aos 14 anos de idade, esse prodígio já sabia um pouco de hebraico, siríaco, caldeu e árabe. O idioma árabe era exatamente o tipo de matéria que qualquer jovem gênio daquele período deveria aspirar a conhecer, em razão de sua reputação de língua difícil e obscura. Reeland foi um polímata com interesse pela maioria das coisas aliado a um conhecimento delas, além de ser poeta. Como seus antecessores Postel e Kircher, ele especulou loucamente sobre a natureza da *Ursprache*, ou protolíngua, e a descendência de todas as línguas modernas a partir dela. Em *De religione Mohammedica* (1705) e em outras obras ele combateu alegações falsas acerca do islã. Entretanto, sua abordagem aos estudos do árabe foi completamente típica na medida em que ele considerava que a principal importância do árabe era como auxiliar aos estudos bíblicos e hebraicos, partindo daí a forte ênfase que dava a uma abordagem filológica.

Mais tarde no mesmo século, Albert Schultens (1686-1750), de início catedrático em Amsterdã e depois em Leiden, adotou em essência a mesma atitude.[33] Ele era basicamente um hebraísta, e sua *Dissertatio theologico-philologica de utilitate linguae arabicae in interpretanda sacra lingua* ("Dissertação teológico-filológica sobre a utilidade da língua árabe para a interpretação da Sagrada Escritura"), publicada em 1706, pressupunha que o estudo do árabe deveria ser subordinado ao do hebraico e de fato entrava em conflito com aqueles acadêmicos que alegavam ser totalmente sem sentido o estudo de qualquer outra língua, já que o hebraico era a língua divina. Mesmo assim, embora Schultens fosse eloqüente ao defender a filologia semítica comparativa (cobrindo o hebraico, o árabe, o siríaco e o caldeu), ele não foi realmente muito bom nessa atividade.

A solidez da filologia de Schultens foi criticada por Johann Jacob Reiske (1716-74), o maior acadêmico do grego e do árabe do século XVIII.[34] Reiske tinha sido aluno de Schultens, mas tornou-se seu adversário. Reiske, o principal orientalista alemão de primeira linha, era essencialmente um classicista. Nasceu pobre, foi criado num orfanato e morreu pobre. Tendo aprendido grego sozinho, sua primeira obra importante publicada foi sobre os oradores clássicos. Produziu edições de seus discursos e depois uma edição de Teócrito. Reiske era dado a fortes depressões, e sua mulher foi forçada a aprender latim e grego para agradá-lo. Talvez por conta de sua formação clássica, Reiske adotava uma abordagem mais literária do árabe e discordava da ênfase que Schultens dava ao hebraico, língua que Reiske se recusava a aprender. Em 1738, ele se mudou para Leiden, o que foi um erro. "Foi um infortúnio para mim. Caro, muito caro precisei pagar por minha insensatez! Tornei-me um mártir da literatura árabe. Ah, se minha ardente avidez daquela época por essa literatura, que só me deixou infeliz, por ter surgido cedo demais, numa hora em que ninguém precisava dela e ainda menos a apreciava o suficiente para recompensá-la ou incentivá-la, ah, se aquela pudesse descobrir um jeito de entrar em outra alma que um dia desse vida a tempos mais felizes! Se esse dia vier a chegar (se bem que praticamente não haja motivo para essa esperança) a literatura árabe será mais apreciada e será estudada com maior afinco do que *agora*."[35] Reiske jamais conseguiu uma cátedra em Leiden nem em qualquer outro lugar. Como não comparecia à igreja aos domingos, havia suspeitas de que fosse livre-pensador, mas o verdadeiro motivo era que ele era pobre demais para poder comprar um casaco com o qual pudesse ir à igreja. Por ser de origem humilde, ele não dispunha de renda pessoal e, apesar de ser o melhor arabista e um dos melhores classicistas do século, era forçado a trabalhar como escritor assalariado para sobreviver.

Mesmo assim, seu trabalho com a literatura árabe foi importante, e ele empreendeu vigorosa defesa para que ela fosse estudada por seus próprios méritos. Ele traduziu histórias de autoria de Abu al-Fida e Ibn 'Arabshah para o latim. Vale ressaltar que nos séculos XVII, XVIII e XIX os mesmos autores foram traduzidos repetidamente. Pococke, Greaves e Gagnier já tinham trabalhado em textos de Abu al-Fida e, depois de Reiske, muitos haveriam de trabalhar em textos de Ibn 'Arabshah, sendo Silvestre de Sacy o mais notável desses. Entre outras obras ou autores que eram recorrentemente escolhidos para novas edições ou traduções estavam os *Provérbios* de 'Ali, os *Provérbios* de Luqman, a crônica de al-Makin, as *Maqamat* de Ramlah de al-Hariri e o poema de al-Tughrai conhecido como *Lamiyyat*. Em parte, esse fenômeno pode indicar como eram poucos os manuscritos árabes de valor adquiridos por bibliotecas européias. Até mesmo manuscritos completos do Corão eram difíceis de encontrar. Também seria possível suspeitar de que os acadêmicos nesse período não sentissem tanto entusiasmo por se aventurar em território por desbravar; e pelo menos alguns deles preferissem disfarçadamente copiar de seus antecessores. Reiske também traduziu o poeta Mutanabbi do século X para o alemão. (Nessa época ainda era extremamente raro traduzir do árabe para uma língua vernácula.)

Apesar das ambições predatórias da França no Oriente Médio e no Egito, não havia arabistas importantes na França até o surgimento de Silvestre de Sacy (sobre quem falaremos no próximo capítulo). O declínio do orientalismo no século XVIII foi bastante difundido por toda a Europa. Além de serem poucos os patrocinadores interessados nesse ramo obscuro do conhecimento, o público em geral tinha certas suspeitas do estudo do árabe e do islã, imaginando que os que se dedicavam a esses estudos fossem criptomuçulmanos. Ademais, desde o século XVII, tinham se esmorecido as esperanças de muitas descobertas de algum valor científico em livros árabes (apesar de, excepcionalmente, ainda haver interesse pelas tabelas astronômicas de Ulugh Beg em persa). Embora o tratado de medicina galênica de Avicena, o Cânon, ainda estivesse sendo ensinado em alguns lugares, em outros as pessoas estavam chegando à conclusão de que a maior parte desse conjunto de "conhecimento" teria de ser descartada caso se quisesse que a medicina fizesse algum progresso. Em 1700, a grande era da caça a manuscritos árabes já tinha chegado ao fim. Apesar de alguns estudiosos entusiasmados terem tentado apresentar o conhecimento do árabe como algo vital para o comércio internacional, essa não era de fato a verdade, e os mercadores europeus se saíam muito bem sem precisar recorrer ao conhecimento acadêmico sobre o Oriente. Ao mesmo tempo, os missionários tinham tido muito pouco sucesso no Oriente ocioso, e os poucos indivíduos que tinham conseguido converter costumavam ser de algum tipo de cristianismo oriental, não do islã. À efêmera febre pelo árabe seguiu-se uma moda igualmente passageira pelos estudos chineses e por imitações da arte chinesa. O excêntrico jesuíta Athanasius Kircher muito fez por despertar o interesse pela China ao produzir seu *China Monumentis* (1667) com suas ilustrações de uma fantasia surreal. Em geral, a Europa dependia de missionários jesuítas para grande parte de suas informações sobre a China. Desenvolveu-se uma adoração literária pelo sábio chinês, os ingleses proprietários de terras mandavam fazer o paisagismo de seus jardins de acordo com o estilo chinês, *philosophes* franceses refletiam sobre os supostos méritos do despotismo imperial chinês, e o filósofo alemão Leibniz estudava o *I Ching*.[36]

A RÚSSIA NA ÁSIA

Se os estudos orientais permaneceram estagnados na maior parte da Europa, na Rússia eles mal estavam começando; e, caso se queira estabelecer fortes associações entre o orientalismo e o imperialismo, é sem dúvida para a Rússia que se deveria voltar a atenção primeiro. As origens do orientalismo russo são extremamente interessantes. Elas na realidade têm início com o gabinete de curiosidades reunidas por Pedro, o Grande (1672-1725). Como é de conhecimento geral, Pedro estava decidido a modernizar seu império e a dar um basta às atitudes e costumes medievais que eram um obstáculo ao progresso comercial e militar. (É interessante assinalar que o apoio de Pedro ao ensino e à publicação de textos em latim fazia parte do grande projeto modernizador.) Nos anos de 1697-98, Pedro empreendeu sua "Grande Embaixada" à Europa ocidental, onde estudou construção naval, técnicas de mineração e muito mais. Entre outras coisas, ele ficou impressionado no Ocidente com o papel dos gabinetes de curiosidades na organização do conhecimento e no incentivo à pesquisa. Tendo visitado algumas coleções holandesas de curiosidades e obras de arte, ele mesmo começou a colecionar quando voltou para a Rússia. Seus representantes varriam a Europa, adquirindo não apenas peças individuais mas coleções completas dessas curiosidades. O Gabinete de Curiosidades de Pedro, o Grande (Kabinet Redkostei), era aberto ao público, ou pelo menos àqueles membros da população que pudessem se passar por damas e cavalheiros. A elite podia examinar um anão vivo, um hermafrodita vivo, presas dos elefantes de Alexandre, manuscritos em línguas exóticas, monstros empalhados e um magnífico tesouro de ouro dos citas. Desse modo, Pedro esperava instruir seus bárbaros súditos russos. A partir de 1724, a coleção foi administrada pela Academia de Ciências de São Petersburgo; e com o tempo o Gabinete de Curiosidades haveria de se tornar um museu completo, o Museu da Academia de Ciências.[37] Grande parte de seu acervo foi transferida para o Museu Asiático que foi aberto em 1818; e o Museu Asiático por sua vez haveria de se tornar o núcleo do Instituto de Estudos Orientais.

Ao mesmo tempo que instruía seus súditos, Pedro procurava aumentar o número deles. Na Ásia Central e no Cáucaso, a Rússia estava conquistando um império habitado principalmente por muçulmanos, e era obviamente desejável compreender melhor o islã para governar com mais eficácia aqueles muçulmanos. Em 1702 foi instalada uma escola especial para o estudo das línguas orientais. Em 1716 Pedro mandou traduzir o Corão a partir da versão francesa de Du Ryer. Pedro também contratou Dmitri Kantemir para escrever *O sistema ou condição da religião maometana* (1722). Ele enviou cinco estudiosos à Pérsia para estudar línguas orientais. À medida que se expandia invadindo terras islâmicas, a Rússia adquiria mais material para alimentar estudos orientais; e, por exemplo, a captura de Derbent no Cáucaso (1722) gerou um influxo de manuscritos orientais para Petersburgo.[38]

A DINAMARCA NO ORIENTE

À exceção de Reiske, a Alemanha não produziu nenhum arabista verdadeiramente digno de nota durante a maior parte do século XVIII. Entretanto, o estudioso de hebraico e catedrático de filosofia na Universidade Hanoveriana de Göttingen, Johann-David Michaelis (1717-91), foi um dos grandes patronos intelectuais dos estudos islâmicos e árabes da época.[39] O conhecimento de árabe do próprio Michaelis parece ter sido fraco, muito embora ele tenha traduzido a gramática de Erpenius do latim para o alemão. Michaelis foi mais conhecido por sua *Einleitung in die gottlichen Schriften des Neuen Bundes* (1750), em que, a partir de características textuais e filológicas, procurou distinguir quais livros tinham realmente sido escritos pelos Apóstolos daqueles que não tinham. Ele era cético quanto à idéia de que o hebraico teria sido a protolíngua e era igualmente cético quanto ao relato de que os ascendentes dos grandes grupos raciais do mundo teriam sido os filhos de Noé. Ele não tinha dúvidas, porém, quanto à conveniência de subordinar o estudo do árabe e do Oriente Médio contemporâneo ao estudo do hebraico e da Bíblia; e foi ele o idealizador da expedição dinamarquesa ao Egito e à península da Arábia no período de 1761 a 1767, iniciativa acadêmica que pode ser considerada um paradigma da penetração orientalista nas terras islâmicas.

Já foi assinalada a contratação de William Jones por Cristiano VII da Dinamarca para uma tradução do persa de uma biografia de Nadir Xá. Nesse período havia uma significativa tradição de estudos orientais na Dinamarca. Nas primeiras décadas do século XVII, Adam Olearius tinha viajado para a Pérsia para investigar as perspectivas para o comércio dinamarquês nas terras do xá safávida, e subseqüentemente Olearius escreveu um relato das suas viagens.⁴⁰ Em 1737 Cristiano VI enviou uma expedição, que incluía Frederick Ludvig Norden, com o propósito de estabelecer laços comerciais com a Etiópia. Embora a missão nunca chegasse tão longe, Norden subseqüentemente publicou mapas e esboços da viagem de subida do Nilo.⁴¹

O rei dinamarquês Frederico V (1746-66) foi um esclarecido mecenas das artes e ciências. Foi, portanto, a ele que Michaelis recorreu em busca de patrocínio para uma expedição que pretendia ser um exercício em pesquisa bíblica. Embora o rei dinamarquês concordasse em bancar o projeto, na realidade ele foi organizado por Michaelis e pela Universidade de Göttingen. Michaelis acreditava no idioma árabe como auxiliar aos estudos do hebraico e propôs uma expedição a Arabia Felix (efetivamente o moderno Iêmen), tendo em vista que o dialeto do sul da Arábia era distinto do árabe falado em outras regiões da península e "sabendo que é essa variedade do árabe, a que aprendemos, que vem sendo a ferramenta mais importante para a compreensão do hebraico, quantos esclarecimentos não poderemos esperar que sejam lançados sobre a Bíblia, o livro mais importante dos tempos antigos, se aprendermos os dialetos da Arábia oriental tão bem como sabemos os da Arábia ocidental?" Além do estudo desse ramo específico da língua árabe, a expedição deveria procurar manuscritos (especialmente da Bíblia), fazer um levantamento da topografia, investigar os efeitos da poligamia sobre o crescimento populacional e registrar a vegetação e a fauna. Michaelis estava especialmente entusiasmado com a perspectiva de receber dados que o ajudassem a identificar a flora e a fauna da Bíblia. Ele também acreditava que os árabes seus contemporâneos tinham um estilo de vida semelhante ao dos antigos hebreus. Com esses objetivos, Michaelis criou um questionário detalhado que os integrantes da expedição deveriam preencher à medida que avançassem.

Em nome de Frederico V, a Universidade de Copenhague também produziu um conjunto de cláusulas longas e detalhadas para orientar a expedição. Segundo a Cláusula X: "Todos os integrantes da companhia demonstrarão a máxima cortesia para com os habitantes da Arábia. Não deverão levantar qualquer tipo de objeção à religião desses habitantes;

mais que isso, não deverão dar nenhum sinal — nem mesmo indireto — de que a desprezam; deverão abster-se de atitudes consideradas abomináveis pelos habitantes da Arábia. Ademais, conforme seja necessário no cumprimento de suas tarefas, deverão proceder de um modo que chame o mínimo de atenção possível, encobrindo qualquer atividade que possa despertar entre os maometanos ignorantes a suspeita de que possam estar em busca de algum tesouro, praticando feitiçaria ou espionando com a intenção de causar danos ao país..."

A malfadada expedição que foi enviada em 1761 incluía um naturalista, um filólogo, um médico, um pintor, um cartógrafo e um ordenança. Desses seis, somente o cartógrafo Carsten Niebuhr haveria de sobreviver aos rigores da expedição e retornar com vida à Dinamarca. Mas ele era um homem determinado e notável, que, mesmo antes de chegar à Arábia, havia elaborado um levantamento sistemático das maneiras e costumes do Cairo bem como dos detalhes de sua vida material, aí incluídos os trajes, implementos, técnicas de artífices e assim por diante. Tendo partido de Constantinopla e do Cairo para o Iêmen e de lá para Bombaim, ele voltou por Omã, Pérsia, Iraque e Síria. Retornou à Dinamarca com importantes transcrições de hieróglifos e de escrita cuneiforme, além de excelentes mapas do delta do Nilo, partes da Arábia e do mar Vermelho. Niebuhr gostava muito dos árabes e praticamente só falava bem deles (embora não gostasse tanto assim dos turcos). Ele relatou suas descobertas e aventuras em alemão em três volumes publicados em 1772-78.[42]

A CHEGADA DOS INTELECTUAIS AO EGITO

Embora as investigações de Michaelis e as descobertas de Niebuhr fossem típicas do interesse orientalista pelo Oriente Médio nessa época, ao mesmo tempo soldados, mercadores e políticos franceses tinham desenvolvido um interesse mais predatório pela região. Havia um bom número de teóricos franceses dispostos a alegar que a Turquia otomana, um típico regime despótico oriental, estaria em plena decadência porque, como afirmava o estadista e economista Anne-Robert-Jacques Turgot, o despotismo conduzia inevitavelmente à escravidão, à poligamia e à falta de fibra.[43] Outros sustentavam que era a adoção de uma religião satânica por parte da Turquia que a teria condenado. Ainda outros atribuíam a decadência ao fracasso das terras otomanas em acompanhar o desenvolvimento industrial e comercial do Ocidente. Na década de 1770, François, barão de Tott, tinha sido enviado pelo ministério francês das relações exteriores numa missão, ostensivamente para inspecionar postos consulares franceses no Mediterrâneo oriental, mas de fato para descobrir os pontos fortes e fracos dos otomanos. Em 1779 ele apresentou um relatório que defendia a idéia de uma invasão francesa ao Egito. Para ele, a decadência do governo naquele país significava que haveria pouca resistência; e ele sugeria que os invasores franceses se apresentassem como em missão enviada pelo sultão otomano para liberar o povo egípcio dos corruptos beis mamelucos.[44]

"Meu nome é Ozymandias, rei dos reis:
Contemplai minhas obras, ó Poderosos, e desesperai!"
Nada mais resta. Em torno do abandono
Dessas ruínas colossais, estendem-se ao longe,
infindas e nuas, as areias planas e ermas.

O poema de Shelley, em que aparecem os versos citados, foi inspirado diretamente pela chegada ao Museu Britânico da cabeça de Ramsés, trazida de um templo em ruínas em Tebas.[45] Como foi mencionado anteriormente, o famoso viajante do século XVII no Oriente Médio, Jean Thévenot, considerava que o Oriente Médio era rico somente em ruínas. Ruínas da antiguidade localizadas num ermo árido eram o *tópos*, ou tema comum, que alimentou o projeto francês de conquistar o Egito. Constantin-François de Chasseboeuf, comte de Volney, fez das ruínas orientais sua especialidade peculiar. Seu interesse pelo Oriente Médio tinha de início sido inspirado por uma leitura de Heródoto. Tendo estudado a gramática de Erpenius e o questionário compilado por Michaelis, ele tentou aprender árabe no Collège de France, mas concluiu que o ensino lá era totalmente insatisfatório, pois os professores trabalhavam a partir de textos clássicos e não tinham nenhum interesse pela língua oral contemporânea. Nas palavras do Abbé Barthélémy: "Não se aprendem essas línguas para falá-las..." Por isso, Volney decidiu, começando do zero, aprender árabe como era falado no Egito.

Em 1783, ele chegou a Alexandria e passou então dois anos e quatro meses viajando pelo Oriente Médio. Ficou impressionado com a pobreza, o atraso, a população reduzida, a corrupção e a escravidão que predominavam em toda a região. Como muitos observadores ocidentais daquela época, ele considerou que o despotismo turco, associado às atitudes fatalistas estimuladas pelo islã, era a causa da condição miserável dos árabes. Acreditava na existência de algum aspecto do islã que na realidade propiciava a tirania política. Volney opunha-se ao islã — mas na verdade ele se opunha a todas as religiões, especialmente ao cristianismo. Ao salientar os papéis determinantes e negativos da religião e da política, ele estava se posicionando contra Montesquieu, que tinha afirmado que o clima exercia um papel dominante na formação das sociedade e que os asiáticos eram indolentes por natureza. Volney acreditava que o império otomano estava destinado a desfazer-se: "Juro pelas ruínas de tantos impérios destruídos: o império do Crescente há de sofrer o destino dos Estados cujo sistema de governo ele copiou."

Embora tivesse certeza de que os árabes, os curdos e outras raças oprimidas ansiassem por liberar-se dos turcos, mesmo assim ele se opunha à intervenção européia na região. Na realidade, parece plausível que a viagem de Volney e o livro subseqüente tenham sido patrocinados por influentes personalidades francesas que pensavam de modo semelhante. O principal objetivo de Volney parece ter sido questionar essa intervenção, e ele alegava que, no final, "nós apenas teríamos conquistado o Egito para devastá-lo". Ele foi então o principal porta-voz dos que se opunham ao projeto de Tott para invadir o Egito. Volney publicou suas observações em *Voyage en Egypte et en Syrie* em 1787. Esse livro teve um grande público leitor, e um desses leitores foi Bonaparte.

A obra ainda mais famosa de Volney, *Les Ruines, ou méditations sur les révolutions des empires* (1791), começava com uma meditação sobre as ruínas de Palmira no leste da Síria: "*Je vous salue, ruines solitaires, tombeaux saints, murs silencieux! C'est vous que j'invoque; c'est à vous que j'adresse ma prière*." (Eu vos saúdo, ruínas solitárias, túmulos santos, muros silenciosos. É a vós que invoco. É a vós que dirijo minha prece.) Todo mundo leu esse livro. Ele fez enorme sucesso e era o principal assunto nos salões, nos balneários, nas salas de jogos. Até mesmo o monstro de Frankenstein o leu. (Seria possível argumentar que filmes recentes sobre Frankenstein deturparam seriamente o monstro, subestimando seu envolvimento com estudos culturais — mas essa é uma digressão.) Seja como for, ninguém lê *Les Ruines* hoje em dia. É um texto muito exigente. Depois da sonora invocação inicial, Volney apresenta-se sentado em meio às ruínas de Palmira, refletindo sobre a grandiosidade do lugar como foi um dia e sobre as causas do final de sua importância. De repente, surge a seu lado um gênio espectral, ou djim, que leva o autor pelos ares e lhe dá um aula aérea sobre as causas da ascensão e queda de impérios, além de muitos outros assuntos. A questão principal era por que motivo o Oriente era tão empobrecido e atrasado em comparação com o Ocidente. O predomínio do despotismo no Oriente era uma grande parte da resposta. Volney, mergulhado nos clássicos, considerava natural comparar os mamelucos e paxás aos tiranos de Siracusa e a outros déspotas opressores da antigüidade clássica. Portanto, não havia no despotismo nada de inerentemente exótico ou característico do Outro. Em breve, porém, os sultões e paxás seguiriam o caminho do rei francês, pois Volney confiava na vitória definitiva da Liberdade, Igualdade e Fraternidade pelo mundo afora — e de modo mais específico ele acreditava na futura revolta da nação árabe. Volney foi um nacionalista árabe antes da maioria dos árabes.[46]

A partir de 1802 Volney fez campanha para conseguir que se estabelecesse uma cadeira de árabe coloquial na França, para que esse valioso idioma pudesse ser ensinado a diplomatas e mercadores. Entretanto, isso somente aconteceu em 1830, já que ele sofria a feroz oposição do grande orientalista francês Silvestre de Sacy. De Sacy parecia ter orgulho do fato de ter aprendido o árabe não com algum xeique, mas apenas com livros. Ele não sabia falar árabe, muito menos ensinar o árabe falado a outros. Como não havia nenhuma literatura importante em árabe moderno, ele se interessava somente pelos clássicos medievais.[47] (Sua abordagem ao árabe ainda tinha herdeiros e simpatizantes em universidades britânicas em época tão recente quanto a década de 1960.) Havia outros nessa área do conhecimento que pensavam como Silvestre de Sacy; e, segundo Volney, não havia em Paris um único professor universitário que soubesse falar árabe direito.

Em 1798, uma frota francesa transportando um exército francês sob o comando do general Bonaparte chegou ao litoral do Egito. Os franceses trataram de ocupar rapidamente os portos do delta e depois o Cairo, antes de invadir a Palestina.[48] É uma tentação ler *Voyage en Egypte et en Syrie* de Volney como um projeto para aquela desastrosa aventura imperialista, e essa é uma tentação à qual Said sucumbiu. Como se o que Volney estivesse dizendo no livro fosse: "*Allez la France!* Eis uma oportunidade de ouro para algum jovem ambicioso francês, ou talvez corso, tentar construir um império francês nessa região atrasada do mundo." Mas isso seria entender o contrário do que Volney dizia. A mensagem implícita em *Voyage* e num tratado posterior, *Considérations sur la guerre actuelle des Turcs* (1788) (que Said confundiu com *Voyage*), é que o Egito deveria ser descartado como território pronto para ser colonizado. Volney não estava dizendo que, para conquistar o Egito, os franceses deveriam de início combater os turcos, depois os ingleses e por fim lidar com os muçulmanos. Estava, sim, afirmando que de início os franceses seriam forçados a combater os turcos, depois descobririam que estavam em combate com os ingleses e então, por fim, ainda precisariam lutar com os muçulmanos. Na opinião de Volney, diante de adversários semelhantes, a ocupação do Egito não era viável, e a resistência muçulmana ao domínio francês seria especialmente intratável.[49] Como ele estava certo! A expedição francesa de 1798 ao Egito foi um desastre militar comparável ao desembarque em Galípoli, ao lançamento de pára-quedistas sobre Arnhem e a Diem Bien Phu. O mais espantoso acerca do fiasco é seu comandante, Bonaparte, ter conseguido avançar para uma carreira militar de sucesso.

Um poderoso grupo de pressão de mercadores de Marselha vinha insistindo por uma invasão francesa do Egito para garantir um mercado para produtos franceses. Os franceses tinham consciência de ter perdido a oportunidade na América e na Índia. A ocupação do Egito ameaçaria possessões britânicas na Índia. Bonaparte, que tinha estudado as campanhas de Alexandre, o Grande, parece ter sonhado em usar o Egito como base para a conquista tanto de Constantinopla como da Índia. Além disso, embora seja possível ter algum ceticismo quanto aos motivos para a expedição francesa, de nada adianta ser totalmente cínico. É provável que alguns dos que patrocinaram ou acompanharam a expedição tivessem um compromisso genuíno com uma missão de liberação e civilização, e que se imaginassem combatendo os castelos dos beis mamelucos a fim de libertar os felás oprimidos. A deles era uma *mission civilisatrice* imposta à mão armada. A expedição levava uma prensa que dispunha de tipos árabes. Depois que suas forças desembarcaram no Egito, Bonaparte emitiu uma proclamação em árabe que procurava conquistar o apoio do povo egípcio contra seus senhores mamelucos caucasianos turcos e declarava entre outras coisas: "Já há muito tempo essa quadrilha de escravos, comprados na Geórgia e no Cáucaso, vem tiranizando a mais bela região do mundo. Mas Deus Todo-Poderoso, que rege o universo, decretou que seu reino chegue ao fim."[50] Os franceses procuravam apresentar-se como libertadores mais do que como cruzados na tradição de Luís IX; mas, ainda que alguns oficiais de Bonaparte denunciassem o cristianismo e se declarassem ateus, os muçulmanos confusos ou céticos consideravam o ateísmo meramente mais uma versão do cristianismo.

Said diz que muitos dos intérpretes do árabe de Bonaparte tinham estudado com o grande orientalista, Silvestre de Sacy, mas isso não parece ser muito provável. De Sacy começou a ensinar somente em 1796 e, como já foi salientado, era totalmente incapaz de ensinar o egípcio coloquial. Na realidade, Said não fornece prova alguma do envolvimento do principal orientalista da França no projeto egípcio. O orientalista Louis Mathieu Langlès (1763-1824), estudioso do árabe e do persa, foi convidado para a expedição, mas timidamente recusou o convite pois se sentia mais à vontade numa biblioteca do que poderia ter se sentido no Egito. Entretanto, Langlès (que Maxime Rodinson descreveu como "um orientalista de méritos questionáveis") tinha desempenhado um papel importante na fundação da Ecole Spéciale des Langues Orientales Vivantes, uma instituição que era incomum por ensinar línguas faladas — pelo menos em tese — e, como veremos, dois dos intérpretes de Bonaparte tinham estudado lá.

Bonaparte levou consigo na expedição ao Egito uma impressionante equipe de cientistas, acadêmicos e pintores. Um bom contingente da equipe de acadêmicos de Bonaparte era especializado em engenharia civil. O Instituto do Egito, como acabou sendo instalado no Cairo, era dividido em quatro setores: Matemática, Física, Economia Política e, finalmente, Literatura e Arte. Neste último setor, havia apenas um arabista, Jean-Michel Venture de Paradis. Esse homem, que era o principal intérprete de Bonaparte, estava com 60 anos em 1798 e era, portanto, o decano da expedição. Venture de Paradis não tinha estudado árabe em círculos acadêmicos. Ele era, sim, filho de um dragomano e tinha ele mesmo trabalhado como dragomano em Istambul, Sídon, no Cairo e em Túnis antes de se tornar professor de turco na Ecole Spéciale des Langues Orientales Vivantes. Na década de 1780, tinha apoiado as políticas intervencionistas de Tott em relação ao Oriente Médio. Por volta da mesma época, estava trabalhando numa tradução de um manual egípcio de administração do período medieval recente de autoria de Khalil al-Zahiri, o *Zubda Kashf al-Asrar*, que jamais conseguiu publicar. (Ele traduziu esse texto, não por ter um interesse de antiquário por saber como era a vida no Egito do século XV, mas por acreditar que os dados de Khalil al-Zahiri ainda pudessem ser em grande escala válidos para o Egito contemporâneo.) Em 1790, publicou uma dissertação sobre a necessidade do estudo de idiomas orientais para a promoção das relações comerciais e políticas. Ele afirmava que na França professores universitários davam aulas às quais ninguém comparecia e que manuscritos permaneciam esquecidos nas bibliotecas sem serem lidos. A França estava muito atrasada em comparação com a Alemanha e a Grã-Bretanha sob esse aspecto. No Egito ele desempenhou um papel crucial por conta de seu prévio conhecimento do país e de seus contatos pessoais. Na realidade, foi o primeiro-ministro de Bonaparte para todas as questões orientais. O acadêmico e historiador egípcio al-Jabarti conheceu-o e o elogiou como homem eloqüente e simpático. Venture de Paradis morreu de disenteria em 1799 em Nazaré e foi enterrado sob as muralhas de Acre.[51] Depois da destruição da armada francesa na baía de Aboukir, a morte de Venture de Paradis foi um dos maiores dos inúmeros desastres que se abateram sobre a força expedicionária francesa.

A morte de Venture de Paradis deixou Bonaparte sem nenhuma orientação realmente especializada sobre a política, a religião e a sociedade árabes. Ele parece ter trazido da França apenas mais um par de intérpretes, e esses eram menos importantes e menos experientes. O primeiro deles, Jean-Joseph Marcel (1776-1854), começou a estudar hebraico e árabe aos 15 anos de idade e, como aluno da Ecole Spéciale des Langues Orientales Vivantes, tinha estudado com Langlès, mas passou a se dedicar a uma carreira precoce na mineração e fabricação de salitre. Durante o Terror, ele viveu escondido. No Egito com a expedição francesa, supervisionou em Alexandria as operações da prensa tipográfica que produzia documentos em francês, árabe e grego. Era industrioso e, além de servir como intérprete, organizou uma gramática árabe e estudou a poesia árabe.[52] Aparentemente sabe-se menos a respeito de Amadée Jaubert, que também estudou na Ecole e passou a ser o intérprete pessoal de Bonaparte após a morte de Venture de Paradis. Posteriormente ele ensinou turco na Ecole e escreveu quatro ensaios para a *Description de l'Egypte*.[53]

Como já foi salientado, Bonaparte trouxe consigo uma equipe de acadêmicos. Algumas das tarefas do Instituto Egípcio eram meramente práticas, como, por exemplo, a de aperfeiçoar os fornos das cozinhas do exército, tentar fazer cerveja sem lúpulo, introduzir novas lavouras e investigar a viabilidade de abrir um canal que atravessasse a península de Suez. Havia, porém, um componente mais intelectual no Instituto. Al-Jabarti, que o visitou, ficou impressionado com a dedicação dos estudiosos: "Alguns dos franceses estavam estudando árabe e aprendendo de cor estrofes do Corão. Em suma, eram grandes estudiosos e amavam as ciências, especialmente a matemática e a filologia. Dia e noite eles se aplicavam a aprender árabe..."[54] A pesquisa francesa seguia o modelo de um famoso discurso proferido por Sir William Jones na reunião inaugural da Sociedade Asiática de Bengala em 1784, "Um discurso sobre a instituição de uma sociedade para pesquisar a história civil e natural, as antigüidades, as artes, as ciências e a literatura da Ásia". Nesse *Discurso*, Jones expunha para os estudiosos seus colegas um programa que levaria uma abordagem interdisciplinar à história e cultura da Índia. Era um projeto totalmente idealista, inspirado por uma visão da Ásia que Jones tivera enquanto o navio em que estava navegava entre a Pérsia e a Índia: "A Ásia, que sempre foi considerada o berço das ciências, a inventora de artes úteis e agradáveis, palco de atos gloriosos, fértil nas produções do gênio humano, rica em maravilhas naturais e infinitamente diversificada nas formas de religião e de governo, nas leis, maneiras, costumes e idiomas, bem como nas feições e na tez dos homens."[55] Jones queria que seus colegas orientalistas aprendessem com as ciências, ofícios e instituições asiáticas.

Jones considerava o domínio dos idiomas orientais não tanto uma parte da erudição por seus próprios méritos mas, sim, um meio voltado para objetivos mais práticos, e os franceses nisso seguiram seu exemplo. Os resultados das pesquisas francesas, a *Description de l'Egypte*, foram encomendados em 1802 e começaram a aparecer em 1809, muito embora seu 23º volume somente tenha aparecido em 1828. O alto preço dos volumes impressos com extravagância era prejudicial a uma grande vendagem. Bonaparte tinha esperado que sua publicação transformasse em retrospectiva um fracasso militar e político num triunfo cultural e científico. A *Description* parece em parte ter tomado como modelo a obra dos Russells sobre Alepo. Apesar de os intelectuais franceses cobrirem as maneiras e costumes do povo egípcio, seu comércio, indústrias, vestuário, instrumentos musicais e assim por diante, o mais breve contato com a *Description* deixa evidente que o assunto pelo qual eles sentiam mais interesse era a herança faraônica do Egito. A tradição islâmica do Egito era muito menos significativa.[56] Portanto, embora a invasão acadêmica do Egito tenha sido um marco na história da egiptologia, de fato seu documento fundador, ela teve pouca ou nenhuma influência sobre a forma pela qual os estudos árabes e islâmicos se desenvolveram no século seguinte.

6

Estudos orientais na era do vapor e da hipocrisia

Fornecer um relato preciso e exaustivo daquele período exigiria uma pena muito menos brilhante que a minha.

Max Beerbohm, 1880

O FUNDADOR DO ORIENTALISMO MODERNO

A École Spéciale des Langues Orientales Vivantes foi fundada em 1795 e dirigida inicialmente por Louis Mathieu Langlès e depois por Silvestre de Sacy. Entretanto, não se deve atribuir muito peso ao termo "*vivantes*", pois, como já vimos, o segundo desses catedráticos não tinha absolutamente interesse algum nas línguas vivas faladas do Oriente. Antoine Isaac Silvestre de Sacy (1758-1838) era filho de tabelião e de origem jansenista. (Os jansenistas eram rigoristas católicos que sustentavam serem as boas obras possíveis apenas com a graça de Deus e que somente uma minoria de indivíduos é predestinada para a salvação divina. Havia uma forte tradição intelectual concentrada na abadia de Port Royal, e os pensadores jansenistas tinham feito um trabalho importante com a gramática francesa e a lógica; e estenderiam sua abordagem às línguas orientais.) Homem de devoção severa, De Sacy começou a estudar o hebraico por motivos religiosos. Subseqüentemente, ele foi estimulado por conversas com Dom Berthereau a empreender o estudo do árabe. Seus superiores tinham pedido a Berthereau, um monge de erudição nada sistemática da ordem maurista dos beneditinos, que aprendesse o idioma árabe para pesquisar com mais rigor a história das Cruzadas e o papel da França nelas. Ele tinha aprendido árabe sozinho, mas, embora tivesse feito uma grande quantidade de traduções fragmentadas de materiais em árabe que diziam respeito às Cruzadas, durante sua vida não surgiram resultados diretos de suas pesquisas. Por outro lado, o envolvimento de De Sacy com o árabe e outras línguas orientais foi um divisor de águas na história do orientalismo.

Como Berthereau, De Sacy teve alguma dificuldade para aprender árabe. Nas universidades não havia quem fosse capaz de lhe ensinar o idioma. Ele obteve alguma ajuda de um dragomano chamado Etienne le Grand e pode também ter tido aulas com um judeu erudito em Paris, embora esse ponto não esteja claro. Praticamente não havia textos para estudar e somente uma gramática com algum valor, a de Golius, mas De Sacy entregou-se ao trabalho, aprendendo através da memorização de textos importantes da literatura árabe clássica. Com o tempo, De Sacy haveria de dominar o árabe, o siríaco, o caldeu, o etíope, o persa e o turco, além do hebraico, do aramaico e do mandeu, que se somaram ao habitual leque de línguas européias que deveriam ser dominadas por qualquer acadêmico do século XIX que se prezasse. Seu primeiro emprego foi na Real Casa da Moeda, onde trabalhou a partir de 1781. Monarquista fervoroso, ele encarava a Revolução Francesa com consternação e, em 1792, retirou-se do serviço público por um tempo, antes de ressurgir depois da derrubada de Robespierre.

Em 1795 De Sacy tornou-se professor na École Spéciale des Langues Orientales Vivantes. Ele não só não tinha tempo para línguas vivas, como também, ao contrário de muitos de seus contemporâneos de grande erudição, não sentia nenhum interesse pelo estudo comparativo de idiomas. Tampouco tinha ele interesse em visitar lugares exóticos (a menos que se possa contar Gênova, que ele visitou para fazer pesquisa nos arquivos históricos). Era uma criatura sombria, severa e polêmica. Pelos parâmetros modernos, seu método de ensino era simplesmente medonho. Seus alunos deviam aprender por repetição e decorar trechos inteiros das gramáticas e de textos selecionados. Contudo, como logo há de se tornar evidente, ele mesmo assim deve ter sido uma figura inspiradora. Junto com Champollion, o decifrador da Pedra de Roseta, ele foi um dos co-fundadores da Société Asiatique em 1821 e seu primeiro presidente. Bonaparte concedeu-lhe o título de barão em 1814; e em 1832, sob o regime da monarquia, tornou-se par da França.[1]

Uma crestomatia é uma antologia de trechos literários, geralmente destinada a ser utilizada por estudantes que estejam aprendendo uma língua estrangeira, e De Sacy apresentou exatamente isso em sua *Chrestomathie arabe*. Ele publicou em 1806 essa coletânea de trechos compilados de manuscritos, pretendendo que ela fosse usada por alunos da Ecole Spéciale des Langues Orientales Vivantes. Na introdução, ele enumerava os poucos textos impressos em árabe aos quais era possível ter acesso em Paris no início do século XIX: os provérbios do sábio pré-islâmico Luqman, o Corão, *Kalila wa-Dimna* de Ibn al-Muqaffa (um espelho para príncipes moldado na forma de uma coleção de fábulas com animais) e a prolixa e bombástica biografia de Tamerlão de Ibn Arabshah. No século anterior, Reiske tinha afirmado que a poesia árabe deveria ser estudada por seus méritos literários. De Sacy dava uma ênfase diferente porque defendia o estudo da poesia árabe antiga como uma fonte valiosa sobre a história remota dos árabes e sobre a filologia árabe. (Como Reiske, De Sacy precisou defender a poesia árabe dos que declaravam não haver nenhum sentido em estudá-la.) Apesar de sua abordagem nada romântica à poesia árabe, De Sacy parece ter sido o primeiro acadêmico europeu a compreender como a métrica árabe de fato funcionava. Quanto à prosa árabe, suas opiniões eram vigorosas. Ele não aprovava a imaginação desordenada e os coloquialismos descuidados das *Mil e uma noites*. Também considerava pobres como ficção as *Maqamat* de al-Hariri. Compostas no século XII, as *Maqamat* são uma picaresca celebração em episódios da eloqüência erudita de um patife espertalhão e aproveitador chamado Abu Zayd. Até mesmo árabes instruídos recorrem a um comentário para poder entender o que Abu Zayd diz. Contudo, a mera dificuldade da gramática e do vocabulário da burlesca exibição de fogos de artifício lingüísticos criada por al-Hariri tornava o texto extremamente adequado para infligir a alunos, e assim em 1822 De Sacy publicou o texto árabe com um comentário.

Sob muitos aspectos, sua obra mais árida e mais difícil é também a mais interessante. Em sua *Grammaire arabe* (1810, segunda edição 1831), ele pretendeu de início expor a gramática da língua árabe na forma que considerava lógica e depois na forma que os gramáticos árabes utilizavam. Naturalmente, as duas formas eram totalmente diferentes. A lógica da sua gramática era fortemente influenciada pela lógica e pela gramática de Port Royal. O mosteiro de Port Royal, perto de Paris, produziu duas obras enormemente influentes, a *Grammaire générale et raisonnée de Port Royal* (1660) e *La Logique; ou, L'Art de penser* (1662). Os gramáticos jansenistas de Port Royal sustentavam a visão cartesiana de que as características gerais das estruturas gramaticais são comuns a todas as línguas — visão que nos tempos modernos foi também adotada por Noam Chomsky, em particular, em seu *Cartesian Linguistics: A Chapter in the History of Rationalist Thought* (1966) [Lingüística cartesiana: um capítulo na história do pensamento racionalista]. Os gramáticos de Port Royal acreditavam no isomorfismo da linguagem, pensamento e realidade — ou seja, que a linguagem espelhava o pensamento, e o pensamento, por sua vez, espelhava a realidade. (Isso me faz pensar num certo general francês que supostamente teria feito a seguinte observação: "Parece-me que o francês é a mais perfeita de todas as línguas porque sua gramática reflete com exatidão minha forma de pensar.")

Além da lógica, De Sacy também tinha obsessão por irregularidades e raridades. Nisso ele tinha muito em comum com os gramáticos e lexicógrafos árabes medievais que estudava com tanto entusiasmo. Em especial, os gramáticos de Kufa no Iraque no século IX se interessavam por irregularidades e exceções, ao contrário dos gramáticos da vizinha Basra, que prefeririam ressaltar as características regulares e normativas da língua. As gramáticas árabes medievais eram textos voltados para o passado, pois seus compiladores não procuravam registrar a forma pela qual o árabe era realmente falado ou escrito em seu próprio tempo, mas buscavam deduzir a partir das tradições lingüísticas como se falava o árabe na época da revelação do Corão ao

Profeta.² Havia assim um paralelismo impressionante entre o *nahw*, ou "modo", da gramática árabe e a *suna*, ou costumes do Profeta; ou seja, o conjunto transmitido oralmente dos relatos sobre suas palavras e atos bem como os de seus companheiros mais próximos. De Sacy pretendia que sua gramática substituísse a *Grammatica Arabica* de Erpenius e especificamente que a nova gramática se libertasse da estrutura latinizada que Erpenius tinha imposto à gramática árabe. Até certo ponto, De Sacy foi bem-sucedido, tendo sido um pioneiro na introdução de termos técnicos árabes em sua gramática. Embora o orientalista de Göttingen Heinrich Ewald mais tarde tenha criticado a gramática por acompanhar muito de perto os modelos árabes, um estudante moderno dessa gramática (se for possível visualizar semelhante criatura) provavelmente ficaria mais impressionado com sua abordagem latinizada. Além de suas pesquisas com base em textos em árabe, De Sacy também publicou obras sobre as antigüidades pré-islâmicas da Pérsia, sobre a gramática persa, escritos atribuídos ao poeta persa al-Attar, a decifração de hieróglifos egípcios, uma história dos reis da Mauritânia e textos samaritanos. Era uma época em que se esperava que o orientalista cobrisse uma área muito vasta.

Como De Sacy era um cristão fervoroso, era mais ou menos inevitável que ele considerasse Maomé um hábil impostor. Entretanto, De Sacy sentia menos interesse pelo islã do que por seus vários movimentos dissidentes, secretos e às vezes subversivos. Tendo sobrevivido aos horrores do terror jacobinista, ele projetava seu pavor das conspirações revolucionárias para o passado, para os primórdios da história do islã, e apresentava os drusos, os ismaelianos e os alauitas como precursores de movimentos modernos tão sinistros como os maçons, os carbonários e os jacobinos. Na introdução de seu *Exposé de la religion des Druzes* (1838), ele declarou ter sido compelido a escrever o livro pelo "desejo de que esse retrato de uma das mais notórias insanidades do espírito humano sirva para ensinar aos homens que se orgulham da superioridade de seu esclarecimento os tipos de aberrações de que a razão humana é capaz quando deixada por sua própria conta". Para De Sacy, os drusos eram revolucionários ateus que se inspiravam no fanatismo político xiita e numa mistura das filosofias grega e persa. Em polêmicas fontes muçulmanas sunitas, ele encontrou muito material para sustentar seus preconceitos. Passou toda a carreira dedicando-se de modo intermitente aos drusos. Suas opiniões a respeito de fanáticos orientais secretos quase maçônicos eram bastante semelhantes às de von Hammer-Purgstall (sobre quem falaremos mais adiante).

De Sacy tinha opiniões vigorosas também sobre outras questões. No século anterior, com base num conhecimento bastante superficial da história e da sociedade orientais, Montesquieu tinha afirmado que em despotismos orientais toda a terra pertencia ao príncipe e não havia leis civis que tratassem da propriedade, da sucessão, comércio ou direitos das mulheres. (Como já vimos, o Dr. Johnson tinha se queixado de que Montesquieu sempre conseguia extrair das profundezas as práticas de alguma cultura obscura e exótica para dar sustentação a qualquer argumento que quisesse defender.) Recorrendo à *Description* de *L'Egypte*, bem como à *Khitat*, obra topográfica do historiador egípcio do século XV, al-Maqrizi, Silvestre de Sacy produziu um longo tratado a respeito da posse da terra no Egito especificamente para refutar a afirmação de Montesquieu. Tomando outra questão como exemplo, a breve carreira de De Sacy na Real Casa da Moeda deu-lhe opiniões firmes sobre moeda forte. Nesse caso também, ele encontrou apoio para suas idéias em al-Maqrizi que, a seu ver, era um homem muito mais confiável do que a maioria dos teóricos financeiros da Europa contemporânea. De Sacy teve o prazer de descobrir que os califas egípcios fatímidas, ao contrário de certos tolos governos modernos, percebiam que a proporção entre o ouro e a prata devia ser variável. "Sem dúvida dá prazer ressaltar que Maqrizi tinha idéias sobre verdadeiros princípios monetários que são mais corretas do que as de muitos escritores de nosso século."[3]

O LEGADO INTELECTUAL DE SILVESTRE DE SACY

Depois das mortes de Schultens e Reiske, não houve orientalistas de primeira linha até o surgimento de De Sacy. E, quando ele morreu, a maior parte dos orientalistas de primeira linha que restaram tinha sido formada por ele. Como comentou Daniel Reig, com Silvestre de Sacy: "O orientalismo (...) entrou nas bibliotecas e às vezes até se trancou dentro delas."

No entanto, Reig também salienta que o orientalismo não abandonou totalmente os salões.[4] Na realidade, apesar de sua feroz erudição e austeridade pessoal, de Sacy realmente freqüentava os salões, onde conheceu Prosper Mérimée, Stendhal e Sainte-Beuve, entre outros. De Sacy era um animal totalmente político, decorrendo disso seu sucesso em criar cadeiras de estudos orientais e estabelecer mesas-redondas, sociedades e revistas especializadas. Um aspecto importante de suas realizações foi a fundação de instituições orientalistas que permaneceriam após sua morte. Embora dificilmente se possa dizer que ele foi o primeiro orientalista (basta pensar em Postel, Pococke e Erpenius), foi De Sacy mais que qualquer outro que criou o orientalismo como uma disciplina permanente, com um fluxo regular de professores, alunos, rituais de iniciação intelectual e padrões acadêmicos.

Como foi mencionado, De Sacy foi um dos fundadores da Société Asiatique em 1821, fundação à qual se seguiu o lançamento em 1823 da primeira edição do *Journal Asiatique* da Société. Bem antes, em 1784, William Jones tinha fundado a Sociedade Asiática de Bengala e sua revista erudita, *Asiatick Researches*. A Real Sociedade Asiática da Grã-Bretanha (1823) e seu *Journal* foi inspirada na instituição de Jones. A Sociedade Oriental Americana foi fundada em 1842 e a Deutsche Morgenländische Gesellschaft foi estabelecida em 1845 (com sua publicação *Zeitschrift* sendo lançada quatro anos depois). A longo prazo, essas sociedades e periódicos forneceriam um apoio importante ao orientalismo institucional.[5]

Entretanto, isso foi a longo prazo, e este capítulo trata principalmente de indivíduos e das motivações, paixões e rivalidades desses indivíduos. Por muito tempo, não houve coesão no mundo do orientalista. Seu primeiro Congresso foi realizado em Paris somente em 1873. Além disso, no século XIX, as sociedades eruditas de orientalistas ainda não eram o que se tornaram desde então, coadjuvantes do orientalismo acadêmico. Elas eram, em sua maioria, território de amadores entusiasmados, muitas vezes clérigos ou aristocratas com tempo disponível. Durante todo o século XIX, a presidência da Real Sociedade Asiática foi monopólio de condes, cavaleiros e membros da alta nobreza. Um bom número de marajás e outros príncipes da Índia também participava dessas sociedades.[6] Os artigos publicados nos periódicos orientalistas não eram avaliados sistematicamente (como é a norma na atualidade). A maior parte dos artigos era composta de textos orientais e às vezes de tentativas de decifração ou tradução. Havia pouco que se pudesse chamar de análise ou síntese. As sociedades orientalistas, como a maioria das sociedades do século XIX, eram instituições masculinas. Orientalistas do sexo feminino somente deixaram sua marca a partir do século XX.

De início, pouco espaço era dedicado a questões árabes nos periódicos orientalistas de peso. A cobertura do *Journal Asiatique* era de certo modo mais propensa ao Extremo Oriente. No *Journal of the Royal Asiatic Society* eram publicados muitos artigos sobre culturas antigas e sobre questões controversas, como, por exemplo, a decifração da escrita cuneiforme. Além disso, como muitos dos colaboradores tinham servido na Índia como administradores ou soldados, havia grande quantidade de artigos sobre estudos do sânscrito, textos em páli, o início do budismo indiano e assim por diante. Se houve uma ligação entre o imperialismo do século XIX e o orientalismo, ela foi principalmente a seguinte — que funcionários do império, solitários e entediados em longínquos postos avançados, começaram a dedicar-se ao estudo de histórias e línguas exóticas como *hobby*. William Muir, que escreveu sobre a história dos califas, e Charles Lyall, que publicou maravilhosas edições e traduções de poesia pré-islâmica, são apenas dois exemplos proeminentes de estudiosos amadores que começaram a se interessar pelo estudo da antiga cultura árabe enquanto serviam na Índia.[7]

A cobertura da *Zeitschrift der Deutschen Morgenländischen Gesellschaft* também apresentava forte tendência a incluir questões indianas. Embora não tivessem nenhum império na Índia, os alemães eram fascinados pelas origens arianas, que remontavam à antiga Índia. Ademais, a grande ênfase dada aos estudos filológicos nas universidades alemãs promovia o estudo do sânscrito e de seus laços com outras línguas indo-arianas. Os brâmanes indianos distinguiam entre arianos e não-arianos, equiparando essa distinção à distinção entre civilizados e não-civilizados, sendo esse tema abraçado em primeiro lugar pelos orientalistas alemães.[8] Esse é um dos fios que deságuam no racismo europeu moderno. Por outro lado, o estudo das antigas culturas da Índia por orientalistas alemães e de outras nacionalidades faz parte dos antecedentes do "renascimento de Bengala" e, além disso, da ascensão do nacionalismo indiano, à medida que o passado da Índia era investigado e clássicos perdidos da literatura em sânscrito eram redescobertos.[9]

Era inevitável que o orientalismo francês na primeira metade do século XIX fosse dominado pelos discípulos de De Sacy. Deles, o que mais se projetou foi Etienne-Marc Quatremère (1782-1857). Como De Sacy, Quatremère era jansenista e, como De Sacy, odiava a Revolução Francesa. Sua infância tinha sido emocionante, o que quer dizer horrível, tendo em vista que, depois de seu pai ser executado por um tribunal revolucionário, ele e a mãe precisaram esconder-se com camponeses no interior. Como De Sacy, ele foi educado nos clássicos e em grande parte aprendeu hebraico sozinho. Ele se encantou com o mestre na Ecole Spéciale des Langues Orientales Vivantes e aprendeu árabe com ele. Trabalhou algum tempo na Bibliothèque Impériale, antes de tornar-se catedrático de hebraico, caldeu e siríaco no Collège de France em 1819. Ele trabalhava muito, tinha amplos interesses e, entre outros temas, trabalhou com inscrições fenícias, faraônicas e com a história persa e do Egito sob o domínio mameluco. No que dizia respeito à história dos mamelucos, ele organizou e traduziu parte da crônica de al-Maqrizi, *Kitab al-Suluk*, com o título de *Histoire des sultans mamlouks, de l'Égypte*, não por ter assim tanto interesse pela história do Egito do período mameluco, mas por estar fascinado pelo vocabulário do árabe do século XV, em especial aquelas pérolas lexicográficas que não tinham sido definidas pelos dicionários padrão do árabe. Conseqüentemente, suas notas de rodapé de natureza léxica estendiam-se por página após página, muitas vezes reduzindo o texto para o qual supostamente deveriam atuar como comentário a duas ou três linhas no alto da página.

Como seu professor, Quatremère era um filólogo apaixonado numa época em que a filologia era considerada uma das ciências de vanguarda. Nietzsche descreveu a filologia como "leitura lenta". Os filólogos do século XIX acreditavam que, com a correta aplicação de suas técnicas, eles poderiam não só descobrir línguas perdidas mas também reconstruir as antigas sociedades que usavam aquelas línguas. Quatremère acreditava em cuidadosa atenção a detalhes filológicos e não se permitia especulações nem generalizações sobre os materiais que estudava. Entretanto, ele às vezes se descobria em discordância com filólogos alemães, quando percebia que as pesquisas dos alemães a respeito da língua do Antigo Testamento estavam levando a conclusões que ameaçavam sua fervorosa crença cristã. O arabista alemão Freytag acusou-o de querer reservar para si todo o campo dos estudos árabes.[10]

É válido deter o olhar sobre outra publicação sua. Trata-se de sua edição de *Muqaddimah, Prolégomènes d'Ebn Khaldun: texte arabe* (1859). De Sacy tinha descoberto Ibn Khaldun e incluído trechos em sua *Chrestomathie*. Posteriormente, outro aluno de De Sacy, o exilado irlandês William MacGuckin, barão de Slane (1801-78), traduziu o *Muqaddimah* para o francês. Entre outras coisas, De Slane usou sua tradução para montar uma investida contra a erudição de Quatremère. O orientalista holandês Reinhart Dozy sugeriu que essa edição tivesse sido produto de senilidade.[11] Franz Rosenthal, um orientalista do século XX, que traduziu o *Muqaddimah* para um inglês bastante deselegante, descreveu Quatremère como "um acadêmico de grandes méritos mas também, aparentemente, alguém que discordava dos colegas e do mundo em geral".[12] Ele era erudito, austero, afastado do convívio do mundo e, em geral, o símbolo do que a maioria das pessoas na época achava que um orientalista deveria ser. Quanto ao *Muqaddimah* em si, nessa grande obra, o filósofo e historiador norte-africano Ibn Khaldun (1332-1406) expunha uma filosofia da história baseada na cíclica ascensão e queda de dinastias. Uma nova dinastia era levada ao poder por exércitos tribais reunidos por 'asabiyya (aproximadamente "solidariedade social"), mas dentro de algumas gerações aquela mesma dinastia, enfraquecida pela sedentariedade e pelo luxo, seria derrubada por uma invasão de novos bandos de nômades vigorosos. Arnold Toynbee, em seu *A Study of History* [Um estudo da história], descreveu o *Muqaddimah* como "indubitavelmente a maior obra de sua natureza já criada por qualquer mente em qualquer tempo ou lugar", e a enciclopédica filosofia da história de Ibn Khaldun tem mais a oferecer do que seria possível sugerir aqui. O que é importante para nossos objetivos é que, a longo prazo, as idéias de Ibn Khaldun haveriam de ter enorme influência sobre o modo pelo qual orientalistas ocidentais pensavam sobre a história do norte da África e sobre a história islâmica em termos mais gerais.[13] Aloys Sprenger, Alfred von Kremer, Carl Heinrich Becker, David Ayalon, Albert Hourani e Marshall Hodgson receberam forte impacto dele, e Ibn Khaldun não foi lido apenas por historiadores. O filósofo e sociólogo Ernest Gellner também sofreu forte influência de Ibn Khaldun (forte demais, a meu ver).[14] É questionável se o impacto de Ibn Khaldun sobre o pensamento ocidental foi inteiramente benéfico.

OS ALEMÃES ESTÃO CHEGANDO

Além dos alunos supramencionados, De Sacy ensinou a uma boa quantidade de ilustres acadêmicos franceses, entre eles Champollion, Rémusat, Burnouf, Reinaud e Garcin de Tassy (outro jansenista). Mesmo assim, muito embora De Sacy exercesse enorme influência sobre o orientalismo francês, sua influência sobre desdobramentos paralelos na Alemanha e na Rússia é ainda mais surpreendente, mas, antes de examinar as realizações e publicações de seus discípulos alemães, é necessário em primeiro lugar tratar de um orientalista contemporâneo cuja abordagem a textos orientais foi totalmente diferente. O austríaco Joseph Freiherr von Hammer-Purgstall (1774-1856) começou como dragomano e intérprete no Levante. Ele dominava, com níveis variados de competência, o turco, o persa e o árabe. Ao voltar para a Europa, foi contratado pela chancelaria austríaca e agraciado com o título de barão. A partir de 1807, instalou-se em Viena e produziu uma série de livros, artigos e traduções sobre tópicos orientais.[15] Apesar de Hammer-Purgstall e De Sacy manterem correspondência e cooperarem, entre outros, no periódico conhecido tanto como *Mines de l'Orient* quanto como *Fundgruben des Orients* (Viena, 1809-18), Hammer-Purgstall, ao contrário de seu colega francês, era um autor prolífico e descuidado. Ele não tinha formação acadêmica e era cheio de idéias e lampejos, muitos dos quais não eram apenas errados mas também ligeiramente insanos. Sua obra principal foi a história do império otomano em dez volumes, *Geschichte des Osmanisches Reiches* (1827-35), que não é muito mais que uma compilação de materiais de fontes turcas e gregas, selecionados e organizados aproximadamente de acordo com a cronologia, mas tal é a lentidão do avanço dos estudos orientais que ela ainda figura em bibliografias até hoje. Ele também escreveu uma história da literatura persa, *Geschichte der schönen Redekünste Persiens* (1818). Suas traduções nessa história, bem como em numerosos artigos sobre poetas persas, como, por exemplo, Hafiz de Shiraz e Jalal al-Din Rumi, inspiraram tanto Goethe como Ralph Waldo Emerson — o que é surpreendente, pois as traduções de Hammer-Purgstall são feias e deselegantes. Seu árabe parece ter sido pior que seu persa, e o arabista do século XX R. A. Nicholson observou a respeito da versão de Hammer-Purgstall de um poema místico de Ibn al-Farid que a "'tradução' de uma obra literária geralmente implica ter sido feito algum esforço para compreendê-la; prefiro dizer que Hammer transpôs o poema para versos rimados em alemão por um método peculiar a ele, que parece ter consistido em selecionar duas ou três palavras em cada dístico e preencher as lacunas com quaisquer idéias que lhe aprouvessem".[16] O entusiasmo de Hammer-Purgstall pela poesia e pela fantasia orientais era sem limites, mas bastante inconsistente.

Como Silvestre de Sacy, Hammer-Purgstall tinha interesse pelas seitas orientais e, como De Sacy, ele era extremamente conservador e ansioso quanto a conspirações revolucionárias secretas. Sem dúvida, a paranóia de seu chefe, Metternich, sobre conspirações internacionais também o influenciou. Hammer-Purgstall superou De Sacy ao sugerir que grupos ocidentais sinistros como os iluministas, os maçons e os rosa-cruzes teriam origens orientais. Em *The Mysteries of Baphomet Revealed* [Os mistérios de Baphomet revelados] (1818), Hammer-Purgstall aplicou seus conhecimentos de orientalista à história dos cavaleiros templários bem como ao julgamento e à condenação da ordem no início do século XIV. Com base nas atas do julgamento, que tinha sido manipulado para produzir o veredicto desejado pelo inimigo dos templários, Filipe IV da França, além de alguns artefatos arqueológicos bastante duvidosos (i.e., falsos), Hammer-Purgstall concluiu que os templários eram de fato culpados das acusações de heresia e blasfêmia. Eram apóstatas do cristianismo que cultuavam o demônio Baphomet. Se isso não bastasse, eles também adoravam o Graal, que era objeto de adoração dos gnósticos. Uma interpretação distorcida de *Parzival*, poema épico medieval de Wolfram von Eschenbach, fornecia provas disso.[17]

No mesmo ano em que procurou desmascarar a horrenda heresia dos Templários, ele também publicou *Geschichte der Assassinen* a respeito dos assassinos, ou seita *hashishin*, que ele apresentava como protomaçons, dedicados a conspirações para subverter o mundo. Sua história dessa seita tinha como intenção ser um aviso contra "a perniciosa influência de sociedades secretas (...) e (...) a terrível prostituição da religião diante dos horrores da ambição desenfreada". Os assassinos da Síria e do Irã eram os antepassados dos subversivos da Europa, os *Illuminati*: "Acreditar em nada e ousar tudo era, em poucas palavras, a totalidade desse sistema, que anulava todos os princípios da religião e da moralidade, e não tinha outro objetivo a não ser o de cumprir desígnios ambiciosos, por meio de agentes adequados, que tudo ousando e nada sabendo, por considerarem tudo um engano e nada proibido, são os melhores instrumentos de uma política infernal. Um sistema que, sem nenhum outro objetivo além da gratificação de um desejo insaciável pelo domínio, em vez de procurar alcançar os mais elevados objetivos humanos, precipita-se das alturas e, estraçalhado, fica enterrado em meio às ruínas de tronos e altares, aos destroços da felicidade nacional e à universal execração da humanidade."[18]

Tanto o entusiasmo de Hammer-Purgstall pela poesia mística persa como suas fantasias sobre sinistras seitas orientais faziam parte de uma reação romântica aos valores do iluminismo das últimas décadas do século XVIII. A razão e a ciência estavam desacreditadas entre os que procuravam a sabedoria no Oriente e sonhavam em encontrar uma unidade perdida situada num passado oriental ideal. As pesquisas de Hammer-Purgstall tiveram enorme influência sobre Friedrich Rückert (1788-1866), o catedrático e poeta romântico cujas traduções extraordinariamente livres da poesia árabe e da sabedoria dos brâmanes na realidade fazem parte da história da literatura alemã, não do estudo sério do Oriente.[19]

Heinrich Leberecht Fleischer (1801-88) não foi um romântico. Depois de estudar teologia em Leipzig, foi a Paris em 1824 para estudar com De

Sacy. De 1835 a 1888, Fleischer esteve em Dresden e depois em Leipzig, onde ensinou árabe, persa e turco. Ele organizou edições de dois dos maiores comentadores medievais do Corão, al-Zamakhshari e al-Baydawi. (Esse tipo de empreendimento acadêmico pode parecer enfadonho à mente moderna, mas essas edições críticas de obras essenciais foram a base necessária para uma compreensão mais profunda do islã.) Ele foi também a figura principal por trás da fundação da Deutsche Morgenländische Gesellschaft. De Sacy ensinou a um bom número de orientalistas alemães, incluindo-se Freytag, Ahlwardt, Habicht, Gustav Weil, Kosegarten, Gustav Flügel, Franz Bopp, Eichhorn e Mohl, mas Fleischer foi seu aluno mais importante, tornando-se, depois de De Sacy, o mestre da geração seguinte de orientalistas, entre os quais, Caspari, Dietrici, Goldziher, Hartmann, Sachau, Rosen e outros. Tanto o conteúdo como o estilo do ensino de Fleischer seguiram o exemplo do ensino de De Sacy, já que Fleischer era um positivista em termos gramaticais com uma abordagem filológica estreita.[20]

O predomínio dos alemães no orientalismo no século XIX e nas décadas iniciais do século XX deveu-se em parte ao grande número de universidades na Alemanha. Nas primeiras décadas do século XIX, cada príncipe alemão parece ter sentido a necessidade de ter uma universidade; e os que decidiram ter uma cadeira de estudos orientais geralmente enviaram seus candidatos para receber formação com De Sacy. (Heinrich Ewald foi o único arabista importante de sua geração que não foi preparado por De Sacy; e Ewald era essencialmente um hebraísta.) A Universidade Calvinista de Göttingen (fundada em 1734) gozava de prestígio especial, e era lá que membros da nobreza protestante costumavam estudar. (Alguns desses protestantes eram ingleses, holandeses e escandinavos.) A abordagem de Göttingen aos clássicos teve importância especial na formação do mapa intelectual da Europa nesse século. Até então, os autores latinos e gregos eram estudados com o objetivo exclusivo de imitação de seu estilo. A memorização automática tinha um papel importante nesse processo. Os classicistas em Göttingen, porém, começavam agora a concentrar a atenção no conteúdo e na filosofia subjacente aos textos que estudavam.[21]

Estudos bíblicos e estudos clássicos eram os discursos intelectuais predominantes no século XIX, e entre os dois havia uma considerável superposição. Como já se salientou, o grande teólogo e especialista em textos bíblicos, Michaelis, tinha comandado Göttingen nas últimas décadas do século XVIII, e foram suas investigações que inspiraram a expedição dinamarquesa ao Oriente Médio. Michaelis foi também o professor de Johann Gottfried Eichhorn (1752-1827) e Friedrich August Wolf (1759-1824). A partir de 1788, Eichhorn ocupou a cadeira de estudos orientais em Göttingen e, entre outras atividades, realizou um trabalho importante sobre os reinos pré-islâmicos de Ghassan e Hira. Entretanto, seu trabalho principal foi em estudos bíblicos, e sua *Einleitung im Alte Testament* ("Introdução ao Antigo Testamento") foi um dos documentos mais importantes do período. Samuel Taylor Coleridge, que plagiou tantos pensadores alemães sem os devidos agradecimentos, simplesmente saqueou Eichhorn. Eichhorn tinha especulado acerca de uma primitiva mentalidade oriental e sugerido que, embora o Livro do Gênese não fosse literalmente verdadeiro, ele mitificava acontecimentos que tinham realmente ocorrido.[22] O classicista Friedrich August Wolf, que ensinou em Halle e depois em Berlim, foi por sua vez inspirado pela *Einleitung* de Eichhorn, cuja metodologia ele aplicou a textos gregos. Em *Prolegomena ad Homerum* (1795), Wolf demonstrou que a unidade textual tanto da *Ilíada* como da *Odisséia* era ilusória, e expôs um método para detectar as diversas camadas de sua composição por vários autores ao longo dos séculos. Wolf talvez tenha sido a figura principal numa geração de classicistas que procurou situar os textos que estudava num contexto histórico e cultural mais amplo.[23] Embora Göttingen fosse o centro proeminente da vanguarda da pesquisa na Europa do século XIX, Tübingen, com seu enorme corpo docente de teologia, dificilmente teria menos importância; e foi lá que David Friedrich Strauss (1808-74) fez a pesquisa que levou ao escandaloso *Das Leben Jesu* (1835), uma biografia que foi baseada numa análise destrutivamente crítica dos Evangelhos. Naturalmente, essas investigações por parte de Eichhorn, Wolf e outros não tinham nenhuma pertinência direta ao estudo do Corão e à história antiga do islã, mas a longo prazo era inevitável que estudiosos que tinham dado os primeiros passos com técnicas de crítica de fontes, aplicadas à Bíblia ou a textos gregos e latinos, pensassem em aplicar essas mesmas técnicas a antigos textos árabes.

Uma característica crucial do século foi a emancipação dos judeus na Alemanha, Grã-Bretanha e em outros países, com sua conseqüente entrada nas universidades. Já na década de 1840, um número espantoso de professores universitários na Alemanha era de judeus, como Disraeli tinha salientado em seu romance, *Coningsby*. Acadêmicos judeus desempenharam um papel de destaque como pioneiros de abordagens críticas ao islã e ao Corão — abordagens que sem dúvida deviam algo à formação rabínica e talmúdica que tantos deles tinham recebido. Abraham Geiger (1810-74) tinha tido uma educação talmúdica antes de estudar em Bonn com Wilhem Freytag (um discípulo de De Sacy). Em 1833, ainda rapaz, Geiger publicara um ensaio premiado, *Was hat Muhammed aus dem Judentum aufgenommen?* ("O que Maomé adotou do judaísmo?"), no qual Geiger procurava identificar aqueles elementos no Corão que a seu ver o Profeta teria deliberadamente apanhado emprestados dos judeus. Embora o ensaio exercesse enorme influência sobre posteriores abordagens críticas ao islã, Geiger não estava assim tão interessado em fontes árabes e, depois de fazer algum trabalho sobre a Espanha muçulmana, ele voltou a seu principal interesse, os estudos judaicos.[24]

Gustav Weil (1808-89) começou com estudos rabínicos, antes de estudar árabe em Heidelberg e então seguir para Paris em 1830, para estudar com De Sacy. Weil também viajou pelo Egito e conheceu Istambul. Esse acadêmico diligente, embora um pouco monótono, escreveu a biografia padrão do Profeta, bem como uma história do califado em cinco volumes (1846-62). Aparentemente Weil ignorava as avançadas técnicas críticas empregadas por acadêmicos em ramos paralelos do conhecimento. Sua técnica historiográfica praticamente não passava da tradução ou condensação de trechos de crônicas árabes medievais para depois reuni-las em ordem cronológica, com pouco que se pudesse chamar de interpretação ou análise, se é que havia alguma. Em particular, ele recorreu pesadamente a manuscritos de al-Tabari, um cronista do século X, que é uma das fontes comuns sobre a história antiga do islã e do califado. Inevitavelmente, Weil encontrou muito a criticar nas fantasias românticas de Hammer-Purgstall.[25]

Se al-Tabari foi sua fonte, *Die römische Päpste im 16. und 17. Jahrhundert* (1834-6) de Leopold von Ranke foi o modelo para o procedimento extremamente seco e determinado pelos fatos de Weil. Ranke (1795-1886), que ensinou em Berlim, procurava apresentar a história "como ela realmente aconteceu". (Nos nossos tempos, uma ambição dessas parece extraordinariamente ingênua.) Sua abordagem era anti-romântica e baseada em pesquisas de fontes básicas, com a sustentação de notas de pé de página. Ele usava o conhecimento filológico para denunciar documentos falsificados. Ainda que Ranke, um acadêmico espantosamente prolífico, cujas obras completas são constituídas de 54 volumes, se apresentasse como um estudioso objetivo que apenas procurava compreender o que suas fontes tinham a lhe dizer, mesmo assim sua visão geral da história equivalia a uma influência determinante. A história tinha um misterioso propósito divino, e cabia ao historiador descobrir esse propósito. Deus fazia uso de raças e civilizações como seus instrumentos e depois as descartava. Durante a Idade Média, a civilização islâmica tinha servido à vontade divina, mas, tendo sido derrotada pelos povos romanos e latinos, essa civilização tornou-se coisa morta e deveria ser estudada como tal. O islã cumprira seu objetivo. Tinha preservado o monoteísmo, tinha transmitido à Europa a herança clássica e, por fim, era a entidade em comparação com a qual a Europa se definia. (Aparentemente, Ranke teria sido o primeiro a pensar no islã como o "Outro" desse modo.) Tendo porém desempenhado essas úteis funções, a cultura islâmica não conseguia se libertar dos laços da Idade Média. A história mundial, para Ranke e para muitos que vieram depois dele, era a história do triunfo do Ocidente.[26]

Em outros pontos da Alemanha, outros alemães diligentes faziam o trabalho de base, monótono porém necessário, de organizar e publicar as fontes árabes. Por exemplo, Gustav Leberecht Flügel organizou o grande catálogo de Hajji Khalifa de cerca de 14.500 textos árabes, persas e turcos, bem como a relação de obras em árabe de Ibn al-Nadim, do século X, *Fihrist*.[27] Como já foi ressaltado, sempre foram os alemães, em lugar dos britânicos, que dominaram os estudos indianos e do sânscrito; e esses alemães costumavam defender a superioridade das culturas indo-arianas em relação às semitas. *Über die Sprache und Weisheit der Indien* (1808) de Friedrich von Schlegel defendia a superioridade das línguas baseadas no sânscrito em comparação com o árabe. Seu irmão, August Wilhelm von Schlegel, tinha um entusiasmo semelhante pelo indiano e pelo sânscrito: "Tudo, sim, tudo sem exceção tem origem na Índia."[28] Conseqüentemente, August Wilhelm afirmava que *As mil e uma noites* tinham sua origem primeira na Índia. (De Sacy tinha acreditado equivocadamente que a origem dessas histórias era exclusivamente árabe.) As primeiras gramáticas do sânscrito foram compiladas por missionários alemães e austríacos, e a primeira cadeira de sânscrito na Alemanha foi estabelecida em 1818 (para August Wilhelm von Schlegel em Bonn), ao passo que a Grã-Bretanha conseguiu a sua somente em 1833. O envolvimento dos irmãos Schlegel com a cultura indiana era em grande parte de natureza romântica, mas o aluno de De Sacy, Franz Bopp, trouxe uma abordagem mais científica com sua gramática comparativa das línguas indo-germânicas, a *Vergleichende Grammatik des Sanskrit, Zend Griechischen, Lateinischen, Litthausischen Gothischen und Deutschen* (1833). Nela ele fazia uma comparação sistemática dos sistemas de conjugação empregados nessas línguas. Antes do século XIX, a filologia tinha sido um ramo da retórica, mas Bopp estabeleceu os princípios para o estudo histórico das línguas.[29] A idéia de que a cultura do sânscrito pudesse ser mais antiga do que a cultura hebraica era chocante e empolgante.

Acadêmicos do continente europeu também abriram caminho nos estudos chineses; e a famosa coleção de textos chineses estava na Bibliothèque Nationale em Paris, mas cada vez mais os estudiosos alemães competiam com os franceses nesse campo. Embora os britânicos tivessem muitos interesses comerciais na China — entre eles a venda de ópio — isso não levou a uma correspondente explosão de interesse pelos estudos chineses na Grã-Bretanha. Quando foi designado para uma cadeira de chinês em Cambridge em 1888, Thomas Wade fez a seguinte declaração: "Suponho que meus alunos, caso eu tenha algum, tenham a intenção de ser missionários ou intérpretes (...) Meu conselho aos postulantes a qualquer das duas categorias é que eles deveriam se dirigir para a China com toda a velocidade possível."[30] Quando, no século seguinte, foi oferecida a cadeira de chinês de Cambridge a Arthur Waley, autodidata em chinês e grande tradutor de poesia chinesa, sua resposta foi "Eu preferiria morrer."[31]

A RÚSSIA OU A ÁSIA NA EUROPA

Fora da Alemanha, o principal legado de De Sacy foi na Rússia. Lá, ele aconselhava regularmente o czar russo acerca de que orientalistas nomear para postos de ensino. O primeiro Instituto Oriental na Rússia foi criado por alunos de De Sacy em São Petersburgo. Seus alunos também encontravam emprego no Ministério de Relações Exteriores. Muitos missionários intelectuais de De Sacy eram alemães, e talvez o mais importante deles tenha sido o especialista em persa Bernhard Dorn, que ensinou estudos afegãos e caucasianos, numismática islâmica e outras matérias. Dorn também catalogou os manuscritos do monte Sinai.[32] Em 1804 o czar Alexandre I emitiu uma ordem que exigia o ensino das línguas da Bíblia e do Oriente. Em 1807, foi estabelecida uma cátedra de estudos asiáticos em Kazan, que se tornou o principal centro para estudos orientais no império. Em 1818 foi inaugurado em São Petersburgo um Museu Asiático sob a supervisão do orientalista alemão Christian Martin Frähn (1782-1851), o verdadeiro fundador dos estudos sobre o Oriente Médio na Rússia, que começou ensinando em Kazan e depois mudou-se para São Petersburgo. No Museu Asiático ele teve o auxílio de dois alunos franceses de De Sacy. Foi também o pioneiro do estudo de fontes árabes sobre a história da Rússia medieval.[33] O interesse pelos temas orientais e islâmicos aumentava à medida que os russos expandiam seu domínio pelas regiões do mar Negro e do Cáucaso conquistando-as da Turquia e da Pérsia. No final da década de 1820, os membros de tribos muçulmanas da Chechênia e do Daguestão lançaram uma guerra santa contra o império russo — guerra que repercutiu de diversos modos na literatura do período.

O predomínio de intelectuais alemães em universidades russas causou algum ressentimento em círculos ortodoxos, anti-racionais e eurofóbicos. Entretanto, seria um erro considerar que o orientalismo do século XIX estaria monopolizado por acadêmicos ocidentais. Na Rússia especificamente esse não era o caso. Um bom número de persas, afegãos, turcos e outros ensinava na Universidade de Kazan e em outras no império russo. Por exemplo, Mirza Kazem-Beg ensinou árabe e história islâmica e persa na Universidade de Kazan antes de tornar-se catedrático de persa em São Petersburgo. O xeique Muhammad 'Ayyad al-Tantawi (1810-61) foi atraído do seu posto como professor em al-Azhar no Cairo, onde já tinha ensinado a Weil, Edward William Lane e outros ocidentais que queriam aprender árabe. Ele chegou na Rússia em 1840, tornando-se catedrático de árabe em São Petersburgo. Lá usou as tradicionais técnicas de ensino de Azhar, que recorriam pesadamente à memorização e à transmissão das opiniões de acadêmicos de gerações anteriores, algo que muitos de seus alunos consideraram difícil de suportar.[34] Na geração seguinte, o barão Viktor Romanovich Rosen (1849-1908), filho de um aristocrata báltico de Talin e aluno de Fleischer, meticuloso em termos filológicos, dominou o estudo da cultura árabe na Rússia sendo o pioneiro de técnicas modernas de análise textual. Ele era um especialista entusiasmado por al-Ma'arri, um poeta do século XI. Estudou antigos relatos árabes sobre a Rússia e denunciou formas eurocêntricas de encarar a história mundial. Kratchkovsky (sobre quem falaremos muito mais adiante) foi seu aluno e o descreveu como "sempre animado".[35]

O IMPÉRIO BRITÂNICO: MUITOS SÚDITOS MUÇULMANOS, MAS POUCOS ORIENTALISTAS

De Sacy teve alunos que seguiram adiante para carreiras ilustres em outros lugares da Europa, entre eles o espanhol Pascual de Gayangos e o sueco Johann Tornberg. Com exceção do arabista irlandês De Slane (e De Slane estabeleceu-se em Paris), De Sacy não teve estudantes britânicos dignos de nota. A vida universitária britânica, na medida em que se pudesse dizer que havia uma vida universitária, era dominada pelos estudos bíblicos e pelos clássicos. Em particular, os estudos clássicos cresciam vigorosamente. A partir das últimas décadas do século XVIII, houve uma renovação do interesse pela cultura grega e pela romana, incentivada em parte pelo entusiasmo romântico pela revolta dos gregos contra os turcos, pelo culto romântico a ruínas e pela descoberta, em meados do século XVIII, das ruínas de Pompéia; e, acima de tudo, pela crescente importância das chamadas "escolas públicas" [public schools] (em termos americanos, caríssimas escolas particulares) e pela ênfase que essas escolas davam ao estudo dos clássicos como formação de caráter. Como Richard Jenkyns ressaltou, autores como, por exemplo, o cardeal Newman *(Apologia pro Vita Sua)*, Thomas Hughes *(Tom Brown na escola)* e Thomas Hardy *(Judas, o obscuro)* podiam usar o alfabeto grego em seus textos com a perfeita segurança de que seus leitores, em sua maioria formados nas escolas da elite, seriam capazes de ler esse alfabeto.[36] O grego e o latim treinavam a mente e formavam bons cidadãos; e um conhecimento detalhado da história do império romano moldava os pensamentos dos governantes durante o domínio britânico na Índia.

Nas décadas finais do século XVIII e nas iniciais do XIX, a disposição predominante do governo na Índia britânica era totalmente diferente do que veio a se tornar mais tarde. Em *White Mughals: Love and Betrayal in Eighteenth-Century India* [Mogóis brancos: Amor e traição na Índia do século XVIII], William Dalrymple salienta que os britânicos naquela época "habitavam um mundo que era muito mais híbrido e que tinha fronteiras religiosas, nacionais e étnicas definidas com muito menos clareza do que fomos condicionados a esperar encontrar (...) Era como se essa primitiva mistura promíscua de raças e idéias, modos de vestir e estilos de vida, fosse alguma coisa que não interessasse a ninguém e não se adequasse a nenhuma versão dos acontecimentos".[37] O termo "orientalista", no sentido de uma pessoa versada em línguas e literaturas orientais, entrou na língua inglesa já em 1779. (O equivalente francês surgiu vinte anos mais tarde.) Nos séculos XVIII e XIX, "o Oriente" costumava referir-se ao Oriente Próximo e à região do norte otomano da África, mais do que à Ásia em termos mais gerais. Na Índia, porém, "orientalista" teve por um tempo um sentido bastante especializado, visto que designava um britânico que não só estudava a cultura indiana, mas também defendia a tese de que a Índia fosse governada em conformidade com leis e costumes locais.[38] Warren Hastings, o primeiro governador-geral da Índia e padrinho da Sociedade Asiática de Bengala, foi o mais importante proponente dessa abordagem. Hastings contratou mestres brâmanes para codificar o direito hindu, e incentivou seus subordinados a estudar o direito islâmico. De 1772 até aproximadamente 1830, "orientalistas" dominaram o governo da Índia. A fundação em 1800 do College of Fort William em Calcutá foi um dos frutos de seus programas. O College não ensinava apenas grego e latim, mas também árabe, persa, sânscrito, urdu, híndi e bengali. A maior parte do ensino estava a cargo de *munshis* (professores de língua nativa).[39] Fort William também publicou alguns textos em árabe, aí incluída em 1814-18 uma importante edição de *The Thousand and One Nights* (conhecida por especialistas como a edição Calcutta I). Posteriormente, depois do fechamento de Fort William, Sir William Hay Macnaghten, o maior lingüista já produzido pela instituição, publicou uma segunda edição. Ambas as edições, com suas pitorescas histórias de magia, adultério e caça ao tesouro, foram produzidas como textos a serem estudados por administradores que desejassem aperfeiçoar seu árabe.[40] Entretanto, a instituição tinha maior interesse pelas línguas persa e indiana (sendo o persa a verdadeira especialidade de Macnaghten). O persa era a língua da administração e das cortes nobres, mas o árabe era necessário para o estudo do persa. Muitos dos textos essenciais no direito islâmico também estavam em árabe, mas mesmo assim não eram muitos os que estudavam o idioma.

Em termos mais gerais, o entusiasmo de administradores e funcionários graduados britânicos fazia parte do contexto que propiciou o renascimento bengalês e o aumento do interesse dos hindus por descobrir mais sobre seu próprio passado. Fort William encerrou suas atividades de ensino em 1830. Seu fechamento fez parte de uma ampla reação contrária ao "orientalismo" britânico na Índia. Essa reação foi liderada por uma aliança de evangélicos e utilitaristas na metrópole. Os "orientalistas" tinham se oposto e resistido a atividades missionárias na Índia, o que provocou ressentimento nos evangélicos. Em 1817, o pensador utilitarista James Mill publicou em três volumes uma *History of British India* [História da Índia Britânica], em que sob todos os aspectos desfazia da cultura oriental. Na opinião de Mill, essa cultura era produto do despotismo, da superstição e da pobreza; e não fazia o menor sentido fingir que a Europa pudesse aprender alguma coisa com ela.[41] O mesmo tipo de alegação foi apresentado com uma eloqüência equivocada pelo estadista e letrado, lorde Macaulay. Em memorando sobre a educação na Índia, redigido em 1835, ele alegava ter conversado com orientalistas, sem jamais ter "encontrado um entre eles que pudesse negar que uma única prateleira de uma boa biblioteca européia equivalia a toda a literatura natural da Índia e da Arábia". Ou então, também nas palavras dele, "toda a informação histórica que foi recolhida no idioma sânscrito tem menos valor do que o que se pode encontrar nos resumos medíocres utilizados nas escolas preparatórias na Inglaterra".[42] Nem Mill nem Macaulay tinham realmente estado na Índia e nenhum dos dois tinha se dado ao trabalho de aprender sânscrito. Os dois estavam convencidos de que a única esperança dos indianos era aprender os hábitos modernos do Ocidente. Nesse novo contexto, o programa de ensino de Fort William era obviamente uma despesa desnecessária. Macaulay recomendou com vigor e insistência que o grego e o latim deveriam formar o cerne dos exames para a Companhia das Índias Orientais. O conteúdo dos clássicos em si era menos importante que as técnicas já bem estabelecidas de educação intelectual que faziam parte da formação clássica: "Se, em vez de aprender grego, aprendêssemos a língua cherokee, o homem que melhor entendesse o cherokee (...) seria em termos gerais superior ao homem desprovido dessa habilidade."[43]

Macaulay e seus aliados fizeram valer sua vontade e, mais tarde no mesmo século, Sir Richard Burton haveria de queixar-se, na introdução a sua tradução de *The Arabian Nights*, de que "a Inglaterra parece estar esquecida de que no momento atual ela é o maior império maometano no mundo e, em suas provas para o Serviço Público, ela insiste em ligeiros conhecimentos do grego e do latim, em vez de um conhecimento do árabe". Em 1850, o ilustre estudioso do sânscrito e do persa, Edward Byles Cowell (1826-1903), fez uma afirmação semelhante: "Apesar de suas amplas oportunidades, das nações cultas da Europa, a Inglaterra foi a que menos fez pela literatura oriental. A França e a Alemanha já a ultrapassaram de longe em todos os departamentos (com exceção da lexicografia, onde ninguém conseguiu se equiparar a Wilson). E essa reflexão é realmente humilhante quando se visita a Biblioteca da Casa das Índias Orientais e se vê a quantidade de volumes de conhecimento oriental que se encontra nas estantes, sem serem lidos e praticamente desconhecidos. Estudiosos alemães vêm a Londres para estudar os manuscritos, para corrigir suas próprias edições. No entanto, é raro que se consiga encontrar um único acadêmico inglês que se beneficie dos tesouros que seus compatriotas trouxeram do Oriente quase até a porta de sua casa." (O Wilson da referência, Horace Hayman Wilson, compilou um dicionário sânscrito-inglês.)[44] Cowell, que aos 15 anos de idade tinha descoberto *Poesae Asiaticae Commentarii* de Sir William Jones, um comentário sobre a poesia persa e árabe, procurou então aprender persa com um oficial reformado do exército indiano e mais tarde aprendeu sânscrito sozinho e ensinou esse idioma a sua mulher. (Ele queria ter algum assunto para conversa durante o desjejum.) Em 1867 ele foi o primeiro a ocupar a recém-estabelecida cadeira de sânscrito de Cambridge. Apesar de sua condição de sanscritólogo, ele sempre manteve seu interesse pelos estudos persas e foi amigo dos maiores especialistas em persa, aí incluídos Palmer, Browne e Edward FitzGerald.[45] Foi um manuscrito de Cowell que forneceu a fonte para a bela, embora muito livre, versão do *Rubáiyát* de Omar Khayyam por FitzGerald.

Sir William Muir (1819-1905) foi um dos poucos arabistas ou islamistas proeminentes que a Índia britânica produziu. (Sir Charles Lyall, o outro grande exemplo, será examinado no próximo capítulo.) Muir teve uma carreira ilustre na administração indiana, onde desempenhou um papel de importância na luta contra o infanticídio feminino, e alcançou o posto de tenente-governador da Província da Fronteira Noroeste, antes de se voltar para os temas acadêmicos e se tornar diretor da Universidade de Edimburgo. Apesar de ter passado grande parte da vida estudando o islã, ele detestava o assunto. Em parte, seu horror ao islã pode ter sido influenciado por sua experiência no Motim Indiano. Apesar de seu cristianismo fervoroso, *The Caliphate, its rise, decline and fall* [O califado, sua ascensão, declínio e queda] (1891) pode também ter sido influenciado pelo relato de Gibbon do declínio e queda do império romano. O califado acabou sendo derrubado pela barbárie e pela superstição, embora no livro de Muir tanto a barbárie como a superstição fossem muçulmanas. Muir acusou o Profeta de ser ao mesmo tempo um servo do Demônio e um epiléptico. Quaisquer *hadiths* que descrevessem o Profeta com um ângulo negativo sem dúvida seriam verdadeiros; aqueles que o pintavam com cores mais favoráveis seriam duvidosos. Embora Muir relacionasse algumas das principais fontes árabes para o período medieval, não está claro quantas delas ele teria citado direto do árabe. Ele era fluente em alemão e recorreu pesadamente à história do califado de autoria de Weil. Isso significou que, quando Muir não estava envolvido em arengas polêmicas contra o islã, sua história era bastante insípida. Ele também traduziu a polêmica cristã medieval, contrária ao islã, de autoria de al-Kindi, a *Apologia*, e em 1887 a Sociedade dos Tratos Religiosos publicou sua obra fervorosamente cristã *The Rise and Decline of Islam* [Ascensão e queda do islã].[46] No século XX, missionários na Índia ainda recorriam a essas obras.

A ETNOGRAFIA DO EGITO DE LANE

Muir adquiriu seu traquejo com o árabe e seu conhecimento do islã fora das universidades. O mesmo ocorreu com Edward William Lane (1801-76), cuja formação era como gravador em metal. Bem cedo na vida, porém, ele desenvolveu uma paixão pelo antigo Egito, inspirada possivelmente por ter assistido a uma apresentação de Giovanni Battista Belzoni, o homem forte de circo que se tornou egiptólogo. Ele estava com 24 anos quando avistou pela primeira vez o monumento de Alexandria conhecido como o Pilar de Pompeu: "Parecia que ele se erguia do mar; pois nem a cidade nem os montes das proximidades podiam ser vistos de início. Pouco depois, vimos o topo de dois altos morros de refugo, cada um encimado por um forte; e em seguida distinguimos as embarcações no Antigo Porto, interceptando quase por completo a vista da cidade, situada em local plano e baixo."[47]

Naturalmente, Lane tinha visto a grande *Description de l'Egypte* em francês e a admirava, embora com reservas cada vez maiores, à medida que viajava por todo o Egito e começava a avaliar o enorme número de erros e descrições equivocadas. No que dizia respeito ao ensaio sobre costumes franceses contemporâneos, ele considerou o texto baseado num excesso de filosofia e em observações insuficientes. Sua primeira ambição foi a de publicar um levantamento do Egito que se concentrasse nas antigüidades e que firmasse sua reputação como egiptólogo.

Ele acreditava ter um compromisso com um famoso editor de Londres, John Murray, para publicar esse impressionante projeto. No entanto, Murray, que também tinha assumido um compromisso com John Gardner Wilkinson para um levantamento de antigüidades egípcias, tergiversava e provocava atrasos. E, como parte da estratégia de postergação, sugeriu que Lane transformasse um de seus capítulos, que era dedicado ao Egito contemporâneo, num livro inteiro. Conseqüentemente, Wilkinson, o autor de *Topography of Thebes, and General View of Egypt* [Topografia de Tebas e visão geral do Egito] (1835) e de *Manners and Customs of the Ancient Egyptians* [Maneiras e costumes dos antigos egípcios] (1837), não enfrentou nenhum desafio por parte de Lane, que passou então a produzir outros estudos sobre os árabes e o idioma árabe.

Desse modo, *Manners and Customs of the Modern Egyptians* [Maneiras e costumes dos egípcios modernos] (1836) foi um subproduto de sua ambição original de fazer um registro visual e literário do que restava do antigo Egito. *Manners and Customs* tratava estritamente de questões contemporâneas, e Lane adotou como modelo *The Natural History of Aleppo* de Alexander Russell, em especial o segundo capítulo em que Russell examinava questões como, por exemplo, a da população, língua, vestuário, consumo de café e fumo, hábitos alimentares, cerimônias religiosas, vida em família, as histórias contadas, divertimentos e ritos fúnebres. Para Lane, Russell tinha dedicado espaço em demasia às maneiras e costumes da elite governante de origem turca, e espaço insuficiente às maneiras e costumes dos árabes. (Lane dirigiu uma crítica semelhante ao levantamento francês.) Ele se familiarizou bem com os árabes e seu estilo de vida no Cairo. Morava perto de Bab al-Hadid na parte velha do Cairo e se vestia como um turco — ou seja, como um membro da casta governante do Egito. Fora do Cairo e de Alexandria, estrangeiros que viajassem em trajes ocidentais expunham-se a atrair zombarias e até mesmo apedrejamentos. Ele estudou árabe com, entre outros, al-Tantawi, o xeique que acabou partindo para ensinar na Rússia. O livro de Lane, que foi escrito para o leitor em geral, foi publicado pela Sociedade pela Difusão do Conhecimento Útil, uma organização que direcionava suas publicações "a todas as classes da comunidade, em particular aquelas que não consigam acesso a professores experientes ou que prefiram aprender sozinhas". O livro de Lane vendeu bem e foi reimpresso muitas vezes. Os acadêmicos britânicos (e como veremos eles eram praticamente inexistentes nos estudos do árabe) não estavam interessados no Egito moderno. Somente no século XX os acadêmicos recorreram ao livro de Lane como uma fonte importante sobre os "egípcios modernos".

Como *Manners and Customs* tinha vendido bem, Lane sentiu-se estimulado a avançar para a produção de sua tradução de *The Thousand and One Nights, commonly called the Arabian Nights' Entertainments* [As mil e uma noites, comumente chamada de entretenimentos de noites árabes] (1838-41). Esse, ele considerava um projeto educativo. Em seu prefácio a *Manners and Customs*, Lane já tinha afirmado, acerca das *Mil e uma noites*, que ela "apresenta quadros extremamente admiráveis das maneiras e costumes dos árabes e particularmente dos egípcios" e "se o leitor inglês possuísse uma tradução fiel dessa obra com quantidade suficiente de notas ilustrativas, eu quase poderia ter me poupado deste empreendimento presente". Foi portanto a essa tarefa que Lane passou a se dedicar. Enquanto seus leitores vitorianos liam ávidos sobre califas encantados, princesas, djins, feiticeiros e cidades misteriosamente abandonadas, o autor estava ocupado em esforços para distraí-los com uma rápida sucessão de notas sobre abluções muçulmanas, rituais de circuncisão, o uso da *henna*, a etimologia de obscuros termos em árabe e assim por diante.[48] A Gráfica Bulaq, fundada em 1822, foi a primeira tipografia do mundo árabe; e em 1835 ela já tinha publicado uma das primeiras versões impressas das *Noites*.[49] Era mais ou menos inevitável que essa fosse a versão que Lane traduziu, pois ele costumava freqüentar a gráfica e tinha se tornado amigo de Ibrahim al-Dasuqi, que ensinava naquela parte do Cairo. Além disso, ele se amparou muito em conselhos do "primeiro filólogo da primeira faculdade árabe da atualidade [al-Azhar]", al-Tantawi. No século XIX, era comum que os orientalistas trabalhassem em forte colaboração com acadêmicos árabes, turcos e persas. De modo semelhante, quando Burton mais tarde produziu sua tradução das *Noites*, ele também recorreu profundamente a conselhos de seu amigo, Yacoub Artin Pasha.

A partir de 1842, Lane dedicou-se a seu projeto mais ambicioso até então, com o início da compilação de seu *Arabic-English Lexicon*.[50] Sua fonte principal, mas de modo algum única, foi o extenso dicionário de árabe clássico do século XVIII, o *Taj al-'Arus* ("Coroa da Noiva"), mas acrescentou a essas informações outras de dicionários medievais igualmente vastos e pesquisou extensamente a literatura, para complementar os verbetes lexicais com exemplos de uso. Al-Dasuqi foi contratado para descobrir os manuscritos necessários nos quais o dicionário haveria de se basear. Lane deixou-se envolver tanto nessa tarefa monumental que o único lazer que tinha era passar meia hora caminhando no terraço ao pôr-do-sol. Em 1848, a saúde debilitada obrigou-o a voltar para a Inglaterra, mas ele continuou a trabalhar no dicionário e costumava queixar-se de ter se acostumado de tal maneira à caligrafia cursiva dos manuscritos árabes que os tipos impressos ocidentais lhe pareciam provocar um enorme esforço à visão. Em 1876, ano de sua morte, Lane tinha chegado ao *fa*, a vigésima letra do alfabeto de 28 letras. Embora Lane tivesse recebido um título honorífico de Leiden no ano anterior, toda a sua vida foi passada em pesquisas e publicações fora do sistema universitário. Até hoje seu grande dicionário continua incompleto. Não houve outros arabistas ou islamistas britânicos de nota nas primeiras décadas até meados do século XIX. A situação começou a mudar somente mais tarde no século com a nomeação de William Wright e David Samuel Margoliouth para cátedras em Cambridge e Oxford, respectivamente.

DOIS ARQUIVILÕES ORIENTALISTAS SEGUNDO SAID

Ernest Renan (1823-92) é a figura central, o paradigma do orientalista e racista no livro de Edward Said. Como tal, mais páginas são dedicadas a ele do que a De Sacy, Louis Massignon ou Bernard Lewis.[51] Renan estudou para ser padre no seminário de Saint-Sulpice, mas em 1845 passou por uma crise de fé de base filológica e renunciou ao catolicismo. Em 1843,

Renan começara a estudar hebraico e mais tarde ampliou seu leque incluindo o siríaco e o árabe. O professor de árabe de Renan em Saint-Sulpice era o estudioso da Bíblia, M. Le Hir, e Renan posteriormente explicaria que seu próprio domínio do árabe era tão fraco por ser igualmente fraco o de seu professor. Mais tarde Renan estudou várias matérias com alunos de Silvestre De Sacy e (talvez por isso mesmo?) veio a detestar tudo o que de Sacy representava. Renan o considerava o "típico acadêmico ortodoxo (...) mas, se olharmos mais adiante, veremos o estranho espetáculo de um homem, que, embora detenha uma das maiores erudições dos tempos modernos, nunca teve um lampejo crítico importante". Em termos mais gerais, Renan tinha uma opinião depreciativa de orientalistas franceses do passado, especialmente em comparação com os eruditos alemães: "*quelles misères et songez à ce qui se passait alors en Allemagne*". Ademais, sob o aspecto do temperamento, Renan era mais romântico, especulativo e desleixado do que De Sacy.

Se quisermos considerar Renan um arabista sério, devemos então nos voltar para sua segunda tese publicada. Tendo de início escrito em 1852 uma tese em latim, *De Philosophia Peripatetico apud Syros* (Sobre a filosofia peripatética entre os sírios), naquele mesmo ano ele avançou para a defesa de uma tese sobre *Averroès et l'averroïsme*, publicando-a em forma comentada em 1861. Tratava-se de um estudo sobre o famoso filósofo do século XII Ibn Rushd ou Averroes e o impacto que suas idéias sobre a imortalidade da alma e a dupla verdade tiveram sobre escolásticos medievais do Ocidente. A característica mais surpreendente da versão publicada é a de que, quase sem exceção, Renan preferiu traduções imprecisas de Ibn Rushd para o latim a usar os textos originais em árabe. A suspeita deve ser a de que o árabe de Renan não estava à altura da tarefa. Seu livro é menos um estudo sério sobre a filosofia islâmica e mais uma fábula sobre a ascensão do racionalismo no Ocidente. Arabistas que posteriormente trabalharam com os textos de Averroes consideraram infundada a opinião de Renan de que o filósofo muçulmano seria ateu em segredo. Goldziher apressou-se a salientar que Renan deixou de usar duas fontes absolutamente essenciais: o fanático ataque de al-Ghazali à filosofia de Averroes e a resposta de Averroes a al-Ghazali.[52]

Em comparação, o hebraico de Renan era bastante bom. Renan tinha se impressionado com trabalhos a respeito do sânscrito e da família indo-ariana de línguas, e em especial com a gramática comparada das línguas indo-germânicas ou indo-arianas, de autoria do sanscritólogo alemão Franz Bopp, a *Vergleichende Grammatik des Sanskrit, Zend Griechischen, Lateinischen, Litthausischen Gothischen und Deutschen* (1833). Renan examinou a possível influência da língua sobre o caráter semita em *Nouvelles Considérations sur le caractère général des peuples sémitiques* (1859). A *Histoire générale et système comparé des langues sémitiques* (1863) foi a tentativa de Renan de fazer pelas línguas semíticas o que Bopp tinha feito pelas indo-arianas. Entretanto, Renan tinha amplos interesses e, nos anos seguintes, escreveu sobre o futuro da ciência, a decadência da democracia, os Apóstolos, o folclore bretão, Marco Aurélio, a moralidade contemporânea, as origens do cristianismo, a Grécia, os berberes, a história de Israel, o moral da nação francesa depois da Guerra Franco-Prussiana e recordações da infância. Acima de tudo, ele foi um reciclador de idéias. Também escreveu romances de baixa qualidade. Era muito requisitado como jornalista da moda e como celebridade em termos gerais. Tornou-se figura conhecida nos salões, embora não necessariamente um conhecido particularmente atraente. Os irmãos Goncourt o descreveram como "baixo e atarracado, de má constituição física, com uma cabeça de bezerro coberta das calosidades do traseiro de um macaco".[53]

Em 1861, Renan foi promovido para a cadeira de hebraico no Collège de France, mas foi suspenso após sua aula inaugural em que, de modo polêmico, se referiu a Jesus como "*un homme incomparable*" (ficando implícito que ele seria de fato um homem e não Deus). Veio então a confirmar sua condição de perigoso pensador ateu com a publicação de *Vie de Jésus* (1863), um escandaloso campeão de vendas que descartava tudo o que fosse sobrenatural na história tradicional de Jesus. Renan sugeriu que o sucesso de Jesus em propagar seus ensinamentos era devido em grande parte ao fato de serem eles bem adaptados aos sentimentos religiosos dos semitas. Renan afirmava que a filologia e especificamente o estudo filológico das línguas indo-arianas e semíticas tinham estabelecido as origens comuns dos brancos, mas não a dos chineses ou dos negros. Os semitas, como os arianos, tinham desempenhado um papel no grande projeto da civilização, embora seu tempo agora estivesse encerrado. O racismo de Renan meramente aplicava um verniz pomposo e pseudocientífico em idéias que já circulavam nas ruas. As pessoas não precisavam de orientalistas para inventar o racismo para elas.

Renan acreditava que, ao contrário das outras grandes religiões do mundo, "o islã nasceu à plena luz da história". (Como veremos, essa crença haveria de ser seriamente refutada na segunda metade do século XX.) Sua opinião a respeito do Profeta era bastante favorável: "No todo, Maomé parece-nos um cavalheiro, sensível, fiel, isento de rancor e ódio. Suas afeições eram sinceras; seu caráter, propenso à bondade."[54] Renan acreditava que o islã desde então tinha se tornado uma prisão intelectual e espiritual; e para ele o islã não sobreviveria ao século XX, pois estava condenado a definhar diante do progresso científico. Isso refletia sua crença comtiana de que a humanidade estava destinada a avançar da superstição para a metafísica e então por fim para o conhecimento científico positivo. Os semitas tinham cumprido seu papel na história mundial com a introdução do monoteísmo, mas com isso sua missão estava encerrada, e o resto da história consistiria na vitória da ciência e do racionalismo, que seriam também a vitória do Ocidente. De início, sua opinião sobre o islã era razoavelmente favorável; e foi somente depois de um par de visitas ao Oriente Médio, em 1860 e 1865, que ele adotou a posição de que o islã estaria atuando como um freio ao progresso na região: "Os muçulmanos são as primeiras vítimas do islã." Em *L'Islamisme et la Science*, ele apresentou o ponto de vista de que o islã e a ciência seriam intrinsecamente inimigos (e, apesar de ele obviamente não deixar explícito, o catolicismo e a ciência também eram incompatíveis). Essa tese foi atacada, embora em termos moderados, por um importante pensador e agitador político muçulmano, Jamal al-Din al-Afghani. Al-Afghani acreditava que o Oriente Médio precisava compensar seu atraso, mas que viria a fazê-lo. O mundo islâmico ainda precisaria passar por sua Reforma.[55]

Os outros críticos de Renan eram orientalistas. Ignaz Goldziher, a principal figura nos estudos do árabe e do islã nas décadas finais do século XIX e nas iniciais do século XX, foi especialmente virulento em suas críticas a Renan.[56] Em seu "Mahomet et les origines de l'Islam" (*Revue des Deux Mondes*, 15 de dezembro de 1851) Renan tinha apresentado generalizações insensatas e ignorantes sobre a absoluta falta do sobrenatural nos ensinamentos do "filósofo" Maomé. A alma semita era, aos olhos de Renan, inerentemente monoteísta e hostil a todos os tipos de mitologia: "O próprio deserto é monoteísta." Embora Goldziher, que tinha feito séria pesquisa sobre a mitologia dos primeiros semitas, tivesse demonstrado que a afirmação de Renan era uma tolice, Renan recusou-se a dar resposta a essas críticas ou sequer a admitir sua existência. Contudo, outros orientalistas, aí incluídos Heinrich Ewald, William Robertson Smith e Max Müller, criticaram-no por esse motivo. Henri Lammens atacou a qualidade de seu árabe, e Michael Jan de Goeje arrasou com Renan num importante discurso proferido na Conferência de Orientalistas de Leiden em 1883.

O primeiro professor de Renan, Le Hir, tinha se impregnado com técnicas textuais bíblicas especificamente alemãs. Ao longo de toda a carreira de Renan, ele sentiria reverência pela erudição alemã: "Estudei a Alemanha e acreditei ter entrado num templo." Afinal era entre os alemães que estavam sendo feitos os principais avanços no estudo do sânscrito e de línguas afins. Em 1870, o ano da Guerra Franco-Prussiana, ele disse aos irmãos Goncourt que não era surpresa os alemães terem vencido a guerra: "É, cavalheiros, os alemães são uma raça superior."[57] Seu entusiasmo pela erudição alemã e pelos alemães em geral, somado a suas percepções das limitações da mentalidade semítica, eram compartilhados por seu amigo, Gobineau.

O conde Joseph-Arthur de Gobineau (1816-82) desenvolveu as idéias de Renan sobre a distinção entre os semitas e os arianos, e compartilhava da opinião de Renan de que os alemães seriam superiores aos franceses. Parte da influência também corria no sentido contrário, já que as idéias de Gobineau exerciam alguma influência em Renan, embora muitas das idéias de Gobineau fossem por demais absurdas para Renan aceitar. Gobineau tinha seguido inicialmente uma carreira militar e depois diplomática, ao mesmo tempo que a de romancista. Em 1849, tornou-se *chef du cabinet* do ministro das Relações Exteriores,

Alexis de Tocqueville (também famoso como teórico da política). De 1855 a 1858 e de 1861 a 1863 ele esteve em Teerã sucessivamente como primeiro-secretário, encarregado de negócios e ministro. Tirando proveito das estadas na Pérsia, produziu *Mémoire sur l'état social de la Perse actuelle* (1856), *Trois Ans en Asie* (1859), *Les Religions et les Philosophies dans l'Asie Centrale* (1865) e a *Histoire des Perses* (1869).[58]

Se Gobineau chega a ser estudado atualmente, é como teórico do racismo e como influência no pensamento racial de Houston Chamberlain, Alfred Rosenberg e Adolf Hitler. O *Essai sur l'inégalité des races humaines* (2 volumes, 1853-5) de Gobineau é muito citado, especialmente por quem não o leu. Contudo, apesar de os teóricos nazistas apresentarem uma versão triunfalista da história, na qual a superioridade dos arianos estaria predestinada a dominar raças inferiores, a visão do próprio Gobineau era diferente. Ele acreditava que os arianos estavam condenados por séculos de miscigenação e que "os melhores tempos da humanidade já ficaram para trás". Embora tanto Gobineau como Renan fossem racistas, eles estavam em pólos opostos de um espectro racista, pois, enquanto Renan considerava que a mistura racial não era perniciosa, Gobineau a considerava a fonte de todos os males. Diferentemente dos protonazistas e dos nazistas, Gobineau na realidade admirava os judeus por, entre outros aspectos, seu exclusivismo racial. Além disso, ao contrário da maioria dos racistas, aí incluídos racistas franceses e britânicos, ele era anticolonialista pois considerava o colonialismo meramente mais um sintoma da decadência racial e cultural. "A Ásia é um prato muito apetitoso, mas envenena quem o consome." As raças fortes estavam condenadas a ser corrompidas pelas raças mais fracas que tivessem conquistado. Ele sustentava que era muito difícil transportar a civilização de uma região para outra e tinha certeza de que a Índia um dia se tornaria independente dos britânicos.

Em *Orientalismo*, Edward Said insinuou que Gobineau era uma figura crucial na "genealogia oficial do orientalismo", não importa o que isso possa ser, mas não há nenhum indício de que ele realmente tenha lido Gobineau (e parece que Schwab, a quem Said recorre nesse caso, também não teria lido Gobineau). Gobineau não era um orientalista formado e, embora tivesse desenvolvido uma paixão por línguas orientais quando adolescente na Suíça, nem seu persa nem seu árabe chegaram a ser muito significativos. Sua tentativa de adentrar o território acadêmico a sério, sob a forma de um esforço de decifração de vários textos cuneiformes, foi, como veremos, um desastroso exercício de auto-ilusão. Suas observações sobre a Pérsia foram as de um diplomata e letrado, ainda que nutrisse algumas idéias extremamente estranhas. Ele adorava a Pérsia e haveria de em retrospectiva considerar seu período de serviço em Teerã como seus tempos áureos, mas isso não o impediu de avaliar os persas como produtos decadentes da miscigenação racial. (Se algum leitor persa se sentir insultado por isso, talvez sirva de consolo saber que Gobineau, sob esse aspecto, tinha uma opinião ainda pior dos Estados Unidos.) Para ele, a sociedade e a economia persas eram paralisadas por uma apatia difusa; e ele considerava que o sufismo em suas manifestações mais elevadas era uma forma disfarçada de ateísmo. É também provável que ele tenha sido o único visitante à Pérsia sob o domínio dos qajars em meados do século XIX a considerar o lugar democrático demais.[59] Para ele, em geral, os asiáticos eram fortes na intuição, mas fracos na lógica. Por esse motivo, recorreu à ajuda de um rabino judeu persa e, com seu auxílio, traduziu para o persa o *Discours de la méthode* de Descartes.

As opiniões de Gobineau sobre os horrores da democracia e da revolução tinham sido moldadas por sua experiência de 1848, "o Ano das Revoluções" na França e em outros lugares. De modo semelhante, suas opiniões sobre as culturas e línguas da Ásia tinham sido formadas antes que ele chegasse à Pérsia, onde viu o que esperava ver. "Tudo o que pensamos e todos os nossos modos de pensar têm sua origem na Ásia" é a frase de abertura de *Les Religions et les Philosophies dans l'Asie Centrale*. Na visão de Gobineau da história, os arianos surgiram nos planaltos da Ásia Central, e ramos diferentes da super-raça migraram dali para a Índia, a Pérsia e a Europa. Ele encontrou na Pérsia o que esperava ver: que arianos decaídos tinham sido contaminados por seus contatos com povos semíticos. Gobineau construiu sua história antiga da Pérsia a partir de muito poucas fontes — principalmente a Bíblia e Heródoto. Ao contrário de orientalistas normais, de rotina, Gobineau acreditava que os sassânidas (que governaram a Pérsia de 226 a 642 d.C.) eram semitas. Como conquistadores centralizadores da mais antiga Pérsia feudal ariana, eles teriam corrompido e destruído seu glorioso vigor ariano e, portanto, Gobineau achou melhor encerrar sua história da Pérsia no ponto da chegada dos sassânidas.

Quanto aos árabes, que substituíram os sassânidas como governantes da Pérsia a partir do século VII, Gobineau acreditava que eles teriam se corrompido pelo casamento com negros. Sua leitura das odes pré-islâmicas que constituem o *Mu'allaqat* convenceu-o de que os primeiros árabes eram bárbaros. A chegada de Maomé e a propagação do Corão os tinham civilizado até certo ponto. Como Renan, ele considerava o islã uma expressão do espírito semítico. Os povos semitas eram por sua natureza servis diante de Deus. Contudo, era a apatia, mais do que o islã em si, que era a perdição da Ásia. Ele afirmava que o xiismo, à medida que se desenvolveu a partir do século VIII, foi uma espécie de revolta dos persas arianos contra o islã semita. (Essa abordagem racial à evolução da doutrina islâmica viria a ser atacada pelo grande orientalista, Julius Wellhausen.) Como De Sacy e Hammer-Purgstall, Gobineau sentia maior interesse pelas divisões sectárias a partir do islã tradicional, com uma atenção especial ao movimento messiânico dos babistas, que surgiu na Pérsia na década de 1840 e que foi alvo de violenta repressão por parte da dinastia qajar nas décadas seguintes. Seu interesse por essa minoria perseguida (que ele absurdamente considerava herdeiros espirituais da religião dos caldeus e de outros cultos da Antigüidade) inspirou Edward Granville Browne a ir até a Pérsia. (Browne foi uma figura mais importante e um orientalista sério, a respeito de quem falaremos no próximo capítulo.)

A obra posterior de Gobineau, superficialmente impressionante, sobre a decifração da escrita cuneiforme era na realidade uma tolice, apenas o trabalho especulativo de um excêntrico. Ele publicou dois trabalhos de estudos lingüísticos sem nenhum valor, *Lectures des textes cunéiformes* (1858) e *Traité des écritures cunéiformes* (2 volumes, Paris, 1864). Esses volumes mesclavam obscuras fantasias quiméricas sobre as aventuras da raça ariana com especulações sobre a genealogia do próprio autor (ele achava que descendia dos vikings). Gobineau usou a Bíblia como sua fonte principal, mas também recorreu a uma boa quantidade de material cabalístico e outros materiais relacionados ao ocultismo. Ele partia do pressuposto de que a estabilidade lingüística do Oriente Médio era tal que a escrita cuneiforme não poderia de modo algum representar uma língua morta, mas tinha de ser lida ou como árabe ou como uma mistura de árabe e persa chamada *huzarweh*. Entretanto, o que ele publicou demonstrou não apenas que suas idéias sobre a escrita cuneiforme eram fantasticamente insensatas, mas também que suas idéias a respeito de como a língua árabe funcionava dificilmente poderiam estar menos equivocadas. Os erros gerais de suas interpretações de todos os tipos de inscrições cuneiformes foram ainda mais reforçados por sua rejeição à opinião que já tinha se tornado uma convenção acadêmica em meados do século XIX, a de que as línguas indo-arianas tinham sua origem no subcontinente indiano. Ele produziu interpretações talismânicas, mágicas, repetitivas de todas as inscrições. Na época em que publicou suas propostas de decodificação da escrita cuneiforme, uma grande parte já tinha sido decifrada com sucesso por outros estudiosos, aí incluídos Grotefeld, Henry Rawlinson e outros. Entretanto, Gobineau zombava de seus esforços e ridicularizava o "mundo de vidro" habitado pelos orientalistas. Alguns orientalistas reagiram arrasando com virulência as decifrações propostas por Gobineau; outros, a maioria, simplesmente não deram a menor atenção ao que ele havia escrito.[60] Seu trabalho no campo das línguas antigas teve para os estudos orientais o tipo de importância que as tentativas de patentear máquinas de moto-perpétuo tiveram para a história da ciência. Longe de fazer parte de uma genealogia orientalista, ele foi ao mesmo tempo o primeiro e o último a seguir suas linhas peculiares de investigação. Como romancista, porém, ele tem algum mérito, e vale a pena ler sua coleção de contos, *Nouvelles asiatiques* (1876).

Renan e Gobineau eram, cada um a seu modo, racistas. A banalidade do racismo de Renan sempre foi alvo de comentários. Robertson Smith (sobre quem falaremos mais adiante) foi mais um tipo de racista. Ele achava que os árabes eram uma raça superior, embora os negros fossem inferiores. O racismo era extremamente difundido na Europa do século XIX. Dizer isso, porém, não equivale a dizer muita coisa, pois havia uma quantidade de tipos diferentes de racismo, e a estereotipagem racista ainda estava por assumir a forma que acabou assumindo nas primeiras décadas fascistas do século XX. A tendência a generalizar sobre características raciais não foi inventada pelos orientalistas do século XIX, nem estava restrita a europeus brancos. Basta examinar guias árabes medievais para a aquisição de escravos de diferentes raças ou levar em conta a tradicional atitude chinesa diante de estrangeiros (que eram divididos em "bárbaros cozidos" e "bárbaros crus") para comprovar esse fato. Em parte, as atitudes racistas em qualquer período ou região são o produto da tendência natural a pensar em termos de generalização. Na Europa do século XIX, na falta de qualquer pesquisa séria anterior, parecia possível que houvesse um fundamento científico para as diferenças raciais. Não havia razão para excluir essa possibilidade *a priori*. Alguns programas do racismo do século XIX pareceriam totalmente estranhos para gerações de racistas posteriores. Em parte, esses programas estavam associados a uma preocupação crescente com a nação e o nacionalismo. Autores vitorianos especularam prolongadamente sobre as respectivas contribuições dadas aos ingleses pelos invasores anglo-saxões e depois pelos normandos, enquanto os franceses, como Gobineau, faziam afirmações, sem pesquisa suficiente, sobre as origens germânicas de sua aristocracia.

A visão do próprio Renan era, entretanto, a de que o que fazia a nação francesa, ou qualquer nação, não era a raça, mas lembranças históricas compartilhadas. Além disso, como vimos, ele achava que a língua mais do que a linhagem de sangue definia uma raça. Diferentemente dos racistas fascistas do século XX, os racistas do século XIX não eram necessariamente triunfalistas. Sob esse aspecto o pessimista Gobineau não estava sozinho; e, por exemplo, Fabre d'Olivet, um acadêmico excêntrico que escreveu sobre temas lingüísticos em termos mais gerais e sobre o hebraico, acreditava que a longo prazo os negros, que eram mais fortes, estavam destinados a escravizar os brancos.[61]

DE VOLTA A ORIENTALISTAS SÉRIOS

À medida que aumentava o número de orientalistas, também aumentavam suas discordâncias e desavenças, e o holandês Reinhart P. Dozy (1820-83) contribuiu para isso mais do que seria de esperar.[62] Nas primeiras décadas do século XIX, o orientalismo holandês apresentou um discreto reflorescimento sob a liderança de Théodore-Guillaume-Jean Juynboll (1802-61), um acadêmico ligeiramente enfadonho, que passou da teologia para o árabe e produziu trabalho profícuo sobre a geografia árabe medieval. Dozy não era enfadonho e chegou aos estudos árabes através da literatura romântica. Dozy ficara fascinado com relatos da antiga Espanha moura em obras como *Aventures du dernier des Abencerrages* (1826) de Chateaubriand e *Tales of the Alhambra* [Contos do Alhambra] (1832) de Washington Irving. De início, ele começou a estudar o árabe "para se banhar em ondas de poesia". Hendrik Weijers, seu professor bastante seco e pedante, empurrou-o na direção da história. Com isso, Dozy leu a *Histoire des sultans mamlouks* de Quatremère, ficando encantado com a riqueza filológica que ali descobriu. Sua primeira obra importante foi *Recherches sur l'histoire politique et littéraire de l'Espagne pendant le moyen âge* (1849), um estudo da história muçulmana da Espanha até 1110, que também representava um ataque violentamente polêmico contra seus predecessores entre os historiadores espanhóis, José Antonio Conde e Pascual de Gayangos. Conde tinha morrido em 1820, mas a brutalidade de Dozy custou-lhe a amizade de Gayangos. Renan ficou horrorizado (e com toda a razão) com o rigor do julgamento sobre o árabe insatisfatório de Conde; e de Goeje, aluno de Dozy, descreveu-o como uma "sentença de morte" imposta a Conde. Historiadores espanhóis enfureceram-se com o desmascaramento do herói nacional da Espanha, El Cid, que, afirmava ele, não passava de um mercenário traiçoeiro, "mais muçulmano que católico". Os críticos de Dozy sugeriram que ele teria confiado demais em fontes árabes quanto a esse tópico.

Dozy publicou então sua *Histoire des Musulmans d'Espagne* (1861). Na época, foi criticado por ter escrito uma obra acadêmica daquele porte em francês em vez de em latim. Ele havia recebido, porém, forte influência do vigor e romantismo do estilo contemporâneo francês de escrever história. Conseqüentemente, a narrativa de Dozy dá certa impressão de um romance de paixões, pois ele inventou diálogos e invocou a aparência dos ambientes para dar aos leitores a sensação de que estariam lá no passado medieval mouro. Dozy detestava o pedantismo alemão e entrou em conflito com Fleischer a respeito de detalhes editoriais. Dozy era um controversista impiedoso, e preconceitos fortemente enraizados transbordavam de sua história. Ele era liberal e anticlericalista, e talvez seja por esse motivo que tenha assumido forte posição contra os almorávidas, tribos berberes puritanas e de uma religiosidade feroz que ocuparam grande parte da Espanha muçulmana no século XII. Suas opiniões sobre questões raciais eram radicais, e sua visão da história era influenciada por sua crença de que, embora os árabes fossem capazes de conquistar um império, eles eram incapazes de mantê-lo. O progresso dos árabes era prejudicado pelas prescrições do Corão e pela natureza retrógrada do direito islâmico. Dozy não apreciava o que tinha lido sobre Maomé e compartilhava da opinião (muito disseminada entre os acadêmicos europeus da época) de que o Profeta era epiléptico. O lado romântico de Dozy preferia a Arábia pré-islâmica com seus ladrões de camelos e poetas guerreiros.

Finalmente, o trabalho inicial de Dozy como estudante pesquisador da terminologia árabe medieval do vestuário frutificou numa obra mais abrangente, o *Supplément aux dictionnaires arabes* (2 volumes, 1881). Seu estudo do vocabulário do vestuário bem como sua leitura de Quatremère e então das fontes árabes espanholas fizeram com que ele se desse conta do enorme número de palavras que circulavam no mundo arabófono, sem serem incluídas nos famosos dicionários do árabe clássico. Como vimos, Lane tinha consultado esses dicionários. O outro dicionário padrão que circulava no século XIX era o *Lexicon Arabico-Latinum* (1830-37) de Georg Wilhelm Freytag, mas esse não era muito mais do que uma reformulação da compilação de Golius no século XVII, que por sua vez tinha se baseado nos grandes dicionários do árabe clássico. O dicionário de Dozy baseou-se em palavras encontradas em textos em vez de em outros dicionários, e em muitos casos ele precisou adivinhar seu significado a partir do contexto. Seu dicionário resultou de leituras amplas e meticulosas, sendo regularmente consultado por estudiosos até os dias de hoje.

UM REFLORESCIMENTO TARDIO DOS ESTUDOS ORIENTAIS NA GRÃ-BRETANHA

Por uma boa parte do século, os estudos orientais estavam ainda mais estagnados na Grã-Bretanha do que na Holanda. Dozy não se impressionou com Oxford e Cambridge, considerando que grilhões eclesiásticos impediam o progresso dessas instituições. Não é possível compreender o que estava acontecendo nas universidades britânicas nesse período sem aceitar a intensa religiosidade da época. G. M. Young, o historiador de extrema eloqüência da Grã-Bretanha vitoriana, caracterizou esse período como "uma época de olhares fulminantes e lábios crispados, de pessoas comovidas com maior facilidade, escandalizadas com maior facilidade, mais dispostas a desdenhar, a engrandecer-se, a admirar e, acima de tudo, a pregar sermões".[63] A vida intelectual na Grã-Bretanha durante todo o século XIX foi dominada por controvérsias teológicas. A maior parte das novas técnicas críticas que agora estavam sendo aplicadas ao estudo da Bíblia tinha sido obra pioneira de acadêmicos alemães. Young, tendo comentado sobre o desafio representado pelas pesquisas de Sir Charles Lyell e outros geólogos à cronologia tradicional estabelecida pela Bíblia, passou à observação de que "uma investida muito mais séria está se preparando (...) A teologia inglesa não estava equipada para encarar — se servia de consolo, ela praticamente não conseguia compreender — os novos métodos críticos dos alemães: é um fato singular o de a Inglaterra, antes de Lightfoot, não poder apresentar um único acadêmico do campo dos estudos bíblicos que fosse capaz de se equiparar aos acadêmicos da Alemanha e se dispusesse a tanto (...) O rebanho foi deixado indefeso diante dos ataques de David Strauss".[64] *Das Leben Jesu, kritisch bearbeitet* (2 volumes, 1835-6), de David Strauss, tinha a audácia de sugerir que os acontecimentos milagrosos e sobrenaturais associados a Jesus tinham sido acrescentados a sua biografia antes da composição dos Evangelhos. Os Evangelhos eram, portanto, pelo menos em parte, registros de mitos. Em 1846, Marian Evans (mais conhecida como a romancista George Eliot) publicou uma tradução inglesa da obra de Strauss, de grande repercussão. Se a vida do Filho de Deus do cristianismo podia ser tratada dessa maneira, era pouco provável que a longo prazo a biografia de Maomé escapasse a um tratamento semelhante.

A curto prazo, porém, havia na Grã-Bretanha pouco interesse em realizar pesquisas sérias sobre o islã e a língua árabe. Richard Burton, em sua famosa (ou mal-afamada) tradução das *Mil e uma noites* (1885-8), tinha salientado que a Grã-Bretanha agora dominava o maior império de muçulmanos já visto e ele acreditava que esse fato levaria a um interesse muito maior pelas línguas e culturas muçulmanas.[65] De fato era isso o que poderia ter sido esperado. No entanto, o major C. M. Watson, membro do Instituto Imperial, explicitou o paradoxo numa carta a Sir Frederick Abel em 1887: "Embora a Inglaterra tenha maiores interesses no Oriente que qualquer outro país europeu, por alguma razão inexplicada, seu governo é o mais atrasado em estimular os estudos das línguas orientais modernas." Como Gibbon, Burton quisera estudar árabe em Oxford, mas não conseguiu encontrar quem estivesse preparado para ser seu professor. Quando foi para a Universidade, em 1840, seu objetivo era estudar grego e latim; mas, como tudo era muito enfadonho, dedicou-se a aprender sozinho com a *Grammatica Arabica* (1613) de Erpenius. Na época o catedrático laudiano de árabe em Oxford recusava-se a dar aulas a alunos particulares, alegando que era pago somente para dar aulas a turmas e, como desencorajava aqueles alunos isolados que poderiam em conjunto ter formado essas turmas, nunca precisou dar aula alguma. Os esforços de autodidatismo de Burton foram seriamente prejudicados por ele não ter se dado conta de que o árabe era escrito da direita para a esquerda; e foi somente quando ele conheceu o ilustre aluno espanhol de De Sacy, Pascual de Gayangos, em Oxford que esse engano fundamental foi corrigido.[66] Mais tarde na vida, Burton conquistou uma reputação de lingüista brilhante que parece ter sido até certo ponto exagerada.

Como muitos contemporâneos seus, de mentalidade vigorosa, Burton odiava e desprezava Oxford. Em parte, a decadência dos estudos orientais em Oxford refletia a estagnação maior das universidades britânicas nas primeiras décadas do século XIX. É um grande erro projetar a força intelectual e a dedicação ao trabalho de uma universidade moderna como, digamos, a de Columbia em Nova York, sobre o circuito Oxford-

Cambridge do século XIX (embora Edward Said pareça ter partido desse pressuposto). Além de permitir que os filhos da aristocracia e gente semelhante amadurecessem um pouco mais num ambiente agradável e ocioso, as prósperas faculdades de Oxford-Cambridge eram, mais do que qualquer outra coisa, locais de formação para clérigos anglicanos. Mas isso haveria de mudar.

Mark Pattison, pesquisador em Lincoln College, Oxford, e especialista na biografia de Casaubon e de Scaliger, apresentou propostas para reforma universitária nas décadas de 1850 e 1860 que se baseavam em suas viagens pelas universidades alemãs.[67] Na época de Pattison, Oxford tinha apenas vinte professores universitários em comparação com mais de cem em Leipzig. Havia também muito mais estudantes universitários na Alemanha. Na Inglaterra, uma proporção minúscula da população freqüentava a universidade. Pattison ficou especialmente impressionado com os acadêmicos alemães dedicados aos estudos clássicos e seu uso de técnicas filológicas, bem como sua ênfase em instituições e fatores sociais na história da antiguidade. Parte do problema era o fato de Oxford-Cambridge enfrentarem pouca concorrência dentro da Grã-Bretanha. Durante as décadas de 1820 e de 1830, surgiu a University of London (constituída inicialmente por University College e King's College). A University of Durham foi fundada em 1832, mas permaneceu minúscula até a segunda metade do século XX. As universidades escocesas, aí incluídas a de Edimburgo e a St Andrews, tinham história mais longa, mas não ensinavam árabe nem estudos islâmicos.

Uma importante reforma universitária começou durante a década de 1870 com uma série de leis parlamentares e comissões reais. Por acaso, 1870 foi o ano em que William Wright foi nomeado para a cátedra Thomas Adams de árabe em Cambridge.[68] Com essa nomeação, Cambridge adquiriu um orientalista de primeira, algo que não possuía desde o século XVII: estava estabelecido o prestígio do orientalismo de Cambridge. (Enquanto isso, Oxford precisou esperar até 1889 e a nomeação de David Samuel Margoliouth para a cadeira laudiana. Sobre Margoliouth, ver o próximo capítulo.) Wright nasceu na fronteira do Nepal, filho de um capitão a serviço da Companhia das Índias Orientais. Sua primeira graduação foi na University of St Andrews, de onde passou para a universidade alemã de Halle, onde estudou inicialmente siríaco e depois árabe. Mais ou menos ao mesmo tempo, ele foi aprendendo persa, turco e sânscrito. Sua formação em técnicas filológicas alemãs foi no mínimo tão importante quanto as línguas que dominou. Dali ele prosseguiu para Leiden, onde o temível Dozy foi seu orientador de doutorado. Sua pesquisa consistiu em organizar para publicação o exclusivo manuscrito de Leiden das *Viagens* de Ibn Jubayr. (O muçulmano espanhol, Ibn Jubayr, foi em peregrinação a Meca mais para o final do século XII e produziu um relato extraordinariamente interessante não apenas das regiões muçulmanas pelas quais viajou, mas também do reino cruzado de Jerusalém e da Sicília normanda.)

Wright foi nomeado para uma cadeira de árabe em University College, Londres, e depois para uma em Trinity College, Dublin, onde também ensinou hindustâni. Enquanto em Dublin, ele produziu *A Grammar of the Arabic Language* [Uma gramática da língua árabe] (1859-62). Essa era realmente uma tradução e ampliação de uma gramática do árabe publicada em latim em 1848 por um aluno norueguês de Fleischer, Karl Paul Caspari. Wright recebeu ajuda de Fleischer, que tinha feito muitas correções à gramática anterior de autoria de De Sacy e, no prefácio da segunda edição de sua *Grammar* (1874), Wright escreveu: "O professor Fleischer irá, espero eu, considerar a dedicatória um sinal de respeito para com a erudição da Alemanha sobre o Oriente, da qual ele é um dos representantes mais dignos de louvor."[69] A *Grammar* de Wright ainda está em uso hoje, o que é um pouco surpreendente, tendo em vista que seu manuseio é bastante difícil e que quem desejar fazer dela bom proveito deverá primeiro familiarizar-se com os princípios básicos do latim, hebraico, etíope e siríaco.

Em 1861, Wright demitiu-se do cargo acadêmico para catalogar os manuscritos siríacos no Museu Britânico. Sua edição da antologia literária de al-Mubarrad, *al-Kamil* (uma coletânea do século IX, de estudos literários e gramaticais), foi publicada pela Deutsche Morgenländische Gesellschaft. (Seu tipo de erudição tinha platéia maior na Alemanha do que na Grã-Bretanha.) Em 1870, Wright foi nomeado para a cátedra

Thomas Adams em Cambridge, posto que manteve até a morte. Entretanto, apesar da profundidade intimidante de seu conhecimento da língua árabe, ele realmente parece ter se interessado muito mais pela literatura cristã em siríaco. Como a maioria dos orientalistas do século XIX, ele estava muito mais interessado na Bíblia que no Corão; e também trabalhou nos textos apócrifos do Novo Testamento, além de ser membro do Comitê de Revisão do Antigo Testamento. Faleceu em 1898, e suas *Lectures on the Comparative Grammar of the Semitic Languages* [Aulas de gramática comparada das línguas semíticas] foram publicadas um ano depois. Embora seja difícil apresentar esse professor devoto e estudioso de alguma forma que o faça parecer empolgante para um leitor moderno, ainda assim Wright efetivamente tornou a Inglaterra um centro importante para os estudos árabes, algo que ela não era desde o tempo de Pococke, e sua proeza haveria de ser consolidada por seus quase contemporâneos Edward Palmer e William Robertson Smith.

Em sua maioria, os orientalistas do século XIX eram, como Wright, criaturas de bibliotecas e comitês de faculdade. Mas pelo menos um dos alunos de Wright, Edward Palmer, poliglota, espião e poeta, era diferente.[70] Palmer, cuja vida poderia servir de material para ficção de aventuras malfadadas, nasceu em 1840. Sua carreira escolar foi sem brilho, apesar de ainda menino ter aprendido romani freqüentando acampamentos de ciganos. Começou a trabalhar como auxiliar de escritório para um comerciante de vinhos no centro financeiro de Londres (e foi durante esse período de ociosidade relativa que ele aprendeu hipnotismo e leitura do pensamento além de participar de sessões espíritas). Costumava estudar 18 horas por dia, hábito que pode ter agravado sua saúde sempre frágil. Essa fase de sua vida encerrou-se quando ele caiu vítima de tuberculose em 1859. Durante sua convalescença em Cambridge, tentou melhorar seu grego e latim do tempo de escola; e então, depois de conhecer um professor indiano, começou a estudar primeiro o urdu e o persa, passando então para o árabe e o hebraico. Em 1863, como estudante relativamente maduro, Palmer foi agraciado com uma bolsa para estudos clássicos em Cambridge. Conseguiu obter apenas um grau de terceira classe. Entretanto, Edward Byles Cowell, o catedrático de sânscrito em Cambridge e importante autoridade em persa, depois de um exame do persa de Palmer, conseguiu torná-lo pesquisador em St John's College, Cambridge. Palmer suplementava a renda insuficiente escrevendo artigos em persa e em urdu para um jornal indiano. Em 1869, o Fundo de Exploração da Palestina forneceu recursos para que Palmer começasse um levantamento topográfico da península do Sinai. O principal objetivo desse levantamento da região bem como de outros subseqüentes era estabelecer a veracidade da narrativa do Êxodo e dar uma sustentação mais geral a detalhes da narrativa bíblica, entrevistando beduínos acerca dos topônimos da península. Palmer voltou lá em 1870 para continuar com esse trabalho. Não só essas empreitadas no deserto aperfeiçoavam seu árabe, mas considerava-se que o ar do deserto seria bom para seus pulmões frágeis. Em conseqüência de seu trabalho para o Fundo de Exploração da Palestina, ele se tornou amigo do secretário da instituição, Walter Besant, romancista que mais tarde foi fundador da Real Sociedade de Literatura. Os dois homens compartilhavam um entusiasmo por Rabelais, pela poesia francesa e pela maçonaria. E juntos escreveram *Jerusalem, a Short History of the City of Herod and of Saladin* [Jerusalém, uma breve história da cidade de Herodes e de Saladino], que foi publicada em 1871.

Nesse mesmo ano, Palmer foi nomeado para a cátedra de árabe de lorde Almoner em Cambridge. Infelizmente essa cátedra era menos bem provida que a cátedra Thomas Adams, e Palmer recebia apenas 40 libras por ano como catedrático. Dava tantas aulas, porém, que seu salário acabou sendo aumentado em 250 libras. Em sua breve vida, ele escreveu muito. Entre outras obras, publicou *The Desert of the Exodus* [O deserto do êxodo] (baseado em suas viagens no deserto do Sinai), um breve dicionário árabe, um breve dicionário persa, uma organização e tradução da poesia completa do egípcio do século XIII Baha' al-Din Zuhayr, uma tradução não muito precisa do Corão e uma tradução do Novo Testamento para o persa. Também contribuiu para uma tradução de canções em romani e redigiu o artigo sobre prestidigitação para a *Encyclopaedia Britannica*. Seus interesses eram espantosamente abrangentes, e sua frase típica era "Eu me pergunto o que virá depois". Dado seu temperamento rebelde e meio cigano, não surpreende que ele se tornasse amigo íntimo do explorador e aventureiro Sir Richard Burton.

Palmer não estava feliz em Cambridge. Seu amigo Besant considerava o ambiente da universidade muito entediante, acreditando que isso se devesse em parte à queda dos acadêmicos ingleses pela gramática e em parte à "emancipação muito recente e ainda parcial da vida acadêmica em relação à Igreja". A abordagem de Palmer às matérias que estudava costumava ser brilhante porém assistemática. Ele não se importava muito com as normas da gramática, preferindo escutar o modo pelo qual os falantes nativos usavam sua língua. Palmer sempre se amargurou por não ter sido o sucessor de Wright na cátedra quando do falecimento de Wright. Ademais, apesar ou por causa da quantidade de aulas que dava, Palmer detestava ensinar: "Estou cansado da residência e de dar aulas elementares que, no final das contas, não fazem parte dos deveres de um professor universitário." Ele achava que deveria existir algo melhor do que "ensinar o alfabeto persa a meninos". Além disso, a remuneração era uma miséria. Em 1881 Palmer deixou Cambridge e foi trabalhar como redator no *Standard*. Como jornalista, escreveu artigos sobre uma espantosa quantidade de temas.

Enquanto isso, no Egito, o político nacionalista Arabi Pasha assumiu o governo como primeiro-ministro e ministro da Guerra em 1882. Houve manifestações violentas de natureza antieuropéia em Alexandria, e isso gerou, entre os britânicos e os franceses, temores de que pudessem perder o controle sobre o Canal de Suez. Em junho de 1882, Palmer foi enviado em missão secreta para negociar com beduínos próximos ao Canal de Suez, e se necessário suborná-los para garantir que não atacassem forças britânicas na região. A frota britânica bombardeou Alexandria, e em setembro o exército britânico, sob o comando de Sir Garnet Wolseley, derrotou forças árabes em Tel el-Kebir. No entanto, a essa altura, Palmer, com apenas 42 anos de idade, já tinha morrido. Ele e dois ou três oficiais do exército britânico foram assassinados por beduínos pelo ouro que estavam portando. Diz-se que Palmer teria amaldiçoado seus captores num árabe eloquente antes de ser fuzilado e atirado do alto de um penhasco. Antes que o corpo de Palmer fosse descoberto, e sua morte, confirmada, seu amigo Richard Burton foi oficialmente encarregado de ir procurá-lo.

Palmer costumava se interessar por estudar matérias com a mesma facilidade com que se desinteressava delas. Muito poucos acadêmicos britânicos no século XIX tiveram a formação filológica adequada para participar plenamente dos avanços no orientalismo que vinham à luz no continente europeu. Wright foi uma exceção. William Robertson Smith (1846-94) foi outra.[71] Nascido e criado em Aberdeenshire, sua educação inicial baseou-se principalmente na memorização de textos em grego e latim — técnica pedagógica caracterizada por seus biógrafos como "uma excelente prática, agora infelizmente em grande desuso". Tendo começado estudos hebraicos em Free Church College, em Edimburgo, ele fez repetidas visitas à Alemanha a partir de 1867, para aprimorar esses estudos. Ele adorava a Alemanha e os alemães — com exceção de um aspecto, "sua falta de rigor na observação do sabá". Em 1870 tornou-se professor de línguas orientais e de exegese do Antigo Testamento em Free Church College. Depois de uma visita a Göttingen em 1872, ele desenvolveu um interesse pelo árabe, e como seus biógrafos comentam, "não era estranho que ele se voltasse para a Alemanha em busca de instrução e auxílio" nessa matéria. Em 1878-79, ele viajou pelo Egito e outros países árabes com a finalidade de melhorar seu árabe. De volta à Grã-Bretanha, Smith tornou-se amigo íntimo de William Wright. Tornou-se também um protegido predileto de Palmer, embora dificilmente pudesse haver dois homens mais diferentes. Palmer era um esteta literário, ao passo que a veia acadêmica de Smith era movida e sustentada por uma firme devoção cristã. Foi sua abordagem à doutrina cristã que o tornou uma das figuras mais controversas na Grã-Bretanha vitoriana. Em 1881, a Assembléia Geral da Free Church of Scotland dispensou-o da cadeira de estudos do Antigo Testamento de Free College em Aberdeen. Ele foi demitido por conta do teor de vários artigos que tinha escrito sobre a Bíblia para a nona edição da *Encyclopaedia Britannica*, na qual, assim como em outras publicações, fez uso de técnicas alemãs de crítica de fontes e tratou a Bíblia como um conjunto de documentos históricos em vez de como a palavra inquestionável de Deus.

Privado de sua cadeira em Aberdeen, ele encontrou trabalho escrevendo mais artigos para a *Encyclopaedia Britannica*, da qual acabou se tornando organizador. Foi uma das poucas pessoas, talvez a única, a ter lido na íntegra a *Encyclopaedia* em sua nona edição. Seus deveres como organizador renderam-lhe relações de conhecimento com a maior parte da elite cultural e intelectual britânica das últimas décadas do século XIX, aí incluídos Charles Darwin, Thomas Henry Huxley e Edward Burne-Jones. Embora anteriormente tivesse publicado estudos de problemas no Antigo Testamento, agora ele se interessava cada vez mais pelo estudo de rituais primitivos, de parentesco e casamento em termos mais gerais. Já tinha publicado um artigo seminal sobre "Animal Worship and Animal Tribes among the Arabs and in the Old Testament" [Adoração de animais e tribos totêmicas entre os árabes e no Antigo Testamento] no *Journal of Philology* em 1880.

Depois do assassinato de Palmer, Smith foi seu sucessor na cátedra de lorde Almoner. Como já foi salientado, o cargo não recebia uma grande dotação, e Smith ganhava 50 libras por ano para dar uma única aula durante o ano. Ele conseguiu tornar-se bibliotecário da universidade até que, finalmente, após a morte de seu amigo Wright em 1889, ocupou a cátedra Thomas Adams de árabe, bem mais generosa. Ainda que a cátedra de Smith fosse de árabe, ele continuou a dedicar-se a problemas referentes à Bíblia e aos antigos hebreus. Em especial, trabalhou com a cronologia da produção dos diversos livros da Bíblia.

Em 1885, também publicou *Kinship and Marriage in Early Arabia* [Parentesco e casamento na Arábia primitiva], que se baseou tanto em poesia pré-islâmica como em relatos contemporâneos de práticas entre os beduínos para afirmar que a sociedade árabe primitiva era matriarcal e matrilocal (ou seja, que o marido se unia ao clã da mulher após o matrimônio). *Mutterrecht* ou o poder das mulheres na sociedade árabe primitiva era apresentado por Smith como resultado da sensualidade árabe. Ao longo dos séculos, porém, o matriarcado foi substituído pelo patriarcado; com o infanticídio feminino e a poligamia consolidando o domínio masculino. O que valia para os árabes também valia para os hebreus, pois ele parece ter encarado os judeus primitivos como beduínos criadores de camelos. Tanto para os árabes primitivos como para os hebreus primitivos, "a vida religiosa envolvia clãs que viviam em grande intimidade com o deus do seu clã". Por outro lado, o conservadorismo natural percebido nos beduínos, que Maomé tinha considerado tão difícil de combater, significava que seu estilo de vida na época era um excelente guia de como as coisas eram feitas nos tempos bíblicos. O deserto escaldante da Arábia era uma espécie de refrigerador no qual antigas práticas semíticas eram preservadas. Em 1889, Smith publicou suas *Lectures on the Religion of the Semites* [Palestras sobre a religião dos semitas], que tratava dos rituais de sacrifício, comunhão e expiação, como eram praticados pelas tribos primitivas de hebreus e árabes. Ele afirmou que os rituais surgem antes das mitologias ou credos que são construídos em torno deles, e que todas as religiões primitivas passam por um estágio totêmico. A verdadeira religião origina-se na magia e na superstição, mas consegue superá-las. Os profetas adequavam suas mensagens às sociedades e circunstâncias às quais se dirigiam e, se isso se aplicava a Samuel e a Ezequiel, também se aplicava a Maomé. O estudo de Smith dos *hadiths*, a coletânea de tradições associadas ao Profeta, convenceu-o de que essas histórias tinham sido inventadas e compiladas durante um longo período, exatamente como tinha ocorrido com a lei do Pentateuco. Smith poderia ter feito mais, se não tivesse uma saúde frágil, e o livro dá uma sensação de não estar realmente acabado. Embora antropólogos do século XX, como James Frazer e Claude Lévi-Strauss, continuassem a explorar os temas levantados por Smith, suas idéias sobre o totemismo e o matriarcado primitivo já não são aceitas. Por outro lado, seu argumento de que as genealogias tribais são construtos sociais, mais do que registros rigorosos, é alvo de concordância geral entre os antropólogos da atualidade. Smith foi uma figura impetuosa, cheia de energia, que considerava a falta de rigor acadêmico como uma forma de imoralidade. Todos os Natais, mas somente no Natal, ele lia um romance, por alguma espécie de noção relutante de dever cultural. No leito de morte, em 1894, estava planejando a *Encyclopaedia Biblica*. Essa importante obra de referência, junto com a *Encyclopaedia Britannica*, deve ser considerada o modelo principal para o posterior documento fundamental do orientalismo moderno, a *Encyclopaedia of Islam*.

OS ALEMÃES AINDA SÃO OS MELHORES

As opiniões de Smith sobre a lenta evolução tanto da lei judaica antiga como da coleção de *hadiths* eram semelhantes às de seu amigo alemão, Julius Wellhausen (1844-1918).[72] Albert Hourani, um proeminente historiador dos árabes e do islã no século XX, afirmou que Wellhausen e Goldziher foram os primeiros a estudar o islã com seriedade.[73] (Goldziher, ligeiramente mais jovem e de vida mais longa, será examinado detidamente no próximo capítulo.) Wellhausen era de origem luterana. Tinha se interessado por história bíblica depois de assistir às palestras de Heinrich Ewald em Göttingen. Embora Ewald fosse um arabista de renome e tivesse produzido uma *Grammatica critica linguae Arabicae* (1831-3) em dois volumes, ele somente se interessava pelo uso do árabe como instrumento para aprimorar o estudo da antigüidade de Israel. Esse era também o preconceito de Wellhausen; e sua fama hoje em dia, se é que existe alguma, decorre principalmente de suas pesquisas do Antigo Testamento. Em 1878 Wellhausen produziu *Prolegomena zur Geschichte Israels*, obra em que procurou descobrir, através de meticulosa crítica de fontes, a verdadeira história dos primeiros hebreus, antes de ser reelaborada e desvirtuada pelos sacerdotes posteriores ao exílio babilônico. Em 1892 Wellhausen tornou-se catedrático em Göttingen, onde colaborou de perto com Nöldeke, outro ex-aluno de Ewald.

Ainda que Wellhausen viesse a se tornar amigo e aliado intelectual de Robertson Smith, ele era muito diferente em temperamento, sendo corpulento, simpático e amigo da cerveja. Era também um escritor elegante e espirituoso. Se bem que a aplicação de técnicas de crítica de fontes a textos bíblicos possa parecer a muitos uma atividade árida e empoeirada, Wellhausen não tinha nada de árido e nutria uma paixão pela história dos primeiros israelitas. Ele adorava os primeiros hebreus, com seus rituais pagãos antigos e desenfreados. E detestava os sacerdotes posteriores de Israel com seus códigos de ritos e leis, voltados para a destruição do prazer. O fim do antigo politeísmo hebraico foi uma espécie de *Götterdämmerung*, ou crepúsculo dos deuses. Pelo menos era assim que ele encarava o processo. Preferia que seus antigos hebreus fossem desregrados e beberrões; e adotou a opinião de que a antiga religião semítica era uma adoração de antepassados. Nisso é provável que tenha sido influenciado pelo historiador francês Fustel du Coulanges, que apresentara um argumento semelhante em relação aos gregos e romanos antigos. Mas era óbvio que as idéias de Wellhausen também eram muito semelhantes às de Robertson Smith.

Em razão dos problemas que descobriu em seu material hebraico, ele acreditou que as tradições dos árabes pré-islâmicos forneceriam os melhores dados sobre o estilo de vida dos primeiros hebreus. Com o tempo, progrediu além do exame meticuloso do Antigo Testamento, passando a se interessar pelo mundo romântico e colorido dos árabes: "Fiz a transição do Antigo Testamento para os árabes com a intenção de vir a conhecer a videira silvestre na qual sacerdotes e profetas enxertaram a Torá de Jeová. Pois não tenho dúvida de que alguma idéia das características originais com as quais os hebreus entraram para a história poderá ser descoberta com maior facilidade por meio da comparação com a antigüidade árabe."[74] Também nesse campo ele sentiu um grande amor e enorme ódio. Ele adorava os califas omíadas, que governaram as terras centrais da Arábia de 661 a 750. E odiava os califas abássidas, que se seguiram a eles. "Os abássidas que vão para o inferno! Bem que eles já poderiam estar lá." Fervoroso patriota, ele acreditava que os abássidas não chegavam aos pés dos cáiseres alemães. Era maior a preferência de Wellhausen pelo que considerava a tendência dos omíadas mais antigos pela politicagem e pelo prazer de viver. Era também um defensor ardente, embora decididamente atrasado, dos carijitas do século VII que se rebelaram contra o califado, e que ele admirava por sua paixão e por seu ativismo. Em termos mais gerais, aplaudia sinais históricos de divisão dentro do islã, como indicadores de dinamismo social.

A partir de 1879, começaram a aparecer volumes publicados de al-Tabari, um historiador do século X. Isso permitiu que Wellhausen e outros adotassem uma abordagem mais analítica da história remota do califado árabe. Em vez de traduzir e depois tentar reunir fragmentos de crônicas em árabe, que foi mais ou menos o que William Muir tinha feito em sua história do califado, Wellhausen tentou selecionar os textos sobreviventes e deduzir em que fontes originais perdidas aqueles textos se baseavam, além de como a narrativa histórica teria sido distorcida ao longo dos séculos. É claro que era exatamente isso o que os acadêmicos bíblicos contemporâneos estavam fazendo. O próprio Wellhausen já tinha demonstrado, em termos satisfatórios pelo menos para si mesmo, que o Pentateuco fora composto por quatro autores diferentes (e não por Moisés, como gerações anteriores costumavam acreditar). Wellhausen agora tentava executar o mesmo tipo de operação nas mais remotas fontes em árabe, referentes à história antiga do islã. Ao agir desse modo, ele invocou escolas medinenses e iraquianas de transmissão de informações históricas que posteriormente viriam a comprovar-se imaginárias. Suas conclusões foram derrubadas por Albrecht Noth no século XX. Desse modo, as sofisticadas técnicas de análise textual de Wellhausen no final não parecem tê-lo levado nem um pouco mais perto da verdade histórica do que a ingenuidade metodológica de Muir. Mesmo assim, seu *Das arabische Reich und sein Sturz* (1902) foi por muito tempo o principal trabalho de história islâmica. Tendo tratado da história omíada, ele parece ter se entediado com o assunto e voltado a atenção para estudos do Novo Testamento.

Wellhausen apresentara o método histórico à história do islã. Alemães e austríacos metódicos dominaram a atividade de escrever história islâmica nos séculos XIX e XX. Além de Wellhausen, Aloys Sprenger (1813-93) e Alfred von Kremer (1828-89) foram as figuras principais. A leitura do filósofo-historiador do século XIV Ibn Khaldun inspirou os dois a levar à história islâmica uma abordagem mais aberta, menos entediante e menos determinada pelos fatos. Sprenger em *Das Leben und die Lehre des Mohammed* ("A vida e os ensinamentos de Maomé", 1861-5) tratou a ascensão do islã como um produto de seu tempo. Ele também salientou o impacto da cultura islâmica sobre a civilização ocidental.[75] Von Kremer foi um diplomata austríaco que se dedicou ao estudo da história cultural islâmica.[76] Ele não se interessava por detalhes políticos, preferindo escrever sobre assuntos de alcance mais amplo. Na *Geschichte der herrschenden Ideen des Islams, Gottesbegriff, Prophetie und Staatsidee* (1868), ele apresentou uma visão idealista de toda a história islâmica e afirmou que a civilização progredia quando havia um conflito de idéias e entrava em decadência quando não havia nenhum conflito semelhante. Sua *Kulturgeschichte des Orients unter den Chalifen* (1875-7), que se concentrava no apogeu dos califas abássidas, foi o primeiro grande estudo da vida cultural islâmica. O Oriente foi saqueado por pensadores religiosos e historiadores alemães em busca de material que pudessem usar em debates mais gerais sobre o futuro da civilização, a natureza da cultura e a primazia das idéias na evolução histórica. A visão grandiosa que Leopold von Ranke tinha da história mundial lançava uma longa sombra, e a história islâmica, uma Gata Borralheira, em grande parte se desenrolava por baixo daquela sombra. No século XX, o historicismo alemão daria lugar a teorias e metodologias propostas por sociólogos e historiadores britânicos e americanos, e os orientalistas seguiriam seu exemplo. Por fim, vale ressaltar que os americanos ainda estavam por dar uma contribuição significativa a esse ramo do conhecimento.

7

Uma casa dividida contra si mesma

> Seu interesse era pelas palavras em si e o que significavam; o menor tropeço no texto, e ele ficava absorto, com toda a sua imaginação e seus poderes acionados. Ficava decidido a saber exatamente o que as palavras daquela liturgia significavam, para os sacerdotes que a traduziram, para o escriba que a copiou em algum lugar numa pequena cidade da Ásia Central no século VI (...) Fora do texto sua imaginação, tão ativa diante das palavras em si, tão vivaz no seu dia-a-dia, parecia não se envolver. Ele dedicava apenas um pensamento superficial às sociedades em que essa religião crescia ou às pessoas nas congregações que usavam essa liturgia. Nessas especulações havia algo que ofendia seu bom gosto — ele as chamava de "românticas" como um termo pejorativo.
>
> Descrição de Roy Calvert, compilador de um dicionário de sogdiano no romance de C. P. Snow, *The Light and the Dark* (1947)

A *Encyclopaedia of Islam* é o documento mais importante na história do orientalismo do século XX. William Robertson Smith, organizador da nona edição da *Encyclopaedia Britannica* e figura crucial na equipe da *Encyclopaedia Biblica*, tinha proposto que uma grande obra de referência fosse dedicada ao islã, mais ou menos nos moldes dos dois grandes empreendimentos em que tinha trabalhado. (A *Encyclopaedia Biblica*, dedicada a questões bíblicas e hebraicas, tinha sido planejada por Smith, mas foi publicada postumamente nos anos de 1899-1903.) Em várias conferências realizadas nas últimas décadas do século XIX, dois importantes orientalistas da geração seguinte, o holandês Michael Jan de Goeje (1836-1909) e o húngaro Ignaz Goldziher (1850-1921), continuaram a manifestar-se em defesa do plano de Smith. Embora, como veremos, Goldziher fosse de longe o maior orientalista de sua geração, ele estava a uma distância inconveniente de Leiden, que era a base holandesa onde os artigos para a *Encyclopaedia* deveriam ser organizados e impressos. (Leiden era o centro principal para estudos islâmicos nas últimas décadas do século XIX e nas primeiras do século XX.) Portanto, seu posto como organizador foi assumido por dois holandeses, Martin Theodor Houtsma, um acadêmico especializado em história da Turquia seljúcida, e Arent Jan Wensink, especialista na história remota do islã. No início do século XX, o inglês ainda não se tornara a língua da produção acadêmica internacional. Por isso, a *Encyclopaedia of Islam* foi impressa em três idiomas: inglês, francês e alemão. Por esse e outros motivos, o projeto era complexo e dispendioso. Os acadêmicos começaram a pesquisar seus artigos por volta de 1908 e o primeiro volume completo saiu em 1913. A *Encyclopaedia*, quatro gordos volumes com aproximadamente 1.200 páginas de colunas duplas, além de um volume suplementar com reflexões posteriores, foi concluída em 1938.

Embora a produção da *Encyclopaedia* se desse na Holanda e acadêmicos holandeses fornecessem uma notável quantidade de contribuições, os alemães (entre eles, Becker, Brockelmann, Plessner e Schacht) também deram uma contribuição considerável, e na realidade estudiosos da Europa inteira colaboraram para o enorme empreendimento.[1] Um projeto internacional como esse tornou-se possível graças às reuniões internacionais de orientalistas, cada vez mais freqüentes, a primeira das quais, o Congresso Internacional de Orientalistas, tinha sido realizada em 1873.

Fuad Köprülü (1890-1966), um ilustre historiador turco, deu contribuições importantes; mas, fora ele, foram relativamente poucos os turcos, árabes ou persas convidados a colaborar (e aparentemente muitos que foram convidados a colaborar não o fizeram dentro do prazo). O historiador do islã medieval R. Stephen Humphreys observou que a primeira edição da *Encyclopaedia* representava "uma interpretação especificamente européia da civilização islâmica. Não se trata de que essa interpretação esteja 'errada', mas de que as questões abordadas nesses volumes com freqüência divergirão acentuadamente daquelas que os muçulmanos tradicionalmente levantam a respeito de si mesmos".[2] (Como veremos no capítulo "Os inimigos do orientalismo", a *Encyclopaedia* tem um bom número de inimigos no Oriente Médio.) Por outro lado, a *Encyclopaedia* pode ser criticada por exagerar na ênfase à importância da religião islâmica na história do que se conhece comumente como cultura islâmica. Ela era também predominantemente uma enciclopédia do islã medieval.

De Goeje, um dos fundadores da *Encyclopaedia*, tinha sido aluno de Reinhart Dozy e talvez tenha se tornado o maior arabista de seu tempo. Seus pontos fortes eram seus conhecimentos como filólogo e organizador. Era trabalhador e prolífico. Sua edição de al-Tabari, o cronista dos califas abássidas, foi de especial importância para o estudo da história dos primórdios do islã. Seu cuidado com a precisão e o trabalho intelectual sério significava que ele odiava tudo o que Ernest Renan representava.[3] O desdém de De Goeje por Renan era algo que ele compartilhava com a outra figura crucial para o lançamento da *Encyclopaedia*, Ignaz Goldziher.

O MAIOR DOS ORIENTALISTAS

Ignaz Goldziher era um judeu húngaro, e seus estudos iniciais foram sobre o Talmude. Ele prosseguiu seus estudos em Budapeste em seu Gymnasium (uma escola secundária superior especializada em estudos clássicos). Também freqüentou como ouvinte as palestras do "professor" de línguas orientais da universidade, Arminius Vámbéry. Embora Vámbéry (1832-1913) não tenha dado nenhuma contribuição significativa aos estudos árabes, ele é uma figura tão curiosa que é válido nos determos rapidamente nele. Como Goldziher, ele era um judeu húngaro e tinha estudado hebraico e o Talmude quando criança. Em 1857, partiu para Istambul, onde ganhou seu sustento como professor e conseguiu aprender turco. Nos anos de 1863-64, viajou pela Armênia, Pérsia e pelo Turquestão disfarçado de dervixe. Seu principal objetivo era procurar provas da terra de origem dos magiares na Ásia Central. Ao retornar à Europa, visitou Londres, onde recebeu tratamento de celebridade, antes de prosseguir para Viena. Depois de uma entrevista com o imperador Franz Josef, foi-lhe oferecido um emprego para ensinar turco, árabe e persa na universidade de Peste. Embora não fosse professor universitário, ele fingia que era. Sua renda ele complementava escrevendo sobre suas aventuras e produzindo peças de jornalismo polêmico.

Em especial, ele promoveu uma campanha incansável contra a expansão do império russo na Ásia Central muçulmana. Ele acreditava no futuro de um mundo muçulmano livre, democrático e modernizante: "Acreditamos que somente nós temos o direito de ser poderosos e livres, e que o resto da humanidade deve se sujeitar a nós sem jamais provar os frutos dourados da liberdade." De acordo com Vámbéry, os europeus "têm a tendência a se esquecer de que o governo constitucional não é de modo algum uma novidade no islã, pois seria difícil encontrar em qualquer outra religião algo mais democrático do que a doutrina do Profeta".[4] Embora faltassem a Vámbéry técnicas profissionais, ele conseguiu demonstrar que o turco e o magiar pertenciam à mesma família lingüística. Ele era muito pró-britânico e passava muito tempo em Londres. (Foi depois de um jantar no qual Vámbéry tinha falado sobre superstições dos Bálcãs que Bram Stoker foi para casa e teve o pesadelo que inspirou seu romance *Drácula*.)[5]

"Minhas perambulações deixaram fortes impressões na minha mente. Surpreende então se de vez em quando fico parado, desnorteado, como uma criança em Regent Street, ou nos salões dos nobres britânicos, pensando nos desertos da Ásia Central, e nas tendas dos quirguizes e dos turcomanos?" Vámbéry, conhecido por seus contemporâneos como "o dervixe", foi uma criatura aventureira e criativa, mas ele não era um acadêmico de verdade. Na realidade, era uma espécie de charlatão, e Goldziher o desprezava por isso. Vámbéry não foi um grande professor e, segundo alguns dos poucos alunos a quem ele fingiu dar aulas, seu método de ensino consistia em mandá-los embora para que aprendessem sozinhos. Goldziher, entretanto, também censurava no professor o abandono da fé judaica, com o objetivo de promover sua carreira, bem como suas idéias a respeito de forçar os muçulmanos a se adaptarem à modernidade.

Em 1868, Goldziher deixou a Hungria pelo ambiente mais acadêmico da Alemanha, onde estudou com vários orientalistas e filólogos, entre eles o hebraísta Abraham Geiger. Acima de tudo, estudou em Leipzig com Fleischer, meticuloso e firme em termos filológicos. (Ninguém teria sonhado em chamar Fleischer de "dervixe".) O trabalho de Goldziher com Fleischer levou-o a apenas um elo abaixo de Silvestre de Sacy na cadeia de transmissão acadêmica. Em 1871, Goldziher visitou a Holanda, reunindo-se com Dozy e De Goeje. O período de 1873 a 1874 foram seus anos de viagem de formação, pois foi nessa época que ele percorreu o Oriente Médio e estudou com os acadêmicos muçulmanos de al-Azhar no Cairo. Ele registrou num diário os encontros e revelações desse ano nas terras do islã. Foi enquanto estava em Damasco que ele concluiu que o islã era melhor do que o judaísmo ou o cristianismo. Acabou também se identificando com forças progressistas na região. Em particular, fez amizade com o escritor e ativista Jamal al-Din al-Afghani, que na época estava no Egito em campanha pela independência do país.

A partir de 1872, Goldziher ensinou hebraico em Budapeste e publicou obras nessa área. Então, em 1876 conseguiu um emprego de remuneração não muito alta como secretário da Comunidade Israelita (a comunidade liberal judaica) em Budapeste. Ocupou esse posto bastante humilde por trinta anos, muito embora a cátedra de Cambridge lhe tivesse sido oferecida após a morte de William Robertson Smith, além de vários postos de professor universitário na Alemanha. Durante a maior parte de sua vida, o status de Goldziher no mundo do orientalismo não dependeu de uma hierarquia acadêmica formal, mas de seu puro brilho e produtividade. Na Hungria, o anti-semitismo tornava quase impossível que judeus alcançassem postos universitários. Somente em 1905 conseguiu passar da função de secretário para tornar-se professor de filologia semítica em Budapeste. Ele morreu em 1921.

A mente de Goldziher foi formada pelos mundos parcialmente superpostos do iluminismo judaico e alemão. Ele passou grande parte da vida lutando com um rabinato obscurantista e se opondo ao ritualismo estreito do judaísmo ortodoxo. Em 1876, publicou *Der Mythos bei den Hebräern und seine geschichtliche Entwicklung* ("Mitos hebraicos e sua evolução histórica"). Esse estudo foi escrito sob a influência de Friedrich Max Müller, o especialista em sânscrito e em filologia comparada, que tinha proposto idéias sobre a natureza da mitologia primitiva e defendia a teoria de que os mitos iniciais derivavam essencialmente da percepção das pessoas de fenômenos naturais básicos, tais como o dia e a noite, a terra, o céu, as estrelas, o mar — e, acima de tudo, o sol. As teorias que Max Müller tinha desenvolvido em relação à mitologia indo-ariana foram reaplicadas por Goldziher às crenças primitivas dos hebreus e a seu avanço do politeísmo para o monoteísmo. Era óbvio que isso o punha em conflito com Renan, que anteriormente havia feito generalizações pretensiosas quanto ao monoteísmo intrínseco ao espírito semítico e à incapacidade dos judeus e dos árabes de gerar qualquer tipo de mitologia. Goldziher considerava que tudo isso não passava de tolice racista: "Não existe nada que se possa chamar de psicologia específica a uma determinada raça."[6] Seu primeiro interesse era pela mitologia hebraica; mas, quando se voltou para as crenças antigas dos árabes, ele salientou que foi somente com relutância que eles abandonaram o politeísmo diante da pressão de Maomé e seus seguidores. Com o passar do tempo, num discurso famoso proferido em Budapeste em 1893, intitulado "Renan como orientalista", ele atacou tanto a noção de um monoteísmo intuitivo dos semitas como a suposta erudição de Renan.

 Somente em 1881, Goldziher começou a publicar na área dos estudos islâmicos e árabes. Ele escreveu sobre uma ampla faixa de tópicos: descreveu em linhas gerais provas de influências estrangeiras sobre o Corão; salientou os aspectos mágicos e rituais da poesia; investigou a *Shu'ubiyya* (o movimento antiárabe dos séculos VIII e IX); demonstrou que a cultura da Andaluzia muçulmana em geral ficava para trás em relação à do Oriente Médio e seguia a tendência desta última. Todavia, sua contribuição de maior alcance (e, aos olhos de muitos muçulmanos, a mais destrutiva) foi na área dos estudos de *hadiths*, em especial seu ensaio "Sobre o desenvolvimento do *hadith*". Nessa área, seu pensamento, como o de Wellhausen, recebeu forte influência da obra de Abraham Geiger sobre a evolução de histórias do Antigo Testamento. Esse interesse na evolução especificamente das narrativas remotas foi transferido por Goldziher para os estudos islâmicos, nos quais ele investigou como as histórias sobre o Profeta e seus contemporâneos evoluíram com o passar dos séculos. Nessa área ele conseguiu demonstrar que, não obstante a longa cadeia de fontes que pareciam autenticar a transmissão oral dos *hadiths* (Eu soube de Abu Hamza, que ouviu de Ismail ibn Abi Bakr que escutou Faisal al-Isfahani dizer etc...), era impossível remontar ao Profeta a maioria dos *hadiths*, que teriam sido criados em séculos posteriores.

Esse não foi o exercício meramente destrutivo que parece ser à primeira vista. Como os *hadiths* deixaram de valer como prova do que acontecia no início do século VII, tornou-se possível usá-los como um tipo diferente de fonte — para elucidar as preocupações e debates em evolução no interior da comunidade islâmica, já que eles eram formulados com o objetivo de atender a problemas específicos referentes à lei, à vida ritual e de rotina em determinadas comunidades em determinadas épocas durante as últimas décadas do século VIII e as primeiras do século IX. O contexto desse tipo de material era, no mínimo, ainda mais interessante que seu conteúdo. Agora os *hadiths* eram considerados interessantes e importantes porque ilustravam tendências que surgiam no direito, na teologia e assim por diante. Era perceptível que muitas tradições referentes ao Profeta e a seus companheiros tinham sido inventadas com o objetivo de dar apoio ou fazer oposição aos califas omíadas. Era possível ver que grande parte do direito muçulmano antigo, que ostensivamente se referia às práticas do Profeta e de seus companheiros, na realidade derivava do direito romano ou de leis provinciais preexistentes. O ensaio fundamental de Goldziher, "Sobre o desenvolvimento do *hadith*", foi reproduzido em *Muhammedanische Studien* (2 volumes, 1889-90), uma coleção que inclui a maior parte de seus ensaios importantes. O outro livro essencial, *Vorlesungen über den Islam* (1910), foi traduzido para o inglês em 1982 como *Introduction to Islamic Theology and Law* [Introdução ao direito e à teologia islâmica], muito embora esse levantamento geral abrangesse muito mais do que o título indica.

O arabista e historiador cultural alemão Alfred von Kremer (1828-89) tinha sido o pioneiro no estudo da evolução espiritual do islã.[7] Wellhausen e Goldziher seguiram seu exemplo e, por sua vez, seriam seguidos por Louis

Massignon e Bernard Lewis, que de modo semelhante concentrariam sua atenção no modo pelo qual o islã não era algo fixado pela vontade do Profeta no século VII, mas algo que evoluía e se adaptava ao longo dos séculos. Goldziher tinha um interesse especial pelo papel desempenhado por grupos políticos e religiosos dissidentes na história islâmica (entre os quais, os carijitas, os carmatianos e os ismaelianos), pois considerava o cisma e a dissensão indicadores da vitalidade e da evolução contínua da fé islâmica. Antes de Goldziher, historiadores do antigo islã tinham se concentrado principalmente na vida do Profeta, ao passo que Goldziher se interessava mais pelos movimentos restauradores que surgiram em séculos posteriores. Esse interesse de certo modo contagiou sua percepção do mundo muçulmano no século XX. Ele acreditava no futuro do islã e em sua capacidade de se restaurar a partir de seu interior. Como já se ressaltou, ele era hostil ao colonialismo e à ocidentalização do Oriente Próximo. Tinha apoiado a revolta nacionalista egípcia de Arabi Pasha (em 1881-2). Em 1920, escreveu uma carta a um amigo árabe cristão em Mosul: "Vivi por sua nação e pela minha. Se você voltar à terra natal, diga isso a seus irmãos." Um ano depois, Goldziher morreu.[8]

Apesar dos postos relativamente humildes que Goldziher ocupou ao longo da maior parte de sua carreira, ele tinha perfeita consciência de como era inteligente e importante. Foi um acadêmico arrogante e apaixonado. Segundo Lawrence Conrad, um dos maiores historiadores do antigo islã e especialista na vida e obra de Goldziher: "As formulações de Goldziher continuam a ser, até os dias de hoje, o alicerce básico desta área do conhecimento."[9] De acordo com Albert Hourani, autor de *A History of the Arab Peoples* [Uma história dos povos árabes]: "Goldziher, mais do que qualquer outra pessoa, moldou nossa visão do que é o islã."[10] O famoso orientalista Louis Massignon declarou que Goldziher foi "o mestre incontestado dos estudos islâmicos aos olhos dos orientalistas ocidentais" e que ele exerceu "influência pessoal vasta e complexa sobre nossos estudos".[11] Aluno de Massignon, Bernard Lewis, autor de *The Origins of Modern Turkey* [As origens da Turquia moderna] e *The Arabs in History* [Os árabes na história], entre muitas outras obras, fez coro a esse julgamento: "É provável que o maior de todos tenha sido Ignaz Goldziher (...)

um devoto judeu húngaro cuja magnífica série de estudos sobre a cultura, o direito e a teologia muçulmana o situam, por consenso geral, como um dos fundadores e mestres dos modernos estudos islâmicos."[12] Kratchkovsky, talvez o maior dos orientalistas russos do século XX, declarou que os "estudos islâmicos adotaram uma forma definida já no final do século XIX, graças ao trabalho do holandês Snouck Hurgronje e do húngaro I. Goldziher".[13] Segundo Jacques Waardenburg (que, como Conrad, fez um estudo especial sobre a obra de Goldziher), "não é exagero, em nossa opinião, dizer que Goldziher criou a islamologia no sentido pleno do termo; ainda mais quando se considera que ele inspirou a produção da *Encyclopaedia of Islam*, a fundação da revista *Der Islam* e as numerosas pesquisas de colegas (...)"[14]. Em outras palavras, um livro sobre estudos islâmicos e do Oriente Médio que não fizesse menção ao trabalho de Goldziher nessa área não valeria o papel em que tivesse sido impresso.

Além de publicar prolificamente, Goldziher adorava corresponder-se. Grande parte de seu impacto sobre os estudos islâmicos foi decorrente de contatos que fez e idéias que trocou com outros orientalistas. Além de escrever, Goldziher participava com entusiasmo de conferências de orientalistas e acreditava que proferir palestras nesse tipo de evento era tão importante quanto publicar artigos. Como sugere o exemplo da *Encyclopaedia of Islam*, o orientalismo nas primeiras décadas do século XX era, numa proporção considerável, um empreendimento de colaboração européia. Contudo, embora os orientalistas se correspondessem e cooperassem uns com os outros, ficará aparente que, sob outros aspectos, eles tinham muito pouco em comum. Dificilmente seria possível dizer que houvesse um único tipo de orientalista ou um discurso normal de orientalista. Neste capítulo, examinarei uma variedade de abordagens, entre elas a xenofobia prussiana de Nöldeke, a abordagem colonialista de Hurgronje diante do islã, os polêmicos interesses cristãos de Lammens e a abordagem adotada por Margoliouth diante de textos árabes como se estivesse diante de palavras cruzadas.

A CENTRALIDADE DO ORIENTALISMO ALEMÃO

Theodor Nöldeke (1836-1930) era um positivista racionalista. Sua tese de doutorado era intitulada *De origine et compositione Surarum qoranicarum ipsiusque Qorani* ("Sobre a origem do Corão e a composição de suas suras"), obra que mais tarde se expandiu resultando num estudo mais maduro, publicado em 1860 como *Geschichte des Korans*. Ele foi o primeiro a usar o método histórico numa tentativa de calcular o ordenamento cronológico da revelação de várias suras, ou capítulos do Corão. Em termos gerais, ele datou as suras mais místicas dos anos mais remotos da pregação do Profeta em Meca, enquanto atribuía as suras mais longas com seus detalhes acerca de questões legais e sociais à estada do Profeta em Medina tempos mais tarde. Embora sejam agora amplamente questionadas por especialistas em estudos corânicos, por muito tempo as conclusões de Nöldeke foram extremamente influentes, e sem elas não poderiam ter sido escritas, por exemplo, as biografias de Maomé de William Montgomery Watt em 1953 e 1956 e de Maxime Rodinson em 1961. Com o tempo, entretanto, Nöldeke desiludiu-se dos estudos corânicos: "É meu desejo definitivo não me deixar atormentar por Maomé e pelo Corão. Quando eu era jovem, deixei-me absorver por esses temas por um motivo ou outro. Devo confessar que agora eles me parecem mais misteriosos do que nunca (...) Sou um europeu moderno demais para enxergar com clareza nesse mundo de sonhos."[15]

Essa desilusão contaminou seu estudo da literatura árabe. "É questionável se o prazer estético a extrair-se da poesia árabe realmente vale o esforço gasto para se chegar a uma compreensão aproximada. O estudo é necessário, porém, como um meio importante para penetrar fundo na essência do povo árabe."[16] Goldziher era um entusiasta da literatura árabe e escreveu uma breve história dela, mas Nöldeke considerava a literatura árabe de valor estético insignificante. Aparentemente, esta seria uma reação de Nöldeke, o positivista, aos entusiasmos estouvados e inconsistentes dos alemães de uma geração anterior, entre eles os Schlegels, Herder e Rückert, por tudo que fosse oriental. Goldziher era um grande admirador do islã, muito embora permanecesse ligado à sua própria fé judaica. Nöldeke, por outro lado, condenava o islã, assim como condenava todas as religiões. Ele também se desentendeu com William Robertson Smith, por não aprovar a forma pela qual Smith reforçava seus argumentos recorrendo a todo tipo de material comparativo, principalmente de culturas primitivas. Smith tratava os árabes do deserto como bárbaros fascinantes, mas Nöldeke não acreditava que eles fossem assim tão bárbaros. Ele era um feroz nacionalista prussiano e intolerante em seu racismo. Sob esses aspectos ele era um estranho na comunidade de orientalistas. Entretanto, pelo menos por um outro ângulo, ele pertencia à grande tradição de De Sacy e Fleischer: nunca tinha ido ao Oriente Médio e na realidade não sabia falar árabe.

Como veremos, as opiniões políticas de Carl Heinrich Becker (1876-1933) ficavam no extremo oposto em relação às de Nöldeke. A continuidade do orientalismo alemão é bem ilustrada pelo fato de Becker ter estudado com vários alunos de Fleischer, que tinha estudado com De Sacy. Becker começou como assiriólogo e estudioso de semítica, antes de se especializar na história do islã. Contudo, ao contrário de discípulos puristas de De Sacy e Fleischer, Becker pensava como historiador mais do que como filólogo. Como Von Kremer antes dele, Becker considerava o islã uma versão tardia do helenismo e, em suas obras *Der Islam im Rahmen einer allgemeinen Kulturgeschichte* (1922) e *Das Erbe der Antike im Orient und Okzident* (1931), ele apresentou a civilização muçulmana como uma das principais herdeiras do legado cultural da Antigüidade. "Sem Alexandre, o Grande, não haveria civilização islâmica."[17] A religião do islã não era algum fenômeno asiático, estrangeiro, "Outro", mas uma heresia do cristianismo, algo que era um produto muito claro do mundo mediterrâneo. Quanto à filosofia islâmica, ela era simplesmente a filosofia grega da Antigüidade mais recente, com outro nome. A cultura e a sociedade tinham precedência sobre a revelação religiosa no pensamento de Becker, e o islã era moldado pela sociedade, em vez de ocorrer o inverso. Quando rapaz, Becker conheceu Max Weber e tinha a tendência a pensar em termos sociológicos weberianos. Talvez ele tenha sido também o primeiro a estudar a história econômica do mundo islâmico.

Segundo a visão de Becker, embora o islã, como o cristianismo, fosse o herdeiro da Antigüidade, ele não tinha conseguido assimilar tudo que lhe caberia potencialmente como herdeiro. De um ponto de vista europeu, a sociedade islâmica era defeituosa por não ter desenvolvido nem adquirido instituições urbanas autônomas, uma organização eclesiástica, o feudalismo, o humanismo, a cidadania, o individualismo e o capitalismo. O ponto de vista europeu era o único que Becker acreditava poder adotar, pois a seu ver era impossível cruzar fronteiras culturais e entender uma cultura de dentro. Em 1907, foi nomeado para um posto no Instituto Colonial de Hamburgo, instituição de formação de administradores para servir nas colônias da Alemanha. (Antes da Primeira Guerra Mundial, a Alemanha possuía um império significativo na África e nos Mares do Sul.) Para promover os interesses coloniais alemães, ele recorreu com entusiasmo ao *Islamwissenschaft* (o estudo científico do islã). Como Goldziher e o arabista britânico Hamilton Gibb, Becker partia do pressuposto de que a sociedade islâmica era dinâmica e estava em evolução; e, conseqüentemente, tinha um interesse aguçado por questões do Oriente Médio contemporâneo. Apesar de sua dedicação ao imperialismo alemão na juventude, sob a maior parte dos aspectos ele foi uma figura liberal, progressista. E na década de 1920 tornou-se ministro das Ciências, Artes e Instrução Pública no governo de Weimar. Como weimariano, encarou a ascensão de Hitler como um desastre. Ele morreu no ano em que os nazistas chegaram ao poder.

UM ORIENTALISTA IMPERIALISTA

Da mesma forma que o nacionalismo prussiano de Nöldeke fez com que ele se sobressaísse entre seus colegas orientalistas, o envolvimento prático de Christian Snouck Hurgronje (1857-1936) com projetos imperialistas foi algo fora do comum. Filho de um pastor calvinista holandês, ele estudou história e crítica da Bíblia na Universidade de Leiden. No entanto, em 1887, abandonou sua ambição original de tornar-se pastor calvinista e, em vez disso, começou a estudar árabe com De Goeje. Hurgronje fez pesquisa inicial sobre as origens pré-islâmicas da peregrinação a Meca. Nessa pesquisa e em trabalhos posteriores, foi muito influenciado por Goldziher com quem se correspondia; e foi Goldziher que o estimulou a estudar *fiqh* (a jurisprudência muçulmana). Hurgronje também estudou com Nöldeke em Estrasburgo. Em 1885, ele partiu para o Oriente Médio onde planejava aperfeiçoar seu árabe e fazer pesquisa primária. Disfarçado de muçulmano, ele passou alguns meses em Meca fazendo grande quantidade de anotações e tirando numerosas fotografias. O resultado foi um livro, que publicou em alemão, *Mekka* (1888-89), composto de dois volumes, além de um atlas de fotografias. Desde o início, ele se destacou ligeiramente entre seus colegas orientalistas pelo interesse que demonstrava pelo islã contemporâneo. *Mekka* era um registro meticuloso das maneiras e costumes dos moradores bem como dos peregrinos visitantes, com detalhes das crenças, dos rituais e da vida do dia-a-dia.

Depois de suas aventuras na região de Hejaz, Hurgronje tornou-se mais interessado pelas Índias Orientais Holandesas. Em 1889, entrou para o serviço do ministério das colônias e partiu para Batávia, o centro da administração holandesa em Java. Ali ele ocupou um posto de pesquisa na administração colonial holandesa. Aconselhava os funcionários dessa administração a respeito de como lidar com os muçulmanos e, de modo mais específico, fornecia orientação sobre questões de direito islâmico. Ele observava o direito islâmico como se manifestava na prática contemporânea, em vez de apenas ler o que estava prescrito nos antigos livros de direito. Também se interessava pela sobrevivência de crenças e práticas pagãs na versão do islã encontrada no Sudeste Asiático, bem como pelo latitudinarismo das versões locais do sufismo. Ele produziu um importante relatório sobre os costumes e crenças na região de Atjeh no noroeste de Sumatra. Era firme sua crença nos benefícios que o colonialismo holandês trazia para os moradores das Índias e não tinha dúvidas quanto às virtudes da ocidentalização para os indonésios, nem quanto às vantagens para a Holanda de assimilar indonésios à sociedade holandesa (por esse motivo, mais tarde, ele constantemente estimulava indonésios a vir estudar na Universidade de Leiden). Enquanto isso, os indonésios precisavam se defender dos rigores tanto do colonialismo como do islã fundamentalista. Ele temia a força reacionária do pan-islamismo. Esse tipo de paranóia político-religiosa era bastante difundido na época; e na

Grã-Bretanha essa paranóia encontrou expressão em editoriais em *The Times* bem como em romances de autoria de Talbot Mundy e John Buchan.

Em 1906 Hurgronje voltou para a Holanda e foi nomeado para a cadeira de árabe na Universidade de Leiden, mas continuou a aconselhar o governo e autoridades coloniais. Embora por muito tempo tivesse sido um defensor do que considerava um imperialismo ético, e tivesse acreditado na possibilidade de educar os indonésios e torná-los parceiros dos holandeses, com o tempo ele se desiludiu, voltando-se contra a política colonial holandesa. Ainda que tivesse participado da elaboração daquela política, ele foi mais ou menos singular entre os orientalistas holandeses nessa tarefa. Sua carreira como administrador-estudioso imperialista mereceu alguma atenção, no mínimo por sua raridade; mas, embora sua cumplicidade intelectual com o imperialismo fosse incomum, ela não era exclusividade sua.[18] O caso de Becker já foi mencionado e, como veremos, Massignon muito se esforçou para promover os interesses coloniais da França no norte da África e na Síria.

Diferentemente da maior parte de seus colegas acadêmicos, Hurgronje tinha experiência direta com sociedades muçulmanas, tanto nas regiões centrais como nas periféricas. Como Goldziher, ele não considerava o islã algo fixo ou um conjunto de rituais e crenças com um passado mas sem futuro. Era exatamente o potencial do islã para se expandir, tolerar e assimilar que o fascinava. Sua grande produtividade e enorme conhecimento, especialmente nas áreas do direito islâmico e dos *hadiths*, bem como seu posto em Leiden, tornaram inevitável que ele se envolvesse intimamente com a *Encyclopaedia of Islam*. No começo do século XX, acadêmicos holandeses e alemães dominavam o orientalismo; e De Goeje, Goldziher, Nöldeke e Snouck Hurgronje foram os gigantes de sua época. Os orientalistas alemães eram famosos por sua produtividade, e o intelectual sírio Kurd 'Ali, que participou do Congresso de Orientalistas de Oxford em 1928, salientou que todos os alemães participantes tinham as costas curvadas pelo excesso de trabalho.[19]

UM ORIENTALISTA CRISTÃO

Em geral, os orientalistas alemães conseguiram emancipar-se da antiga tradição de polêmica confessional. Entretanto, mesmo no século XX, houve alguns acadêmicos que atacaram a história do islã a partir de uma perspectiva cristã hostil, embora o jesuíta belga Henri Lammens (1862-1937) tenha sido incomum na profundidade de sua hostilidade. Lammens, que lecionava na Universidade Católica de São José, em Beirute, escreveu prolificamente sobre as origens do islã.[20] Apesar de adotar uma visão crítica das fontes sobre o assunto, suas críticas eram mais decorrentes da hostilidade confessional do que da sofisticação metodológica. Sua regra de ouro era a improbabilidade de que qualquer material de fonte antiga que criticasse o Profeta pudesse ter sido inventado, o que portanto o tornava verdadeiro. Por outro lado, examinava com rigor qualquer material favorável ao Profeta e a seus contemporâneos com o objetivo de desacreditá-lo, caso fosse possível. Ler as fontes pertinentes em árabe era para ele como "viajar numa região de miragens". A abordagem hipercrítica de Lammens às fontes do antigo islã levou Goldziher a perguntar: "O que restaria dos Evangelhos se ele aplicasse a eles os mesmos métodos que aplica ao Corão?" Nöldeke de modo semelhante expressava reservas quanto à metodologia de Lammens.

Lammens considerava o Profeta um impostor lascivo, repetindo assim o tema das polêmicas medievais cristãs. Ele tentou proporcionar à ascensão do islã um contexto econômico e político que até então faltava e, em *La République marchande de la Mecque vers l'an 600 de notre ère* (1910), sugeriu que os aristocratas da tribo coraixita em Meca teriam enriquecido com caravanas de especiarias que cruzavam o Hejaz do século VII. Apesar de não haver comprovação direta de nada disso, sua apresentação (ou invenção) do contexto socioeconômico teve enorme influência, e biógrafos mais recentes de Maomé, como, por exemplo, Montgomery Watt e Maxime Rodinson, recorreram muito ao modelo oferecido por Lammens. Somente em 1987 esse modelo foi sistematicamente analisado e arrasado por Patricia Crone em seu *Meccan Trade and the Rise of Islam* [O comércio em Meca e a ascensão do islã]. Crone descreveu Lammens como um "estudioso reconhecidamente indigno de confiança cujo nome é raramente mencionado na literatura secundária sem alguma expressão de cautela ou de censura".[21] Lammens, que se envaidecia de seu "santo desdém pelo islã", admirava os califas omíadas, que, a seu ver, tinham se recusado a ser dominados pelo islã. O califa omíada Mu'awiya, do século VII, era seu herói especial, pois Lammens alegava ter sido ele o fundador da nação síria. Por outro lado, ele não se entusiasmava tanto com a politicagem clerical dos abássidas. (Em relação a esses preconceitos específicos, ele seguiu os passos de Wellhausen.) Lammens, que adorava a Síria, considerava a conquista árabe muçulmana o maior desastre que tinha se abatido sobre aquela região.

O PRÍNCIPE ENTRE OS ACADÊMICOS

Quando se examina a carreira de Leone Caetani, príncipe de Teano e duque de Sermoneta (1869-1935), é difícil não pensar na carreira ficcional de Don Fabrizio Corbera, príncipe de Salina, como foi evocada no maravilhoso romance de Tomasi di Lampedusa, *Il Gattopardo* (1958, traduzido como *O Gattopardo*). Como Fabrizio, Caetani era um aristocrata acadêmico mas, ao passo que Fabrizio se dedicava à astronomia, Caetani estudava os primeiros séculos do islã. Ele foi autodidata em línguas orientais e depois passou a compilar longos anais dos primórdios do islã, construídos a partir de extensas traduções selecionadas a partir das fontes árabes mais remotas, com comentários analíticos. Foi discípulo positivista de Auguste Comte e tinha uma abordagem crítica feroz diante dessas fontes. Além disso, fiel ao positivismo, ele costumava minimizar o papel do espiritual na história, preferindo salientar fatores econômicos e políticos como mais importantes. Conflitos que pareciam ser religiosos geralmente eram de origem política ou econômica. Ele acreditava que o crescente ressecamento da península da Arábia era uma importante causa subjacente às conquistas islâmicas, visto que as tribos árabes eram obrigadas a deixar seus territórios antigos e partir em busca de melhores pastagens em outras regiões. De acordo com Goldziher, "Caetani demonstra com clareza, em várias partes de sua obra sobre o islã, que o impulso dos árabes pela conquista brotava principalmente da necessidade material e da ganância..." Eles se espalhavam a partir da península árida, numa caça por regiões mais verdejantes a dominar. Embora Caetani não fosse marxista, seus textos deram aos marxistas muito material a aproveitar.

Enquanto Becker tinha apresentado a cultura islâmica como uma das herdeiras da cultura helenística, Caetani adotou o ponto de vista contrário, considerando a religião islâmica como a revolta do Oriente contra a dominação européia, bem como uma rejeição à civilização grega. Sua crônica analítica, os *Annali dell'Islam*, foi publicada em dez volumes nos anos de 1905-26. Se bem que tivesse planejado levá-la até 1517, ano da conquista otomana do Egito, ele nunca chegou a completar os anais para o século VII. Também trabalhou em outra enorme iniciativa, o *Onomasticon Arabicum* (uma enciclopédia de topônimos árabes), mas esta nunca foi além da letra A.[22]

BROWNE E A LIBERDADE

O anticolonialista Caetani foi apelidado de "o turco" por sua violenta oposição à ocupação da Líbia por seu país. Havia uma tendência acentuada entre os orientalistas de serem antiimperialistas, visto que seu entusiasmo pela cultura árabe, persa ou turca muitas vezes andava de mãos dadas com um desagrado diante da possibilidade de ver aquele povo ser derrotado e dominado pelos italianos, russos, britânicos ou franceses. Esse foi sem dúvida o caso de Edward Granville Browne (1862-1926).[23] Ele começou a envolver-se emocionalmente com questões do Oriente Próximo quando ainda menino, por conta de seu apoio apaixonado aos turcos em sua guerra contra os russos (1877-78). Mais tarde, como professor de Cambridge de renome internacional, ele fez campanha pela liberdade e democracia persas. O jovem Browne quis alistar-se no exército turco, mas a guerra com os russos terminou enquanto ele ainda estava lutando para aprender sozinho o idioma turco. Em vez disso, foi estudar medicina em Cambridge. Depois, interessou-se também por línguas orientais e estudou árabe com o fulgurante Edward Palmer. Browne conseguiu aulas particulares de persa com um cavalheiro hindu em 1880 e mais tarde com um persa excêntrico, que tinha inventado uma religião própria e residia em Limehouse.

Em 1884 Browne conseguiu formar-se com nota máxima no exame final de línguas indianas (turco, árabe, persa e hindustâni). Entretanto, William Wright, ocupante da cátedra Thomas Adams de árabe, disse-lhe que a pessoa que quisesse se dedicar aos estudos orientais deveria ter recursos pessoais, já que praticamente não havia empregos nessa área: "E do governo você não deve esperar nada, pois ele há muito demonstra e ainda continua a demonstrar uma crescente falta de disposição de oferecer até mesmo o menor incentivo ao estudo das línguas orientais." Browne, que mais tarde em suas memórias *A Year Amongst the Persians* [Um ano entre os persas] registrou as palavras de Wright, acrescentou: "Com freqüência reflito amargurado sobre o fato de que a Inglaterra, ainda que tenha interesses mais diretos no Oriente do que qualquer outro país, com exceção da Rússia, ofereça menos incentivo para que seus filhos se envolvam no estudo de línguas orientais do que qualquer outra grande nação européia."[24] Tendo sido desestimulado por Wright, Browne foi para Londres em 1884 e, em conformidade com os desejos de seu pai, prosseguiu com a medicina em St Bartholomew's. Ainda que o trabalho como estudante de medicina fosse pesado e angustiante, ele encontrava consolo na leitura de sufis, "cujo idealismo místico, que havia muito tempo tinha lançado seu encantamento sobre minha mente, agora me fornecia um poderoso antídoto contra as tendências pessimistas despertadas pela contemplação diária do sofrimento e da dor (...) Nunca antes, nem desde então, percebi com tanta clareza a imortalidade, a grandeza e a virtude do espírito do homem, ou o tormento de seu ambiente terreno: ele me parecia um príncipe esfarrapado..."[25]

Em 1887, o destino de Browne mudou. Ele foi escolhido para pesquisador em Pembroke College, Cambridge, com alguma perspectiva de que pudesse ser convidado para ensinar a língua persa: diante disso, resolveu ir à Pérsia para aperfeiçoar seu domínio da língua. O papel formador dos anos de viagem é uma característica recorrente na história do orientalismo. Muitos dos *insights* de Goldziher e de Wright começaram a ser formulados em conseqüência de suas primeiras viagens pelo Oriente. Browne escreveu um clássico da literatura de viagens que também é uma crônica de investigação intelectual. *A Year Amongst the Persians* narra em detalhes suas viagens pela Pérsia em 1887-8 e seus encontros picarescos com nobres persas, místicos, filósofos, sacerdotes zoroastrianos, mágicos "e reuniões sociais nas quais o vinho e a música, a dança e o canto, faziam passar como por encanto os agradáveis dias de primavera ou as noites enluaradas". Tendo lido Gobineau, Browne passou a sentir um interesse especial pelo movimento messiânico dos babistas, mas à época em que chegou à Pérsia, a maioria dos babistas já tinha abandonado o movimento e se juntado à fé dissidente do bahaísmo. Os bahaístas eram alvo de perseguição implacável por parte do governo persa e das autoridades religiosas xiitas. A coragem dos bahaístas diante da perseguição levou Browne a compará-los aos primeiros cristãos. Enquanto estava em Kerman, ele recebeu um telegrama de Cambridge com a informação de que tinha sido criado um cargo de lente em persa e com o oferecimento desse posto. Com isso, voltou para a Inglaterra.

A Year Amongst the Persians foi publicado em 1893, e Browne jamais retornou à terra que tanto adorava. Na realidade, ele praticamente não saía de Cambridge, nem mesmo para ir a Londres. Em Cambridge tornou-se uma festejada personalidade acadêmica — uma das figuras do lugar. Laurence Graffety-Smith, estudante e futuro integrante do Serviço Consular do Levante, descreveu-o da seguinte forma: "Levando-se em consideração o aspecto físico, ele simbolizava os processos da evolução: era baixo e de ombros largos, com as costas encurvadas, e os braços grotescamente longos balançavam com seu caminhar desajeitado. O rosto de feições elegantes irradiava o brilho do intelecto e do amor pelo próximo." Graffety-Smith acrescentou que suas aulas apresentavam a confusão de "uma matilha em perseguição cerrada".[26] Reader Bullard, outro aluno e futuro diplomata, concordou: "Como professor no sentido estrito do termo, ele era uma piada (...) mas Browne tinha de ser aceito pelo que era: um meteoro, não uma locomotiva."[27] Browne não tinha paciência com alunos obtusos. Também era de uma loquacidade prodigiosa e falava com uma velocidade torrencial, praticamente sem escutar nada que lhe dissessem. Entretanto, o que dizia era sempre interessante, e ele era famoso pela sociabilidade. Denison Ross, futuro diretor da Escola de Estudos Orientais, recordou-se de ter participado de sessões de espiritismo nos aposentos de Browne em Pembroke e de, em outra ocasião, ter ali usado haxixe persa.[28]

O domínio de Browne do persa, do árabe e do turco parece ter sido perfeito, e dizia-se que ele sonhava em persa. Cambridge, porém, não possuía uma cadeira de persa, de modo que, em 1902, ele assumiu a cátedra Thomas Adams para dar aulas de árabe, e em 1921 publicou *Arabian Medicine*. No entanto, suas principais publicações foram em estudos persas, especialmente a fundamental *A Literary History of Persia* [História literária da Pérsia] (4 volumes, 1902-24). Foi o primeiro especialista em estudos persas realmente eminente desde Thomas Hyde no século XVII e Sir William Jones de meados para o final do século XVIII. Embora Browne fosse grande conhecedor da poesia persa medieval, ele se interessava ainda mais pela Pérsia contemporânea, pelo Movimento Constitucional, pela imprensa persa com sua precária liberdade e pela resistência persa às intromissões do imperialismo russo. Segundo outro de seus alunos que seguiu para uma ilustre carreira diplomática, Sir Andrew Ryan, "o último dos dragomanos", Browne "valorizava as línguas orientais vivas, não apenas por ainda serem faladas, mas por serem faladas por pessoas cujas aspirações angariavam sua maior solidariedade".[29] No segundo volume de *Literary History of Persia*, ele tinha escrito: "Praticamente a cada ano, o número de Estados muçulmanos independentes vai se reduzindo ainda mais, enquanto aqueles que permanecem — a Pérsia, a Turquia, a Arábia, o Marrocos e alguns outros — são cada vez mais dominados pela ameaça da interferência européia."[30]

Browne relatou as atrocidades dos russos em Tabriz e em outros locais. Ele não só fez campanha vigorosa contra os russos e o complacente Foreign Office britânico, mas também se manifestou a favor dos bôeres e do governo autônomo da Irlanda, além de criticar a burocracia anglo-indiana. Como foi salientado, Browne era um especialista em persa, cujas publicações foram principalmente nessa área. Detive-me em sua carreira, em parte por ser ele uma pessoa tão interessante, mas também porque

Browne foi um excelente arabista. Não é possível ser um especialista de primeira linha do persa sem ter um bom domínio do árabe. Como Ann Lambton salientou em sua *Persian Grammar* [Gramática persa]: "No persa existe um elemento muito significativo do árabe. Esse elemento é uma parte indispensável da linguagem falada e escrita."[31] Não é simplesmente uma questão da entrada de empréstimos do árabe na língua persa, mas também de construções e expressões inteiras. Além disso, e o que é mais importante para nossos objetivos, Browne foi um importante e influente professor de árabe. A maioria dos arabistas britânicos de porte da geração seguinte, aí incluído Reynold Alleyne Nicholson (1868-1945), futuro autor de *A Literary History of the Arabs* [Uma história literária dos árabes], teve Browne como professor.

Depois de estudos para graduação em Cambridge, seguidos de um ano com Browne, Nicholson foi estudar em Leiden e Estrasburgo com De Goeje e Nöldeke. Nicholson fez trabalhos de importância organizando e traduzindo textos árabes e persas, especialmente textos sufistas.[32] Alguns deles já tinham sido traduzidos por Hammer-Purgstall, mas como este geralmente os traduzia num linguajar incoerente, o trabalho de Nicholson nesse caso foi valioso. Sua obra mais importante e acessível foi *Literary History of the Arabs* (1907). A intenção era que ela fosse um volume que fizesse companhia à *Literary History of Persia* de Browne. Nesse livro, Nicholson, classicista até a ponta dos cabelos, dedicava menos de três páginas a desdobramentos literários no mundo árabe posteriores a 1798; e, no que lhe dissesse respeito, o principal desdobramento literário no mundo moderno era a tradução de obras européias para o árabe. As realizações literárias dos próprios árabes estavam todas firmemente enraizadas no passado, o que "oferece um campo de estudo amplo e esplêndido". Ele tinha estudado os clássicos em Cambridge e ganhou o prêmio Porson por escrever estrofes em grego, tendo passado para o árabe e o persa somente para a Segunda Parte dos exames de Cambridge. Não surpreende portanto que sua história da literatura árabe seja repleta de comparações com autores gregos e romanos além de alusões a eles. Odes pré-islâmicas eram comparadas à *Odisséia* e à *Ilíada*. É assim que al-Ma'arri é comparado a Luciano e Ibn Khaldun a Gibbon. Mas'udi é chamado de "Heródoto dos árabes" bem como de seu "Suetônio". A investida de Abu Muslim para o oeste contra os omíadas é comparada à travessia do Rubicão por César. A batalha de Badr, travada entre os seguidores de Maomé e os pagãos coraixitas, foi comparada à batalha de Maratona entre os antigos gregos e os persas. *Laus duplex*, a figura de retórica romana, aparece também em árabe. A difamação dos omíadas por parte dos historiadores abássidas foi comparada por Nicholson à representação falsa de Tibério por Tácito. Nicholson partia do pressuposto de que todos os seus leitores estariam familiarizados com esse tipo de material. Ele jamais viajou ao Oriente Médio. Com que objetivo viajaria? Na realidade, embora ensinasse tanto o árabe quanto o persa clássicos, era incapaz de falar qualquer uma das duas línguas.

A outra característica surpreendente de *A Literary History of the Arabs* é a forte contribuição de acadêmicos do continente europeu. Como Nicholson diz na introdução: "O leitor verá por si mesmo o quanto esta obra foi derivada de Von Kremer, Goldziher, Nöldeke e Wellhausen, para mencionar apenas algumas das principais autoridades."[33] Apesar de seu vasto conhecimento a respeito da literatura árabe, Nicholson não a apreciava muito e considerava a poesia árabe ainda mais estranha do que a persa. A seu ver, o Corão era "obscuro, cansativo, desinteressante: uma mixórdia de narrativas enfadonhas e exortações prosaicas".[34] Ele preferia a poesia mística persa e traduziu uma enorme quantidade dos versos do notável sufista do século XIII, Jalal al-Din Rumi, mas até mesmo Rumi foi descrito por ele como "desconexo, entediante e com freqüência obscuro". O estilo eduardiano de tradução de Nicholson não resistiu bem ao tempo. Como ressalta Franklin D. Lewis: "As traduções de poesia de Nicholson, que refletem uma sensibilidade vitoriana, já na sua própria época estavam bastante fora de sintonia com a revolução do modernismo literário e atualmente parecem totalmente antiquadas e sentimentais."[35] Diante de uma eventual obscenidade em Rumi ele a traduzia para um latim moldado na poesia erótica de Juvenal e Pérsio. Contudo, apesar de todas as suas limitações, ele foi um acadêmico erudito, preciso, diligente, que fez um enorme esforço para apresentar ao mundo ocidental os clássicos da literatura árabe e persa. Seu trabalho a respeito do sufismo teve um valor especial, tendo em vista que ele foi um dos primeiros a tratar as experiências místicas muçulmanas como válidas em vez de como alucinações induzidas por drogas ou ateísmo disfarçado. Embora seu protegido e sucessor como catedrático, A. J. Arberry, o tivesse chamado de "o dervixe", não havia em Nicholson nada de muito impetuoso ou exótico. Uma rodada de golfe era o máximo de animação com que ele deparou.

O árabe e o persa eram ensinados como línguas clássicas mortas por Nicholson e pelos acadêmicos de sua época. À primeira vista, esse tipo de abordagem não era de utilidade para os administradores de colônias, diplomatas e aventureiros da Grã-Bretanha no Oriente Médio. Levemos, porém, em conta que a mentalidade desses administradores era formada por uma profunda familiaridade com o grego e o latim. Lorde Curzon, Sir Ronald Storrs, T. E. Lawrence e a maioria dos demais tinham sido impregnados dos clássicos da Grécia e de Roma. Leituras de Tucídides, Heródoto e Tácito orientavam os que governavam os britânicos. Lorde Cromer, o administrador geral no Egito, tinha obsessão pelo império romano e por seu declínio e queda. Sir Ronald Storrs costumava ler a *Odisséia* antes do desjejum. T. E. Lawrence leu os poetas gregos durante o período em que trabalhou como arqueólogo em Carcemish e mais tarde traduziu a *Odisséia*. Os administradores coloniais tinham probabilidade muito maior de estar familiarizados com as campanhas de César do que com as de Maomé e os coraixitas.

A TARDIA RESTAURAÇÃO DO ORIENTALISMO DE OXFORD

A nomeação de William Robertson Smith para a cátedra Thomas Adams em 1870 tinha estabelecido uma grande tradição intelectual em estudos árabes em Cambridge que incluiria Edward Palmer e posteriormente os catedráticos do século XX, Browne, Nicholson, A. J. Arberry e Malcolm Lyons. Em Oxford, porém, a primeira figura de destaque intelectual a ocupar a cátedra laudiana de árabe desde o século XVII, Margoliouth, foi nomeado somente em 1889.[36] David Samuel Margoliouth (1858-1940), filho de um rabino judeu convertido ao cristianismo, nasceu em Bethnal Green. Ganhou uma bolsa de estudos para Winchester e mais tarde estudou clássicos em Oxford, sendo-lhe conferido um diploma de primeira classe. Embora viesse a fazer seu nome como arabista, foi primeiro um classicista, tendo ensinado latim e grego para, entre outros, o futuro régio professor de grego Gilbert Murray e o historiador H. A. L. Fisher. Murray considerava que Margoliouth dava aulas sobre Píndaro não por gostar especialmente das obras do poeta grego, mas porque elas levantavam difíceis problemas textuais. Margoliouth foi um gênio excêntrico em diversas línguas, aí incluídos o persa, o hebraico e o sânscrito. Ele também era surpreendente na aparência. Uma criada italiana, ao vê-lo, exclamou: "*Questo bel animal feroce!*"

Tendo ensinado os clássicos durante a maior parte da década de 1880 e publicado textos bastante áridos sobre escólios (comentários clássicos), ele se interessou pelo idioma árabe e foi nomeado aos 30 anos de idade para a cátedra laudiana — posto que ocupou até sua aposentadoria em 1937. Foi ordenado e conquistou uma reputação de grande pregador. Durante a Primeira Guerra Mundial, deu aulas na Índia. Depois da guerra, passou muito tempo em Bagdá. Gertrude Bell, escritora de relatos de viagens e influente figura política, que estava em Bagdá em 1918, escreveu cartas para a Inglaterra com comentários sobre a aparição de Margoliouth por lá e como tinha dado uma palestra de cinqüenta minutos marcados no relógio sobre os antigos esplendores de Bagdá em árabe clássico e sem recorrer a anotações. "Só se fala sobre isso. Todos admitem que ele sabe mais sobre a língua e a história árabe do que qualquer árabe daqui." Em outra carta, porém, ela observou que numa palestra posterior dada por Margoliouth, um membro mais ousado da platéia perguntou-lhe como se dizia em árabe "Você sabe dirigir automóvel?", o que irritou o professor erudito nos clássicos.[37] De acordo com o obituário de Margoliouth em *The Times*, ele "falava o vernáculo com precisão acadêmica, mas o sotaque e a entoação não eram muito semelhantes às de qualquer árabe", e o consenso geral parece ter sido o de que ele falava um árabe tão puro que pessoas árabes normais não conseguiam entender.

No ano em que se tornou catedrático, ele publicou *Analecta Orientalia ad Poeticam Aristoteleam* (1887), uma coleção de traduções de textos em árabe e siríaco que poderiam ser usados para crítica textual do grego da *Poética* de Aristóteles. Margoliouth, que era brilhante em palavras cruzadas e anagramas, tinha aquele tipo de cabeça maravilhosa que conseguia ver padrões onde não existia nenhum. Entre outras, ele realizou investigações excêntricas em busca de possíveis anagramas e cronogramas na *Ilíada* e na *Odisséia*. Acreditava que Homero tinha assinado suas epopéias, mas disfarçado a assinatura em anagramas. Em *The Homer of Aristotle* [O Homero de Aristóteles] (1924) ele afirmou que as epopéias homéricas eram cheias de cronogramas (palavras ou frases em que as letras formassem uma data). Esse tipo de abordagem não causava boa impressão em acadêmicos clássicos mais ortodoxos. Suas idéias sobre a Bíblia eram igualmente excêntricas, pois ele nutria a estranha crença de que o Livro de Daniel tinha sido escrito na época em que dava a entender ter sido escrito (século VI a.C.) e que portanto suas profecias eram genuínas. O gosto de Margoliouth por dificultar as coisas chegava a estender-se a questões domésticas e, em vez de dar a ordem de "sentar" a seu cachorro, ele costumava dizer: "Assuma a posição recumbente!"

No campo dos estudos árabes, ele realizou trabalho de peso traduzindo ou organizando obras de escritores medievais da importância de al-Tanukhi, Miskawayh, al-Ma'arri, al-Baydawi, al-Yaqut e Ibn al-Jawzi. Executou trabalhos importantes também em papirologia. Entretanto, publicou também diversas obras que eram acessíveis a um público maior e até certo ponto ofensivas aos muçulmanos. Escreveu *Mohammed and the Rise of Islam* [Maomé e a ascensão do islã] (1906) para a popular série "Heroes of the Nations". Nesse livro, o ceticismo gibboniano de Margoliouth, estranhamente associado ao fervor cristão, levou-o a apresentar uma descrição totalmente hostil de Maomé. Como muitos antes dele, Margoliouth afirmava que Maomé era um epiléptico que sofria ataques. Contudo, ao passo que polemistas medievais afirmaram que o Profeta teria se casado com tantas esposas por conta de sua sensualidade excessiva, Margoliouth afirmou que os casamentos tinham em sua maioria sido realizados para confirmar pactos políticos. Ele também sugeriu analogias entre o fundador do islã e Brigham Young, fundador da doutrina mórmon. Como H. A. R. Gibb, seu sucessor na cadeira laudiana de árabe, escreveu no obituário que redigiu para Margoliouth, "o tom irônico que permeava suas observações perturbava muitos de seus leitores europeus e às vezes enfurecia seus leitores muçulmanos".[38] Entre outros pontos, ele sugeria não haver prova alguma de que a fé islâmica aprimorasse a moralidade daqueles árabes pagãos que se convertiam a ela — muito pelo contrário. Quanto a Maomé, ele era "um chefe de salteadores".

Em 1911, ele começou a escrever um livro dirigido a um grande público leitor, intitulado *Mohammedanism* [Maometismo], no qual resumos históricos e outras formas de explicação elementar se alternavam com expressões de puro preconceito. Nesse livro, ele sugeria que "a capacidade científica e literária geralmente resultou da entrada no islã de elementos indo-germânicos". Em 1925 publicou um artigo de enorme importância no *Journal of the Royal Asiatic Society*, no qual negava a autenticidade da poesia pré-islâmica. Apenas um ano depois, o ilustre crítico, romancista e historiador egípcio Taha Husayn publicou um livro *Fi al-Shi'r al-Jahili* ("Sobre a poesia pré-islâmica"), em que defendia basicamente a mesma tese. Os argumentos apresentados por Margoliouth e Taha Husayn eram altamente polêmicos, tendo em vista que pôr em dúvida a poesia pré-islâmica levava inevitavelmente a questionamentos sobre a datação e composição do Corão. Margoliouth foi o primeiro acadêmico orientalista a tornar-se presidente da Real Sociedade Asiática em 1937. Até então nobres e acadêmicos da elite tinham dominado a instituição. Gladstone o considerava um dos dois homens mais impressionantes de Oxford. Para Denison Ross (sobre quem falaremos adiante), Margoliouth era o homem mais culto que ele conhecia.

FORA DO CIRCUITO OXFORD-CAMBRIDGE

Como Nöldeke, Margoliouth não tinha a literatura árabe em grande conta. Escrevendo na *Encyclopaedia of Islam* a respeito do *Maqamat* de al-Hariri's, ele fez o comentário de que as "razões para esse sucesso extraordinário (...) são um pouco difíceis de descobrir e devem ser explicadas pela decadência do gosto literário". E em seu *Mohammedanism*, ele observou que o fracasso da poesia árabe em equiparar-se à da Europa decorria principalmente "da inadequação do Cinturão-do-Calor para os esforços intelectuais contínuos".

Sir Charles James Lyall (1845-1920), que dedicou a maior parte de suas horas de lazer ao estudo e à tradução da poesia árabe antiga, parece ter tido reservas semelhantes: "Para nós, muito do que se encontra nesses poemas parece entediante e até mesmo repulsivo. O alcance limitado da Kasida [ode], com sua estrutura convencional, tem a tendência a produzir monotonia, e não é fácil entrar em contato íntimo com a vida que é descrita em termos tão realistas."[39] Lyall estudou hebraico e depois árabe em Oxford, antes de entrar para o Serviço Público de Bengala. Enquanto esteve empregado a serviço da administração colonial, ele adotou como atividade recreativa a tradução de poesia árabe e especialmente a pré-islâmica. Um exame da carreira de Lyall como administrador e acadêmico de primeira linha sugere a reflexão de que o elo mais comum entre o orientalismo e o domínio imperial estava no fato de o primeiro ser com freqüência o *hobby* dos senhores do segundo. Enquanto esteve de licença na Europa, Lyall estudou com Nöldeke, a quem dedicou suas duas coleções de poesia árabe e a quem chamou "o mestre reconhecido de todos os acadêmicos europeus nesse campo de estudo". Lyall foi um tradutor brilhante, e ainda hoje vale ler suas traduções. Apesar das reservas que expressou quanto às *qasidas*, ele as verteu para um inglês poético, cheio de vida. A inspiração original para suas traduções métricas da poesia árabe vinha de sua leitura das traduções líricas de poesia oriental de Friedrich Rückert. No entanto, Lyall também foi um meticuloso editor filológico e nessa área de atuação seguiu o exemplo dos alemães (mais uma vez), bem como dos holandeses e de William Wright.[40]

Na Grã-Bretanha, havia uma longa tradição de desfazer dos cruzados como guerreiros bárbaros e preconceituosos e de louvar os sarracenos como paladinos da cavalaria andante. Na realidade, era crença geral que a cavalaria andante teria se originado no Oriente muçulmano. O exemplo mais perfeito do cavaleiro muçulmano foi, naturalmente, o do sultão aiúbida Saladino, do século XII. Ele foi elogiado por Gibbon e tornou-se o herói de romances de Sir Walter Scott, G. A. Henty e Rider Haggard, entre muitos outros. *Saladin and the Fall of the Kingdom of Jerusalem* [Saladino e a queda do reino de Jerusalém] (1898), de Stanley Lane-Poole (1854-1931), conferiu legitimidade acadêmica à condição heróica de Saladino, visto que a biografia de Lane-Poole foi a primeira a basear-se em fontes árabes. Seu livro fez parte de uma série dedicada aos heróis das nações, "Heroes of the Nations", embora nunca ficasse claro exatamente a que nação o curdo Saladino pertencia. A história que Lane-Poole contou era altamente romantizada e demonstrava um preconceito absurdo contra os inimigos muçulmanos e cristãos de Saladino. Lane-Poole era sobrinho-neto de Edward William Lane e reeditou alguns dos livros do tio, tendo lutado (em vão) para concluir o grande dicionário de Lane, além de produzir algumas narrativas populares de história islâmica. Ele trabalhou na catalogação de moedas muçulmanas no Museu Britânico antes de tornar-se professor de árabe em Trinity College, Dublin.[41]

Há pouco a dizer sobre o orientalismo americano no século XIX ou no início do século XX. Embora houvesse naturalmente indivíduos ilustres nos Estados Unidos que se interessavam pelos estudos árabes e islâmicos, eles eram poucos e não houve uma tradição acadêmica constante nessas áreas. Ademais, está perfeitamente claro que os orientalistas americanos procuravam inspiração e orientação na Alemanha. O primeiro arabista de renome dos Estados Unidos, Edward Eldbridge Salisbury (1814-1901), depois de estudos iniciais de teologia e hebraico, viajou à Europa em 1837 e estudou árabe com De Sacy, antes de passar para o estudo de filologia e sânscrito com Bopp em Berlim. Em 1841, Salisbury foi nomeado professor de árabe e sânscrito em Yale. Esse foi o primeiro cargo de professor orientalista nos Estados Unidos. Entretanto, Salisbury, cujos interesses acadêmicos eram de vasto alcance, parece ter se interessado mais por questões do sânscrito do que pelas do árabe.[42]

Charles Cutler Torrey (1863-1956) foi outro orientalista americano com amplos interesses, embora em seu caso somente na área das línguas e estudos semíticos. Torrey, que iniciou seus estudos na Nova Inglaterra com investigação bíblica, foi posteriormente a Estrasburgo estudar com o intimidante Nöldecke (que foi descrito por Torrey como "um osso duro de roer").[43] Um motivo para cruzar o Atlântico era aprender alemão — uma língua essencial para qualquer um que aspirasse a tornar-se especialista em assuntos semíticos. Ainda que Torrey tenha publicado numerosas edições e estudos especializados, ele não era um desbravador como seu professor alemão.

Duncan Black MacDonald (1863-1943), nascido em Glasgow e formado em Berlim antes de se mudar para Hartford, em Connecticut, é o primeiro orientalista residente nos Estados Unidos merecedor de maior atenção. Ele realizou um trabalho importante sobre a superstição e a magia árabe e sobre os manuscritos de *As mil e uma noites*. Também escreveu extensamente sobre relações muçulmano-cristãs e se envolveu no envio de missões protestantes ao Oriente Médio.[44] Em geral, porém, os americanos haveriam de contribuir pouco para os conhecimentos orientalistas até a segunda metade do século XX. Havia poucos postos acadêmicos nesse campo; e, por muito tempo, eram muito raros os textos e manuscritos à disposição dos alunos. A Sociedade Oriental Americana, fundada em 1842, foi de início uma associação para amadores interessados. Com o passar do tempo, como veremos, o orientalismo americano fixou-se em bases mais firmes com o recrutamento de astros intelectuais do outro lado do Atlântico.

DEPOIS DA GRANDE GUERRA

Era mais ou menos inevitável que durante a Primeira Guerra Mundial e os anos imediatamente subseqüentes surgissem tensões entre os orientalistas alemães e os demais. O espírito internacionalista do orientalismo acadêmico foi retesado até se partir. Mesmo em 1918 Torrey ainda se preocupava com a excessiva dependência do orientalismo americano diante dos estudos alemães. Terminada a guerra, porém, a erudição alemã tornou-se suspeita em alguns setores, e esse preconceito chegou a atingir a filologia em geral, visto que essa era a especialidade alemã por excelência. Como salientou J. R. R. Tolkien, especialista em língua e literatura medieval, além de romancista, "a 'filologia' é tratada em certos ambientes como se fosse uma das coisas que a recente guerra lutou por destruir".[45] Embora os fascículos da *Encyclopaedia of Islam* tivessem sido publicados originalmente em inglês, francês e alemão, depois da guerra a versão alemã foi abandonada.

A desintegração do império otomano foi mais um importante resultado da guerra, que teve conseqüências para o desenvolvimento do orientalismo. Até a guerra, os alemães e suíços tinham liderado a exploração dos monumentos e sítios arqueológicos do Oriente Médio. Incluíam-se entre eles Alois Musil, que descobriu os afrescos em Qusayr Amra na Jordânia; Max van Berchem, que compilou o *Corpus Inscriptionum Arabicarum*; e Friedrich Sarre, que, com Ernst Herzfeld, fez um detalhado levantamento arqueológico da Mesopotâmia.[46] Depois da guerra, a Síria e o Líbano foram confiados à administração francesa, enquanto a Grã-Bretanha assumiu o Iraque, a Jordânia e a Palestina. Conseqüentemente, estudiosos franceses e britânicos obtiveram acesso mais fácil a monumentos e sítios arqueológicos. Os franceses foram pioneiros em história rural e urbana. Em especial, realizaram enormes levantamentos de cidades islâmicas, tanto no Levante como no norte da África. Roger le Tourneau produziu alguns livros importantes sobre Fez. Dominique Sourdel e Janine Sourdel-Thoumine trabalharam com a arquitetura e topografia de Damasco. Georges Marçais organizou uma pesquisa sobre a arquitetura norte-africana. Esses e outros no campo começaram a elaborar teorias sobre a natureza característica da cidade islâmica.[47]

Jean Sauvaget (1901-50), um arqueólogo literário que jamais participou de escavações, fez bom uso de fontes literárias para extrair dados sobre arquitetura e história urbana, tendo publicado importantes estudos sobre Alepo e Damasco. No Egito, Gaston Wiet (1887-1971), diretor do Museu de Arte Árabe do Cairo, foi um dos principais especialistas na história do Cairo. Por muito tempo, os catálogos de Wiet do acervo daquele museu estiveram entre os poucos guias sólidos sobre objetos de arte islâmica. O rei Fuad do Egito, ressentido com a ocupação britânica do país, costumava dar preferência a estudiosos franceses em detrimento dos britânicos. Os franceses no Egito eram o objeto particular de ódio do intimidante professor de arte e arquitetura muçulmana na Universidade Fuad I, Keppel Archibald Cameron Cresswell (1879-1974). Ele aconselhou, com severidade, o historiador da arte Oleg Grabar a ter "Cuidado com Sauvaget!". No entanto, talvez seja útil ressaltar que ele odiava os judeus e os árabes quase tanto quanto odiava os franceses. Ele sempre costumava portar uma bengala quando caminhava pelas ruas do Cairo, para que, se visse um homem maltratando um cavalo ou um burro, pudesse dar uma surra no homem.[48] Quanto a Sauvaget, o problema com ele não era simplesmente o fato de ele ser francês, mas também o de ter idéias (sempre um mau sinal para o modo de pensar de Cresswell).

A clássica teoria da "cidade islâmica" foi desenvolvida pela primeira vez pelos franceses na Argélia e depois exportada para a Síria — onde Sauvaget foi seu principal defensor. Ele tinha obsessão pela *Nachleben* (ou sobrevida) da antigüidade. Queria encontrar Roma em Damasco, Lataquia e em outros locais. Portanto, seu principal foco de interesse era naturalmente a Síria omíada, mas seu interesse em termos mais gerais era na noção de cidade islâmica. Em seu trabalho sobre "a teia silenciosa da história islâmica", ele tratava os prédios como textos (e realmente apenas como textos, pois, como Cresswell, tinha uma vigorosa aversão por historiadores da arte). Quando lidava com manuscritos, Sauvaget (e Claude Cahen mais tarde) deu enorme ênfase à compreensão das fontes de suas fontes, ou, em outras palavras, não bastava repetir como papagaio as informações de compiladores recentes como Ibn al-Athir ou al-Maqrizi. Sauvaget fez também bom uso de cronistas locais. Cresswell, pelo contrário, não se preocupava com teorias a respeito da antigüidade ou da natureza da vida urbana pré-moderna. Ele se concentrou estritamente na cronologia dos grandes monumentos islâmicos do Egito e da Síria; e, apesar de seus preconceitos intratáveis, realizou um trabalho valioso nessa área, especialmente por ter trabalhado numa época em que as pessoas tinham dificuldade para fazer a distinção entre monumentos islâmicos e bizantinos.[49]

AS ORIGENS DA SOAS

Durante a Primeira Guerra Mundial, tropas britânicas defenderam o Egito e invadiram a Palestina, a Síria e o Iraque. Também tentaram um desembarque desastroso em Gallipoli. Na região do Hejaz, T. E. Lawrence, segundo seu próprio relato em *Os sete pilares da sabedoria*, desempenhou um papel de liderança na eclosão da revolta árabe. Chegara "a hora da

Grã-Bretanha no Oriente Médio". O interesse direto no Oriente Médio por parte do país em guerra deu munição àqueles que vinham fazendo campanha pelo estabelecimento em Londres de uma instituição especializada para o ensino de línguas e culturas orientais. No século anterior, Max Müller, Lyall e outros se empenharam pela criação de uma instituição dessas, e a Real Sociedade Asiática também fizera pressão nesse sentido. Os nobres Curzon e Cromer, que tinham fortes interesses políticos no Oriente, encaravam com bons olhos a campanha dos orientalistas. Em 1917, a Escola de Estudos Orientais foi inaugurada em Finsbury Park na presença de lorde Curzon e do Gabinete de Guerra. Embora tivesse sido estabelecida pelo governo, não era bem provida de recursos, e sucessivos diretores lutaram para equilibrar suas contas e manter a instituição em funcionamento.[50]

O primeiro diretor da Escola de Estudos Orientais foi o bombástico e vaidoso Sir Edward Denison Ross (1871-1940). Ross, que era talentoso em termos lingüísticos, foi a Paris estudar hebraico com Renan e persa com Charles Schefer. Renan "tornava a crítica bíblica tão interessante quanto uma história de detetives". Schefer, o abastado especialista na cultura persa, vivia num castelo com sua coleção de arte islâmica. Denison Ross também fez pesquisa sobre a história persa em Estrasburgo com Nöldeke, que ele descreveu como "um dos orientalistas mais brilhantes que o mundo já conheceu". No mesmo ano, ele assistiu a aulas do barão Viktor Rosen em São Petersburgo. Denison Ross era como uma abelha esvoaçando de uma flor para outra, mas nunca se detendo por muito tempo. Em 1895 tornou-se professor de persa em University College em Londres e nos anos que se seguiram veio a conhecer Edward Granville Browne, deixando-se enfeitiçar por ele. Em 1896 apresentou uma tese sobre Isma'il, o primeiro dos xás safávidas da Pérsia. Em 1897 tirou um ano para viajar, o que o levou de Londres a São Petersburgo e de lá a Bukhara e Samarkand. Mais tarde, trabalhou para o Serviço Indiano de Educação em Calcutá.

Ross foi diretor da Escola de Estudos Orientais e professor de persa até sua aposentadoria em 1937. Ele se dedicava superficialmente a assuntos de todos os tipos. Por um tempo, estudou chinês e uigur, mas depois perdeu o interesse. Era brilhante em seu diletantismo e costumava declarar que "metade do encanto dos estudos orientais está em sua obscuridade". Foi também um *bon vivant*, oportunista social, famoso por citar nomes importantes e personalidade totalmente insubmissa. Costumava andar de um lado para o outro usando um chapéu preto de veludo e portando uma bengala de ratã. Cyril Philips, que posteriormente se tornou diretor, detestava-o. No entanto, Freya Stark, que estudou árabe na Escola de Estudos Orientais, antes de partir nas viagens pelo Oriente Médio que a tornariam famosa, considerava Ross encantador: "Enquanto estávamos ali sentados, trabalhando, Sir Denison costumava entrar e sair num passo ligeiro, como uma lua cheia dançando na ponta dos pés."[51]

Nos primeiros anos da Escola, Thomas Arnold (1864-1930) foi professor de árabe e de estudos islâmicos, e tinha Hamilton Gibb como seu assistente. Eles davam aulas a turmas minúsculas de cerca de meia dúzia de alunos. Arnold estudara clássicos em Cambridge, mas começou a se interessar pelo islã e estudou com Robertson Smith e Wellhausen. Viajou para ensinar filosofia na faculdade anglo-oriental muçulmana de Aligahr, na Índia. Em 1896 publicou *The Preaching of Islam* [A pregação do islã] (1896), um dos primeiros estudos importantes sobre a disseminação da mensagem muçulmana. Por um tempo, ele trabalhou para o ministério da Índia antes de passar para a Escola de Estudos Orientais em 1917. Lá, voltou-se para o estudo da arte islâmica e na realidade foi um dos primeiros acadêmicos a dedicar-se seriamente a esse tema.[52] Seu *Painting in Islam* [A pintura no islã] (1928) foi uma obra pioneira em inglês. Todavia, esse campo, como tantos outros, estava dominado pelo saber alemão e, conseqüentemente, foi da Alemanha e da Áustria que os Estados Unidos recrutaram seus principais historiadores da arte islâmica, entre eles Ernst Herzfeld em Chicago e Richard Ettinghausen no Metropolitan Museum de Nova York. Arnold faleceu apenas um ano antes de poder ver a grande mostra persa realizada em Burlington House, Londres, em 1931. Ross desempenhou um papel de destaque na organização dessa exposição, que foi um evento importante e veio a inspirar muitos, que partiram dali para fazer trabalhos valiosos na área de estudos persas e arte islâmica. (Uma mostra anterior de arte islâmica em Munique em 1910 teve importância semelhante.)

Em 1937, Ralph Turner, um especialista em estudos indianos, muito menos bombástico, sucedeu a Denison Ross na direção da Escola (que um ano mais tarde passou a ser a Escola de Estudos Orientais e Africanos [School of Oriental and African Studies — SOAS]). Ross e depois Turner presidiram uma instituição infestada de excêntricos. Boa parte de seus eminentes professores considerava o magistério abaixo de sua dignidade. Sir Reginald Johnston, o catedrático de chinês de 1931 a 1937, costumava aparecer na Escola uma vez por ano. Fora essa única aparição, ele vivia como recluso em Argyll. (Diz-se que quando a Escola, em desespero, publicou anúncios em busca de alguém que realmente ensinasse, Johnston foi um dos que se candidataram.) David Marshall Lang, o catedrático de estudos caucasianos, empenhava-se ao máximo para dissuadir alunos de escolherem sua matéria. O arabista J. Heyworth-Dunne, que era rico e morava numa casa mobiliada no estilo islâmico, cultivava um ar de sinistro mistério. O gênio da lingüística Harold Bailey, que se tornou professor de estudos iranianos em 1929, tinha a reputação de saber cinqüenta línguas, entre elas o sânscrito, o idioma de Khotan, o avestano, o ossetiano, o páli, o prácrito, o checheno, o abkhaz, o circassiano, o ubykh e até mesmo o galês, mas não sabia trocar amenidades em nenhum idioma.[53] Bailey, que estudava o maniqueísmo, deve ter sido uma das fontes de inspiração para Roy Calvert, o orientalista da ficção de C. P. Snow em *The Light and the Dark* [A luz e a treva].

Os orientalistas tinham convencido o governo da idéia da Escola como um centro de formação imperial, mas a maioria dos nomeados parece ter sido de acadêmicos que desfaziam da idéia de educação vocacional. Cyril Philips, que ensinou na Escola durante o período em que Denison Ross foi seu diretor, e que mais tarde foi ele próprio diretor da Escola de Estudos Orientais e Africanos, não se dava com Denison Ross e não aprovava seu estilo de administrar a instituição: "O estudo de assuntos orientais na Grã-Bretanha devia muito à tradição filológica alemã de ensino e estudo, na qual cada catedrático e chefe de departamento se arrogava o direito a uma deferência excessiva por parte de sua 'panelinha' de *dozenten*, e era efetivamente tratado com essa deferência. Junto também tinha vindo uma tradição de controvérsias implacáveis, desagradáveis e com freqüência de natureza pessoal..."[54] Como foi ressaltado, não havia muito dinheiro disponível. O jovem secretário financeiro do Tesouro, Stanley Baldwin, comentou com Ross nos primeiros anos de existência da Escola: "As oportunidades para obter uma renda com o ensino de línguas orientais devem ser tão limitadas que, a meu ver, você não deveria ter a menor dificuldade em manter os professores atuais ou em conseguir novos professores com a remuneração vigente."[55]

O SANTO LOUCO — MASSIGNON

Já deve estar claro que, a partir de Postel, as fileiras dos orientalistas incluíram mais do que uma proporção normal de excêntricos. Poucos, porém, conseguem se equiparar a Louis Massignon (1883-1962) em termos de pura esquisitice.[56] Seu pai foi pintor, escultor e medalhista, além de amigo do pintor orientalista Jan-Baptist Huysmans (1826-1906). Jan-Baptist era pai do famoso romancista Joris-Karl Huysmans (1848-1907). Embora os primeiros romances deste último, *A Rebours* e *Là-Bas*, tivessem lidado com temas decadentes e satânicos, ele passou a escrever romances com temas católicos, em especial sobre o martírio e o sofrimento redentor. De modo incongruente, as meditações de Huysmans sobre o significado cristão do sofrimento redentor talvez tenham tido sua fonte de inspiração nos ensinamentos do Abbé Boullan, um padre destituído das funções sacerdotais e satanista. Huysmans acreditava que, através da aceitação consciente dos sofrimentos físicos e espirituais de cada um, seria possível aliviar parte da carga de pecado e sofrimento de outros. Quando agonizava, Huysmans viria a orar pela alma de Massignon.

Anteriormente, no mesmo século XIX, uma crença semelhante na redenção através do sofrimento tinha permeado os escritos do arquimonarquista e reacionário Joseph de Maistre (1755-1821). De Maistre afirmava que a monstruosa Revolução Francesa era um sacrifício de sangue que tinha sido necessário para a regeneração nacional. O derramamento de sangue era um ato de purificação, e o carrasco público era conseqüentemente a garantia da comunidade. Segundo sua bizarra obra-prima de teoria política reacionária, *Soirées de Saint-Petersbourg*, a "terra inteira, continuamente empapada de sangue, não é mais do que um imenso altar no qual cada ser vivo deve ser sacrificado interminavelmente, sem moderação, sem trégua, até a consumação do mundo, a extinção do mal, a morte da morte".[57] Para Massignon, como para De Maistre, a humanidade era redimida pelo sacrifício de sangue. O tema da reparação mística — de expiação dos pecados alheios por meio do oferecimento dos próprios sofrimentos em seu nome — viria a permear sua vida e sua obra. Também é possível que Massignon tenha adquirido um interesse perene por grupos esotéricos e secretos a partir da leitura de De Maistre (maçom e iluminista).

Enquanto ainda estava na escola, Massignon fez amizade com Henri Maspero, o futuro sinólogo e filho do famoso egiptólogo e arqueólogo, Gaston Maspero, e foi através dos Masperos que Massignon se interessou pela primeira vez por questões orientais. Ele estudou o islã e o idioma árabe em Paris e no Marrocos; e apresentou uma tese de orientação filológica sobre Leão, o Africano (o marroquino do século XVI que se converteu ao catolicismo em Roma e produziu uma importante e extensa descrição da África). Em 1904, ele viajou até o Marrocos, onde conheceu o marechal Lyautey, o administrador militar do protetorado, tornando-se seu amigo e protegido. Nas décadas seguintes, Massignon receberia algumas missões para fazer pesquisas e dar consultoria sobre condições nas colônias francesas do Marrocos e da Síria. Em 1905 ele conheceu Goldziher numa conferência de orientalistas em Argel. Esse encontro e outro subseqüente com Goldziher em Copenhague exerceram uma influência crucial sobre a tendência de Massignon como orientalista; e parece ter havido algum sentido segundo o qual Massignon se considerava herdeiro intelectual de Goldziher, sendo visto da mesma forma por Goldziher. Em especial, a defesa de Goldziher de *Verinnerlichung*, ou interiorização do que se observa, teve forte impacto sobre Massignon. Além disso, quando em 1906 foi estudar na al-Azhar no Cairo, Massignon talvez estivesse seguindo o exemplo de Goldziher.

Todavia, contatos acadêmicos mais estranhos e menos diretos também moldaram o pensamento de Massignon. Em 1906, na viagem por mar de Marselha até Alexandria, ele encontrou um jovem aristocrata espanhol homossexual, Luis de Cuadra, por quem sentiu enorme paixão. De Cuadra era um convertido ao islamismo e, durante o tempo que passaram juntos em Alexandria e no Cairo, ele procurou iniciar Massignon na vida interior do islã. Apesar da conversão religiosa, De Cuadra levava uma vida desregrada. Em 1913, ele adoeceu gravemente, com tifo, e diante disso Massignon rezou por sua recuperação, por seu retorno ao cristianismo e adoção de uma vida de caráter menos hedonista. Embora De Cuadra se recuperasse do tifo, não melhorou sob outros aspectos. Em 1921, Luis cometeu suicídio na prisão na Espanha, e seu suicídio foi acompanhado rapidamente pelo de seu pai. Essa tragédia deixaria Massignon marcado pelo resto da vida.

De Cuadra apresentou a Massignon a vida e os ensinamentos de al-Hallaj, um polêmico sufista que tinha sido enforcado e depois decapitado por heresia em Bagdá em 922. Foi em busca de pesquisa sobre al-Hallaj que Massignon foi ao Iraque. Como vivia como árabe, Massignon despertou suspeitas de ser espião e foi detido por um curto período pela polícia turca, recebendo ameaças de morte (segundo seu próprio relato não corroborado). Conseguiu, porém, escapar; e foi durante sua fuga que, em 8 de maio de 1908, diante das ruínas de Taq, o palácio do imperador sassânida Cosroes, ele passou por uma revelação mística quando teve a impressão de ouvir as pombas lá no alto gritarem "Haqq, haqq". (*Haqq* é a palavra árabe para verdade, e uma das afirmações heréticas que al-Hallaj tinha sido acusado de proferir era "*Ana al-Haqq*", com o significado de "Eu sou a Verdade", afirmação que parecia insinuar a identidade do místico com Deus.) Em 1909, Massignon converteu-se formalmente ao catolicismo. Extremamente magro, sempre em trajes escuros e ardendo de fervor espiritual, ele parecia um Savonarola tardio. O romancista católico François Mauriac, que o conheceu nessa época, registrou que ele "ascende aos níveis mais elevados do misticismo e, como muitos santos, fala somente de si mesmo, oferecendo interminavelmente a si mesmo como exemplo. Ele fez com que eu me trajasse com tecidos persas; ele mesmo, vestido como um estudante egípcio. E fala sobre sua vida desorganizada quando por acaso se encontrou com Deus nas favelas do Cairo".[58]

Durante a Primeira Guerra Mundial, ele trabalhou para o Ministério das Relações Exteriores, lutou depois com distinção no estreito de Dardanelos e na Macedônia antes de acabar no Oriente Médio como adjunto para assuntos políticos do alto comissário francês Georges Picot. Foi Picot que, junto com o representante britânico, Mark Sykes, redigiu o acordo que dividia as terras árabes que anteriormente pertenciam ao império otomano entre as esferas de controle francesa e britânica. Massignon estava no comitê anglo-francês que elaborou a minuta do acordo Sykes-Picot. Nos estágios finais da guerra, participou da equipe francesa que trabalhou para impedir o príncipe hachemita, Faiçal, de estabelecer uma monarquia árabe independente na Síria.[59] Em 1919 ele conseguiu um emprego no Collège de France, ensinando a sociologia do islã, onde permaneceu por toda a vida. (O Collège era uma instituição de elite com uma história ilustre. Postel tinha ensinado lá no século XVI.)

O livro que resultou da pesquisa no Egito e no Cairo, *La Passion d'al-Hallaj martyr mystique de l'Islam*, publicado em quatro volumes em 1925, é um livro estranho de autoria de um homem estranho sobre outro homem estranho. Nesse livro, Massignon não só apresentava uma biografia desse sufista muito viajado e prodigioso, como também fornecia uma descrição profusa e detalhada do meio de Bagdá onde ele pregava e estudava sua herança espiritual. É um livro sedutor, mas altamente problemático. Um historiador americano do Oriente Médio, R. Stephen Humphreys, descreveu-o recentemente como "um esforço espantoso que não pode — e talvez não deva — ser repetido."[60] Um crítico da tradução inglesa do livro de Massignon (que foi publicada em 1983) salientou que a obra "associa uma erudição extraordinária a um pensamento extremamente incisivo numa variedade considerável de disciplinas. Entretanto, a tese principal dá a impressão de estar equivocada."[61] Na realidade, são pouquíssimas as fontes primárias confiáveis a respeito da vida e dos ensinamentos de al-Hallaj. Massignon tirou proveito dessa deficiência, procurando a maior abrangência possível ao apresentar uma versão cristã católica da vida do muçulmano sufi. A execução de Al-Hallaj era uma espécie de reencenação da crucificação, visto que al-Hallaj ofereceu a vida pela comunidade muçulmana num ato de reparação mística. Ele não só foi uma figura crística muçulmana, mas também em certo sentido um precursor de Joana d'Arc e Charles de Foucauld, o eremita martirizado no deserto argelino em 1916. (Como veremos, Massignon era um fervoroso nacionalista francês.) Embora al-Hallaj fosse a obsessão de toda uma vida, Massignon viria a declarar que "não tenho a pretensão de que o estudo de sua vida tenha me concedido o segredo de seu coração; mas, sim, foi ele que compreendeu e continua a compreender profundamente o meu".

Ainda que o livro seja de fato brilhante, seu texto fragmentado e cheio de digressões não proporciona uma leitura sem tropeços. É mais como um prédio em construção do que uma obra de erudição bem acabada. Suas notas de pé de página são descuidadas e insuficientes, como os editores americanos da tradução inglesa acabaram sentindo na própria pele. A noção de redenção através do auto-sacrifício que Massignon impôs à história é totalmente estranha à tradição mística islâmica. Tampouco reconhece o islã a existência de santos no sentido católico. No que dizia respeito a Massignon, os milagres realizados por al-Hallaj eram a comprovação de sua santidade. (Esse tipo de argumento não é bem aceito por orientalistas mais convencionais.) Por parte de Massignon, o culto de al-Hallaj como figura central na tradição islâmica levou-o a desfazer de sufis posteriores, mais influentes, como, por exemplo, o andaluz Ibn al-'Arabi, do século XIII. No entanto, muitos muçulmanos na época medieval e, por sinal, nos tempos atuais consideram al-Hallaj uma figura heterodoxa e marginal.

Massignon não gostava do islã xiita principalmente por acreditar que os xiitas eram responsáveis pela morte de seu herói. Ele dava a impressão de considerar o xiismo uma versão remota conspiratória de uma protomaçonaria ou de um comunismo. Por ironia, sua hostilidade ao xiismo levou-o a subestimar a verdadeira influência dessa versão do islã sobre o pensamento de al-Hallaj. (Por sinal, o preconceito permanente de Massignon contra o xiismo era amplamente compartilhado por orientalistas nos três primeiros quartos do século XX. Figuras tão importantes como Goldziher e Hamilton Gibb apresentavam a história islâmica de um ponto de vista que era inconscientemente sunita em sua perspectiva. Considerava-se que o xiismo era uma forma peculiarmente retrógrada e supersticiosa do islã que não teria futuro. A revolução iraniana de 1979 viria a mudar essas percepções.)

O trabalho de Massignon acerca de al-Hallaj foi apresentado e defendido com êxito como tese em 1922. Ao mesmo tempo, ele apresentou uma tese complementar, que também foi publicada, com o título de *Essai sur les origines du lexique technique de la mystique musulmane*. Nesse trabalho, Massignon assumiu uma abordagem filológica diante de uma seleção de textos sufis, com o objetivo de demonstrar as origens corânicas do sufismo. Nisso ele se colocava em oposição à ortodoxia orientalista mais disseminada na época, que constituía em salientar (e quase com certeza exagerar) as fontes não islâmicas do sufismo, como o cristianismo, o gnosticismo, o budismo e o hinduísmo. A fundamentação de Massignon em técnicas filológicas alemãs e sua sondagem de significados profundos em itens léxicos haveriam de permear a maior parte de suas futuras pesquisas sobre o islã e os árabes. Sua filologia estava vinculada ao misticismo, pois ele acreditava que Deus era imanente à estrutura da língua árabe. Essa língua era ideal para descrever o efeito fragmentador da Divindade transcendente ao entrar neste mundo. O fato de muitos muçulmanos, especialmente os xiitas, falarem persa era um dos fatores que tinham contribuído para a degeneração do islã. Fazendo eco a Renan, Massignon sugeriu que a aparente aridez das línguas semíticas decorre do fato de elas serem destinadas à contemplação interior. Embora de início ele recebesse forte influência de Renan e da apresentação de Renan da filologia segundo o estilo alemão, era mais ou menos inevitável que com o tempo ele se voltasse contra o ateu católico decaído e criticasse Renan por sua falta de sintonia com as culturas sobre as quais escrevia. Contudo, a própria "sintonia" de Massignon para com o islã era decididamente ambivalente; e, numa carta ao poeta e dramaturgo católico Paul Claudel (outro discípulo da doutrina de sofrimento solidário de Huysmans), Massignon descreveu seu projeto como o de estudar a língua do Corão para com isso poder arrasá-lo.[62]

Como professor do Collège de France desde 1925, Massignon dava aulas carismáticas e angustiadas sobre o significado do islã e os mistérios da língua árabe que lhe conquistaram numerosos discípulos (e desde sua morte esses discípulos publicaram grande quantidade de memórias que equivalem a uma hagiografia do mestre). Entretanto, nem todos os alunos ficaram completamente encantados. Na opinião de Maxime Rodinson (sobre quem falaremos adiante), era absurda a quantidade de tempo que Massignon dedicava em suas aulas ao tema do sexo, especialmente do sexo homossexual.[63] A sura de José no Corão era um tópico predileto, pois nela a beleza do jovem José no Egito era celebrada. Massignon também era um racista assistemático. Apesar de ter muitos alunos judeus, ele parecia ter algum preconceito contra eles; e o jovem judeu britânico Bernard Lewis, que estudou mais tarde com ele, recordou-se de nunca saber ao certo se era encarado com suspeitas pelo professor por pertencer à raça que crucificou Cristo ou por pertencer à raça que queimou Joana d'Arc na fogueira. Os belgas não se saíam muito melhor. Massignon disse ao arabista André Miquel que os belgas evitavam o pensamento, "pois, como sabemos, pensar envolve sofrimento".[64] Suas outras excentricidades incluíam uma predileção por deitar-se em túmulos. De Cuadra tinha apresentado a Massignon o cemitério de Qarafa no Cairo e, desde então, Massignon cultivava uma mórbida obsessão por túmulos e cemitérios, da qual um resultado foi a publicação em 1958 de um importante artigo, "La cité des morts au Caire", que tratava de topografia, ritos funerários e do tema muito característico de Massignon das orações por intercessão.

Apesar de todas as suas esquisitices, ele foi um perfeito homem do seu tempo, e seus interesses enquanto orientalista deveriam ser vistos no contexto da renovação católica que ocorreu na França na primeira metade do século XX. O pensamento de Massignon deveria ser encarado em relação ao de outros contemporâneos, como Charles de Foucauld, Paul Claudel, Charles Péguy, Léon Bloy, Georges Bernanos e Jacques Maritain. Péguy foi uma figura de relevo por trás do culto a Joana d'Arc e da campanha que resultou em sua canonização em 1920. Bloy, como Massignon, meditava sobre o sofrimento redentor. A hostilidade de Bernanos ao materialismo e à ciência provavelmente influenciou a atitude de Massignon diante desses males modernos. É quase certo que o próprio engajamento católico de Massignon com o islã tenha influenciado as deliberações do Vaticano II e a declaração do Concílio de que, "desde a antigüidade até a época atual, encontra-se entre os diversos povos certa percepção daquela força misteriosa, que preside o desenrolar das coisas e acontecimentos da vida humana, chegando mesmo às vezes ao conhecimento de uma Suprema Divindade ou até do Pai (...) A Igreja Católica nada rejeita do que há de verdadeiro e santo nessas religiões".[65]

A história, na concepção de Massignon, era obra de Deus. Em última análise, a história era a história da santidade e se baseava em arquétipos que se manifestavam em sonhos. (Massignon sempre sentiu um interesse especial pelos sonhos, e esse seu interesse por sonhos e arquétipos acabou por levá-lo a um contato muito próximo com Jung.) Sua metodologia, se é que se pode usar esse termo, tinha como base a compaixão, a introspecção, a busca por originalidade e por globalidade. Como escreveu Said em seu ensaio, "Islam, Philology and French Culture" [O islã, a filologia e a cultura francesa], para Massignon: "A história (...) é composta de encadeamentos de testemunhas individuais dispersas por toda a Europa e o Oriente, interferindo umas com as outras e se colocando umas no lugar das outras."[66] Jesus, al-Hallaj, Joana d'Arc e de Foucauld estavam entre essas testemunhas, e Massignon lutou a vida inteira para integrar-se a essa corrente santa. A filologia era um meio para atingir esse objetivo por ser "a ciência da compaixão". É evidente que sua noção de filologia era um pouco diferente da noção, digamos, de Fleischer ou Quatremère.

Abrahão, Isaac e Ismael estavam entre as figuras arquetípicas que apareciam com proeminência na mitologia pessoal de Massignon. Ele tomou a figura de Abraão como aparece na tradição islâmica e a apresentou como um arquétipo da santa figura que proporciona hospitalidade e compaixão e que se oferece como substituto para reparar os pecados alheios. Ismael, o filho de Abraão e antepassado da raça árabe, tinha transmitido esse culto da hospitalidade abraâmica a seus descendentes. Seu irmão, Isaac, o antepassado dos judeus, tinha sido escolhido por Abraão como seu sucessor em detrimento de Ismael, o nômade, que, como filho deserdado, prefigurava os muçulmanos deserdados dos tempos modernos. Toda a história do Oriente Médio poderia ser lida como a da luta entre os dois irmãos. Para Massignon, a grande missão do século XX consistia em trazer Ismael de volta para o rebanho da verdadeira fé.

Massignon era um fervoroso patriota. Seu culto a Joana d'Arc já foi mencionado, e ele era de modo semelhante devotado ao rei cruzado, São Luís IX. Sua crença no sagrado destino da França andava de mãos dadas com uma aversão aos britânicos e a seu império. Ele acusou a Grã-Bretanha de fomentar o ódio entre hindus e muçulmanos; e fundou um grupo conhecido como Les Amis du Gandhi. De início, Massignon tinha uma atitude bastante diferente acerca do império francês e de sua *mission civilisatrice* no Oriente Médio e no norte da África. Iludido, acreditava que os árabes tinham aceitado o colonialismo francês com o espírito da sagrada hospitalidade.

Desde sua primeira visita ao Marrocos em 1904, Massignon tornou-se amigo e protegido do marechal Lyautey. No início da década de 1920, ele trabalhou para a administração colonial de Lyautey, pesquisando associações de artesãos no Marrocos. Em geral, os orientalistas franceses costumavam fazer pesquisas em cidades árabes sob o controle francês, como, por exemplo, Fez, Casablanca, Túnis, Damasco e Beirute, e isso os estimulou a apresentar o islã como, acima de tudo, uma religião das cidades. Além disso, Massignon e seus colegas eram da opinião de que existia algo que era a característica cidade islâmica, centrada em torno da mesquita e do *souq* [mercado]. Massignon chegou a acreditar que as associações de artesãos desempenhavam papel crucial na vida da cidade islâmica e que o xiismo ismaeliano era a ideologia dominante nessas associações. Posteriormente, outros acadêmicos contestaram as idéias de Massignon sobre o ismaelismo, demonstrando que não havia no islã medieval nada que se pudesse chamar de associações de artesãos e questionaram a noção essencialista da "cidade islâmica". Sua crença em associações medievais de artesãos de motivação esotérica era semelhante à obsessão francesa do século XX, com sociedades secretas e heterodoxias sinistras (os cátaros, os templários, os iluministas, os maçons e assim por diante). Quanto à "cidade islâmica", essa noção tinha sido invocada por historiadores e arqueólogos franceses com base em seu conhecimento de cidades no norte da África controlado pelos franceses, mas com pouca relação a cidades mais a leste nas terras em que se falava o turco e o persa.

Embora Massignon por muito tempo nutrisse uma crença profunda no projeto imperial francês, ele acreditava que as autoridades coloniais francesas deveriam trabalhar com os muçulmanos árabes em vez de fazer uso das minorias religiosas e raciais (cristãs, judaicas, berberes, cabilas, drusos e outros) contra eles. A longo prazo, ele veio a encarar o imperialismo na região como um abuso da hospitalidade que imaginara ter sido oferecida, tornando-se um proeminente adversário das políticas colonialistas francesas no norte da África. De 1953 em diante ele empreendeu campanha pelo retorno do sultão do Marrocos de seu exílio forçado em Madagascar. Mais tarde, protestou contra as políticas francesas na Argélia e, ao lado de François Mauriac e Jean-Paul Sartre, despertou a opinião pública em prol da independência da Argélia. (Em geral, é espantosa a quantidade de orientalistas franceses do século XX que eram antiimperialistas — dentre eles Jacques Berque, Vincent Monteil, Charles André Julien, Régis Blachère, Claude Cahen e Maxime Rodinson.) Com o tempo, Massignon tornou-se cada vez mais hostil à Igreja Católica bem como ao "Ocidente rico, desenvolvido e arrogante", e alegava que um islã revitalizado deveria tomar a iniciativa contra a opressão da atividade bancária, da ciência e da tecnologia superior produzida por uma Europa impiedosa.

Ele foi coerente em seu anti-sionismo e foi defensor dos direitos dos palestinos. Em parte, por conta de sua identificação com a cultura árabe e muçulmana, mas em parte aparentemente por ele não gostar muito dos judeus. Havia muitos judeus ensinando no Collège de France — quer dizer, até a Segunda Guerra Mundial e os expurgos instituídos pelo regime de Vichy. Durante a década de 1920, Massignon, como muitos pensadores católicos, tinha se aproximado muito da organização de extrema direita, a Action Française. Era com consternação que ele encarava o influxo de judeus que fugiam do nazismo para a França. Em 1938, afirmou que os judeus franceses estavam levando a França à ruína. Ele acreditava que a guerra, quando ocorresse, resultaria principalmente da conspiração de financistas britânicos (e judeus). Por outro lado, manteve amizade com estudiosos judeus isolados, e desprezava o regime de Vichy. Após a guerra, ele passou a temer que Israel, uma vez estabelecida, se tornasse de fato uma colônia anglo-americana, e em suas preces pedia que palestinos e judeus se unissem contra a hegemonia anglo-americana. Detestava a tecnocracia e o ateísmo dos principais sionistas. Em 1945, ele interveio para impedir que Hajj Amin al-Hussaini, o mufti de Jerusalém, fosse extraditado da França. Durante a guerra, al-Hussaini, na esperança de ver a Palestina sem judeus, tinha se colocado a serviço dos nazistas.

Quando Massignon morreu, em 1962, muitos dos que o conheciam consideravam-no um santo. Ele acreditava que os cristãos tinham muito a aprender com os muçulmanos a respeito do verdadeiro monoteísmo, da natureza da oração e de muitas outras coisas. Orava pela salvação dos muçulmanos e por sua conversão à verdadeira fé. Suas próprias convicções religiosas profundas levaram-no a solidarizar-se com os muçulmanos e ao mesmo tempo a tratá-los com condescendência. Sua história do islã estava permeada de temas esotéricos e cristológicos que somente ele e seus discípulos encontraram naquela história.

O ORIENTALISMO A SERVIÇO DO IMPÉRIO BOLCHEVIQUE

Massignon esteve envolvido na iniciativa colonial francesa no norte da África. Snouck Hurgronje passou grande parte da vida a serviço do colonialismo holandês. Contudo, se quisermos examinar de modo pleno e adequado o relacionamento entre o orientalismo e o imperialismo, deveríamos nos voltar para a Rússia, com seu vasto império de súditos muçulmanos no Cáucaso e na Ásia Central. Nenhuma história do orientalismo pode ser considerada séria se deixar totalmente de lado a contribuição dos russos. O primeiro ano do século XX assistiu à fundação do Imperial Instituto Oriental em São Petersburgo. Viktor Rosen era naquela época a figura predominante e foi professor de Bartold e Kratchkovsky, os dois maiores orientalistas russos do início do século XX, guardiões de uma tradição acadêmica pré-comunista.

Segundo *The Great Soviet Encyclopedia*, Vasili Vladimirovich Bartold (1869-1930) foi criado em ambiente burguês e conseqüentemente abraçou uma concepção idealista dos processos históricos.[67] Apesar de prestar muita atenção à luta de classes, ele não era de modo algum comunista. Não deixou de ser um idealista que costumava dar ênfase a fatores ideológicos mais do que a fatores materiais. Era primordialmente um estudioso da história e da cultura turca, com a tendência a apresentar um quadro positivo da cultura turco-mongol pré-moderna, e conseqüentemente foi atacado pelo orientalista comunista ortodoxo Petrushevsky por sua "idealização racista-nacionalista dos nômades turco-tártaros". Ademais, suas opiniões sobre as conseqüências econômicas das invasões mongóis "não podem ser aceitas pela historiografia soviética". (Bartold tinha alegado que relatos de destruição e selvageria por parte de mongóis no século XIII eram exagerados e que, sob alguns aspectos, a ocupação mongol da Rússia medieval tinha tido resultados benéficos.)[68] *The Great Soviet Encyclopedia* repercutiu o pensamento de Petrushevsky e determinou que não se dá atenção suficiente "ao fato de a conquista mongol ter resultado na destruição de forças produtivas e na prolongada escravização de povos subjugados". O orientalista comunista Belyaev considerou *The World of Islam* [O mundo do islã] de Bartold uma valiosa obra de vulgarização, "apesar de ter sido escrita a partir do ponto de vista do orientalismo burguês europeu". Smirnov, outro acadêmico fiel ao comunismo, criticou Bartold por não encarar o islã como uma ideologia e por deixar de detectar a natureza baseada em classes do islã, além do fato de o islã "sempre e por toda parte servir como instrumento de exploração e coação das massas trabalhadoras". Os livros de Bartold foram proibidos pelas autoridades soviéticas por um tempo, mas depois voltaram a ser publicados na década de 1960 com anotações corretivas. Embora sua principal atividade fosse com materiais turcos, Bartold também era arabista e, por exemplo, num artigo sobre "The Koran and the Sea" [O Corão e o mar], ele afirmou que as referências marítimas no Corão não poderiam ter sido provenientes de fontes judaicas.

O antiquado respeito acadêmico de Bartold pelos fatos e seu idealismo burguês atraíram uma enorme quantidade de críticas de colegas mais covardes ou mais iludidos em termos ideológicos. Mesmo assim, sua reputação internacional salvou-o de perder seu cargo de professor ou de algo pior. O mesmo aconteceu com seu contemporâneo Ignatius Kratchkovsky (1883-1951).[69] Quando menino, Kratchkovsky, louco por livros, tentara aprender árabe com a gramática de De Sacy, antes de aprender a língua direito com Viktor Rosen. Nos últimos dias relativamente tranqüilos do antigo império russo, partiu para uma viagem até o Líbano e o Egito, onde fez muitos amigos entre os círculos intelectuais árabes. Tudo se tornou muito mais difícil uma vez iniciada a revolução bolchevique, e ele registrou que o diretor da biblioteca onde estava trabalhando tinha morrido de desnutrição. Ainda que Kratchkovsky fosse atacado com freqüência por seus colegas mais jovens pela natureza antiquada de sua atividade acadêmica e por seus contatos altamente suspeitos com orientalistas em outros países, ele sobreviveu — mas foi por um fio. Ele sofria do defeito "burguês" de prestar atenção excessiva aos feitos acadêmicos estrangeiros e com isso minimizar as gloriosas conquistas dos russos nessa área. Afirmava que um arabista precisava ter familiaridade com o inglês, francês e alemão, "mas também com o italiano porque, desde a segunda metade deste século, obras nesse idioma sobre assuntos árabes ocuparam seu devido lugar na vanguarda da literatura erudita". O espanhol também era desejável, caso quiséssemos estudar os árabes na Espanha.[70] Em 1930, ele convidou Massignon para vir à Rússia numa visita de cortesia acadêmica e, em conseqüência desse convite, foi detido por nove meses, já que as autoridades soviéticas concluíram que Massignon era na realidade um espião. Kratchkovsky, que costumava ser propenso à depressão, buscava refúgio em obscuros livros e manuscritos orientais. Ele era o encarregado da Academia de Leningrado durante o terrível cerco àquela cidade em 1941 e 1942, período durante o qual mergulhou num manuscrito de *Nafh al-Tibb* de al-Maqqari (um relato do século XVI das glórias passadas da Espanha muçulmana).

"Meu coração está entristecido. As sombras dos mestres não escondem de nós as sombras de nossos alunos que se foram antes de nós. Muitos desses eu vejo: uma vida cheia de dificuldades e duas guerras devastadoras derrubaram as jovens arvoretas antes que atingissem seu apogeu; e não coube a todas a oportunidade de chegar a uma floração plena. Todos porém tinham entrado no reino do aprendizado e tinham sentido seu fascínio. Com eles, como comigo, os manuscritos tinham falado na língua dos vivos, e eles vinham a mim com os tesouros que tinham desenterrado."[71] Essas reflexões melancólicas estavam no final de suas memórias de uma vida no orientalismo. Poucos orientalistas produziram autobiografias (as exceções notáveis são Denison Ross, André Miquel e Maxime Rodinson). Como Kratchkovsky observou, "os acadêmicos raramente falam de si mesmos, de seu desenvolvimento, das emoções que acompanharam seu trabalho e das circunstâncias nas quais fizeram suas descobertas". *Among Arabic Manuscripts* [Em meio a manuscritos árabes] de Kratchkovsky (1945, tradução inglesa 1953), apesar das freqüentes referências a dificuldades e à depressão, é de longe o mais agradável exemplo desse gênero.

Kratchkovsky era de uma prolificidade fabulosa e passava de um tópico para outro. Como Hamilton Gibb, ele estava extremamente interessado em movimentos modernistas e reformistas no Oriente Médio e no moderno romance árabe. Entretanto, sua obra principal foi um trabalho exaustivo sobre os geógrafos árabes medievais, publicada em russo, mas subseqüentemente traduzida para o árabe e ainda útil nos tempos atuais.[72] Ele também fez uma tradução russa do Corão a partir do árabe. (À exceção de uma, todas as "traduções" russas anteriores tinham na realidade sido feitas a partir de línguas européias.) Como já foi ressaltado, ele gozava de reputação internacional. Está na hora, porém, de voltar a atenção para alguns de seus colegas e sucessores menos estimáveis e às vezes bastante bizarros.

Os orientalistas soviéticos estavam a serviço de um império com uma enorme população muçulmana. Em 1917, o regime bolchevique promulgou um decreto que garantia a liberdade de consciência aos muçulmanos. De acordo com uma proclamação da Associação Científica de Orientalistas Russos, em 1921, "Moscou é a nova Meca; é a Medina de todos os povos oprimidos". Entretanto, apesar da aparente justiça das promessas, o islã foi exposto ao ridículo nos museus soviéticos do ateísmo, e os orientalistas soviéticos foram convocados para combater a superstição islâmica. Houve também uma feroz campanha contra o uso da escrita árabe. Ela era descrita como a escrita de sufis e mulás reacionários, e como não sendo muito bem adaptada para a transcrição das línguas turcomanas. A posse de livros em escrita árabe poderia levar à pena capital. A cultura e as estruturas sociais islâmicas eram algo de que era preciso livrar os povos muçulmanos aos poucos. Em termos gerais, a ortodoxia soviética determinava que a sociedade islâmica passasse por cinco estágios: sociedade primitiva, escravagista, feudal, capitalista e socialista marxista.[73]

A vida do Profeta e o primeiro século do islã foram submetidos a um exame extraordinariamente minucioso pelos orientalistas soviéticos. Alguns estudiosos contentaram-se em não fazer muito mais do que apresentar a ascensão do islã dentro de um contexto econômico determinante. E. A. Belyaev, por exemplo, admitiu que o Profeta era uma figura histórica. Sua obra *Os árabes, o islã e o califado árabe na Alta Idade Média* dava forte ênfase ao papel do ambiente físico na ascensão do islã. Em termos mais específicos, o islã era uma religião que surgiu para servir aos interesses da burguesia mercantil escravocrata de Meca e Medina. O Corão não foi revelado pelo Profeta, mas engendrado depois de sua morte. A sociedade islâmica inicial fez a transição de uma sociedade patriarcal escravocrata para um feudalismo mais avançado. Belyaev salientou a importância de movimentos revolucionários e heterodoxos no período islâmico inicial, como, por exemplo, o dos mazdaístas e o dos carijitas; e foi um defensor ardoroso, embora tardio, das aspirações das massas trabalhadoras do Oriente Médio, que na sua opinião esses movimentos representavam, no início da era medieval. Ele também salientou a natureza destruidora das primeiras conquistas árabes.[74] (As acusações acerca das invasões de nômades, fossem árabes, turcos, fossem mongóis, era um dever de rotina para os acadêmicos soviéticos.) Ainda que Belyaev tentasse fazer questão de não tomar conhecimento dos estudos acadêmicos europeus e árabes em sua área, por serem esses estudos acadêmicos inevitavelmente contaminados em termos ideológicos, mesmo assim ele foi acusado por alguns de seus colegas por prestar atenção exagerada a esse tipo de material.

Alguns orientalistas soviéticos adotavam uma abordagem muito mais destrutiva diante da história islâmica. Klimovich escreveu um artigo intitulado "Maomé existiu?", no qual a resposta à pergunta proposta era não. Todas as fontes sobre a vida do Profeta eram tardias e duvidosas. Em

O conteúdo do Corão (1928), Klimovich procurou revelar as contradições internas da obra. Ele afirmava que se tratava de um documento redigido em benefício dos exploradores — a burguesia mercantil de Meca e Medina — que prometia às massas um paraíso no outro mundo, que era a principal força de sustentação do islã.[75] O Profeta era uma derivação regressiva — uma figura inventada em retrospectiva para proporcionar um fundador à religião. N. A. Morozov foi ainda mais longe e afirmou em *Christ* (1930) que, até o choque das cruzadas, era impossível distinguir entre o islã e o judaísmo. Havia no Corão indicações de que ele teria sido composto já no século XI. O islã não poderia de modo algum ter tido origem na península da Arábia, visto que ela se encontrava por demais afastada dos principais centros da civilização para poder gerar uma nova religião. Maomé e os primeiros califas não passavam de figuras míticas. De modo incoerente, Morozov, depois de sugerir que o islã nos estágios iniciais não era diferente do judaísmo, também sugeriu que o islã nos estágios iniciais era tão-somente uma versão da heresia cristã ariana.[76] (Os arianos negavam que Cristo fosse plenamente divino ou que fosse consubstancial com Deus Pai.) É desnecessário dizer que nenhum acadêmico soviético adotou a tradicional visão muçulmana das origens do islã. O único debate significativo girava em torno de saber se a ascensão daquela religião representava uma vitória da burguesia ou se refletia uma fase anterior na evolução histórica, a transição de uma sociedade escravagista para uma sociedade feudal.

O ORIENTALISMO NAZISTA

Os interesses alemães e nazistas pelos estudos do Oriente Médio eram menos óbvios e menos abrangentes do que os da Rússia soviética. Se os ideólogos nazistas chegavam a ter algum interesse por questões orientais, era mais por assuntos indianos e tibetanos; e uma variedade de acadêmicos e excêntricos, com o apoio de Heinrich Himmler e Alfred Rosenberg, procurou arduamente pelas origens da raça-mãe teutônica em algum ponto da Ásia.[77] Walther Wüst, entusiasta do nazismo, especialista nos

Vedas (os antigos livros sagrados dos hindus) e orientalista no sentido amplo, foi a figura-chave nessa pesquisa quase científica em busca das origens asiáticas dos arianos. Os Vedas, como apresentados por ele, eram abençoadamente isentos de qualquer contaminação semítica e estavam totalmente em conformidade com o *Mein Kampf* de Hitler. Por outro lado, os nazistas tinham pouco interesse pelos estudos árabes ou islâmicos, apesar das esperanças disseminadas pelo mundo árabe de que os nazistas os libertariam do colonialismo britânico e francês. Em *Mein Kampf*, Hitler tinha manifestado seu desprezo pelos nacionalistas árabes.[78] Ele considerava que os árabes mereciam ser colonizados. Vários institutos de estudos orientais foram fechados durante o período nazista.

Na introdução de um volume suplementar de sua *Geschichte der Arabische Literatur* ("História da literatura árabe"), Carl Brockelmann (1868-1956) descreveu o arabista e ministro de Weimar, Carl Heinrich Becker, como "o ministro contrário à cultura alemã".[79] Brockelmann, de extrema direita, tivera uma tradicional formação universitária alemã, durante a qual ganhou uma cicatriz em duelo, que era imprescindível entre as agremiações estudantis de extrema direita. Entretanto, ele também tinha estudado com o poderoso Goldziher a quem reverenciava como o mestre dos estudos islâmicos. A *Geschichte der Arabischen Literatur* (1898-1902 e volumes suplementares em 1937-42) de Brockelmann fica em segundo lugar somente diante da *Encyclopaedia of Islam* entre as importantes publicações orientalistas do século XX. Ela não é, como seu título poderia sugerir, uma história narrativa da literatura árabe. É, sim, um enorme catálogo provido de anotações de todos os manuscritos e livros impressos em árabe que eram do conhecimento de Brockelmann. Desse modo, é uma obra de referência indispensável. Contudo, ele compilou o livro apenas com o objetivo de convencer seu editor a aceitar o objeto de seu verdadeiro entusiasmo, sua edição de *Uyun al-Akhbar*, de Ibn Qutayba (uma antologia do século IX de prosa e poesia árabes).[80]

O trabalho de Brockelmann com manuscritos árabes foi muito fiel à tradição filológica alemã, cujo pioneiro foi Fleischer. Hans Heinrich Schaeder (1896-1957), por outro lado, foi o herdeiro acadêmico de uma abordagem mais romântica do islã, cuja trajetória remonta a von

Hammer-Purgstall, Goethe e Rückert. Na escola, ele aprendeu latim, grego, inglês, francês e hebraico. Durante a Primeira Guerra Mundial, fez um curso de literatura européia e gramática oriental como autodidata; e veio a adotar uma posição conservadora, típica de aristocratas prussianos. Quando, depois da guerra, Oswald Spengler publicou seu *Der Untergang des Abendlandes* ("Declínio do Ocidente"), Schaeder sofreu sua influência. Leu também ensaios de T. S. Eliot sobre a cultura e a tradição, bem como as melancólicas fantasias de *fin de siècle* de Hugo von Hofmannsthal. Como arabista, Schaeder estudou com Carl Heinrich Becker e compartilhou do avassalador entusiasmo de Becker pela herança cultural greco-latina. O trabalho inicial de Schaeder foi com o sufista árabe do século VIII, Hassan de Basra, e com o poeta persa do século XIV, Hafiz de Shiraz (que pode ter sido também sufista ou não). Tendo lido o livro de Massignon sobre o martírio de al-Hallaj, ele se deixou encantar pelo autor do livro e concentrou suas pesquisas em terminologia religiosa e, mais especificamente, na sufista. Como Massignon, Schaeder era convertido ao catolicismo e confiava mais na inspiração do que em pesquisas apoiadas em referências sólidas. Além de Massignon, Goethe foi o outro *maître à penser* que influenciou sua interpretação do sufismo. Schaeder escreveu um estudo sobre *Erlebnis des Ostens* ("Experiência do Oriente") de Goethe. A poesia de Goethe era uma espécie de Bíblia particular para ele, e Schaeder considerava a coletânea de pastiches orientais de Goethe, o *West-östlicher Divan*, como o documento fundamental do orientalismo. Esse entusiasmo por Goethe foi algo que ele transmitiu a sua aluna Annemarie Schimmel (que mais tarde ficaria famosa como intérprete pura e erudita do sufismo).

De 1931 até 1944, Schaeder foi catedrático de filologia oriental e história da religião em Berlim, além de importante porta-voz do orientalismo nazista. Ele escreveu uma história do orientalismo, que excluía toda e qualquer menção a contribuições por parte de estudiosos judeus. O racismo de Schaeder também permeava seu pensamento sobre a cultura do Oriente Médio. Um orientalista alemão lembrou-se de Schaeder ter lhe dirigido a seguinte exclamação: "Ora! Você trabalha com a filosofia islâmica! Mas nunca houve filósofos muçulmanos. Eram todos pagãos!"

Na opinião de Schaeder, os árabes semíticos eram incapazes daquele tipo de pensamento abstrato e especulativo, de modo que a filosofia islâmica era na realidade a criação de raças persas e outras. Embora os árabes tivessem traduzido muitos textos gregos, eles escolhiam apenas assuntos utilitários para traduzir e, portanto, tinham deixado de herdar o humanismo greco-latino que era a herança cultural especial da Europa Ocidental. A longo prazo, a cultura islâmica, como todas as outras formas de cultura não européias, estava fadada a desaparecer. A história era o relato da Vitória do Ocidente. Depois da Segunda Guerra Mundial, Schaeder ensinou em Göttingen (1946-57), onde suas idéias eram moldadas por seu romantismo literário e por seu racismo.[81] Entretanto, correndo o risco de repetir o óbvio, isso não significa que tudo o que ele publicou sobre o sufismo e o maniqueísmo foi desprovido de valor. Pelo contrário, seu trabalho sobre o sufismo foi fundamental e é de valor duradouro; e, como salientou Annemarie Schimmel, dois dos principais acadêmicos judeus que fugiram para os Estados Unidos — Gustav von Grunebaum e Franz Rosenthal — idolatravam Schaeder.[82]

Com a chegada dos nazistas ao poder, a Alemanha sofreu um esgotamento de seu corpo acadêmico com a fuga de professores universitários judeus e outros para a França, a Grã-Bretanha, os Estados Unidos e outros países. A grande tradição do orientalismo alemão que tinha começado com Fleischer e Hammer-Purgstall chegou realmente ao fim. Por outro lado, a diáspora de acadêmicos especializados nesse campo efetivamente restabeleceu o orientalismo sobre bases novas e mais profundas em Israel, na Grã-Bretanha e nos Estados Unidos — e esse será um dos temas condutores do próximo capítulo.

8
O apogeu por demais efêmero do orientalismo

Sua preferência era pelos antigos chineses. Ordenava que saíssem do volume e da estante à qual pertenciam, chamava-os com um aceno, oferecia-lhes assento, cumprimentava-os, ameaçava-os e, a seu bel-prazer, punha suas próprias palavras nas bocas desses convidados e defendia suas opiniões contra as deles até por fim conseguir silenciá-los.

Elias Canetti, Auto-da-Fé (1946)

A GUERRA E SUAS CONSEQÜÊNCIAS

A Segunda Guerra Mundial foi a causa do desenvolvimento do orientalismo acadêmico na Grã-Bretanha. Até então, o aprendizado e o ensino de estudos árabes e islâmicos dependiam de um punhado de figuras muitas vezes imponentes, mas bastante excêntricas. Após o final da guerra, foram instituídos mais departamentos, e entraram para esse campo estudiosos em quantidade suficiente para permitir um debate acadêmico adequado. Historiadores tomaram o lugar de filólogos como autores de obras sobre a história islâmica. Antropólogos, sociólogos e geógrafos também começaram a dar uma contribuição. Além disso, era cada vez maior a ênfase dada ao ensino de versões modernas e faladas de línguas orientais. Durante a Segunda Guerra Mundial, uma série de orientalistas trabalhou para o serviço secreto. Charles Beckingham, futuro tradutor do *globe-trotter* norte-africano do século XIV Ibn Battuta, esteve em Bletchley Park.* Freddie Beeston (sobre quem falaremos mais adiante) participou do serviço de inteligência militar. Bernard Lewis foi nomeado para Istambul, onde, ao que tudo indica, também trabalhou para o serviço de informações. Outros viram seus conhecimentos lingüísticos empregados em esferas menos charmosas, como, por exemplo, em radiotransmissão e na censura postal. Margoliouth, Hamilton Gibb, Lewis e R. B. Serjeant figuraram entre os arabistas acadêmicos que fizeram programas para o Serviço Árabe da BBC durante a guerra. Grandes contingentes estavam posicionados no Egito para lutar no norte da África e na Síria. Até então nunca tinha ocorrido tanta procura por pessoas com um bom conhecimento do árabe contemporâneo falado. Mais para o fim da guerra, a Grã-Bretanha direta ou indiretamente controlava a maior parte do Oriente Médio, do Irã ao Marrocos. Uma conseqüência sem grande importância foi a de que em Londres a Escola de Estudos Orientais e Africanos (SOAS) ficou lotada de soldados, diplomatas e administradores que faziam cursos de língua e cultura antes de partir para o Extremo Oriente, para a Índia e o Sudão. Ao mesmo tempo, o MECAS (Centro do Oriente Médio para Estudos Árabes [Middle East Centre for Arab Studies]), que na época estava sediado em Jerusalém, também oferecia ao pessoal britânico cursos-relâmpago de árabe.[1]

Durante o tempo da guerra, a percepção por parte de ministros e funcionários públicos da utilidade do árabe (algo realmente sem precedentes) estendeu-se para o período imediatamente posterior à guerra. Em 1944, consternado pelos reveses anteriores da Grã-Bretanha no Extremo Oriente, o então secretário de Estado de Relações Exteriores, Anthony Eden, instituiu um comitê chefiado por lorde Scarborough (um ex-governador de Bombaim) "para examinar as instalações oferecidas por universidades e outras instituições educacionais na Grã-Bretanha para o estudo de lín-

---

*Bletchley Park é o nome de uma propriedade na qual estava instalado o serviço britânico de decodificação durante a Segunda Guerra Mundial. (*N. da T.*)

guas e culturas orientais, eslavas, africanas e da Europa oriental, para avaliar que proveito está sendo tirado dessas instalações e formular recomendações para seu aperfeiçoamento". (Eden, por sinal, era arabista e ex-aluno de Margoliouth.) O comitê apresentou seu relatório em 1946, com a conclusão de que o orientalismo britânico estava atrasado, num grau preocupante, em relação ao do continente europeu; e recomendava um grande aumento de disponibilização de recursos para estudos africanos, asiáticos, eslavos e voltados para a Europa oriental, sendo que esse aumento deveria ocorrer independentemente da procura por parte dos alunos. (Bons tempos aqueles.) O arabista de Cambridge, Arberry, chamou o relatório de "a Carta Magna do orientalismo moderno".[2] Na prática, a SOAS da London University e a Escola de Estudos Eslavos e do Leste da Europa [School of East European and Slavonic Studies] receberam a maior parte do valor que estava imediatamente disponível, se bem que Durham e Manchester também se beneficiassem. Foi extraordinária a atenção que Durham dedicou ao árabe moderno. Mesmo assim, não era muito. James Craig, que deu aulas em Durham nas décadas de 1940 e 1950 antes de, com o tempo, vir a ser o embaixador na Arábia Saudita, fez o seguinte comentário: "Naquela época, na Inglaterra o árabe era ensinado exatamente como se ensinava o latim e o grego. E quando terminei meus estudos, embora tivesse lido grande parte da poesia pré-islâmica e soubesse tudo a respeito do modo jussivo, eu era totalmente incapaz de dizer 'bom dia' em árabe." Antes da publicação de uma versão inglesa do *Arabisches Wörterbuch* de Hans Wehr em 1960, os estudantes ingleses ainda estavam usando o *Lexicon Arabico-Latinum* de Freytag. O professor Hamilton Gibb aconselhou Craig a não passar muito tempo no Oriente Médio, porque isso "corromperia seu conhecimento clássico".[3]

Também sabemos por Craig que já em 1949 Gibb acreditava que o papel do orientalista estava chegando ao fim. Afinal de contas, afirmava ele, os árabes tinham a vantagem da língua quando se tratava de estudar sua própria literatura. Tudo que a geração emergente de professores e estudantes árabes precisava fazer era dominar a metodologia dos campos escolhidos. Entretanto, em geral e com determinadas exceções, a expectativa de Gibb não se cumpriu. Os livros publicados por acadêmicos em universidades árabes ainda costumam ser um pouco antiquados em sua metodologia e apresentação. O que se publica no mundo árabe com freqüência está desatualizado e, por assim dizer, foi antecipadamente desbancado por pesquisas publicadas no Ocidente. Stephan Conermann, professor na universidade alemã de Kiel, depois de fazer um levantamento sucinto de obras sobre a história dos mamelucos publicadas por árabes na década de 1990 e a acolhida desse trabalho por críticos especialistas no Ocidente, escreveu o seguinte:

> Parece-me que nós orientalistas nos encontramos numa situação difícil. Por um lado, considerando-se a reavaliação pós-moderna do passado colonial, em geral não é politicamente correto tecer comentários depreciativos sobre os trabalhos acadêmicos de historiadores árabes. Como produtos da socialização ocidental, somos alvos da suspeita não só de considerar os 'nativos' tolos e incompetentes, mas também de reduzi-los à categoria de meros objetos a serem estudados. Por outro lado, na era da globalização em andamento, a abordagem científica ocidental é quem dá as cartas. Se a ciência representa um tipo especial de comunicação que foi (pelo menos temporariamente) estabelecida por estudiosos que dominam esse discurso, pode-se ter por líquido e certo que todos os que quiserem participar do jogo terão de cumprir suas regras. Naturalmente — apesar da conclamação geral pela autenticidade — esse é o esforço da maioria dos estudiosos árabes.[4]

Conermann passou então a identificar as causas do problema percebido como sendo, em primeiro lugar, a estrutura hierárquica antiquada das universidades árabes, que obrigava os estudantes a submeter-se à vontade dos professores, com seus antiquados interesses escolásticos; em segundo lugar, o acesso restrito que os estudiosos árabes tinham a publicações ocidentais; e conseqüentemente e em terceiro lugar, sua incapacidade de manter-se a par dos debates metodológicos de décadas recentes. Ainda não existe um equivalente em árabe da *Encyclopaedia of Islam*. Sob esse aspecto, entre outros, há um contraste a ser feito com a atividade acadêmica turca. Os acadêmicos turcos usaram a *Encyclopaedia* européia como base para sua própria *Islam Ansiklopedisi* (1940-), sendo natural que esta última oferecesse uma cobertura maior das tradições turcas. Von Grunebaum, que tinha uma opinião bastante pessimista do grau de adaptação dos acadêmicos árabes a metodologias modernas, observou que "somente os turcos entre os muçulmanos se adaptaram com sucesso à historiografia ocidental". Albert Hourani afirmou que parte do problema estava no fato de que os estudiosos árabes de algum valor procuravam e conseguiam trabalho no Ocidente.[5] De fato, uma quantidade surpreendente de árabes ocupa postos de ensino nos Estados Unidos.

Para melhorar as oportunidades e amenizar problemas britânicos na época do pós-guerra, a SOAS e outras instituições receberam recursos para promover o ensino de línguas exóticas, com o objetivo utilitário de fomentar a presença de cunho militar, diplomático e comercial da Grã-Bretanha no mundo. Contudo, sendo a mentalidade acadêmica o que sempre foi, na prática as subvenções do Ministério das Relações Exteriores com freqüência foram usadas para financiar o estudo de temas tão obscuros como o estudo da poesia pré-islâmica, as origens da filosofia taoísta, a filologia de diversas línguas mortas do Cáucaso, e assim por diante. Ralph Turner, sucessor de Denison Ross como diretor da SOAS em 1938, estava determinado a fazer com que a instituição continuasse a ser "um repositório de erudição". A relutância de arabistas do meio universitário a afastar-se de interesses tradicionais decorrentes dos estudos clássicos, estudos bíblicos e da filologia resultou na necessidade de o exército e o serviço público colonial financiarem sua própria instituição de estudos árabes no Oriente Médio. Expulsa pela crescente turbulência na Palestina, o MECAS mudou-se de Jerusalém para Shemlan no Líbano. Lá o centro conquistou uma reputação, que pode não ter sido totalmente indevida, de ser um "ninho de espiões". Entretanto, sem dúvida seu objetivo principal era ensinar idiomas a administradores e funcionários que trabalhavam publicamente e sem polêmicas no mundo falante do árabe. Depois de apenas alguns anos, tanto as universidades como o MECAS foram atingidos pelos cortes de despesas e austeridade financeira do pós-guerra.[6] Simplesmente não havia recursos suficientes para prover sonhos imperiais anacrônicos; e logo o que veio a ser conhecido como o "momento" da Grã-Bretanha no Oriente Médio haveria de chegar ao fim. Com isso, o orientalismo acadêmico em plenitude, exatamente como os estudos subsidiários (estudos da história do ponto de vista de grupos subalternos, em especial estudos do domínio colonial a partir da perspectiva dos colonizados), acabou sendo um produto da era pós-colonial. De 1954 em diante, teve início o enorme trabalho de revisão profunda e ampliação da *Encyclopaedia of Islam*. Nos primeiros estágios, Hamilton Gibb, Evariste Lévi-Provençal e Joseph Schacht foram seus organizadores. (Lévi-Provençal era um francês especialista na Espanha medieval.) Dessa vez, mais estudiosos muçulmanos foram convidados para contribuir para a *Encyclopaedia*, embora ainda fosse possível dizer que não eram em número suficiente.

GIBB E ARBERRY

Embora Oxford e Cambridge já não exercessem o tipo de monopólio dos estudos árabes e islâmicos que tinham exercido no passado, ainda era o caso que, até sua partida para os Estados Unidos em 1955, o mais influente arabista na Grã-Bretanha era o ocupante da cátedra laudiana de árabe em Oxford, Sir Hamilton Alexander Rosskeen Gibb (1895-1971).[7] Gibb, que nasceu em Alexandria, estudou línguas semíticas em Edinburgh University. Bem cedo na vida, uma leitura do romance de Sir Walter Scott, *O talismã*, moldou seu retrato futuro de Saladino, o líder da contracruzada muçulmana. Cristão dedicado, Gibb sentiu uma forte identificação com a devoção bem divulgada de Saladino. Em 1937, depois de ter ensinado na SOAS, Gibb foi nomeado para a cátedra em Oxford. Como a maioria dos orientalistas que contemplavam a história islâmica com seriedade, Gibb recebeu forte influência de Goldziher. Entretanto, a influência de Ibn Khaldun, o historiador-filósofo norte-africano do século XIV, foi no mínimo tão forte quanto a de Goldziher. Idéias derivadas das duas fontes uniram-se no ensaio brilhante e altamente influente (embora talvez enganoso) de Gibb em que apresenta uma síntese geral, "An Interpretation of Islamic History" [Uma interpretação da história islâmica] (publicado pela primeira vez em 1953). Entre outros pontos, Ibn Khaldun tinha afirmado que regimes que deixavam de observar a Xariá ou lei sagrada estavam fadados a cumprir um ciclo recorrente de ascensão e queda. Gibb, como Ibn Khaldun, acreditava em leis históricas. Segundo um obituário de Gibb, a história era para ele "a busca de padrões no tecido da vida humana".[8]

Como vimos, Goldziher dava muita importância ao modo pelo qual as sociedades islâmicas não eram estáticas, mas evoluíam ao longo dos séculos. Goldziher tinha porém a tendência a ver a evolução como um fenômeno mais ou menos exclusivamente sunita. Sob a influência de Goldziher, Gibb formulou uma visão abrangente da história islâmica, como a longa marcha que se estendia por muitas gerações da comunidade muçulmana sunita e seus repetidos sucessos em rechaçar ameaças do xiismo, do sufismo antinômico e da filosofia, além de inimigos externos como, por exemplo, os cruzados e os mongóis. Para Gibb, o xiismo era uma seita antagônica em vez de ser uma (ou mesmo a) legítima tradição islâmica. Gibb, como a maioria dos historiadores de sua geração e da seguinte, tinha como líquido e certo que o período áureo da civilização islâmica foi sob o domínio dos califas abássidas (c. 750-945). Depois deles, a história do islã foi de declínio. O Saladino de Gibb era austero, frugal e devoto como condizia com um escocês honorário. Era uma figura excepcional que se erguia acima da politicagem convencional da época e procurava reconciliar a comunidade islâmica. Saladino reconquistou Jerusalém das mãos dos cruzados. Entretanto, embora Saladino fosse um herói, ele era um herói imperfeito. Nas últimas décadas do século XII, lutou para recriar o momento dourado dos abássidas, mas não conseguiu. Na linha de pensamento de Gibb, pode-se detectar como que ecos da afirmação de Ibn Khaldun de que Saladino era uma figura excepcional que tinha usado a *jihad* para revitalizar a 'isaba, ou solidariedade social, da comunidade muçulmana.

Quando veio a escrever uma história da literatura árabe, Gibb deu a história por encerrada em meados do século XIII — apesar de seu interesse pela literatura árabe contemporânea ser de uma seriedade incomum. Como moralista cristão, Gibb tinha a propensão a atribuir a culpa pelo declínio do islã à carnalidade, ganância e misticismo. Por outro lado, ele não considerava esse declínio irreversível. Na realidade, tinha enorme fé no futuro da democracia e do nacionalismo árabe; e, como vimos, estava esperando que acadêmicos árabes assumissem a missão dos orientalistas.

Pode ser que o interesse que Gibb sentia pela literatura, pensamento e política árabe moderna fosse algo que lhe houvesse sido imposto pela Segunda Guerra Mundial. Ainda que, sob muitos aspectos, ele fosse um antiquado cavalheiro cristão com idéias românticas sobre os heróis do passado medieval, ele também tinha grande entusiasmo pela abordagem interdisciplinar dos estudos islâmicos, incluindo, por exemplo, o recurso a *insights* da antropologia. Esse tipo de coisa não era popular na Oxford da década de 1950, e esse deve ter sido um dos fatores que o levaram a abandonar Oxford e ir para Harvard, onde recebeu a missão de estabelecer um Centro do Oriente Médio. Graças a sua determinação imbatível bem como a seu imenso prestígio, ele obteve sucesso a curto prazo, mas a longo prazo o centro não foi um sucesso, tendo em vista que dependia totalmente de sua personalidade e reputação. Ele era uma figura autocrática, que não se dispunha a tolerar questionamentos (como veremos quando formos tratar de sua desavença com Kedourie). Em 1964, ele sofreu um grave acidente vascular cerebral e voltou para a Inglaterra, aposentado, para morar na periferia de Oxford. Seus interesses cobriram quase todos os aspectos da história e da cultura islâmica, aí incluídos a poesia pré-islâmica, a islamização da Ásia Central, as campanhas de Saladino contra os cruzados, a estrutura administrativa do império otomano, modernos movimentos árabes de reforma e a literatura árabe contemporânea. Essa amplitude de interesses era causada pela procura. Ainda havia tão poucos orientalistas na Grã-Bretanha que eles eram chamados a se pronunciar sobre uma larga faixa de questões.

A figura correspondente a Gibb em Cambridge, o ocupante da cátedra Thomas Adams de árabe, era uma personalidade muito diferente. Arthur John Arberry, nascido em 1905, ganhou uma bolsa para estudar clássicos em Cambridge e, num ensaio autobiográfico, ele faz o seguinte comentário sobre si mesmo: antes de "chegar a Pembroke College no final de setembro de 1924, eu tinha lido tudo o que valia a pena ler em grego e latim".[9] Ele estudou crítica textual dos clássicos com o famoso poeta e professor A. E. Housman, tendo obtido um primeiro lugar nas duas partes dos exames de Cambridge. Em 1926, um encontro com Reynold Nicholson fez com que ele se interessasse pelo árabe e pelo persa. Na realidade, Arberry tornou-se discípulo de Nicholson. Sua passagem dos clássicos para o árabe foi paradigmática do orientalismo do circuito Oxford-Cambridge, cujas fileiras eram compostas principalmente por jovens classicistas brilhantes que decidiam deixar o campo superlotado dos estudos do grego e do latim pelas pastagens mais amplas dos estudos árabes. Era mais ou menos inevitável que esses estudiosos quisessem tratar o árabe como uma língua clássica morta. Na década de 1930, Arberry tornou-se diretor do departamento de clássicos da Universidade do Cairo e ensinava grego e latim aos egípcios. De volta à Inglaterra, trabalhou na biblioteca do ministério de relações com a Índia. Sua primeira pesquisa foi sobre o estranho, quase surrealista, poeta árabe sufi do século X, al-Niffari. Quando criança, Arberry perdera a fé no cristianismo, mas ele a reconquistou através da leitura dos sufis. Daquele ponto em diante, ele se tornou um importante tradutor da literatura árabe e persa dos sufis, além de intérprete de suas doutrinas.

Durante a guerra, ele trabalhou como censor de correspondência. Depois, a partir de 1944, ensinou na SOAS, até em 1947 ser nomeado para a cátedra Thomas Adams em Cambridge. Arberry não deve ter sido um grande professor. Um de seus alunos recordou-se de como sua técnica de ensino consistia em fazê-los passar os olhos rapidamente por um obscuro texto medieval em árabe e depois desaparecer com um grito de "Boa sorte nos exames!", para não mais ser visto naquele ano. Outro que foi seu aluno na década de 1960 lembra-se de que Arberry naquela época já era conhecido como "fóssil vivo". Por outro lado, foi um autor, tradutor e organizador fabulosamente prolífico. A longo prazo a excessiva dedicação ao trabalho minou sua saúde, e tem-se a impressão de que ele teria sofrido algum tipo de colapso nervoso. Suas traduções variam enormemente em qualidade. Por exemplo, enquanto sua tradução *The Koran Interpreted* [O Corão interpretado] (1955) é uma façanha extraordinária, sua tradução de trechos selecionados das *Mil e uma noites* pode com muito favor ser descrita como um trabalho banal. Ele não era modesto e adorava divulgar sua grande produtividade. Tarde na vida, porém, tornou-se amargurado com a falta de reconhecimento público e vivia na expectativa de receber um título de cavaleiro, o que nunca aconteceu. Era membro da Academia Britânica e, após seu falecimento em 1969, num obituário publicado nas Proceedings of the British Academy [Atas da Academia Britânica], sua carreira foi submetida a uma das agressões mais brutais e sistemáticas na história do mundo acadêmico. Segundo o obituarista G. M. Wickens (que suponho ter sido um colega descontente), Arberry "escrevia e falava basicamente para satisfazer suas próprias necessidades e aspirações mais do que para comunicar-se com uma platéia nitidamente visualizada". Era vaidoso, pouco preciso, isolado, rancoroso, infantil, incompetente em termos administrativos, superficial, malicioso, desatualizado. Além disso, ignorava totalmente as modernas técnicas acadêmicas. Ademais tinha escrito como um "literato" para um "público antiquado de classe média". Descobre-se com o relato de Wickens que uma das poucas qualidades que redimiam Arberry era o fato de ele gostar de passar horas vendo televisão.[10]

OS PRIMÓRDIOS TARDIOS DO ORIENTALISMO AMERICANO

A travessia do Atlântico por Gibb anunciou como seriam as coisas no futuro. Da década de 1930 em diante, os Estados Unidos passaram a adquirir grandes interesses no reino da Arábia Saudita, rico em petróleo; e da década de 1940 em diante, com ambições de suplantar a Grã-Bretanha como a maior potência no Oriente Médio, os Estados Unidos expandiram seu planejamento para o ensino do islã, dos idiomas árabe, persa e turco. Para poder criar os novos institutos e departamentos, o país tinha uma forte dependência do recrutamento de orientalistas estabelecidos provenientes da Grã-Bretanha e dos demais países da Europa.[11] Mesmo antes da chegada de Gibb a Harvard, uma série de refugiados acadêmicos da Europa nazista tinha encontrado postos acadêmicos nos Estados Unidos, entre eles Grunebaum, Ettinghausen, Franz Rosenthal em Yale e S. D. Goitein em Princeton. Em 1958, a National Defense Act [Lei de Defesa Nacional] forneceu fundos para estudos geográficos e lingüísticos nos Estados Unidos. A passagem de Gibb da Grã-Bretanha para os Estados Unidos seria imitada por Bernard Lewis (para Princeton), Roger Owen (para Harvard) e Joseph Schacht (para Columbia). A perda de cérebros da Grã-Bretanha continua até nossos dias. Entre os migrantes relativamente recentes estão Michael Cook, Patricia Crone, Peter Sluglett e David Morgan.

Entretanto, nem todos os recrutados são provenientes da Europa. Uma característica surpreendente do moderno orientalismo americano tem sido o número de árabes proeminentes na área, entre eles o sírio Philip Hitti (autor de um levantamento geral que chegou a ser padrão, *A History of the Arabs* [Uma história dos árabes], 1946), Aziz Suriyal Atiya (um egípcio no estado de Utah e autor de um livro fundamental, *The Crusades in the Late Middle Ages* [As cruzadas na baixa Idade Média]), Nabia Abbott (importante papirologista), Fazlur Rahman (que escreveu profusamente sobre o islã e em especial sobre o Corão), Majid Khadduri, especialista em direito islâmico, Muhsin Mahdi (autoridade em filosofia árabe bem como nas *Mil e uma noites*) e também Fuad Ajami, Bassam Tibi e Philip Khoury (todos os três especialistas na moderna sociedade árabe e sua política).

Mesmo assim, continua sendo verdade que, durante a maior parte do século XX, o orientalismo americano foi dominado por eminências intelectuais importadas da Europa. Gustave E. von Grunebaum (1909-72) é um dos exemplos mais importantes desse fenômeno, tendo em vista que a seu próprio modo ele foi uma figura tão imponente quanto Gibb.[12] Nascido em Viena, Grunebaum emigrou para os Estados Unidos em 1938. Ensinou em Chicago e depois, a partir de 1957, foi presidente do Near Eastern Center [Centro do Oriente Próximo] na University of California, Los Angeles. Quando estudante em Viena, passou dos estudos bíblicos para os clássicos e humanistas; e levou consigo para os Estados Unidos técnicas e preocupações européias. Ao avançar para o estudo do islã, ele estava na realidade estudando o Ocidente: "E pode ser que não haja um guia melhor para nossa própria alma do que a civilização que um grande estudioso francês chamou de 'O Ocidente do Oriente', o mundo do islã." Anteriormente, Nöldeke, que ensinava em Viena, tinha dado aulas e escrito sobre os poetas pré-islâmicos, defendendo sua importância como uma fonte da história antiga dos árabes, mas negando seu mérito literário. Grunebaum reagiu contra o mestre e, numa série de estudos especializados, sustentou os méritos estéticos da poesia pré-islâmica.

Em Chicago, Grunebaum passou a resenhas muito mais importantes da civilização islâmica. Adotou um ponto de vista hegeliano do que ele encarava como a decadência islâmica. A civilização islâmica, tendo transmitido a sabedoria grega para o Ocidente, desempenhou sua missão histórica e não tinha nenhum papel futuro na história. A comparação da civilização islâmica com a civilização clássica que a havia precedido, quase sempre com desvantagem para o islã, era um tema constante em seus escritos. O islã era uma civilização mimética, composta de empréstimos de outras culturas e incapaz de inovações independentes. Essa civilização de imitação atingiu seu apogeu sob o domínio dos abássidas no século IX, mas daquele momento em diante ficou fadada à estagnação, tendo em vista que os muçulmanos eram oprimidos pela intransigência da revelação corânica e condenados pelo fatalismo de sua religião. Ele concebia o "islã clássico" como "um modelo cuja reconstituição era tanto uma obrigação como uma impossibilidade". (O tema da "promessa não realizada" da civilização islâmica também foi abordado por Bernard Lewis em *The Arabs in History*, publicado pela primeira vez em 1950.) Grunebaum considerava que os muçulmanos eram incapazes de captar o valor de conhecimentos que não fossem utilitários e era por esse motivo que, por exemplo, tratados sobre matemática e mecânica foram traduzidos do grego para o árabe, mas as tragédias de Ésquilo, não. Ele sustentava que faltava à poesia árabe a noção de um "eu" e da individualidade. Em geral, ele visualizava a civilização islâmica como definida por proibições, omissões e ausências — "nada de carne de porco, nada de arte figurativa, nada de teatro, nada de estudos objetivos de outras culturas e assim por diante".

Embora a visão de Grunebaum da cultura árabe fosse predominantemente moldada por sua imersão inicial nos estudos clássicos, ele era aberto a idéias mais modernas e em particular tentava fazer uso das revelações de antropólogos sociais. Foi especialmente influenciado pelas idéias do antropólogo Alfred Kroeber (que trabalhava com os índios da Califórnia) e pela idéia de Kroeber de que o indivíduo é subordinado à cultura. *The*

Nature of Culture [A natureza da cultura] (1952) de Kroeber foi também a origem da idéia da civilização islâmica como um sistema de exclusões. Von Grunebaum era um poliglota encantador, erudito e de extensas leituras, mas aparentemente incapaz de alçar seus alunos às alturas intelectuais que habitava. Ele parece não ter tido discípulos, nem ter desejado tê-los. Muhsin Mahdi, que mais tarde foi professor de árabe em Harvard, lembra-se de Gibb, ao ouvir Grunebaum falando numa reunião de comissão, ter dito algo semelhante a "Você sabe, isso que você disse é como uma bola de aço. De modo algum é possível entrar nela. Não há como abri-la para ver sua estrutura interna. E se você a deixar cair, ela vai machucar seus pés. Por isso, é preciso cuidado ao lidar com ela". Grunebaum era um acadêmico sociável que se engajava em organizar conferências e fundou a MESA (Middle East Studies Association [Associação de Estudos do Oriente Médio]), mas não deixou nenhuma escola de seguidores.

O estudo da arte islâmica nos Estados Unidos recebeu seu primeiro impulso de europeus formados na tradição alemã. Richard Ettinghausen (1906-79) tinha estudado com Carl Heinrich Becker e trabalhado como auxiliar de museu em Berlim antes que a ascensão dos nazistas o forçasse a cruzar o Atlântico em 1934.[13] Ele ensinou em Washington e Nova York e supervisionou as coleções islâmicas da Freer Gallery e do Metropolitan Museum of Art em Nova York. Embora escrevesse livros gerais sobre a pintura árabe e a arte islâmica, ele se especializou em concentrar a atenção em objetos selecionados e em fazer uso de fontes literárias em árabe, persa e turco para interpretar suas imagens. Ele compartilhava a preocupação com a iconografia que foi a *raison d'être* do Warburg Institute da London University. Foi ele quem desbravou o caminho para o estudo do vocabulário visual da cultura islâmica — as estações, os signos do zodíaco, o ciclo principesco, o repertório de animais mitológicos e assim por diante.

Nascido em Estrasburgo, na França, em 1929, Oleg Grabar estudou em Harvard e começou a lecionar nos Estados Unidos na década de 1950.[14] Em 1980 passou a ocupar a cátedra Aga Khan de arte islâmica em Harvard e mais tarde foi professor do Instituto de Estudos Avançados em Princeton. Na juventude, participou de várias escavações arqueológicas no Oriente Médio. Suas publicações mais importantes foram inicialmente a respeito da antiga arquitetura islâmica, da tipologia dos palácios e de manuscritos ilustrados. Mais tarde, ele avançou para o estudo do significado da ornamentação islâmica. A abordagem de Grabar foi mais teórica e menos presa aos objetos que a de Ettinghausen. No entanto, embora suas publicações tenham sido importantes, a influência de Grabar foi no mínimo equivalente à dos historiadores da arte islâmica que ele formou. Ernst Herzfeld, outro grande especialista em arqueologia e arte islâmica, também veio para a América para o Instituto de Estudos Avançados de Princeton.

Shlomo Dov Goitein (1900-1985) publicou obras sobre aspectos religiosos da vida islâmica, mas acabou tornando-se um dos mais importantes historiadores da economia medieval do Oriente Próximo.[15] Ele nasceu na Baviera, numa família de rabinos húngaros, e estudou em Frankfurt. Deixou a Alemanha na década de 1920 e ensinou na Universidade Hebraica de Jerusalém, antes de mudar-se para os Estados Unidos na década de 1950. Acabou no Instituto de Estudos Avançados de Princeton. Em sua obra de cinco volumes, *A Mediterranean Society: The Jewish Communities of the Arab World as Portrayed in the Documents of the Cairo Geniza* [Uma sociedade mediterrânea: as comunidades judaicas do mundo árabe conforme retratadas nos documentos da genizá do Cairo] (1967-88), ele usou um enorme arquivo de registros da vida judaica medieval no Oriente Médio para produzir um levantamento extraordinariamente detalhado de todos os aspectos da vida diária, mas especialmente da prática comercial.

Franz Rosenthal (1914-2003) estudou com Schaeder e Paul Kraus na Alemanha, adquirindo a tradicional base orientalista em filologia, mas deixou a Alemanha em 1938 depois da Noite dos Cristais e por fim tornou-se professor em Yale. Excelente classicista que conhecia Homero e Hesíodo de cor, ele era um especialista em estudos greco-árabes e foi o autor de *Der Fortleben der Antike im Islam* ([A herança clássica no islã], 1965). Era também especialista em historiografia e foi o tradutor para o inglês da obra-prima histórico-filosófica de Ibn Khaldun, *Muqaddimah*. Produziu estudos especializados sobre o haxixe e o jogo no islã medieval que oferecem uma leitura fascinante.[16]

Acerca do influxo de judeus brilhantes chegando à vida acadêmica americana, Walter Cook, decano em Princeton, fez o seguinte comentário: "Hitler é meu melhor amigo; ele balança a árvore, e eu apanho as maçãs."[17] Uma conseqüência da migração de acadêmicos judeus para os Estados Unidos foi a substituição do alemão pelo inglês como a principal língua do orientalismo. Entretanto, nem todos os que deixaram a Alemanha nazista eram judeus. Joseph Schacht (1902-69) nasceu na Silésia Superior, numa família católica.[18] Tendo estudado hebraico num Gymnasium (escola secundária de elite), ele passou a estudar línguas orientais e o método filológico em termos mais gerais. Deixou a Alemanha em 1936 em protesto contra a ascensão dos nazistas ao poder e foi ensinar na Universidade do Cairo por uns tempos, antes de se transferir para os Estados Unidos, onde se tornou professor na University of Columbia, em Nova York. Deu continuidade ao trabalho de Goldziher sobre *hadiths* e investigou os *isnads*, ou encadeamentos de transmissão que supostamente conferiam autenticidade às tradições referentes ao que o Profeta teria dito e feito.

Muhammad ibn Idris al-Shafi'i (767-820) foi o maior jurista de seu tempo e fundou uma importante escola de direito islâmico que permanece até hoje. Compreender a evolução do direito shafiita é fundamental para o estudo da sociedade e das instituições muçulmanas sunitas. Goldziher não conseguiu estudar al-Shafi'i devidamente porque uma edição crítica de seus escritos jurídicos estava apenas começando a ser publicada quase no fim da vida de Goldziher. Entretanto, Schacht, trabalhando segundo a tradição de Goldziher, preparou um estudo extremamente crítico do direito shafiita e dos *hadiths* nos quais ele supostamente se basearia. Em *The Origins of Muhammadan Jurisprudence* [As origens da jurisprudência maometana] (1950), ele demonstrou que o final do século VIII foi um divisor de águas no desenvolvimento do direito islâmico. Como disse Patricia Crone em *Roman, Provincial and Islamic Law* [Direito islâmico, provincial e romano] (1987), o livro de Schacht "é uma obra de importância fundamental. Ele revelou não ser possível remontar os primórdios do direito islâmico a uma época na tradição islâmica anterior a aproximadamente um século após a morte do Profeta, e isso fortaleceu a defesa apriorística da opinião de que elementos estrangeiros teriam penetrado na Xariá".[19] Na realidade, Crone não concorda com todas as conclusões de Schacht e, em seu próprio livro, afirma que ele teria subestimado, em grau extremo, a importância do direito provincial preexistente. É assim, porém, que o orientalismo avança — por meio da discussão e da crítica mais do que pelo conforto do consenso. Schacht também realizou um trabalho importante sobre estudos do ismaelismo. Schacht, com seu brilhantismo austero, foi reverenciado pelos que vieram depois dele. Albert Hourani referiu-se a ele como "aquele grande e muito pranteado mestre de seus estudos". Wansbrough, de modo semelhante, o considerava o mestre. No entanto, o bom amigo de Schacht, o erudito Richard Walzer, observou a seu respeito que "ele só tinha princípios, mas absolutamente nenhum bom senso". Como já foi mencionado, Schacht ensinou em Columbia University, que é onde Edward Said também foi professor. Said, entretanto, jamais chega a mencionar o grande acadêmico em *Orientalismo*.

Entre os nascidos nos Estados Unidos, Marshall Hodgson foi um dos primeiros a dar uma importante contribuição para os estudos islâmicos.[20] Foi também um dos primeiros a tentar livrar-se de uma visão da história islâmica que estava condicionada pelas diretrizes filológicas e classicistas da tradição alemã. Ele questionou a alegação de Grunebaum e outros de que, em torno dos séculos IX ou X, o mundo islâmico teria vivido seu momento clássico e daí em diante teria caído em acentuada decadência. Ao contrário de Grunebaum, Hodgson, que também ensinou em Chicago e morreu com apenas 47 anos de idade em 1968, inspirou um bom número de historiadores com sua visão do papel central do islã na história mundial. Esse ponto foi salientado na obra em três volumes *The Venture of Islam: Conscience and History in a World Civilization* [A aventura do islã: consciência e história numa civilização mundial] (publicada postumamente em 1974), um trabalho pioneiro de síntese que pretendia repensar a forma pela qual se escrevia sobre a história islâmica. Em parte, isso foi feito por meio da ênfase total dada ao papel formador do ambiente físico da zona tórrida da massa de terra eurasiana. Em parte, através da maior atenção prestada às contribuições políticas e culturais dos persas, turcos e indianos (com uma ênfase proporcionalmente menor no papel predominante dos árabes). Isso por sua vez levou-o a descartar a noção de que a civilização islâmica teria atingido o apogeu no século VIII ou IX. Ele preferiu sugerir que a civilização islâmica estava em seu apogeu no que ele chamou de "Período Médio", que se estendeu das décadas finais do século X até o início do século XVI. Ele também chamou atenção para os consideráveis feitos culturais dos "impérios conquistados pela pólvora" nos séculos XVI e XVII.

Para promover novos modos de pensar sobre o tema, ele criou um vocabulário novo (e bastante deselegante): a "islamidade" designava os territórios em que os muçulmanos e sua religião eram predominantes; o "islamicato" referia-se à cultura desses territórios; o "ecúmeno" era o mundo estabelecido da alta cultura que se espalhava pela Europa, Ásia e África. Hodgson afirmava que a vasta extensão territorial do islã a partir do século VIII serviu para derrubar barreiras culturais que existiam anteriormente nos três continentes. Seu retrato da cultura islâmica era altamente favorável, e sua obra *Venture* não era de modo algum uma história da "Vitória do Ocidente". Ele também deu o devido peso à contribuição chinesa para o "ecúmeno" e mais especificamente para aquilo que a civilização islamicada ao redor deriva dele. Ele afirmava que o ecúmeno deveria ser visto como uma unidade única de estudo. Sua grande visão da história, como tantas grandes visões da história, foi fortemente influenciada por Ibn Khaldun. No entanto, Hodgson também era um cristão que tinha adotado a noção de Massignon da história como a "ciência da compaixão".

Hodgson costumava discordar de seus predecessores em notas de pé de página de uma agressividade divertida. No texto principal, a apresentação de seus argumentos, embora ocasionalmente fosse eloqüente, muitas vezes era bombástica e difícil. Mesmo assim, ele acabou se revelando um dos mais influentes escritores sobre a cultura islâmica nos tempos modernos. Um bom número de professores universitários da atualidade poderia descrever-se como hodgsoniano. De acordo com o romancista Saul Bellow, que o conheceu, "Marshall era vegetariano, pacifista e quacre — estranhíssimo, muito infeliz, sedutor com suas singularidades". Bellow, cuja visão era estreitada pelo sionismo apaixonado, não conseguia entender como qualquer acadêmico poderia se interessar pelos bárbaros árabes: "Por que um pacifista se apaixonaria pelo islã militante?"[21] A pergunta é retórica. Se Bellow, um intelectual que aparenta ser de uma ignorância extraordinária acerca do islã, tivesse querido uma resposta, ele poderia ter comparecido às aulas de Hodgson ou, mais tarde, poderia ter lido *The Venture of Islam*.

ALBERT HOURANI

Uma das resenhas mais longas e mais ponderadas sobre *The Venture of Islam* saiu no *Journal of Near Eastern Studies* [Revista de Estudos do Oriente Próximo]. Ela era de autoria de Albert Hourani (1915-93).[22] Hourani nasceu em Manchester, filho de um comerciante libanês protestante. Em Oxford, estudou filosofia, política e economia — não os clássicos. O excêntrico Margoliouth orientou sua tese inacabada de doutorado em filosofia. Hourani foi então trabalhar para o Royal Institute of International Affairs [Real Instituto de Assuntos Internacionais] e para o Ministério das Relações Exteriores antes de se tornar pesquisador em Magdalen College e, subseqüentemente, diretor do Centro do Oriente Médio em St Antony's College, Oxford. Antes de se voltar para a vida acadêmica, ele tinha sido um eloqüente defensor da causa palestina e, em termos mais gerais, um otimista quanto ao futuro do nacionalismo árabe. Sofreu então uma terrível decepção com a traição dos britânicos aos árabes da Palestina e, daí em diante, parece ter encontrado refúgio dos reveses da política contemporânea no estudo do mundo árabe do século XIX e início do século XX.

Ele foi um mestre da biografia intelectual, e seu melhor livro, *Arabic Thought in the Liberal Age* [O pensamento árabe na era liberal] (1962), à semelhança do clássico estudo de Edmund Wilson das origens ideológicas do comunismo soviético, *To the Finland Station* [Rumo à Estação Finlândia], é uma mescla de estudo do caráter e história intelectual. Hourani enfatizou, e talvez tenha exagerado nisso, o papel das idéias liberais francesas e britânicas na formação do moderno pensamento árabe. Antes da independência das nações árabes e das amargas realidades do pós-colonialismo, os dias de esperança haviam de ser encontrados na "Era Liberal". Um ensaio intitulado "Ottoman Reform and the Politics of the Notables" [A reforma otomana e a política dos notáveis] comprovou-se não menos influente. Nele, Hourani procurou demonstrar como figuras árabes notáveis de cada região, especialmente na Síria, costumavam atuar como mediadores entre o governo central otomano e os interesses locais. Entretanto, na era colonial, os intermediários notáveis foram mais ou menos forçados a tornar-se líderes de suas comunidades locais, com conseqüências que muitas vezes foram prejudiciais. Seu interesse pelas elites urbanas e pelas estruturas informais de poder era um reflexo direto de sua própria posição e personalidade. Era um aristocrático docente de Oxford, liberal e cortês, que invariavelmente preferia negociar e debater civilizadamente a entrar em confronto. Sua prosa elegante e de ritmo agradável conferia força a seus argumentos.

Em idade avançada, ele produziu um campeão de vendas: *A History of the Arab Peoples* [Uma história dos povos árabes] (1991), obra que foi publicada na época da Guerra do Golfo e que foi descrita por outro historiador do Oriente Médio, Malcolm Yapp, como "um livro que como nenhum outro evocava as imagens, os cheiros e os ritmos da vida árabe, e que incorporava essas percepções a uma narrativa fluente do curso da história árabe". A panorâmica de Hourani da história árabe, que competiu com obras anteriores de autoria de Philip Hitti e Bernard Lewis, recebeu forte influência do modelo de Ibn Khaldun do ciclo de ascensão e declínio dos regimes muçulmanos. (Vale salientar que as visões históricas de Kremer, Gibb e Marshall Hodgson foram, de modo semelhante, moldadas por sua leitura do norte-africano do século XIV.) A outra grande influência foi a de Goldziher. "Nossa visão do islã e da cultura islâmica é principalmente a que Goldziher estabeleceu."[23] Na década de 1950, Hourani converteu-se ao catolicismo. Embora fosse cristão, como muitos árabes cristãos nos tempos modernos, ele se identificava com os feitos dos muçulmanos. "O islã era o que os árabes tinham feito na história." Seu fascínio pela vida e pelo pensamento de Massignon pode ter sido um dos fatores subjacentes a sua conversão. Para Hourani, como para Massignon, a prática da história era uma série de exercício em empatia. Ele próprio um homem cortês e civilizado, Hourani costumava minimizar a importância do confronto, dissidência, guerra, perseguição, pobreza e da peste na história árabe. Ele produziu uma versão ensolarada, quase sem nuvens, daquela história.

Hourani também escreveu uma série de ensaios sobre a formação do orientalismo em que afirmava que ele não era um discurso independente, mas absorvia idéias de filósofos alemães da história como, por exemplo, Herder e Hegel, bem como de Darwin, Marx e outros que atuavam em campos muito diferentes. Seu interesse pelo pensamento alemão foi estimulado por sua ligação em Oxford com orientalistas ilustres, tais como Richard Walzer e Samuel Stern, que tinham se formado na Alemanha. Richard Walzer (1900-1975), amigo íntimo de Schacht, era um especialista em filosofia árabe e tinha fugido da Alemanha nazista para acabar em Oxford. Walzer também ensinou a Hourani "a importância de tradições acadêmicas: a forma pela qual os conhecimentos acadêmicos eram transmitidos de uma geração para outra através de uma espécie de sucessão apostólica, uma cadeia de testemunhos (uma *silsila* para empregar o termo árabe). Ele também me falou muito sobre a principal tradição de estudos islâmicos na Europa, a que se expressava em alemão".[24] Em comparação, Hourani tinha consciência de como o orientalismo britânico estava estabelecido sobre bases fracas e como o pequeno número de postos de ensino nesse campo fazia com que os especialistas acadêmicos se tornassem generalistas. (É bastante fácil encontrar quem publique um livro geral sobre a cultura islâmica ou a história árabe. Entretanto, para quem tentar publicar algo sobre a numismática fatímida ou sobre a ideologia dos almorávidas, as coisas não são tão fáceis, e uma editora pode exigir algum subsídio antes de pensar em publicar assuntos tão indecifráveis.) Embora fosse amigo de Edward Said, Hourani lamentou que o livro de Said tivesse tornado o orientalismo um palavrão. Hourani deplorou a munição que ele deu àqueles muçulmanos que afirmavam que o islã somente podia ser estudado corretamente por muçulmanos. Ele também questionou por que aqueles orientalistas que escreveram em alemão, especialmente Goldziher, não tinham sido levados em consideração.[25]

MARXISTAS E OUTROS NA FRANÇA

Esforços para apresentar o orientalismo como um discurso monolítico necessariamente deixam de levar em conta, ou minimizam, a importância das contribuições dadas pelos marxistas a esse campo. O orientalismo marxista russo já foi examinado. A contribuição dos marxistas franceses não foi menos importante. Claude Cahen (1909-91) foi descrito por um historiador americano do mundo árabe, Ira Lapidus, como o maior historiador do Oriente Médio no século XX.[26] O afastamento em relação ao foco voltado para o anedótico e heróico foi em grande parte iniciativa desse historiador. Quando Cahen tinha 6 anos de idade, sua mãe fez com que chorasse ao lhe relatar os infortúnios de Luís IX no Egito. Quando por fim estava pronto para produzir sua primeira obra de porte, *La Syrie du Nord à l'époque des Croisades* (1940), ele estava preparado para assumir uma perspectiva muito mais severa e distanciada quanto à respectiva sorte de cristãos e muçulmanos no Oriente Próximo nos séculos XII e XIII. Cahen era marxista, e em *La Syrie du Nord* ele muito se esforçou para apresentar a região como um território autônomo, em vez de como uma extensão imperial temporária da Europa medieval. Ele prestou atenção, com um cuidado especial, à topografia e economia do norte da Síria. Queria afastar-se da história como relato dos feitos de grandes homens. No Congresso Orientalista de 1954 em Cambridge, ele denunciou o que encarava como historiografia de amadores, produzida por imperialistas, colonialistas e missionários, bem como sua excessiva preocupação com os assuntos de sultões, estudiosos e grandes artistas. (Foi grande sua surpresa quando, ao final do discurso, Gibb aproximou-se e lhe deu um forte aperto de mão. No entanto, como já vimos, Gibb tinha um entusiasmo semelhante pela destruição das antigas fronteiras do orientalismo convencional.)

Cahen era também hostil à idéia de atribuir à religião ou à filosofia um papel central na história do Oriente Próximo medieval. Não lhe agradava o uso do islã como a força explanatória ou estruturadora naquela história. Tampouco sentia entusiasmo por utilizar a poesia e as belas-letras como fontes históricas. Era um especialista inigualável nas fontes históricas de acordo com sua definição mais estrita, fossem impressas, fossem em manuscritos. Ninguém fez mais para identificar, organizar e traduzir textos árabes referentes à história do Egito ou da Síria nos séculos XII e XIII — nem jamais fará, creio eu. Seu marxismo também se manifestava no interesse pelo papel daqueles grupos urbanos no Cairo e em Bagdá no período medieval que talvez fossem os precursores de um moderno *Lumpenproletariat*. Entretanto, apesar de seu marxismo, ele encarava com suspeita muitas das aplicações de "feudal" e "burguês" ao Oriente Próximo. Era semelhante sua suspeita diante da idéia do "modo asiático de produção", que alguns marxistas alegavam ser o precursor dos modos antigo, feudal e capitalista de produção.

Ele ensinou na Sorbonne. A ênfase que dava a fatores econômicos e sociológicos estava obviamente muito distanciada da excêntrica versão espiritualizada do passado do islã adotada por Massignon. Entretanto, Cahen era, como Massignon, antiimperialista e anti-sionista, tendo feito campanha pelos direitos dos palestinos. Ele pertencia ao partido comunista francês e aceitou lealmente as invasões soviéticas da Hungria e da Checoslováquia. (Conseguiu, porém, discordar quanto à base científica da obra de Lysenko sobre a evolução e a modificação de lavouras. Está claro que ele considerava o cientista soviético um enganador.) Cahen somente deixou de lado sua participação no partido em torno de 1960. Ele não foi de modo algum uma figura única como marxista francês e orientalista anticolonialista.

Maxime Rodinson (1915-2004), como Cahen, era de uma família judaica.[27] Seus pais eram comunistas da classe operária em Paris. Quando menino, ele participou de demonstrações a favor do levante rifenho no Marrocos na década de 1920, contra a administração colonial francesa. Ele começou a trabalhar como entregador de croissants a datilógrafos, mas no tempo livre dedicava-se a trabalhar em bibliotecas, para aprender sozinho os elementos do estudo acadêmico. Uma leitura de Renan fez com que se interessasse pela filologia comparada das línguas semíticas. Com o tempo, ele foi levado ao estudo de várias línguas semíticas, assim como do amárico, na École Spéciale des Langues Orientales Vivantes. Passou a maior parte da guerra em Beirute, onde tinha muitos contatos com comunistas árabes.

Em 1955, tornou-se professor de etíope antigo na École Pratique des Hautes Études. Pertenceu ao partido comunista de 1937 a 1958. Como comunista leal, foi obrigado a afirmar, contra todas as provas, que os judeus russos não queriam ir para Israel. "Através do sionismo, a traição penetrou no mundo socialista", segundo Rodinson. Enquanto médicos e outros judeus eram vítimas dos expurgos de Stalin, Rodinson sustentava que não existia nada que se pudesse chamar de anti-semitismo soviético. Ele esperava que o marxismo fornecesse a ideologia necessária para a modernização do mundo árabe.

Rodinson, que tinha estudado com Massignon, não compartilhava do entusiasmo de Said pelo mestre; e, em reação à espiritualidade bombástica de Massignon, decidiu concentrar a atenção num aspecto da cultura material. Por isso, publicou uma série de artigos sobre a culinária árabe medieval. Afinal de contas, argumentou ele, nem todos os muçulmanos eram místicos; mas, místicos ou não, todos precisavam comer. Desde a infância, Rodinson tinha percebido uma afinidade entre o islã e o comunismo. Em 1961, ele produziu uma biografia de Maomé, sobre a qual posteriormente escreveu o seguinte: "É provável que, em termos inconscientes, eu o tenha comparado a Stalin."[28] Rodinson apresentou uma vida de Maomé, positivista e ateísta, que o situava no interior da economia mercantil em transformação da tribo coraixita em Meca. O islã era apresentado como semelhante a um partido político mais do que a um movimento espiritual. O posterior movimento xiita dos ismaelianos era apresentado como uma espécie de precursor remoto da Internacional Comunista. Em 1966 Rodinson publicou *Islam and Capitalism* [Islã e capitalismo] (1966), obra em que afirmava que o islã não impedia o crescimento do capitalismo, mas, por outro lado, também não o ajudava. Sua obra *Israel and the Arabs* [Israel e os árabes] (1968) argumentava que na essência a luta dos árabes contra Israel era uma guerra anticolonialista, enraizada "na luta de uma população indígena contra a ocupação de parte de seu território por estrangeiros".

La Fascination de l'Islam de Rodinson (1980, traduzido como *Europe and the Mystique of Islam* [Europa e a mística do islã]) é um relato curto e austero do desenvolvimento dos estudos árabes e islâmicos. Ele foi especialmente crítico quanto à polêmica religiosa e à tendenciosidade filológica. Seu livro inclina-se a exagerar a importância dos orientalistas franceses em detrimento daqueles de outras nações. Embora Rodinson aceitasse de bom grado o desafio ao que ele julgava ser o presunçoso contentamento de tantos orientalistas, para ele a crítica anterior de Said era exagerada, baseada em leitura insuficiente e irracionalmente limitada a orientalistas franceses e britânicos. Ele considerava por demais ingênua a associação feita por Said entre o colonialismo e o orientalismo. O livro de Said voltava para os árabes um foco exclusivo demais, ao passo que Rodinson salientava que quatro de cada cinco muçulmanos não eram árabes. Ademais, ao contrário de Said, ele não acreditava que a má-fé ou a intenção de polemizar de um acadêmico prejudicasse necessária e intrinsecamente tudo o que esse acadêmico escrevesse. Ele proferiu um discurso na Conferência de Orientalistas de Leiden, no qual, entre outras coisas, salientou que o fato de Champollion ter idéias racistas acerca da degeneração dos egípcios modernos não afetava a correção de sua decifração de antigos hieróglifos egípcios.

Embora não fosse monopolizado pelos marxistas, o orientalismo francês sem dúvida parece ter sido dominado pela ala esquerda. Jacques Berque (1910-95) nasceu na Argélia e serviu na administração colonial no Marrocos.[29] Aos poucos, porém, ele começou a se isolar do ponto de vista colonial, passou a adotar posições socialistas e a se identificar com os oprimidos. Ocupou a cadeira de história social do islã contemporâneo no Collège de France e produziu livros sobre a história moderna do mundo árabe. Seu trabalho mais ambicioso foi uma história do Egito moderno com uma fanática tendência francófona. Como *pied-noir*,* era compreensível que ele demorasse para aceitar que o experimento colonial na Argélia estava fadado ao insucesso. Ele nunca se emancipou totalmente do chauvinismo e afirmava que os países árabes do Maghreb (Marrocos, Argélia e Tunísia) "ainda são para nós o lugar de nosso orgulho e de nossas lágrimas" e que a língua francesa "continua a ser — ouso proclamar ainda hoje — o helenismo dos po-

---

Pied-noir, ou "pé negro", é uma forma coloquial de designar um morador do norte da África que seja de origem européia. (*N. da T.*)

vos árabes". Tendo de início sustentado que o futuro do mundo árabe seria democrático, socialista e secular, ele ficou desconcertado com o ressurgimento do islã no Egito, no Irã e em outros lugares. A sua sociologia do mundo árabe era altamente literária, adornada com evocações sensuais das cores e cheiros da vida diária naquele mundo. Num nível mais teórico, ele lutou para detectar a passagem do "sagrado para o histórico" e discutiu os problemas da alienação e da identidade em ensaios bastante trabalhosos, cheios de alusões, até mesmo de uma vacuidade pretensiosa, a respeito das características das sociedades mediterrâneas e da cultura islâmica.

Ao contrário desses orientalistas dedicados à esquerda, o arabista André Miquel (nascido em 1929) escolheu o árabe por motivos estéticos.[30] Quando menino, ele decidiu que queria trabalhar numa área que fosse obscura e de importância marginal, na qual ele pudesse fazer pesquisas e publicar em paz. Para isso, aprendeu árabe sozinho. Como havia poucos postos de ensino universitário no campo de sua escolha, ele de início trabalhou como representante da cultura francesa na Etiópia e no Egito (e durante esta última temporada passou cinco meses na cadeia, suspeito de espionagem). Quando foi libertado, conseguiu um posto universitário em Aix-en-Provence; e pelo menos em parte sob a influência de seu amigo, o famoso historiador de *Annales*, Fernand Braudel, produziu trabalhos importantes sobre a geografia árabe medieval. Sua maior importância é como tradutor e popularizador da literatura árabe medieval. A partir de 1968, ensinou em Paris, e foi lá que reuniu uma equipe de acadêmicos que produziu uma série de estudos especializados sobre *As mil e uma noites*. É também o autor de uma encantadora autobiografia, *L'Orient d'une vie* (1990).

OS NOBRES BRITÂNICOS

O orientalismo britânico era menos radicalizado do que o francês. Os estudos sobre o Oriente Médio, especialmente em Londres, eram dominados por um imponente patriciado de acadêmicos que adotava o que se pode chamar com certo grau de aproximação de posições de direita. Esses acadêmicos (entre eles Bernard Lewis, Elie Kedourie, P. J. Vatikiotis [Taki] e Ann Lambton) inclinavam-se a um ceticismo quanto aos objetivos declarados do socialismo e do nacionalismo árabes, a uma posição defensiva acerca do papel da Grã-Bretanha no Oriente Médio e solidária para com Israel. Contudo, eles eram (ou em alguns casos ainda são) acadêmicos e, mesmo que se possa detectar uma veia direitista em seus textos, isso em si não exime o leitor de considerar cuidadosamente suas pesquisas e as conclusões a serem extraídas (e, é claro, o mesmo tipo de raciocínio aplica-se aos textos dos marxistas franceses mencionados anteriormente). Na década de 1960, os professores na Escola de Estudos Orientais e Africanos tinham mais poder do que atualmente. Malcolm Yapp, na época professor auxiliar na Escola, descreveu-a como se segue: "Naquela época, a Escola constituía uma estrutura fluida destinada a facilitar as iniciativas acadêmicas pessoais de sua equipe acadêmica, em vez de ser um esquema de compartimentos bem definidos e com finalidade própria, no qual estudiosos trabalhariam individualmente para atingir o bem maior."[31] Ademais, a influência das figuras proeminentes nos estudos sobre o Oriente Médio não se restringia aos círculos acadêmicos. Nos séculos XVIII e XIX, os orientalistas escreviam uns para os outros. No século XX, porém, e especificamente depois da Segunda Guerra Mundial, isso mudou, à medida que especialistas no islã e em questões árabes eram convidados a escrever livros de cunho geral para um público leigo, além de contribuir para jornais, publicações literárias e programas de rádio e televisão.

Bernard Lewis é membro da Academia Britânica, membro da Real Sociedade Histórica, membro da Sociedade Filosófica Americana, professor emérito da Princeton University e detentor de vários graus honoríficos, além de membro do Athenaeum. Entretanto, ele também figura como um dos demônios mais sinistros que povoam as páginas do fantasmagórico *Orientalismo* de Said.[32] Nascido em 1916, Lewis aprendeu hebraico quando menino (ele era judeu). Estudou história na London University e foi aluno de Gibb, antes de obter um diploma em estudos semíticos em Paris em 1937, onde estudou com Massignon. Depois de completar um doutorado em London University em 1939, ensinou por um curto período na Escola de Estudos Orientais; mas, tendo sido convocado, serviu no Real Corpo de Blindados e no Corpo de Informações antes de ser destacado para um departamento do Foreign Office [Ministério de Relações Exteriores]. Durante a guerra, foi publicado o livro de sua tese, *The Origin of Isma'ilism* [A origem do ismaelismo] (1940). Esse breve livro apresentava o movimento medieval xiita como manifestação de um protesto social baseado nas classes. (Apesar de Lewis ter considerado a possibilidade de o movimento ismaeliano ter sido algum tipo de precursor do comunismo, ele chegou à conclusão de que não era esse o caso.) Seu trabalho de guerra no Foreign Office levou a seu livro seguinte, *A Handbook of Diplomatic and Political Arabic* [Manual de árabe diplomático e político] (1947). Ao longo de toda a sua carreira, ele manteve uma constante preocupação filológica com a terminologia, especialmente o vocabulário da política, da diplomacia e da guerra em árabe.

Em 1950 ele publicou *The Arabs in History* [Os árabes na história], uma obra clássica de síntese compacta, na qual ele estabeleceu firmemente na era abássida a época áurea dos árabes. Em edições antigas desse livro (pois ele passou por muitas edições), o autor apresentou o movimento ismaeliano xiita semiclandestino dos séculos IX e X como uma espécie de revolução que não deu certo; que, se tivesse tido êxito, poderia ter prenunciado um renascimento humanista e liberado os muçulmanos de uma interpretação por demais literal do Corão. Quanto ao futuro do mundo árabe, ele sustentava que os árabes tinham a escolha de entender-se com o Ocidente e participar de igual para igual dos benefícios políticos, sociais e científicos ou recolher-se para o interior de algum tipo de concha teocrática, medievalista. Ele sem dúvida exagerou a liberdade de escolha disponível aos árabes, já que escreveu como se os Estados Unidos, a Europa e Israel não exercessem nenhum poder militar, diplomático ou econômico no Oriente Médio. Mesmo assim, é um livro interessante, tendo em vista que seu primeiro rascunho foi elaborado antes que fosse sentido o pleno impacto da existência de enormes reservas de petróleo no Oriente Médio e, naturalmente, antes da ascensão do fundamentalismo e a restauração do xiismo. Embora a futura importância política do xiismo não estivesse nem um pouco clara na década de 1940, ainda assim Lewis, presumivelmente instigado por seu tópico original de pesquisa, devotou realmente muita atenção a vários movimentos xiitas e a outros de oposição. Nas décadas por vir, ele cada vez se inclinava mais a encontrar semelhanças desses movimentos com o comunismo e organizações terroristas árabes.

Em 1949, com apenas 33 anos de idade, tornou-se professor da história do Oriente Próximo e Médio na Escola de Estudos Orientais e Africanos. Era um professor fluente e popular. Em 1961, publicou o que com quase toda a certeza foi seu livro mais substancioso, *The Emergence of Modern Turkey* [O surgimento da Turquia moderna]. Quem quiser determinar os méritos de Lewis como orientalista precisa dedicar-se a esse livro e a outras obras da década de 1960. Não basta expô-lo ao ridículo com base em ensaios posteriores e textos de ocasião. Em *The Emergence of Modern Turkey*, Lewis elogiou os turcos por terem se livrado de seu passado imperial decadente e terem procurado aproximar-se da noção de nação e democracia, graças principalmente à qualidade demonstrada pelos turcos — "uma qualidade de serena confiança em si mesmo, de responsabilidade, acima de tudo de coragem cívica". O que era incomum na época em que foi publicado era o fato de Lewis ter recorrido mais a fontes turcas do que à produção de observadores ocidentais.

Seu livro seguinte, *The Assassins* (1967), apresentou essa ramificação medieval dos ismaelianos, com sua propensão ao assassinato político, como um precursor das modernas organizações terroristas. (A OLP tinha sido fundada em 1964. Em 1966, israelenses nas proximidades de Hebrom foram mortos por uma mina terrestre plantada por palestinos, um prenúncio do que estava por vir.) *Race and Color in Islam* (1970) [Raça e cor no islã] (1970), atacou o mito hipócrita de que não existe nada semelhante ao preconceito racial na cultura islâmica. *Race and Slavery in the Middle East: An Historical Enquiry* [Raça e escravidão no Oriente Médio: uma investigação histórica] (1990) examinou de modo semelhante a noção de que o tráfico de escravos e a escravização de africanos negros seria o crime histórico peculiar ao Ocidente cristão. Uma das questões de que tratou *The Muslim Discovery of Europe* (1982) [A descoberta muçulmana da Europa] foi por que motivo, pelo menos até o século XIX, os muçulmanos tinham tão pouco interesse pela Europa. Por outro lado, graças à sua erudição e vasta leitura, ele pôde apresentar mais provas de um interesse limitado pela Europa por parte dos muçulmanos do que qualquer um poderia ter imaginado até aquele momento. Em *The Jews of Islam* [Os judeus do islã] (1984), Lewis salientou repetidamente que os judeus eram bastante bem tratados e tolerados no mundo muçulmano pré-moderno. Entretanto, ele também chamou atenção para os limites dessa tolerância e para os eventuais *pogrons* contra os judeus.

Em geral, é preciso que fique claro que Lewis tem uma propensão a examinar temas pouco confortáveis — temas que os apologistas muçulmanos e os idealistas que acreditam numa genuína idade de ouro dos árabes prefeririam que não fossem examinados. Embora sua seleção de tópicos talvez sugerisse algum programa de ação, a identificação de Bernard Lewis, tanto como amigo de Israel quanto como defensor das políticas americanas no Oriente Médio, e a conseqüente polêmica dirigida contra suas realizações acadêmicas anteriores simplesmente apagaram como foi positiva sua descrição da cultura árabe e islâmica e como é profundo seu conhecimento dessa cultura.

Em 1974 (ano da publicação de *Orientalismo*), Lewis deixou a SOAS para ir para os Estados Unidos. Houve rumores de que um fator por trás de sua mudança teria sido sua crescente desilusão com a radicalização do corpo de alunos na SOAS. Ele foi ocupar a cátedra Cleveland E. Dodge de estudos do Oriente Próximo em Princeton. Apesar de ter se aposentado em 1986, ele continuou a dar palestras e publicar. Entre outros textos, publicou algumas belas traduções de poesia do árabe, persa, turco e hebraico. Quanto a sua prosa, ela é sempre elegante e ritmada. Nunca se tem dúvidas sobre o que ele está tentando dizer exatamente (e isso nem sempre é o caso com a maioria de seus oponentes). Entre as obras tardias, *The Middle East: 2000 Years of History from the Rise of Christianity to the Present Day* [O Oriente Médio: 2.000 anos de história do surgimento do cristianismo até a atualidade] (1995) resumia suas opiniões com certa amplitude. Em sua conclusão, ele observou que "o problema maior que vinha exercitando as mentes muçulmanas havia séculos [era] o problema do poder e da riqueza do Ocidente em contraste com a relativa pobreza e impotência dos povos e estados muçulmanos". Essa idéia repete num tom mais direto a conclusão de *The Arabs in History*, obra escrita tantas décadas antes. Os árabes tinham tido seu apogeu na Idade Média. Para Lewis, a história no prazo mais longo tem sido o relato da Vitória do Ocidente. O islã simplesmente precisa se adaptar a uma modernidade moldada pelo Ocidente. Não é o tipo de mensagem que a maioria dos muçulmanos queira ouvir. Por outro lado, é difícil dizer que está obviamente errada.

Desde que se aposentou, Lewis vem preferindo reciclar idéias e provas de outras obras numa série de livros de temática geral e artigos de resenha; e são essas obras que seus críticos costumam rebater. Inevitavelmente, suas amplas resenhas dependeram até certo ponto de generalizações. Um artigo particularmente controvertido, "The Roots of Muslim Rage" [As raízes da ira muçulmana], foi publicado em *Atlantic Monthly* (setembro de 1990); e nesse artigo foi usada pela primeira vez a expressão "choque de civilizações" — uma expressão que mais tarde foi colhida por Samuel Huntington e usada como título de um livro polêmico. Embora a maioria dos liberais de direita e dos que crêem no multiculturalismo rejeite a noção de um choque, está claro que alguns muçulmanos acreditam exatamente nisso e acreditam tratar-se de um choque do qual eles têm esperança de sair vitoriosos. Por outro lado, árabes de tradição secular acusaram Lewis de ter exagerado tanto a importância central do islã na história do Oriente Médio, como seu papel como freio à aceitação da ciência, da democracia e dos direitos da mulher.

Lewis foi um dos principais alvos de *Orientalismo* e publicações posteriores de Said, embora Said fosse propenso a se concentrar nos ensaios tardios de Lewis, voltados para a popularização de idéias, e deixasse de lidar com suas grandes obras anteriores. Sob certos aspectos, as críticas de Said são surpreendentemente obtusas. Ele não percebeu o quanto Lewis em suas primeiras obras devia crédito a Massignon (que Said admirava) e como Lewis era solidário com os revolucionários e os oprimidos. Por outro lado, Said e Lewis têm muito em comum, e Said pode ter extraído mais de Lewis do que se deu conta. Lewis deu enorme ênfase à expedição francesa ao Egito como um momento decisivo na história do mundo árabe e como o prenúncio da Vitória do Ocidente. Lewis, como Said, ressalta a lamentável falta de uma sociedade civil no mundo islâmico. Lewis, como Said, considera o orientalismo importante. Lewis não foi realmente atacado por Said por ser um mau acadêmico (o que ele não é), mas por ser um defensor do sionismo (o que ele é).

Elie Kedourie (1926-92) nasceu numa abastada família judaica em Bagdá.[33] (Pelo menos até a década de 1950, havia uma próspera comunidade judaica no Iraque, que foi mais ou menos exterminada por expurgos sucessivos.) Embora ele viesse a escrever num inglês esplêndido, essa foi sua terceira língua, depois do árabe e do francês. Ele foi estudar na London School of Economics e depois foi fazer pesquisa histórica em St Antony's College, Oxford. Hamilton Gibb, que foi um dos examinadores da tese de Kedourie, não gostou das ferozes críticas de Kedourie tanto à política britânica no Iraque como ao nacionalismo árabe. Os dois homens tiveram um grave confronto, e Kedourie abandonou sua tese. Apesar desse revés, o famoso filósofo conservador Michael Oakeshott salvou a carreira acadêmica de Kedourie, garantindo-lhe um posto como professor na London School of Economics.

Kedourie produziu então uma série de artigos e livros importantes, a maioria dos quais baseada em pesquisa meticulosa em arquivos antigos e todos desenvolvidos com uma eloquência incisiva. Num ensaio intitulado "The Chatham House Version" [A versão de Chatham House], ele dissecou o tipo de arabismo bem-intencionado, mas equivocado, representado por Gibb. Martin Kramer (sobre quem falaremos adiante) caracterizou o ensaio como se segue: "Foi uma refutação rigorosa a toda uma escola de erros, uma escola que repousava numa filosofia niilista de culpa ocidental, articulada pelos que se intitulam um clero de especialistas."[34] Kedourie lamentou a destruição do império otomano e depois disso o colapso do império britânico. Ele encarava com cinismo os projetos e fanfarronadas dos políticos árabes contemporâneos e descrevia o Oriente Médio como "uma selva de tigres". Como Massignon, ele foi influenciado por aquele extraordinário pensador político, Joseph de Maistre, se bem que sua interpretação dos sinistros ensinamentos de De Maistre fosse muito diferente da leitura de Massignon.

Chatham House era um alvo especial para Kedourie, por conta do desdém que ele sentia pelas pessoas ligadas àquele instituto de estudos internacionais e sua tendência a pedir desculpas pelos males do colonialismo britânico, além de sua presteza em dourar realidades desagradáveis sobre a moderna história árabe. Em Chatham House ele descobriu "a voz estridente e clamorosa do radicalismo inglês, sedento de lamentações prazerosas, cheias de auto-acusação". Kedourie não endossava a visão de Hourani de uma era liberal dos árabes e escreveu desmascarando os estudos de algumas das principais figuras associadas àquele suposto fenômeno. Ele adotava uma abordagem consistentemente obstinada diante de questões políticas e econômicas, e sustentava que "a posse do poder político e militar determina quem há de usufruir dos frutos do trabalho". A hostilidade de Kedourie ao nacionalismo árabe fez dele uma leitura predileta entre os defensores de Israel. E, por exemplo, a seguinte passagem de *Nationalism in Asia and Africa* de Kedourie, sobre a maldita exportação da teoria política ocidental, especialmente do nacionalismo, para outros continentes foi citada no livro de Saul Bellow, *Jerusalém, ida e volta*: "Uma urticária, uma doença, uma infecção que se espalhou da Europa Ocidental pelos Bálcãs, o império otomano, a Índia, o Extremo Oriente e a África, corroendo o tecido da sociedade estabelecida para deixá-la enfraquecida e indefesa, diante de aventureiros ignorantes e sem escrúpulos em busca de mais horrores e atrocidades: são esses os termos para descrever o que o Ocidente fez ao resto do mundo, não de modo premeditado ou consciente, mas em geral movido pelas melhores intenções e através do exemplo de seu prestígio e prosperidade."[35]

Como Kedourie, Panayiotis J. Vatikiotis (1928-97) cresceu num ambiente levantino multirracial e multiconfessional que agora está praticamente extinto.[36] Ele nasceu e cresceu em Jerusalém numa família de gregos palestinos e posteriormente ensinou no Egito e nos Estados Unidos antes de se mudar para Londres. De 1965 em diante, ensinou política do Oriente Médio na SOAS, onde foi amigo e aliado de Bernard Lewis. Foi um crítico feroz dos despotismos do mundo árabe. Encarava com ceticismo os objetivos e a capacidade da Organização para a Libertação da Palestina, e via Nasser com cinismo. *The Egyptian Army in Politics* [O exército egípcio na política] (1961) foi um dos livros mais importantes de Vatikiotis.

Era inevitável que ele fosse selecionado para ser um dos alvos principais de Said em *Orientalismo*. Said escolheu concentrar seu foco num ensaio que Vatikiotis tinha escrito como introdução para um volume de estudos sobre revoluções no Oriente Médio. Nessa introdução, Vatikiotis afirmara que, ainda que fossem freqüentes os golpes no Oriente Médio, faltavam à região as categorias políticas essenciais para uma revolução no pleno sentido da palavra. A leitura de Said dessa introdução era a de que ela dizia "nada menos que a revolução é uma forma nociva de sexualidade".[37] É extremamente improvável que essa interpretação de Vatikiotis em termos eróticos tivesse ocorrido a qualquer outra pessoa além de Said. É, porém, justo criticar os textos de Vatikiotis por sua eventual tendência a resvalar para um obscuro jargão sociológico. Diferentemente de Hourani, Lewis e Kedourie, ele não escrevia com elegância. Mais para o fim de sua carreira na SOAS, ele foi ficando cada vez mais deprimido pelos cortes nos fundos destinados à instituição pelo governo conservador: "A partir de políticas de racionalização *ad hoc*, com a introdução de novos esquemas de provimento de recursos para a educação superior, nós de repente perdemos a maioria dos colegas mais brilhantes, fosse por uma aposentadoria precoce ou prematura, por demissão voluntária, fosse por transferência para o outro lado do Atlântico. A partida deles empobreceu o padrão acadêmico e erudito bem como a qualidade intelectual da instituição(...)" Para ele, a reputação da SOAS, daquele ponto em diante, repousava em nada mais do que em realizações passadas.

A partir da década de 1960 e pela primeira vez, os arabistas anglófonos tiveram um dicionário decente do árabe moderno, ainda que fosse baseado em primeira instância na atividade acadêmica alemã. *A Dictionary of Modern Written Arabic* [Um dicionário do árabe escrito moderno] (1961) de Milton Cowan era uma versão inglesa ampliada do *Arabisches Wörterbuch für die Schriftsprache der Gegenwart* (1952), de Hans Wehr, que era de fato o resultado de um esforço de colaboração de orientalistas alemães durante os primeiros anos da década de 1940. Era baseado principalmente na procura de itens lexicais em obras modernas da literatura árabe, em vez de recolhê-los em dicionários do árabe medieval, que era o que Lane tinha feito no século XIX.

A publicação do Relatório Hayter em 1961 deu apenas um breve estímulo aos estudos árabes e ao orientalismo em termos mais gerais.[38] Como vimos, o Relatório Scarborough recomendara que somas significativas fossem destinadas ao ensino de temas exóticos; mas, depois de apenas alguns anos, os recursos que tinham sido prometidos foram sendo cortados. A Comissão Hayter foi estabelecida pela Comissão de Subvenções para Universidades para dar seguimento ao relatório Scarborough e corrigir a falta de implementação constante das recomendações do relatório anterior. Sir William Hayter, presidente da nova comissão, recomendou a extensão dos estudos sociais e estudos modernos relacionados à África e à Ásia. O tipo de expansão que o relatório tinha recomendado recebeu recursos por algum tempo; mas, na década de 1970, quase todos os departamentos em todas as universidades britânicas começaram a sofrer daquela espécie de retração que tanto tinha consternado Vatikiotis. As matérias exóticas foram extraordinariamente atingidas. Afinal de contas, qual era o sentido de esbanjar fundos em estudos árabes? Durante a década de 1950 e 1960, a posição da Grã-Bretanha no Oriente Médio foi se deteriorando com uma velocidade surpreendente. Além disso, fosse como fosse, no período do pós-guerra, quase todos os árabes com quem os britânicos lidavam falavam francês ou inglês. Ocasionalmente talvez fosse possível surpreender e deliciar um anfitrião árabe dirigindo-lhe a palavra em sua língua, mas essa era uma vantagem limitada para despesas tão pesadas com estabelecimentos de ensino em Londres e em outros locais. No que dizia respeito ao estudo do islã, acadêmicos ocidentais e notáveis a eles associados tinham a propensão a considerar a religião como uma sobrevivente pós-medieval, fadada a definhar diante do secularismo ao estilo ocidental. Foi necessário que ocorresse a revolução iraniana de 1978-79 para mudar percepções.

 Fora de Londres, o estudo e o ensino do árabe eram menos atrelados a programações contemporâneas. Alfred Felix Landon Beeston (1911-95), de cabelo comprido, barrigudo, fumante inveterado e muito simpático, foi um dos famosos excêntricos de Oxford.[39] Quando eu estudava em Oxford na década de 1960, lembro-me de ter ouvido que numa noite Beeston percorreu Oxford nu, de bicicleta, com a polícia no seu encalço, mas conseguira escapar à perseguição abandonando a bicicleta para atravessar o Cherwell a nado. Beeston de início fez pesquisas sob a orientação de Margoliouth. Sua maior paixão era o estudo de antigas inscrições do sul da Arábia. Quando Gibb foi embora para os Estados Unidos, Beeston o substituiu como professor na cátedra laudiana. Além de numerosas publicações sobre os antigos manuscritos árabes e sobre a poesia árabe medieval, ele também escreveu um manual incisivo sobre a língua árabe contemporânea, e foi ele quem conseguiu abrir lugar para o árabe moderno no currículo de Oxford. Tentando provocá-lo a conversar à mesa de jantar na faculdade, perguntei-lhe se ele recentemente tinha lido alguma coisa boa em árabe. Sim, respondeu ele. No quarto de hotel no Cairo, tinha encontrado um exemplar de uma tradução para o árabe de *Os diamantes são eternos* de Ian Fleming e tinha achado o romance incrivelmente bom.

Em Cambridge, Malcolm Lyons, que ocupou a cátedra Thomas Adams de 1985 a 1996, era interessado principalmente em contos populares e na literatura da época medieval, apesar de ter sido co-autor de uma importante biografia de Saladino.[40] Como seus predecessores em Cambridge, Lyons tinha sido imerso na literatura grega e latina, tendo recebido grau máximo nos exames tradicionais de clássicos de Cambridge, antes de voltar a atenção para o árabe. O jovem Lyons decidiu que os estudos clássicos já estavam excessivamente cobertos, e que o estudo do árabe clássico, que oferecia alguns dos mesmos encantos que o estudo do latim e do grego antigo, haveria de proporcionar oportunidades muito maiores para trabalho pioneiro e para descobertas independentes.

A biografia do profeta Maomé por William Montgomery Watt foi estudada por Maxime Rodinson, que decidiu então que ela não era suficientemente marxista e se dedicou a escrever sua própria versão. Entretanto, por algumas décadas, a biografia em dois volumes de autoria de Watt foi efetivamente a versão autorizada para não-muçulmanos. William Montgomery Watt (nascido em 1909) estudou em Oxford e Iena.[41] Ele ensinou filosofia moral em Edimburgo antes de ser ordenado ministro anglicano. Passou a se interessar pelo islã enquanto trabalhava com o bispo de Jerusalém na década de 1940. De 1947 em diante ensinou árabe na Edinburgh University, e em 1964 tornou-se catedrático de árabe e estudos islâmicos nessa instituição, posto que manteve até sua aposentadoria em 1979. Embora tenha publicado muito acerca de questões islâmicas, seus livros mais importantes foram sua biografia de Maomé, publicada como *Muhammad at Mecca* (1953) e *Muhammad at Medina* (1956). Watt deu muita ênfase ao que supunha ser a fundamentação econômica dos sermões do profeta. Ele apresentou Meca como o centro de um império mercantil no qual a tribo coraixita (à qual Maomé pertencia) enriqueceu com os lucros do comércio com especiarias, bem como com a guarda de um santuário pagão lotado de ídolos. (Posteriormente esse construto pseudo-histórico foi eficientemente demolido por Patricia Crone.)[42] De acordo com Watt, a transição no século VII para uma economia mercantil em Meca produziu tensões sociais. O islã, em certo sentido, foi um produto dessas tensões e uma solução para elas.

Em sua introdução ao primeiro volume, Watt escreveu: "Apesar de me manter fiel às normas dos conhecimentos históricos ocidentais, procurei nada dizer que acarretasse rejeição a qualquer uma das doutrinas fundamentais do islã." Embora sua descrição do profeta fosse extremamente simpática, ela ainda deixou de satisfazer muitos muçulmanos tendo em vista que não aceitava o profeta como a "chancela da profecia". A. L. Tibawi (sobre quem falaremos no capítulo final) criticou Watt por escrever que o profeta "tinha conhecimento dos ensinamentos judaicos" e que o Corão demonstrou dependência das "tradições bíblicas". Para Tibawi e muitos outros muçulmanos, qualquer explicação do Corão que sugerisse que a obra fosse qualquer outra coisa além da palavra revelada de Deus era profundamente ofensiva. Watt, por outro lado, apesar de se esforçar muito para não apresentar Maomé como um impostor, acreditava que o Corão era "produto de inspiração criativa", algo que surgiu do inconsciente. Era inevitável que Watt fosse atacado como um orientalista missionário. Mas ele também foi criticado por outros estudiosos ocidentais da mesma área, especialmente a partir da década de 1970, por aceitar sem questionamento o que as fontes lhe diziam, exceto quando relatavam algum milagre — por exemplo, os anjos que lutaram por Maomé na batalha de Badr. É evidente que essa abordagem de escolha aleatória diante do material oferecido pelas fontes não é inteiramente satisfatória. John Wansbrough, que foi pioneiro de uma abordagem à história dos primeiros séculos do islã que era o extremo oposto à abordagem de Watt, apresentou a batalha de Badr como ficção literária — um relato de algo que nunca tinha acontecido, mas que tinha sido construído a partir de clichês religiosos e literários conhecidos, "clientelismo e lealdade, saques e perseguições, desafios e ocorrências de combate singular".[43]

DESCONSTRUÇÃO DOS PRIMÓRDIOS

John Wansbrough (1928-2002) nasceu em Illinois, estudou em Harvard, foi fuzileiro naval americano no Sudeste da Ásia e trabalhou como engenheiro de minas na Suécia antes de chegar à SOAS em 1957.[44] Ouvi dizer que na juventude ele foi amigo de William Faulkner e de Ludwig Wittgenstein. Sua tese de doutorado a respeito das relações comerciais entre os mamelucos e Veneza, com base em materiais de arquivo italianos, foi orientada por Lewis, mas Wansbrough parece ter recebido uma influência mais forte de seminários conduzidos pelo otomanista Paul Wittek e de sua metodologia filológica. O estudo da língua era a chave para chegar às verdades subjacentes da história. Em 1960 Wansbrough entrou para o departamento de história e começou a aprender árabe. Em 1967, ele passou para o ensino do árabe no departamento do Oriente Médio e Próximo.

Uma década mais tarde, publicou dois livros polêmicos e devastadores em sua originalidade, *Quranic Studies: Sources and Methods of Scriptural Interpretation* [Estudos corânicos: fontes e métodos de interpretação do livro sagrado] (1977) e *The Sectarian Milieu: Content and Composition of Islamic Salvation History* [O ambiente sectarista: conteúdo e composição da história da salvação islâmica] (1978). Ressaltando que nenhuma das fontes em árabe sobre a vida de Maomé eram contemporâneas, Wansbrough defendeu a tese de que o texto final do Corão foi compilado cerca de duzentos anos depois de sua suposta revelação. Além disso, grande parte desse texto foi gerada por dois séculos de polêmica confessional contra cristãos e judeus. Mesmo assim, houve uma forte influência rabínica no Corão. Quanto aos detalhes da vida do profeta, esses não eram o produto de relatos documentados, mas *topoi* (temas retóricos ou literários já prontos) que tinham sido usados para construir uma história de salvação, ou seja, "a história do plano de Deus para a humanidade". Os feitos e as palavras do profeta tomavam por modelo protótipos do Velho Testamento. Em vez de ter sido revelado subitamente na Arábia, o islã evoluiu em outras partes do Oriente Médio, especialmente no Iraque. O Corão, os comentários do Corão e as primeiras biografias do profeta não são fontes históricas diretas, e nunca houve a intenção de que fossem.

Wansbrough admirava a erudição e a coragem metodológica de Goldziher e Schacht, mas com seu ceticismo abrangente superou de longe seus mestres. Seus argumentos eram baseados no estudo meticuloso dos textos essenciais. Embora arrasasse a narrativa tradicional sobre a história antiga do islã, ele se absteve de especular acerca dos verdadeiros acontecimentos por trás das fontes pouco confiáveis. Numa breve publicação posterior, *Res Ipsa Loquitur: History and Mimesis* (1987), ele afirmou que "desprovido de testemunhos arqueológicos e praticamente deixado de lado em fontes pré-islâmicas árabes ou externas, o Hijaz do século VII deve sua existência historiográfica quase totalmente à iniciativa criadora do mundo acadêmico muçulmano e orientalista". Vale ressaltar que ele assumiu uma postura hipercrítica semelhante, diante das tradições narrativas do Antigo e do Novo Testamento; e que considerava o islã, como o judaísmo e o cristianismo, uma expressão válida da tradição monoteísta.

Apesar de alguns muçulmanos terem atacado as conclusões de Wansbrough, a obscuridade de sua prosa, que era desenvolvida de modo impenetrável e alusivo, com freqüentes recursos ao hebraico, siríaco, grego e ao alemão, representava um alvo difícil de atingir. Wansbrough também foi criticado por muitos orientalistas ocidentais que consideravam difícil de aceitar esse tipo de ceticismo extremo e que não conseguiam encarar a sério uma revisão tão drástica da narrativa histórica. Um importante historiador americano do Oriente Próximo medieval, R. Stephen Humphreys, escreveu o seguinte: "Talvez seja tentador pensar nele como um desses acadêmicos cujas premissas e conclusões estão drasticamente equivocadas, mas cuja argumentação é brilhante e repleta de perspectivas instigantes."[45]

Apesar de sua atitude intimidante, Wansbrough era inspirador como professor. Ele se entediava facilmente e jamais tolerou gente enfadonha. Eu me lembro de na década de 1970 ele ter dito que acreditava em mudar totalmente de matéria de sete em sete anos. Tendo lançado suas duas bombas, ele não se deu ao trabalho de defender e elaborar melhor suas conclusões controversas, mas em vez disso passou adiante para pesquisas em hebraico e ugarítico. Tornou-se professor de estudos semíticos em 1984 e deixou a SOAS em 1992. Aposentado, foi morar num castelo no sudoeste da França, onde se dedicou a escrever romances (não publicados). No entanto, um conto kafkiano "Let Not the Lord Speak" [Que o Senhor não fale"], tinha sido publicado anteriormente em *Encounter* em 1980.

Outros acadêmicos adotaram diante da história do islã uma abordagem desconstrucionista, que é em termos gerais semelhante àquela esposada por Wansbrough, embora quase nenhum deles o tenha acompanhado em seu extremo agnosticismo. Em *Hagarism* [Agarismo] (1977), Michael Cook e Patricia Crone usaram fontes não-árabes para apresentar uma história do primeiro século, na qual o início da conquista árabe do Oriente Médio foi de natureza puramente militar, e as principais características do islã foram elaboradas lentamente fora da península da Arábia. Eles também salientaram a influência de doutrinas e práticas judaicas samaritanas sobre o islã incipiente. Em *Meccan Trade and the Rise of Islam* [O comércio de Meca e o surgimento do islã] (1987), Patricia Crone levantou grandes dúvidas sobre a confiabilidade das fontes mais antigas em árabe sobre o islã. Na Alemanha, Albrecht Noth (1938-99), que começou trabalhando com a história européia medieval, trouxe técnicas de crítica de fontes ao estudo das fontes mais antigas em árabe e publicou *Quellenkritische Studien zu Themen, Formen und Tendenzen frühislamischer Geschichtsüberlieferung* (1973). Nesse livro, ele arrasou a teoria de Wellhausen referente à compilação regional e temática da história. O livro de Noth era um guia de como trabalhar com fontes antigas difíceis. Ele adotava uma abordagem extremamente cética a essas fontes e demonstrava como os mesmos *topoi* ressurgiam repetidamente sob vários disfarces. Entretanto, as abordagens desconstrucionistas de Noth, Wansbrough, Cook, Crone e outros continuam a ser extraordinariamente controvertidas e continuam a ser combatidas por um bom número de orientalistas que trabalham no mesmo campo. Por conta da possível ofensa a suscetibilidades muçulmanas, os acadêmicos ocidentais que se especializam na história antiga do islã precisam ter um cuidado extremo com o que dizem, e alguns deles desenvolveram formas sutis de ambigüidade quando debatem questões polêmicas.

ISRAEL, UM IMPORTANTE CENTRO DE ESTUDOS ÁRABES

O trabalho de desconstrução efetuado em antigas fontes árabes teve eco no trabalho realizado por arqueólogos em Israel. Lá J. Koren e Y. D. Nevo deduziram que jamais ocorreu uma grande conquista árabe da província bizantina da Síria.[46] Na realidade, os árabes foram entrando na Síria como participantes de ataques de surpresa e como colonizadores ao longo de muito tempo; e já no final do século VI os bizantinos tinham recolhido suas forças de quase todo o território da Síria a sul de Antioquia. Em termos mais gerais, os acadêmicos israelenses deram uma enorme contribuição aos conhecimentos orientalistas no século XX.[47] Em Jerusalém, Tel-Aviv, Haifa e em outros locais, são notáveis os padrões de pesquisa e de ensino de estudos árabes e islâmicos. Por motivos óbvios, Israel tem uso para arabistas treinados, e alguns deles fazem trabalho de importância para o exército e o Mossad enquanto prestam serviço militar. Muitos dos principais orientalistas chegaram a Israel como refugiados da ascensão do nazismo, e assim a antiga tradição alemã de estudos orientalistas vem sendo perpetuada no moderno Israel. Arabistas israelenses associaram a tradição alemã de exatidão filológica à tradição rabínica de interpretação e exegese minuciosas.

A Universidade Hebraica de Jerusalém foi fundada em 1925, e Leo Ary Mayer (1895-1959), que chegou à Palestina em 1921 vindo da Polônia austríaca, tornou-se a partir de então diretor da Escola de Estudos Orientais em Jerusalém e um grande especialista sobre arte e artefatos islâmicos. David Ayalon (falecido em 1998) nasceu em Haifa em

1914 e, depois de compilar o dicionário padrão hebraico-árabe, avançou para tornar-se um dos maiores especialistas do mundo na história do Egito e da Síria no período medieval.[48] Eliyahu Ashtor, que deixou a Áustria em 1938, foi de modo semelhante um grande especialista sobre o Egito e a Síria medievais, ainda que preferisse concentrar a atenção sobre questões econômicas e sociais.[49] Gabriel Baer escapou da Alemanha em 1933 e em Israel tornou-se uma autoridade na história econômica dos otomanos.

Diferentemente dos acadêmicos árabes que trabalhavam na mesma área, os orientalistas israelenses tinham e têm fundos comparativamente razoáveis além de acesso aos recursos de boas bibliotecas. Os israelenses também tinham a tendência de publicar em inglês. Os arabistas israelenses, em sua maioria, trabalhavam com tópicos neutros como a poesia pré-islâmica, os romances de Naguib Mahfouz e textos do sufismo. Em alguns casos, porém, pode-se detectar uma intenção polêmica latente. Emmanuel Sivan, professor de história na Universidade Hebraica de Jerusalém, que tinha começado com um trabalho brilhante sobre a reação muçulmana às Cruzadas (publicado como *L'Islam et la Croisade* em 1968), mais tarde produziu artigos (bem pesquisados) sobre tópicos como histórias inexatas e propagandísticas das cruzadas, produzidas por historiadores árabes, as raízes medievais do terrorismo islâmico e críticos árabes de Edward Said.[50]

Martin Kramer, ex-aluno de Bernard Lewis, que está no Centro Moshe Dayan em Tel-Aviv, publicou *Ivory Towers on Sand* [Torres de marfim sobre a areia] em 2001.[51] Nessa breve obra polêmica contra a corrupção do orientalismo americano, ele marcou alguns pontos palpáveis. Entre outras coisas, criticou a moda, surgida em décadas recentes, dos "Estudos por Área", em oposição a modos mais tradicionais de estudar o Oriente e a África. Ele organizou um ataque especialmente agressivo contra John L. Esposito, um acadêmico baseado em Georgetown University, que produziu uma série de livros com uma versão defensiva, até mesmo poliânica do islã, que minimiza a perspectiva de qualquer ameaça por parte do fundamentalismo islâmico ou do terrorismo árabe. Contudo, a descrição de Kramer de um *establishment* acadêmico orientalista, acovardado, politicamente correto, tacitamente anti-semita, nos Estados Unidos é um exagero. Mais americanos lêem Lewis do que Esposito.

É preciso mencionar um par de acadêmicos judeus extraordinários, que trabalharam fora de Israel. Paul Kraus (1904-44) cresceu em Praga e depois estudou na Universidade de Berlim, mas fugiu da Alemanha em 1933.[52] Passou algum tempo em Paris, onde impressionou muitos com seu brilho, embora fosse excêntrico e melancólico, e sua genialidade estivesse próxima da loucura. O proeminente intelectual parisiense e especialista em Hegel, Alexandre Kojève, comentou: "Estou sempre com Kraus e, graças a ele, nada sei sobre o islã. Já é um avanço." Depois Massignon (cujo anti-semitismo não era absolutamente coerente e a quem Becker tinha solicitado que cuidasse de importantes estudiosos judeus em fuga) conseguiu um emprego para Kraus no Cairo. Sua grande obra, *Jabir ibn Hayyan: Contribution à l'histoire des idées scientifiques dans l'Islam*, publicada no Cairo, é uma obra esotérica tanto no conteúdo quanto na apresentação, mas proporciona uma leitura fantástica, maravilhosa, pois cobre com erudição e abrangência o ocultismo inicial do islamismo. Kraus afirmou (e sem dúvida acertadamente) que a suspeita prolificidade de Jabir indicava não ter sido ele um único alquimista que viveu no século VIII, mas que esse nome ocultava um movimento esotérico no século IX ou X. O *corpus* jabiriano estava associado à propaganda ismaeliana e cármata. Infelizmente, do estudo da alquimia ele passou para o desenvolvimento de uma teoria tola sobre a métrica semítica. Em outubro de 1944, Albert Hourani e seu irmão encontraram o corpo de Kraus enforcado no banheiro de seu apartamento no Cairo. Por mais que houvesse rumores de que esse teria sido um assassinato político, é provável que tenha sido suicídio.

De sua amizade com Kraus, Samuel Stern herdou o interesse pelos ismaelianos. Stern nasceu em 1920 e cresceu em Budapeste.[53] Foi para Israel em 1939 e estudou na Universidade Hebraica de Jerusalém, antes de seguir para trabalhar em Oxford, tendo Gibb como chefe. Em 1958 tornou-se professor pesquisador em All Souls College. Seu trabalho mais importante foi sobre o relacionamento entre a poesia européia árabe e a cristã na Andaluzia, e nesse campo fez descobertas de porte, mas era também especialista em diplomacia. Morreu em 1969.

A ALEMANHA DEPOIS DA DIÁSPORA

Deve estar óbvio que o orientalismo americano, israelense e, em menor grau, o britânico tinham uma enorme dívida para com acadêmicos formados na Alemanha ou na Áustria. A partir da década de 1930, o orientalismo alemão entrou em declínio acentuado. Brockelmann e Schaeder estavam entre as poucas figuras de renome que continuaram a ensinar e pesquisar durante o período nazista. O aluno mais brilhante de Schaeder, Annemarie Schimmel (1922-2003), foi uma autora e tradutora de uma prolificidade fabulosa.[54] Ela aprendeu árabe aos 15 anos de idade, tornando-se fluente não apenas em árabe, mas também em persa, turco, urdu e sindi, bem como na maioria dos idiomas europeus úteis. (Num momento de ócio, ela também traduziu um de meus romances para o alemão.) Schaeder foi quem a ensinou a amar Goethe e os pastiches de Goethe do poeta persa medieval, Hafiz de Shiraz. Bem cedo na carreira acadêmica, ela também sofreu a influência de Massignon. Escreveu extensamente sobre questões islâmicas, mas era no sufismo que se concentrava. Embora fosse luterana devota, parece ter havido um toque decididamente sufista em seu cristianismo. Além do sufismo, ela também se tornou especialista na poesia em persa e urdu do poeta e pensador indiano Muhammad Iqbal (1873?-1938). Seu trabalho nessas áreas fez dela uma heroína intelectual para muitos turcos, paquistaneses e muçulmanos indianos. Foi professora universitária em Bonn e em Harvard. Possuía uma memória espantosa e, como não precisava de anotações, costumava dar aulas de olhos fechados.

Schimmel era uma exceção na Alemanha pelos numerosos relatos popularizadores de questões islâmicas que publicou. Por tradição, os acadêmicos alemães são especialistas na organização de textos. Mas agora a filologia está fora de moda, e o público está ávido por grandes idéias. Os leitores alemães geralmente procuravam traduções de livros de autoria de orientalistas mais acessíveis, como, por exemplo, Bernard Lewis, para obter noções mais gerais do islã. Naturalmente, muito trabalho de importância foi feito e continua a ser feito na Alemanha. Já mencionamos o trabalho de desconstrução de Noth sobre a história antiga do islã. Também já mencionamos o dicionário do árabe moderno escrito de autoria de Hans Wehr, o *Arabisches Wörterbuch* (1952). Outro grande lexicógrafo alemão, Manfred Ullmann em Tübingen, também era um especialista na história da ciência e da medicina. Josef van Ess, especialista em teologia islâmica antiga, e Heinz Halm, historiador do Egito fatímida, também estão em Tübingen. Hans Robert Roemer (Fribourg) pesquisou e escreveu sobre a história medieval do Egito. Seu brilhante aluno Ulrich Haarmann (1942-99) foi ser professor em Kiel e, antes de sua morte precoce, tornou-se um dos principais historiadores do Egito medieval, inspirando toda uma geração de historiadores voltados para esse campo.[55] Stefan Wild escreveu estudos importantes sobre a literatura árabe medieval e moderna. Ulrich Marzolph em Göttingen estuda o humor e a literatura popular árabe. G. H. A. Juynboll é uma das principais autoridades sobre as antigas tradições islâmicas. Fribourg e Bonn são centros de vanguarda para o estudo do Oriente Médio moderno.[56] A contribuição alemã para os recentes estudos islâmicos foi sem dúvida respeitável, mas os grandes batalhões estão agora nos Estados Unidos (onde na realidade diversos dos estudiosos supramencionados passaram parte da carreira). Nos tempos atuais nos Estados Unidos, milhares de islamicistas e arabistas comparecem às conferências anuais da MESA. Mesmo assim, acontecimentos recentes no Oriente Médio sugerem que os Estados Unidos não chegam a dispor de quantidades suficientes de especialistas em questões árabes.

ENCERRANDO

Não tentei cobrir de nenhuma forma constante os desdobramentos das três últimas décadas, aproximadamente. Isso teria envolvido o risco de ofender ainda mais gente do que já ofendi. Além do mais, é difícil pôr em perspectiva desdobramentos recentes. Os orientalistas amadores que costumavam dominar instituições como, por exemplo, a Real Sociedade Asiática estão desaparecendo. Participavam das reuniões daquela sociedade administradores coloniais, oficiais do exército indiano e encarregados de fazendas de plantio de borracha, alguns dos quais abraçavam o estudo, digamos, do teatro de sombras da Indonésia, mas é claro que essa geração está agora praticamente extinta e as reuniões da Sociedade são dominadas por um bando cada vez menor de acadêmicos. Quanto às universidades, a pressão por publicar foi levada às raias do absurdo. Isso aplica-se especialmente aos acadêmicos britânicos que, a intervalos regulares, são julgados pelo Exercício de Avaliação de Pesquisas. Sob muitos aspectos, o campo, ou melhor, os campos estão mais bem organizados e mais providos de recursos. A MESA nos Estados Unidos e a Sociedade Britânica para Estudos do Oriente Médio [British Society for Middle Eastern Studies (BRISMES)] no Reino Unido reúnem especialistas no Oriente Médio e atuam como organizações defensoras de seus interesses. Entretanto, um motivo pelo qual os arabistas se unem é o fato de seu campo estar sob ameaça, especialmente na Grã-Bretanha, onde postos costumam ficar vagos, e um departamento atrás do outro é fechado. (Recentemente Durham desistiu do ensino de árabe para os cursos de graduação, e a cátedra Thomas Adams de árabe em Cambridge está atualmente desativada.) Estudos setoriais, estudos do desenvolvimento e departamentos de antropologia prosperam, em detrimento de campos mais tradicionais do orientalismo.

Nas décadas de 1950 e 1960, o departamento de história do Oriente Médio da SOAS era um líder mundial, mas em tempos mais recentes acadêmicos estrangeiros me disseram que nesse campo e em outros afins a SOAS está vivendo de sua reputação passada. Como já ressaltamos, muitos dos melhores cérebros britânicos nessa disciplina foram atraídos para os Estados Unidos. Os departamentos de história árabe e do Oriente Médio sofrem de restrições orçamentárias e cortes nos recursos como quase todos os departamentos em todas as universidades, mas outros fatores contam contra os arabistas. Um deles é a visão extremamente estreita do atual governo quanto ao valor econômico da educação superior. Outro fator é a influência maligna do *Orientalismo* de Said, que foi surpreendentemente eficaz em desacreditar e desmoralizar toda uma tradição de estudos acadêmicos. Outra lamentável conseqüência de obras polêmicas como *Orientalismo* está em alguns departamentos universitários de história árabe ou do Oriente Médio parecerem ter uma política inconfessa de excluir judeus de séria cogitação como candidatos para postos disponíveis.

9
Uma investigação sobre a natureza de uma determinada polêmica do século XX

> *Uma possível réplica poderia ser a de que o efeito ideológico de Puff é neutralizado com o próprio ato de sua exposição e denúncia. Sem dúvida, uma vantagem diante do imperialismo; e eu mesmo me encarregarei de fazer um pouco dessa neutralização num piscar de olhos. Entretanto, o modo de alarme indignado vai se esgarçando muito depois de algum tempo. Se, em vez disso, fizermos pleno uso de conceitos pós-coloniais, pós-modernos — entre outros, a "aporia, a ambivalência, a indeterminação, a questão do fechamento discursivo, a ameaça à intervenção, a condição de intencionalidade, o questionamento a 'conceitos totalizadores'" — nossa crítica pode ser imensuravelmente mais eficaz, até mesmo revolucionária.*
>
> Das Nuffa Dat, "Resident Aliens" [Estrangeiros residentes] in
> Frederick Crews, *Postmodern Pooh* (2001)

O HOMEM DO LIVRO

Edward Said, falecido em 25 de setembro de 2003, tinha muitos amigos e ainda mais admiradores. Era bonito e estava sempre bem trajado. Também era elegante, sensível, espirituoso, erudito e culto. Tocava piano e tinha um conhecimento excepcional de música clássica. Era um crítico literário sutil e respeitado. Sendo ele próprio um intelectual, sempre encarou com extrema seriedade os deveres do intelectual. Foi também um defensor incansável dos direitos dos palestinos e tinha um ceticismo adequado acerca do acordo de Oslo e mais tarde do "caminho" para a paz no Oriente Médio. Opunha-se ao regime corrupto e opressor de Yasser Arafat e seu séquito de protegidos na Cisjordânia. Quando não estava de fato travando algum debate feroz com aqueles que identificava como inimigos sionistas e imperialistas (e em debates não poupava ninguém), ele era ao que todos diziam um homem gentil e de fala mansa. Durante toda a vida, recebeu muitas honrarias, tendo, entre outros títulos, o de membro da Academia Americana de Artes e Ciências, da Real Sociedade de Literatura, da Sociedade Filosófica Americana e da Academia Americana de Artes e Letras.

Said nasceu em Jerusalém em 1935. O motivo parece ter sido o de seus pais preferirem os hospitais de Jerusalém aos do Cairo. No entanto, seus pais, que eram cristãos protestantes, provinham do Líbano; e Said, que recebeu sua educação principalmente no Egito e depois nos Estados Unidos, era cidadão egípcio e americano. Sua família costumava passar as férias de verão no Líbano. Em suas memórias, *Out of Place* [Deslocado], Said escreveu sobre sua infância e vida no Egito com um pai autoritário e uma mãe indulgente.[1] Ele passou somente alguns meses numa escola em Jerusalém. Portanto, é questionável que se apresente como palestino. Mas talvez a questão não seja importante. Ele decerto se considerava palestino e sentia uma identificação apaixonada com os sofrimentos daquele povo. Said cresceu numa próspera residência na qual o árabe era usado apenas para falar com os criados. (Ele somente veio a dominar o árabe literário muito mais tarde na vida, depois de ter aulas.) A maior parte de sua formação foi no elegante Victoria College no Cairo, "uma instituição projetada para ser a Eton do Oriente Médio". Os prédios da escola tinham os nomes de heróis do imperialismo e da exploração britânica: Kitchener, Cromer, Frobisher e Drake. Era proibido falar árabe no recinto. Naquela escola, Said era um rebelde e um forasteiro. O bedel chefe, Omar Sharif (o ator, cujo nome original é Michael Shalhoub), foi um dos que o espancaram. Em *Out of Place*, Said descreve sua reação a mais uma surra de vergastadas, dessa vez por parte de um mestre: "uma fúria implacável me dominou quando jurei tornar a vida 'deles' um inferno, sem ser apanhado, sem jamais me permitir chegar perto de qualquer um deles, tirando deles o que tinham a oferecer totalmente a meu próprio modo."[2]

Sua educação superior realizou-se nos Estados Unidos a partir de 1951. Como ele mesmo a descreveu, sua juventude foi dourada porém infeliz. Ele era um rapaz motivado, que lutava para estar à altura das expectativas dos pais e não parava de procurar novas metas a atingir, sem jamais ter vontade ou capacidade para relaxar. Durante a vida inteira, sofreu de insônia. Cursou a graduação em Princeton e depois fez um doutorado sobre Joseph Conrad em Harvard. De 1962 a 1967, viveu num casamento infeliz. Em 1970 voltou a se casar. Em 1967 (ano da Guerra dos Seis Dias) começou a ensinar no departamento de inglês da Columbia University em Nova York e continuou a ensinar lá a vida inteira. Embora fosse um escritor e acadêmico aclamado e de estilo de vida confortável, que ensinava numa universidade de elite e freqüentava lugares exclusivos no mundo inteiro, toda a vida ele preferiu se considerar um excluído.

O crítico literário Erich Auerbach (1892-1957) foi um dos modelos de Said. Auerbach foi um importante praticante da filologia romântica; e sua grande obra, *Mimesis* (1946), era um exercício de literatura comparada, mais especificamente um estudo das percepções inconstantes que os homens têm da realidade, conforme refletidas na literatura. A faixa de textos estudados era impressionante, pois ele começou com a Bíblia e Homero e terminou com Proust. Auerbach costumava trabalhar a partir do *Ansatzpunkt* (ponto inicial) do estudo de um determinado texto, ou de parte de um texto, para compreender a história e o mundo como um todo. Um fator incidental motivador da adulação de Said diante de Auerbach foi o fato de que este último tinha escrito sua obra-prima no exílio em Istambul. Said, que se considerava um exilado da Palestina, costumava repetir a citação que Auerbach fazia de Hugh of St Victor: "O homem que se encanta com sua pátria ainda é um jovem iniciante; aquele para quem todos os solos são como sua terra natal já está forte; mas perfeito é aquele para quem o mundo inteiro é terra estrangeira."

Auerbach tinha uma reverência especial pelo historiador e professor de retórica Giambattista Vico (1668-1744), e nisso também Said o acompanhou. A obra de Vico *Principi di una scienza nuova* (1725) procurava estudar as culturas de tempos passados nos seus próprios termos e afirmava ser absurdo julgar os homens segundo o etos de tempos posteriores. Vico afirmava que as culturas eram moldadas em grande parte por sua percepção particular de seu próprio passado. Em cada sociedade, leis e códigos de comportamento eram baseados num "*senso commune*", um consenso sustentado por estruturas comuns de pensamento e sentimento. Said elogiava a "qualidade antagonística da obra de Vico — o fato de ele ser anticartesiano, anti-racional e anticatólico".[3] Além disso, o uso por parte de Vico de provas filológicas para defender amplas teses históricas fascinava Said. Entretanto, sua excessiva admiração por Vico era um pouco estranha, levando-se em conta o feroz racismo de Vico. Por exemplo, os comentários escarnecedores e condescendentes de Vico a respeito da filosofia e da pintura chinesa pareceriam à maioria dos leitores modernos uma atitude bastante ofensiva.

Em 1966, Said publicou *Joseph Conrad and the Fiction of Autobiography*. [Joseph Conrad e a ficção da autobiografia]. Conrad foi uma escolha acertada, não só por ter sido um exilado, mas por ter se especializado em ficção em locais exóticos e porque seu *O coração das trevas* deve ser lido como uma parábola sinistra sobre o colonialismo. Said usou as cartas de Conrad para estudar a facilidade com que Conrad apresentava sua vida passada para, de certo modo, poder se reinventar. O livro seguinte de Said, *Beginnings: Intention and Method* [Inícios: intenção e método] (1975), apresentava forte influência de Vico e de Michel Foucault (sobre quem falaremos mais adiante). A noção de que obras literárias individuais seriam moldadas pela formação discursiva da época, não pelo indivíduo seu autor, é nitidamente foucaultiana. Em *Beginnings*, Said alçou o crítico literário ao mesmo nível do artista criador ou até a um nível mais alto do que o deste. Também disparou algumas salvas contra o aventureiro e autor de fantasias literárias, T. E. Lawrence. (A auto-invenção de Lawrence em *Os sete pilares da sabedoria* foi ainda mais flagrante do que a de Conrad.) *Beginnings*, que foi produzido antes que Said tivesse pensado em se reinventar como defensor do islã contra estereótipos e generalizações, contém alguns exemplos notáveis exatamente desse tipo de atitude, por exemplo: "É significativo que o desejo de criar um mundo alternativo, de modificar ou aumentar o mundo real através do ato de escrever(...) seja incompatível com a visão de mundo islâmica."[4] Já que se está tratando do tema de estereótipos, vale considerar se é possível ou mesmo desejável descartá-los totalmente. Como um importante matemático salientou: "Muitos estereótipos permitem a economia de expressão necessária para uma rápida comunicação e funcionamento eficaz. *Cadeira* é um estereótipo, mas nunca se ouvem queixas quanto a essa noção por parte de bancos de bar, espreguiçadeiras, pufes, peças de *art déco*, variedades de espaldar alto para salas de jantar, antigüidades valiosas, *chaises-longues* ou exemplares para uso em cozinhas."[5]

A POLITIZAÇÃO DE UM CRÍTICO LITERÁRIO

O jovem Edward Said não era particularmente político. Em 1967, porém, viu a Guerra dos Seis Dias e a conseqüente ocupação israelense da Cisjordânia e da Faixa de Gaza. A catástrofe de 1967 não foi simplesmente uma derrota militar para os árabes. Foi também um questionamento da imagem que tinham de si mesmos e levou intelectuais árabes a refletir sobre o que estava errado dentro do mundo árabe, além das óbvias injustiças de uma hegemonia americana e israelense no Oriente Médio. Cada vez mais, Said se identificava com causas árabes e começou a ter aulas de árabe na década de 1970. Entretanto, minha impressão é a de que, apesar de ter-se tornado um defensor entusiástico de um punhado de romancistas árabes contemporâneos, ele jamais adquiriu um conhecimento profundo da tradição literária árabe.

Em março de 1973, terroristas palestinos tomaram a embaixada saudita em Cartum, e três diplomatas americanos foram mortos. Naquele mesmo ano, em outubro, tropas egípcias atravessaram o Canal de Suez e tentaram retomar de Israel o deserto do Sinai e a Faixa de Gaza. A guerra do Egito teve o apoio da União Soviética. Contudo, o apoio americano a Israel foi mais irrestrito e mais eficaz. Numa série de manobras ousadas, as tropas israelenses cercaram uma grande parte do exército egípcio. Os regimes árabes reduziram a produção de petróleo em protesto diante da intervenção americana na região. Os árabes, fossem eles xeiques riquíssimos, fossem combatentes pela libertação da Palestina, foram vítimas de uma revoltante hostilidade por parte dos jornais americanos bem como por parte da televisão (fenômeno que persiste até o presente). Foi a crise do Oriente Médio de 1973 que inspirou Said a pesquisar e a escrever *Orientalismo*, que foi publicado em 1978. Apesar de as críticas iniciais terem sido extremamente negativas, o livro acabou tornando-se um clássico, traduzido para 35 línguas. Embora a versão inglesa tenha sido reimpressa repetidamente, Said não fez esforço algum para corrigir alguns dos erros factuais que foram assinalados quando da primeira publicação. Na realidade, Said mais tarde acrescentou um "Posfácio" cheio de presunção, em que se recusava a fazer qualquer tipo de concessão e insultava abertamente críticos do livro.

Orientalismo não é uma história dos estudos orientais, mas uma polêmica altamente seletiva sobre certos aspectos da relação entre o conhecimento e o poder. Seu estilo e seu conteúdo causam a forte impressão de que o livro se dirige exclusivamente a um público leitor ocidental. Os alvos de Said incluíam orientalistas acadêmicos, mas também atingiam altos administradores coloniais, exploradores e romancistas, pois ele acreditava que todos esses grupos participavam de um discurso orientalista comum. Said restringiu sua argumentação à região central do mundo árabe, sem apresentar um exame significativo dos estudos persas ou turcos. Ele chegou a deixar de lado as terras árabes no norte da África (o que resultou em terem os orientalistas franceses saído relativamente incólumes). Na introdução, ele expôs seus objetivos e metodologia. Vico, Foucault, Antonio Gramsci e Raymond Schwab (autor do estudo confuso porém cativante sobre os interesses europeus na Índia, *La Renaissance orientale*, 1950) são invocados como os *maîtres à penser* condutores do exercício. O primeiro capítulo, "A abrangência do orientalismo", avança e recua pelos séculos afora, precipitando-se sobre Arthur Balfour, Ésquilo, Dante, Gibb e muitos outros com acusações de racismo e de atitudes colonialistas. O capítulo seguinte, "Estruturas e reestruturas orientalistas", contém uma crítica mais uniforme de certas figuras importantes do século XIX, como, por exemplo, Lane e Renan. "O orientalismo agora" é o capítulo mais polêmico, no qual jornalistas e acadêmicos judeus são os alvos específicos das denúncias de Said. É evidente que um rancor pelo que vinha acontecendo aos palestinos desde a década de 1940 instigou Said a escrever esse livro. Todavia, em vez de culpar os políticos britânicos, americanos e soviéticos, lobistas sionistas, o exército israelense e, por que não, a fraca liderança palestina, num estranho tipo de deslocamento, arabistas acadêmicos de séculos passados, como, por exemplo, Pococke e Silvestre de Sacy, foram apresentados como os principais responsáveis pelos desastres da própria época de Said.

ALGUNS PROBLEMAS DE *ORIENTALISMO*

Orientalismo dá a impressão de um livro escrito às pressas. É repetitivo e contém muitos erros factuais. Said menciona "Pedro, o Venerável, e outros orientalistas cluniacenses".[6] Que outros orientalistas cluniacenses? Seria interessante conhecer seus nomes. (Mas naturalmente a idéia de que houvesse toda uma escola de orientalistas cluniacenses é absurda. Pedro, o Venerável, trabalhou sozinho.) Como Bernard Lewis ressaltou, Said faz com que exércitos muçulmanos conquistem a Turquia antes de conquistar o norte da África. Isso realmente sugere uma ignorância espantosa da história do Oriente Médio, da mesma forma que sua crença quanto a terem a Grã-Bretanha e a França dominado a região oriental do Mediterrâneo a partir do final do século XVII.[7] Said diz que muitos dos tradutores orientalistas de Bonaparte eram alunos de Silvestre de Sacy, mas não se dá ao trabalho de apresentar nenhuma prova disso, e, como foi ressaltado num capítulo anterior, De Sacy começou a ensinar somente em 1796. O principal intérprete de Bonaparte era um dragomano, não um produto da academia; e, como De Sacy não sabia egípcio coloquial, de qualquer modo suas aulas teriam sido de utilidade limitada. Said descreve o historiador suíço Jacob Burckhardt (famoso por sua obra *Civilização do Renascimento na Itália*) trabalhando com provérbios egípcios.[8] É um absurdo. Said afirma que a obra de Edward William Lane *Manners and Customs of the Modern Egyptians* [Maneiras e costumes dos egípcios modernos] era dirigida para um público acadêmico; mas, como vimos, o livro foi publicado por uma organização dedicada à formação de um vasto público leitor. Said afirmou que *Life of Mahomet*, de Muir, escrito no século XIX, e seu livro sobre o califado ainda eram tratados como fontes abalizadas na década de 1970 (como se nunca tivessem sido escritos os livros e artigos posteriores sobre os mesmos temas de autoria de Wellhausen, Nöldeke, Goldziher, Lammens, Brockelmann, Watt e Rodinson). Said também alegou que Gibb teria insistido em usar o título *Mohammedanism* [Maometismo] em sua pequena monografia sobre o islã, quando na realidade, se tivesse se dado ao trabalho de ler a introdução daquele livro, Said teria sabido que o título foi imposto a Gibb pela editora, porque esse era o título do manual anterior de autoria de Margoliouth.

Seria possível seguir adiante com essa lista de erros. Alguns são insignificantes, mas outros são de fato importantes. Aliados sofisticados de Said sugeriram que os fatos, ou erros factuais, não são a questão principal. Na realidade, a insinuação é a de que o recurso a "fatos" e "provas" seria uma tradição de orientalistas reacionários. Sugere-se que a verdade essencial da condenação de Said ao orientalismo é tal que a abrangência de seus argumentos não é prejudicada pela falta de uma fundamentação factual detalhada. As "tensões e contradições" que tanto atormentam seus críticos (entre os quais estou incluído) são "fundamentais para seu arcabouço transnacional".[9] O próprio Said, num ensaio posterior "Orientalism Reconsidered" [Orientalismo revisitado], pareceu ter dúvidas (obscuras) quanto ao valor da coerência, sugerindo que "a alegação que alguns fazem de que sou aistórico e incoerente seria mais interessante se as virtudes da coerência, seja lá o que for que se pretenda dizer com o termo, fossem submetidas a uma análise rigorosa".[10] É possível sofrer a tentação de aceitar esse tipo de argumento, embora, naturalmente, se Said e seus defensores não se sentem obrigados a respeitar fatos, não há motivo algum pelo qual seus críticos deveriam respeitar fatos. Pois, se é permissível apresentar uma imagem falsa do orientalismo, do cristianismo e do imperialismo britânico, não seria tão obviamente errado apresentar de modo semelhante uma falsa imagem do islã, da história árabe ou da difícil situação dos palestinos. Como Sir Thomas More observou na peça *O homem que não vendeu sua alma* de Robert Bolt: "Este país está coalhado de leis de uma costa à outra — leis dos homens, leis de Deus — e se você as exterminar — e você é exatamente o homem certo para isso — acha realmente que conseguiria se manter firme diante dos ventos que então haveriam de soprar? *(Em voz baixa.)* É, eu daria ao Demônio o benefício da existência da lei, para minha própria segurança."[11] Outros sugeriram que, apesar de estar cheio de erros, *Orientalismo* ainda é de enorme valor porque estimulou a discussão e o debate sobre problemas importantes. Entretanto, não está óbvio o valor de um debate baseado numa versão fantasiosa da história e de esforços acadêmicos passados.

Ainda que possa de fato haver algum problema com as não analisadas "virtudes da coerência", isso seria um nada em comparação com os problemas resultantes de uma argumentação que é incoerente com freqüência e de modo flagrante; já que passa a ser difícil até mesmo descobrir qual é a argumentação. Para dar um exemplo, Said não consegue se decidir quanto à época em que o orientalismo teve início. Grande parte do tempo, ele quer associar suas origens à invasão do Egito por Napoleão em 1798. O orientalismo é repetidamente apresentado como um fenômeno secular do Iluminismo. (Essa noção seria um paralelismo aproximado do argumento de Foucault, em *As palavras e as coisas*, de que até as últimas décadas do século XVIII o Homem não existia e que foi somente nessa época que Deus foi removido do centro do universo e o Homem passou a ser tanto o objeto como o sujeito do conhecimento.) Em outras ocasiões, porém, Said parece considerar a *Bibliothèque orientale* (1697), de d'Herbelot, o documento fundador do orientalismo. Mas em seguida, será que Postel não teria sido o primeiro orientalista? Outra data possível oferecida por Said é a de 1312, quando o Concílio de Vienne estabeleceu cátedras de hebraico, árabe e outros idiomas (embora Said pareça não se dar conta de que os decretos do concílio referentes ao ensino do árabe foram letra morta.)

Já nos deparamos com os lendários orientalistas cluniacenses do século XI. Mas pode-se voltar ainda mais ao passado para descobrir típicas atitudes ocidentais de um antiorientalismo sinistro nos dramas de Ésquilo e Eurípides. Suas peças destilavam distinções entre a Europa e o Oriente que "perdurarão como motivos essenciais da geografia emocional européia". Sadik Jalal al-'Azm (um dos muitos críticos árabes de Said) descreve bastante bem a confusão daí decorrente: "Em outras palavras, o orientalismo não é realmente um fenômeno absolutamente moderno, como pensávamos antes, mas o produto natural de uma antiga e irresistível tendência mental européia de descrever incorretamente as realidades de outras culturas, povos e seus idiomas, favorecendo a auto-afirmação, dominação e ascendência ocidentais."[12]

Em parte, o desejo de Said de incluir Homero, Ésquilo e Dante em sua galeria de vilões orientalistas provinha de seu envolvimento humanista com uma série de grandes livros, mais ou menos segundo o modelo de Auerbach, se bem que, naturalmente, o envolvimento de Said fosse de natureza hostil. A questão cronológica é também de alguma importância pois, se Ésquilo, Dante e Postel hão de ser acusados de orientalismo, conclui-se que não pode ser verdadeiro o vínculo necessário postulado por Said em outro texto entre o orientalismo e o imperialismo. Pelo menos até as últimas décadas do século XVII, a Europa foi ameaçada pelo imperialismo otomano, e é difícil estabelecer o início do domínio econômico ocidental sobre o Oriente Médio em data anterior às últimas décadas do século XVIII. A Grã-Bretanha conquistou o efetivo controle político e militar do Egito na década de 1880. A Grã-Bretanha e a França conseguiram mandatos sobre outros territórios árabes em conseqüência da Primeira Guerra Mundial.

A certa altura em *Orientalismo*, Said afirma que não havia nenhuma diferença essencial entre as visões do islã mantidas nos séculos XII e XIII, de um lado, e as do século XX, do outro.[13] A partir dessa afirmação, seria necessário deduzir que a invenção e o desenvolvimento do orientalismo do século XVIII em diante não tiveram absolutamente nenhum impacto, positivo ou negativo, sobre as idéias e sentimentos dos europeus a respeito do islã nos tempos modernos. Em outro local, Said sugeriu que a esquematização do Oriente, que começou na Antigüidade, teria continuado durante a Idade Média.[14] Ele citou o tratamento que Dante deu aos muçulmanos na *Divina Comédia* para provar o que dizia. Segundo Said, Dante foi culpado, da mesma forma que o enciclopedista do século XVIII d'Herbelot, de incorporar e esquematizar o Oriente.[15] No entanto, meu capítulo sobre escritores medievais deve ter deixado evidente que Dante não possuía nenhuma visão esquematizada do islã. Ele dá a impressão de ter sido quase totalmente ignorante em relação a essa religião, e não demonstrava grande interesse pela cultura árabe.

A apresentação que Said fez da história do orientalismo como um conjunto de livros importantes porém nocivos, quase todos de autoria de homens brancos mortos, foi a de um crítico literário que superestimou enormemente a importância da alta literatura na história intelectual. Um de seus procedimentos prediletos era submeter textos proeminentes a leituras desconstrucionistas — não apenas *Manners and Customs of the Modern Egyptians* de Lane e *The Cambridge History of Islam*, mas também produtos básicos e vigorosos do departamento de literatura como, por exemplo, *O talismã* de Walter Scott, *Daniel Deronda* de George Eliot, o diário de Flaubert e suas cartas do Egito. Said, que também superestimou o papel contestatório do intelectual, parece ter sido da opinião de que os problemas políticos do Oriente Médio eram em última análise de natureza textual, que poderiam ser resolvidos por meio de técnicas de leitura crítica. A seus olhos, foram estratégias de discurso e textuais que impeliram o projeto imperialista e plantaram seringais, que abriram o Canal de Suez e estabeleceram guarnições de legionários no Saara. Como o orientalismo é por natureza uma doença ocidental, o mesmo deve valer para o imperialismo. Os persas, que sob o comando de Ciro, Dario e Xerxes construíram um império poderoso e tentaram acrescentar a Grécia a esse império, não foram acusados de imperialismo por Said. Pelo contrário, eles foram apresentados como vítimas trágicas e inocentes de descrições enganosas por parte de dramaturgos gregos. Posteriormente os omíadas, os abássidas, os fatímidas e os otomanos chefiaram enormes impérios, mas também essas dinastias escaparam à censura. Na realidade, também foram consideradas vítimas de representação enganosa por parte do Ocidente.

QUAL FOI A LÍNGUA DO ORIENTALISMO?

Pelo modo de pensar de Said, como a Grã-Bretanha era a principal potência imperial dos tempos modernos, concluía-se que ela deveria ter sido o principal centro para estudos orientais; e, como a Alemanha não possuía nenhum império em terras árabes, deduzia-se que sua contribuição aos estudos orientais deveria ter sido de importância secundária.[16] Entretanto, como já vimos, simplesmente não se sustenta a afirmação de que os alemães apenas elaboraram a partir do orientalismo britânico e francês. Examinemos os casos de Hammer-Purgstall, Fleischer, Wellhausen, Goldziher (húngaro, mas escrevia e ensinava em alemão), Nöldeke e Becker. É impossível encontrar precursores britânicos para essas personalidades. O inverso é muito mais fácil de demonstrar. Já vimos em que grau a *Literary History of the Arabs* de Nicholson, a *Arabic Grammar* de Wright, as traduções de poesia árabe de Lyall e o *Arabic-English Dictionary* de Cowan estavam explicitamente em débito para com o conhecimento acadêmico alemão. Essas não são obras marginais, mas centrais para os estudos árabes na Grã-Bretanha. É realmente possível que estudiosos britânicos estivessem equivocados na crença de que precisavam acompanhar os estudiosos alemães do árabe e do islã? E por que motivo Renan, que Said acredita ter sido um importante orientalista francês, considerava que os alemães dominavam esse campo? E o que dizer da proeminência avassaladora de acadêmicos alemães nos estudos do sânscrito? Em "Orientalism Reconsidered", Said declarou que as objeções quanto ao fato de ele ter excluído os orientalistas alemães da argumentação "francamente me pareceram superficiais ou triviais, e não me parece fazer sentido eu sequer dar-lhes resposta". A importância ou falta de importância do orientalismo alemão dificilmente pode ser considerada trivial, como Said tentou sugerir, porque, se o conhecimento acadêmico alemão era importante, cai por terra a argumentação de Said de que o imperialismo era dependente do discurso do orientalismo. (Se quiséssemos defender o ponto da quase identidade entre o imperialismo e o orientalismo acadêmico, então decerto a Rússia, com seu vasto império sobre territórios habitados por muçulmanos, é o lugar por onde começar. Contudo, Said parece não ter ouvido falar do orientalismo russo.)

Seu descaso pela literatura orientalista escrita em latim foi ainda mais prejudicial do que seu desinteresse pelo material em alemão. O fato de Said ter deixado de examinar obras escritas em latim por Erpenius, Golius, Pococke, Marracci e muitos outros pode ter contribuído para sua afirmação errônea de que as origens do orientalismo estavam nas últimas décadas do século XVIII, que foi quando se tornou bastante comum publicar obras acadêmicas nos vários vernáculos. No entanto, quase todas as obras de porte nos séculos XVII e XVIII eram publicadas em latim. Mesmo no século XIX e mais adiante, alguns acadêmicos ainda publicavam em latim (ver, por exemplo, *Concordantiae Corani Arabicae* de Flügel, publicado pela primeira vez em 1834, e a *Bibliotheca Geographorum Arabicorum* de De Goeje, que foi publicada em oito volumes de 1879 a 1939). Ademais, não se tratava apenas da língua em que os estudiosos publicavam. Também acontecia que, mesmo no início do século XX, a maioria dos acadêmicos tinha recebido uma formação clássica, sendo grande a probabilidade de que estivessem mais bem informados sobre a constituição do império romano do que sobre a do império britânico. Pode-se ainda argumentar que, quando se pensa nos grandes administradores do império britânico, como, por exemplo, lorde Curzon ou lorde Cromer, vê-se que sua disposição mental e seu modo de pensar sobre os povos nativos sob seu governo deviam mais a leituras de César, Tácito e Suetônio do que a qualquer familiaridade significativa com textos de orientalistas. Em diversos pontos de seu livro, Said sustenta que o Oriente não possuía existência objetiva. Em outras partes, ele parece insinuar que o Oriente existia sim, mas que os orientalistas sistematicamente o descreviam de modo enganoso. Se qualquer uma dessas duas proposições fosse verdadeira, que utilidade os escritos dos orientalistas teriam para os homens que partiam para governar os impérios britânico e francês?

Se tudo o que Said quis dizer era que os orientalistas nem sempre foram objetivos, o argumento seria meramente banal. Os próprios orientalistas seriam os primeiros a concordar com uma assertiva desse teor. Bernard Lewis é apenas um dentre muitos acadêmicos que se adiantaram a Said em chamar atenção para as formas pelas quais quem escrevia sobre o islã e sobre os árabes em séculos anteriores costumava escrever segundo os preconceitos de sua época e cultura. Em especial, Lewis ressaltou o modo pelo qual orientalistas judeus do século XIX desempenharam um papel importante na criação de um mito de uma era dourada muçulmana de tolerância e cultura no período medieval. A visão que Said tinha do orientalismo devia mais aos textos de Lewis do que Said gostaria de reconhecer.

Said alternava irracionalmente entre elogios e acusações, entre posições maximalistas e minimalistas, tanto que às vezes todos os orientalistas são racistas e imperialistas, ao passo que em outros trechos Said nega estar atacando os orientalistas, pois não sonharia em questionar suas genuínas realizações. Como Alan Sokal e Jean Bricmont ressaltaram em *Imposturas intelectuais*, um livro dedicado a denunciar certos tipos de textos fraudulentos pós-modernistas sobre a ciência, os impostores costumam recorrer a ambigüidades como subterfúgio, tanto promovendo como refutando suas teses: "De fato elas oferecem uma vantagem enorme nas disputas intelectuais: a interpretação radical pode servir para atrair ouvintes ou leitores relativamente inexperientes; e se for revelado o absurdo dessa versão, o autor sempre poderá se defender alegando ter sido mal compreendido, para recuar então para a interpretação inócua."[17]

MESTRES COM QUEM PENSAR

Como Sokal e Bricmont também observam: "Nem tudo o que é obscuro é profundo."[18] Grande parte da obscuridade em *Orientalismo* decorre das freqüentes referências de Said a Gramsci e a Foucault. Said procurou reunir esses dois *maîtres à penser* a serviço da demolição do orientalismo. Tarefa difícil, tendo em vista que Foucault e Gramsci têm noções diferentes e contrastantes do discurso. A noção de Foucault sobre o discurso, ao contrário da de Gramsci, é a de algo a que não se pode opor resistência. Embora Said às vezes considere conveniente trabalhar com essa idéia e apresentar o orientalismo como uma formação discursiva da qual não há como escapar, em outros momentos ele quer culpar os orientalistas por adotarem o discurso do mal ou mesmo por se dedicarem diligentemente a fabricá-lo. Eles são tanto vítimas como vilões. Logo no início da introdução de *Orientalismo*, ele declara que "ao contrário de Michel Foucault, a cuja obra reconheço ter recorrido extensamente, eu acredito na marca determinante de autores individuais sobre o conjunto coletivo, de outro modo anônimo, dos textos que constituem uma formação discursiva como o orientalismo".[19] Entretanto, logo no capítulo seguinte, ele parece apoiar e confiar no que "Foucault chama de discurso, cujo peso ou presença material, não a originalidade de um determinado autor, é de fato responsável pelos textos produzidos a partir dele".[20] A astúcia do(s) argumento(s) é típica. A noção do discurso segundo Foucault também é incompatível com aquela da tradição canônica que Said parece ter adquirido de sua leitura de Auerbach, já que Foucault rejeitava a noção de uma tradição que pudesse sobreviver à grande ruptura do século XIX.[21]

A abordagem seletiva de Said diante de Foucault é associada a uma abordagem semelhante a Antonio Gramsci (1891-1937). Foucault e Gramsci tinham idéias bastante diferentes acerca da relação entre o poder e o conhecimento. O primeiro acreditava que "O poder está por toda parte", ao passo que o segundo pensava em termos de hegemonia. "Hegemonia" era o termo usado por Gramsci para descrever a imposição de um sistema de crenças sobre os governados. Apesar de sua fidelidade ao comunismo, Gramsci, como Said posteriormente, tinha uma tendência a acreditar na primazia da ideologia na história (em vez de uma primazia de fatores econômicos). Os intelectuais têm um papel crucial tanto em manter o *status quo* como em solapá-lo. Eles são peritos na legitimação do poder; figuras cruciais na sociedade. Gramsci tinha aversão pelo "bom senso", que considerava a serviço da hegemonia, um mecanismo para que a classe alta garantisse o consentimento das classes inferiores para seu domínio. Embora nada tivesse a dizer sobre os orientalistas em si, em seus *Cadernos do cárcere*, ele realmente chegou a tocar na arbitrariedade do conceito de um Oriente: "É óbvio que o Oriente e o Ocidente são noções arbitrárias e convencionais, ou seja, construções históricas, visto que, fora da história real, todo ponto na Terra é ao mesmo tempo leste e oeste. Isso pode ser entendido com maior clareza a partir do fato de que esses termos não se cristalizaram a partir do ponto de vista de um hipotético homem melancólico, em termos gerais, mas do ponto de vista das classes culturais européias, que, em conseqüência de sua hegemonia no mundo inteiro, fizeram com que os termos recebessem aceitação geral."[22]

Said, tendo lido Foucault e Gramsci, não conseguia decidir se o discurso do orientalismo coage os orientalistas e os torna vítimas de um arquivo de onde eles não têm como escapar ou se, por outro lado, os orientalistas são colaboradores conscientes e voluntários na elaboração de um discurso hegemônico que empregam para subjugar outros. Quando considerava conveniente ser foucaultiano, Said produzia passagens como a seguinte: "É portanto correto que todo europeu, naquilo que pudesse dizer sobre o Oriente, fosse conseqüentemente um racista, um imperialista e quase totalmente etnocêntrico."[23] Antes, como já ressaltamos, ele professou sua crença na "marca determinante de autores individuais". Entretanto, todo o sentido do uso da expressão "formação discursiva" por parte de Foucault está no fato de que formações discursivas não têm autores individuais. Além disso, um arquivo no sentido foucaultiano é a lei que rege o que pode ou não pode ser dito em determinadas situações. Não é uma sacola de terminologia viciada à qual autores individuais podem recorrer quando lhes apetece. Said, porém, acusou Dante, Renan, Lewis e os demais como se fossem gênios do mal que se determinaram a criar um discurso racista e imperialista. Ao mesmo tempo, parece não haver opção para o orientalista a não ser a de se deixar coagir pela formação discursiva do orientalismo.

Said apresentou o orientalismo como um discurso unificado, de autoconfirmação; mas ao fazê-lo deixou de dar atenção ao status de excluído de Reiske, às disputas de Goldziher com Vámbéry e Renan, à hostilidade de Kedourie para com Gibb, às suspeitas de Rodinson a respeito de Massignon e às críticas de Hodgson sobre a maioria de seus predecessores. Ademais, é óbvio que ele também é culpado de estereotipar em termos raciais os orientalistas e o orientalismo. O orientalismo tornou-se uma reificação do "Outro". O "Outro" é um conceito-chave da teoria pós-colonial. Em seu livro, que exerceu enorme influência sobre a teoria pós-colonial, Said sugere que ao longo dos tempos os orientalistas procuraram constantemente apresentar o islã e os árabes como o "Outro", algo estrangeiro, ameaçador e, em certo sentido, desumanizado. O Ocidente confirmava sua própria identidade por meio da invocação de uma entidade fictícia que era não ocidental. À primeira vista, até parece plausível, mas, caso se examine, por exemplo, como os religiosos medievais descreviam falsamente o islã, descobre-se que eles tinham a tendência a retratá-lo como uma heresia do cristianismo (geralmente o arianismo), em vez de como algo exótico e estranho. No século XVII, muitos orientalistas consideravam o islã uma espécie de unitarismo. E mais tarde, nas últimas décadas do século XIX e nas iniciais do século XX, um bom número de orientalistas alemães afirmava que o islã era, lado a lado com a cristandade ocidental e Bizâncio, o herdeiro conjunto da antiguidade clássica. No século XX, os orientalistas que estudaram o sufismo, como, por exemplo, Massignon e Arberry, tinham a tendência a cristianizar o que estudavam. Além disso, se as pessoas de séculos passados precisavam da noção de um "Outro" para escorar sua própria identidade, o islã não era necessariamente o candidato óbvio. Para a maioria dos protestantes ingleses do século XVII, os territórios do islã eram muito remotos, e praticamente desconhecidos. Um "Outro" francês ou católico estava muito mais à mão.

O sociólogo pós-moderno Jean Baudrillard uma vez deu a notória declaração de que a primeira Guerra do Golfo nunca teria ocorrido. A insistência de Said em que o Oriente não existe, mas é meramente um capricho da imaginação ocidental e uma construção dos orientalistas, dificilmente pareceria menos improvável. Se de fato o Oriente não existisse, não deveria ser possível descrevê-lo erroneamente. Contudo, Said não era coerente e às vezes se permitia o lapso de escrever sobre um Oriente verdadeiro. Ele escreveu, por exemplo, sobre o orientalismo na segunda metade do século XX se deparar com "um Oriente desafiador e armado politicamente".[24]

O SUBALTERNO TEM PERMISSÃO PARA FALAR?

Said também afirmou que o orientalismo negava aos orientais a possibilidade de se representarem. Neste capítulo, inclinei-me a me concentrar em sua atitude para com historiadores ocidentais do Oriente Médio, mas vale ressaltar que ele não foi nem um pouco menos hostil para com estudiosos árabes. Em muitos casos, as contribuições de acadêmicos árabes são simplesmente desconsideradas. Entre muitos outros, estão o historiador político moderno Philip Khoury, o historiador da economia Charles Issawi, o historiador libanês Kamal Salibi, a papirologista Nabia Abbott, o cientista político Ibrahim Abu-Lughod, os especialistas em religião Fazlur Rahman e Mohammed Arkoun, os historiadores da vida intelectual George Makdisi, Muhsin Mahdi e Aziz Al-Azmeh e os historiadores da literatura Pierre Cachia e Mustafa Badawi, o especialista no Cairo pré-moderno, Afaf Lutfi al-Sayyid Marsot, o historiador da arquitetura Nasser Rabat, o historiador naval George Hourani, o especialista no idioma árabe Yasser Suleiman, o especialista em literatura árabe e persa Ihsan Abbas e o cientista político Majid Khadduri. Esta é apenas uma seleção de acadêmicos árabes de renome que publicaram trabalhos em inglês. (Como salientamos em capítulo anterior, o orientalismo americano foi criado por meio do recrutamento de acadêmicos tanto da Europa como do mundo árabe.) Se acrescentássemos estudiosos árabes de renome que escrevem em árabe, a lista ocuparia o resto deste livro. Mas Said não queria que os árabes se representassem, e é ele quem lhes nega permissão para falar. Contudo, caso se leiam os ensaios antiorientalistas dos escritores árabes, Anouar Abdel-Malek, A. L. Tibawi e Abdallah Laroui (sobre todos os quais falaremos no capítulo final), torna-se evidente que Said não poderia ter escrito *Orientalismo* sem recorrer a esses precursores.

    Outros árabes foram, porém, alvo de ataque enérgico por Said em *Orientalismo* e em publicações posteriores. "O mundo árabe é atualmente um satélite intelectual, político e cultural dos Estados Unidos." Segundo Said, Fouad Ajami é "uma vergonha. Não apenas por causa de sua crueldade e ódio a seu próprio povo, mas porque o que diz é tão banal e demonstra tanta ignorância". O crime de Ajami foi ter escrito sem rodeios em *The Arab Predicament* [A provação árabe] (1981) e em *The Dream Palace of the Arabs* [O palácio dos sonhos dos árabes] (1998) a respeito da traição das esperanças e ambições árabes na segunda metade do século XX. Said nunca tentou demonstrar exatamente de que modo as críticas de Ajami aos regimes árabes modernos eram "banais e demonstravam ignorância".[25] Ainda mais esfarrapado foi seu ataque a Kanan Makiya (que escrevia sob o pseudônimo de Samir al-Khalil) como "mero imitador de Bernard Lewis" e "publicista iraquiano".[26] Said não fez o menor esforço para demonstrar qual era o tipo de ligação, se é que havia alguma, entre Lewis e Makiya. Em *The Republic of Fear* [A república do medo] (1989), publicado alguns anos antes da invasão do Kuwait por Saddam Hussein e de sua ruptura com as potências ocidentais, o arquiteto e escritor iraquiano Makiya, expondo a vida a um risco considerável, denunciou o partido iraquiano Ba'ath pelo uso de execuções em massa e tortura para manter-se no poder. O crime de Makiya foi ter escrito com atitude crítica sobre um regime árabe. Voltando à questão maior, a noção de que o Oriente é incapaz de se representar não faz sentido. Em tempos modernos, acadêmicos chineses dominaram totalmente a sinologia, do mesmo modo que acadêmicos indianos dominaram os estudos indianos. (O próprio Said citou a obra *Asia and Western Dominance* [A Ásia e o domínio ocidental], de K. M. Panikkar, como uma análise clássica da hegemonia ocidental no Oriente.)

MAIS PROBLEMAS COM *ORIENTALISMO*

Sir William Jones e depois os alemães especialistas em sânscrito estabeleceram a ligação inconteste entre o sânscrito e várias línguas indo-européias. Atualmente nenhum lingüista sério duvida de que o sânscrito, o latim, o alemão e o grego, todos derivam em última análise de um antepassado comum. Entretanto, como vimos, Said recusou-se a admitir que exista algo que se possa chamar de família indo-ariana de línguas; e o escritor romântico alemão Friedrich Schlegel foi acusado por ele por persistir na crença de que "o sânscrito e o persa de um lado e o grego e o alemão do outro tinham mais afinidades entre si do que com as línguas semíticas, chinesas, americanas ou africanas".[27] Said dava a impressão de considerar o estabelecimento da família indo-ariana de línguas uma espécie de clube que tinha criado regras arbitrárias para excluir o idioma dos "inferiores", o árabe. Em termos mais gerais, Said demonstrava odiar qualquer tipo de taxonomia, referente a tentativas de classificar línguas, culturas ou qualquer outra coisa, por constituir uma ferramenta para a conquista e a escravização do Terceiro Mundo. A taxonomia é um dos pecados inveterados do Ocidente. Por outro lado, um de seus próprios mecanismos prediletos era fazer listas compostas por imagens enormemente diferentes e, ao fazê-lo, tachar, de forma vigorosa e superficial, os itens relacionados como farinha do mesmo saco.

Said tinha orgulho de ser um humanista secular. Embora assumisse a missão de defender o islã em *Orientalismo, Covering Islam* [Cobrindo o islã] (1981) e em outros textos, ele não devia apreciar muito a religião. Em *After the Last Sky: Palestinian Lives* [Após o último céu: vidas palestinas] (1986), Said escreveu o seguinte: "Descartem o verniz da hipocrisia religiosa — que fala do 'melhor e mais nobre na tradição judaica, cristã ou muçulmana', em frases perfeitamente intercambiáveis — e será revelado um caldeirão borbulhante com fábulas revoltantes, repleto de diversos bestiários, rios de sangue e inúmeros cadáveres."[28] Como detestava a religião sob todas as formas, ele não conseguia aceitar que o islã tivesse sido importante para determinar o modelo da cultura árabe, da mesma forma que o cristianismo tinha sido importante para moldar a Europa e a América. Said parecia acreditar que, quando as pessoas estavam falando de religião, elas realmente estariam falando sobre algum outro assunto. Naturalmente, como vimos, certos orientalistas realmente foram longe demais ao falar sobre a cidade islâmica, a mente islâmica e assim por diante. No século XIX, a religião desempenhava um papel tão determinante na cultura ocidental (pensemos em Matthew Arnold, Ernest Renan, Fiodor Dostoievski e tantos outros) que alguns orientalistas podem ter exagerado a importância da religião na cultura e na sociedade do Oriente Médio. Entretanto, o islã foi e continua a ser um traço predominante da vida do Oriente Médio, afetando ou às vezes até mesmo determinando, na região, a lei, o currículo educacional, o ritmo da semana de trabalho, os trajes femininos e outras questões. Mais uma vez, em razão de seu preconceito contra a religião, Said deixou de sintonizar adequadamente com as motivações cristãs da maioria dos orientalistas anteriores ao século XX, entre eles, Ricoldo da Monte Croce, Postel, Pococke e Muir.

Embora detestasse o orientalismo em sua totalidade, parte dele era menos detestável que o resto. Said afirmava que a tradição inglesa era mais científica e impessoal, enquanto a francesa era mais estética. Com isso, seria possível considerá-lo culpado de estereotipação racial, mas, em todo caso, a afirmação não me parece assim tão verdadeira. Afinal de contas, foram os franceses que produziram a *Bibliothèque orientale* e a *Description de l'Egypte*. Segundo Said, a "genealogia oficial do orientalismo sem dúvida incluiria Gobineau, Renan, Humboldt".[29] Por que então ele não chegou a examinar as obras de Gobineau e Humboldt? Said salientou que Renan e Gobineau compartilhavam uma perspectiva orientalista e filológica comum, e que Renan se valeu de idéias extraídas de Gobineau para escrever sua *Histoire générale*, mas ele não diz quais seriam essas idéias. Com isso, aumenta a convicção de que ele de fato nunca leu Gobineau nem Humboldt. E que seu conhecimento de Renan era dos mais superficiais. Os nomes de Renan e Gobineau aparecem muitas vezes no livro, mas suas idéias não são analisadas nem criticadas em detalhe. Sua importância é algo considerado líquido e certo, mais do que algo que realmente precise ser comprovado. Como vimos, é de certo modo secundário o status tanto de Renan como de Gobineau como orientalistas.

Said caluniou gerações de acadêmicos que eram em sua maioria homens bons e honrados e não se dispôs a reconhecer que pelo menos alguns deles pudessem ter escrito de boa-fé. Ele acusou De Sacy de ter adulterado textos,[30] sem contudo fornecer nenhuma prova disso nem sugerir por que De Sacy teria agido desse modo. Lane foi alvo de todo tipo de acusação, entre elas a de negar-se o prazer sensual da vida doméstica para preservar sua superioridade como observador ocidental, mas na realidade, em seu terceiro período de residência no Egito, ele chegou a casar-se com uma escrava liberta de origem grega.[31]

Karl Marx não era um orientalista acadêmico, um aventureiro no deserto, nem um administrador colonial imperialista. Ainda que não houvesse nenhuma razão que forçasse sua inclusão num livro sobre o orientalismo, Marx de fato foi abordado, tendo seus textos sido deturpados. Foi citada uma passagem de Marx (isoladamente) na qual ele afirmava que os aldeões indianos sofreriam em conseqüência da transformação de sua sociedade pelo colonialismo britânico, mas que, embora seus sofrimentos pudessem despertar compaixão no coração de ocidentais, esses sofrimentos eram necessários caso se quisesse que o progresso econômico e social se concretizasse na Índia. Tipicamente, Said de início admitiu que Marx realmente sentia alguma compaixão pelo camponês oriental e depois negou que ele tivesse esse sentimento. Em seguida, o amortecimento da capacidade de Marx para sentir compaixão foi atribuído à forte influência que o *West-östlicher Divan* de Goethe exerceu sobre sua imaginação, bem como a um essencialismo racial semelhante ao encontrado nos escritos de Renan. Foi assim que "a visão romântica orientalista" acabou predominando sobre a humanidade de Marx.[32] Decerto somente o acadêmico de tendência mais literária há de considerar esse tipo de interpretação satisfatória. Por que não encontramos nesse trecho algum exame sobre o modo de produção asiático, o despotismo oriental e a crença de Marx de que não havia propriedade privada da terra no Oriente? Pois foram esses elementos — que poderiam ser denominados de *idées reçues* — que contribuíram para formar a visão de Marx do Oriente. É naturalmente verdadeiro que Marx foi vítima de generalizações ocidentais sobre o Oriente, mas essas eram generalizações sobre tipos de governo e posse da terra, não geradas por um sentimento romântico de que os de pele escura não sentem tanta dor quanto os de pele branca. Sadik Jalal al-'Azm resumiu a abordagem de Marx ao domínio colonial inglês na seguinte frase: "Da mesma forma que a classe capitalista européia, o domínio britânico na Índia cavou sua própria ruína. Não há nada de particularmente 'orientalista' nessa explicação."[33]

Ao escrever sobre aventureiros individualistas e especialistas sobre o Oriente Médio, Said observou: "Eles recorriam a um tipo de elaboração de orientalismo latente, que estava à sua disposição na cultura imperial da época. Seu sistema de coordenadas acadêmicas, se é que tinham algum, era moldado por pessoas como William Muir, Anthony Bevan, D. S. Margoliouth, Charles Lyall, E. G. Browne, R. A. Nicholson, Guy le Strange, E. D. Ross e Thomas Arnold, que também se encontravam na linha direta de descendência em relação a Lane."[34] Essa é a única referência a Edward Granville Browne no livro inteiro. Como vimos, Browne foi incansável em suas campanhas pela democracia e pela independência da Pérsia. Foi um flagelo para o parlamento britânico e para o Foreign Office. O que ele pode estar fazendo nessa lista sarcástica? E em que sentido ele estaria na linha direta de descendência em relação a Lane? O livro de Browne *A Year Among the Persians*, como *Manners and Customs of the Modern Egyptians* de Lane, tem por cenário o Oriente Médio, mas sob outros aspectos é difícil imaginar dois livros mais diferentes entre si.

"Nenhum dos orientalistas sobre os quais escrevo parece jamais ter pretendido que um oriental fosse seu leitor", afirmou Said num artigo posterior.[35] E então afinal por que Hamilton Gibb escreveu artigos em árabe? Por que Said não examina "Khawatir fi-Adab al-Arabi" ["Reflexões sobre a literatura árabe"] de Gibb? E o que dizer de todos os colaboradores ocidentais de *Muslim World* e *Islamic Culture*, ambos periódicos com um público leitor composto principalmente de indianos muçulmanos? E o evidente orgulho de Lewis quando foi traduzido para o árabe, o persa e o turco? O tratamento que Said dedicou a Gibb foi especialmente duro. Gibb foi apresentado por Said como um típico orientalista britânico. Em contraste com Massignon, que era "irremediavelmente o excluído", Gibb foi apresentado como uma figura institucional. Sorte do velho Massignon, por ser não só "uma figura do irremediavelmente excluído" mas também consultor do marechal Lyautey, chefe da seção do Oriente Próximo do Ministério da Informação durante a Segunda Guerra Mundial, diretor da elitista Ecole pratique des hautes études, membro da Académie Arabe du Caire, presidente do Institut d'études iraniennes, fundador do Comité Chrétien d'entente France Islam, fundador do Comité France Maghreb e membro da Commission des Musées Nationaux.

Naturalmente, Said, professor universitário em Columbia e no passado presidente da MLA (Modern Language Association [Associação de Línguas Modernas]), era também uma figura excluída. Gibb; em comparação, foi estereotipado por ele em termos raciais, como um típico orientalista britânico, produto de "um consenso ou paradigma de pesquisa acadêmica".[36] Entretanto, quando Gibb era rapaz, havia tão poucos arabistas na Grã-Bretanha que é difícil imaginar como eles poderiam ter gerado qualquer tipo de consenso ou paradigma acadêmico. Por sinal, sobre o que teria sido esse consenso? Invasões muçulmanas da Ásia Central? Saladino? O islã sunita? A literatura árabe moderna? Ibn Battuta (o viajante marroquino do século XIV)? Pela apresentação que Said faz de Gibb como um escritor a soldo do *establishment*, não seria possível acreditar que Gibb tivesse repetidamente denunciado o sionismo e o descumprimento dos britânicos de compromissos assumidos com os árabes, além de ter sido um defensor entusiástico do nacionalismo árabe e do islã sunita. (Tudo isso tinha tornado Gibb um alvo para os escritos de Kedourie.)

Pode ser que, no mundo de fantasia de Said, Gibb representasse o diretor do Victoria College, Cairo. Said tinha grande predileção pelo francês Louis Massignon, carismático, excêntrico, místico, chauvinista. Massignon era mais espiritual que Gibb e também mais voltado para a estética. Said não só deixou de salientar o anti-semitismo de Massignon, ele também deixou de comentar sua atitude decididamente condescendente para com os árabes, bem como tudo o que Massignon devia a Renan sob esse aspecto. Said afirmou que a empatia de Massignon em relação aos árabes decorria de sua genialidade. (Com isso, tem-se a impressão de que é preciso ser muito inteligente mesmo para gostar de árabes.) O crítico sírio Sadik Jalal al-'Azm teceu o seguinte comentário acerca da quase deificação de Massignon por parte de Said: "Agora, a questão para a qual eu não tenho uma resposta pronta é como pode o crítico mais contundente e versátil do orientalismo elogiar tanto um orientalista que obviamente endossava todo o conjunto de dogmas desacreditados do orientalismo."[37] Da mesma forma pela qual Gibb foi apresentado como representante do orientalismo britânico (mas decerto não um representante de seu crítico mais feroz, Kedourie), Massignon também foi apresentado como representante do orientalismo francês. É difícil entender, porém, como Massignon representava o tipo de orientalismo praticado pelos marxistas ateus Rodinson e Cahen — ou, por sinal, por André Raymond (importante historiador do Cairo pré-moderno) e Jacques Berque.

Mesmo assim, é preciso que se admita que Said talvez esteja em parte com a razão, pois está evidente pelos capítulos anteriores que nem todos os orientalistas escreveram realmente de boa-fé. Contudo, uma vez que esteja identificada uma intenção intelectual oculta por parte de um acadêmico, isso não nos exime da tarefa de avaliar as provas e conclusões desse acadêmico. Para dar um exemplo entre muitos, Lammens sem dúvida tinha uma programação militantemente católica, e a diligência com que investigava as fontes da história antiga do islã era em grande parte motivada por sua hostilidade para com aquela religião, mas isso em si não invalida todas as suas conclusões a respeito daquelas fontes.

Restringi minha análise de *Orientalismo* principalmente ao tratamento incorreto que o autor deu aos orientalistas acadêmicos, pois considero confuso e equivocado reuni-los todos no mesmo saco com poetas, administradores e exploradores, como se tivessem muito em comum.

Em *Orientalismo*, Clifford Geertz recebeu altos elogios por ser um excelente exemplo de um antropólogo que tinha descartado as *idées reçues* do orientalismo e "cujo interesse pelo islã é distinto e concreto o suficiente para ser impulsionado pelas sociedades e problemas específicos que ele estuda, e não pelos rituais, preconcepções e doutrinas do orientalismo".[38] No entanto, cinco anos mais tarde, em "Orientalism Reconsidered", Said escreveu sobre as "racionalizações disciplinares de praxe e os chavões presunçosos sobre círculos hermenêuticos apresentados por Clifford Geertz".[39] Teria a metodologia de Geertz mudado nesses cinco anos? Na realidade, não. O que mudou foi o fato de Geertz ter escrito em tom crítico sobre o livro de Said *Covering Islam* na *New York Review of Books* em 1982, onde mencionou a "falta de rigor" de Said para com as provas, bem como seu "tom de alto pânico moral", e concluído afirmando que o livro deixava "um travo desagradável na mente".[40]

A RECEPÇÃO A *ORIENTALISMO*

As primeiras críticas a *Orientalismo* foram em grande parte hostis. Mesmo os elogiados por Said, como, por exemplo, Hourani, Watt, Berque e Rodinson, foram extremamente críticos.[41] Aos poucos, porém, o livro passou a ser cultuado nos meios intelectuais, especialmente entre pessoas que não eram orientalistas e não detinham conhecimento especial sobre o tema. Embora os especialistas na área elaborassem listas de seus erros e equívocos, edições subseqüentes do livro foram publicadas sem nenhuma correção ou retratação de qualquer natureza. Críticas ao livro por parte de orientalistas ocidentais, como, por exemplo, Bernard Lewis ou Donald Little, podem ser descartadas como a atitude defensiva da "corporação" dos orientalistas. Contudo, alguns dos críticos mais severos eram árabes. A perplexidade de Sadik Jalal al-'Azm diante da excessiva admiração de Said por Massignon, bem como suas dúvidas quanto à cronologia do orientalismo apresentada por Said, já foram mencionadas. Em termos mais gerais, al-'Azm, em seu brilhante artigo "Orientalism in Reverse", concordou com Said quanto à suposta superioridade moral dos orientalistas e sua tendência a criar uma "fratura ontológica" entre o Oriente e o Ocidente, mas atacou Said por estereotipar o orientalismo e por fazer uma representação grotescamente deturpada do islã. Said errava ao situar as origens do orientalismo em Homero e Dante, pois isso disfarçava o fato de que se tratava essencialmente de um fenômeno moderno. Al-'Azm sugeriu que, para Said, a representação parecia mais real que a realidade; e que sua hostilidade à esquematização e codificação do conhecimento era irracional. Nadim al-Bitar, um muçulmano libanês, acusou Said de generalizar de modo excessivo e insano sobre a natureza do orientalismo, além de exagerar grotescamente a incidência do racismo nos círculos intelectuais ocidentais.[42] Críticos árabes sentiram-se especialmente ofendidos pelo desdém que Said demonstrou pelas críticas culturais árabes, como análises de "segunda classe", e pelo pensamento árabe contemporâneo como um raso reflexo do pensamento ocidental.

Em "Between Orientalism and Historicism" [Entre o orientalismo e o historicismo], Aijaz Ahmad, um professor de inglês indiano e marxista, foi cáustico a respeito do antiquado humanismo no estilo ocidental de Said, bem como sobre seu uso atabalhoado das idéias de Derrida sobre a identidade e a diferença. Ele acusou Said de tentar "explorar três definições totalmente diferentes de orientalismo", mas foi a ligação de Said com Foucault que o levou à pior confusão, pois Said acusou os orientalistas de intencionalmente deturparem a realidade objetiva, enquanto Foucault negava a possibilidade de uma realidade objetiva.[43] O muçulmano britânico Ziauddin Sardar criticou Said por sua posição numa instituição acadêmica ocidental e por sua visão estreita. Como Sardar ressaltou, o islã não está confinado ao Oriente Médio, e na realidade a maioria dos muçulmanos se encontra fora daquela região. Também criticou Said por não reconhecer o trabalho de seus predecessores na área. Sardar compartilhou da hostilidade dos marxistas diante do "humanismo" de Said, que, afirmou ele, provinha da mesma cultura que produziu o orientalismo, o imperialismo e o racismo. Sardar tinha também percebido que um livro posterior de Said, *The Question of Palestine*, revelava uma forte aversão ao islã.[44]

Outros, porém, tiveram uma opinião muito mais favorável de *Orientalismo*; e, com o passar do tempo, o livro estabeleceu uma tendência para livros que se propunham a "negociar o outro", "reinventar a alteridade" e iniciativas semelhantes. Said foi canonizado pela *intelligentsia* ocidental e aclamado como um importante proponente dos estudos pós-coloniais. Houve uma tendência a associá-lo a figuras como, por exemplo, Homi Bhaba, o teórico pós-colonial, e Gayatri Spivak, o crítico literário cultural bengalês. Essa escola desenvolveu seu próprio estilo de prosa característico. Vejamos, por exemplo, esta pérola de Spivak: "A rememoração do 'presente' como espaço é a possibilidade do imperativo utópico do nenhum-lugar (específico), o projeto metropolitano que pode suplementar a tentativa pós-colonial da impossível catexe da história vinculada ao lugar como o tempo perdido do espectador."[45]

Orientalismo promoveu uma pletora de narrativas de opressão, e seus argumentos foram alimentar estudos subalternos. (Em estudos subalternos, a voz do colonizado tem preferência em relação à voz dos colonialistas.) Em *Orientalismo* e no mais recente *Culture and Imperialism*, Said apresentou-se como alguém engajado numa iniciativa de contestação: este específico crítico literário estava na vanguarda da luta contra a hegemonia ocidental pós-colonial. Mas o que ele tinha realizado? Os orientalistas mudaram suas práticas de trabalho? Não mudaram, já que Said não fez nenhuma sugestão positiva quanto a como deveriam mudar essas práticas e, na realidade, em diversos trechos ele deu a impressão de sugerir que era impossível mudar. Os imperialistas perturbaram-se com o livro de Said? Parece que não. Sheldon Pollock acertou em cheio nesse ponto: "Por que, em outras palavras, mecanismos centrais do imperialismo deveriam abraçar de modo tão hospitaleiro aqueles que procuram contestá-lo, e por que motivo o imperialismo o tempo todo demonstra estar totalmente indiferente? Pode ser uma questão batida e cansativa (uma reprise do sucesso da década de 1960

'Repressive Desublimation' [Dessublimação repressiva]), mas a alegre despreocupação do capitalismo tardio para com os que o desmascaram, sua domesticação aparentemente bem-sucedida da academia antiimperialista e sua comodificação da teoria contrária são difíceis de deixar de lado e decerto fazem pensar aqueles que visualizam seriamente algum papel para a crítica no projeto de mudança progressiva."[46]

LEWIS E GELLNER *VERSUS* SAID

Não surpreende que as respostas mais magistrais a *Orientalismo* tenham vindo de Bernard Lewis. "The Question of Orientalism" foi publicado com certo atraso em *New York Review of Books* (24 de junho de 1982). Lewis defendeu com eloqüência o sistema acadêmico à moda antiga e concluiu sua defesa com as seguintes palavras:

> A questão mais importante — menos mencionada pela atual onda de críticos — é a dos méritos acadêmicos, na verdade a validade acadêmica, das descobertas dos orientalistas. Com prudência, os antiorientalistas praticamente não tocam nessa questão e de fato dão pouquíssima atenção aos textos acadêmicos dos estudiosos cujas supostas atitudes, motivações e propósitos formam o tema de sua campanha. A crítica acadêmica dos estudos acadêmicos dos orientalistas é uma parte legítima, inerente e, na realidade, necessária do processo. Felizmente, ela está sempre em atividade — não uma crítica do orientalismo, o que não teria significado, mas uma crítica da pesquisa e dos resultados de acadêmicos isolados ou de escolas de acadêmicos. A crítica mais rigorosa e contundente ao orientalista, como a de qualquer outro ramo acadêmico, sempre foi e sempre será aquela proveniente dos acadêmicos seus colegas, especialmente, embora não exclusivamente, daqueles que trabalham no mesmo campo.

A defesa de Lewis do orientalismo como pura atividade acadêmica, ou pelo menos como disciplina que se empenha pela objetividade, parecerá absurda a muitos. Entretanto, se realmente nos sentarmos para ler a edição de Pococke de *Hayy ibn Yaqzan*, ou a obra de Cresswell sobre a cronologia das mesquitas egípcias, Cahen sobre a topografia da Síria na Idade Média, de Slane sobre a classificação dos manuscritos na Bibliothèque Nationale ou ainda Charles Burnett sobre a transmissão do conhecimento árabe na Inglaterra medieval, é extremamente difícil detectar uma intenção política nesses estudos acadêmicos — até mesmo uma intenção inconsciente. Existe o que se pode chamar de acadêmico isento. Eu mesmo já tomei chá com alguns.

Em 1986, a Associação Americana de Estudos do Oriente Médio [American Middle East Studies Association] tentou organizar um debate entre Lewis e Said. No entanto, apesar de estar presente no mesmo tablado que Said, Lewis quase não debateu com ele, mas apresentou com frieza o que na realidade era um ensaio preparado para defender sua posição. Não negou que existissem estereótipos, particularmente no que dizia respeito ao despotismo oriental e à licenciosidade no harém. Pediu cortesia e um debate sereno em vez de polêmico.[47] Said, ao responder, não foi especialmente cortês. Afirmou que o conhecimento nunca é abstrato, mas sempre reflete o poder. Concentrou seu ataque na mídia americana e sua cobertura dos árabes e do islã (e esse era, naturalmente, um alvo bastante vulnerável, tendo em vista que a cobertura americana do Oriente Médio e em especial de questões palestinas em sua maior parte tem sido vergonhosa — preconceituosa, ignorante e ofensiva). Passou então à sugestão de que a distorção da realidade do Oriente Médio por parte da mídia tinha funcionado "por causa da ativa colaboração de todo um quadro de acadêmicos, especialistas e cúmplices recrutados nas fileiras dos orientalistas e dos *lobbies* de interesses especiais". Os orientalistas eram conspiradores malévolos que deveriam ter sido mais cautelosos ou, na melhor das hipóteses, eram culpados de não ter combatido estereótipos da imprensa. Entre os especialistas acusados, ele arrolava Lewis, Kedourie e Ernest Gellner. Eles eram culpados de ser hostis à religião e à cultura do islã. (Mas eu suspeito que seu verdadeiro crime seja o de todos eles terem criticado Said.) Lewis foi acusado de tentar fornecer antecedentes religiosos medievais para os modernos seqüestros de aviões. Gellner supostamente teria afirmado que "os muçulmanos são uma amolação e visceralmente anti-semitas". Said queria saber por que motivo alguns orientalistas participaram de um simpósio sobre o terrorismo. Ele alegava que as únicas coisas que os orientalistas escolhiam para estudo eram a ignorância árabe em relação à Europa e o anti-semitismo árabe; e que eles descartavam totalmente a literatura árabe. Lewis em sua resposta de fechamento disse que "dificilmente pode-se considerar honesto ou justo tentar refutar o ponto de vista de alguém, não em termos do que ele disse, mas de motivações que se resolve atribuir a ele a fim de facilitar a refutação. Não se pode considerar um exemplo de verdade ou justiça usar as táticas de difamação que se tornaram tão conhecidas neste país em épocas passadas, reunindo como iguais escritores, acadêmicos e jornalistas de origem e caráter muito díspares, com isso transmitindo a idéia, em vez de fazer a afirmação direta, de que são todos iguais, que constituem um todo homogêneo, conspiratório, sujeito a uma direção central".[48]

Gellner, mais um dos supervilões de Said, teve uma carreira intelectual extraordinária. Ele começou como filósofo profissional e em 1959 publicou *Words and Things* [Palavras e coisas]. Nesse livro controverso, Gellner atacou vigorosamente o professor Gilbert Ryle pela afirmação de que não existe nada que se possa chamar de mente, mas apenas objetos físicos e acontecimentos físicos. A publicação filosófica *Mind* (editada por Ryle) recusou-se a fazer a resenha do livro de Gellner, e o escândalo acadêmico daí decorrente garantiu ao autor do livro muita publicidade. Ved Mehta, o autor indiano de um livro sobre filósofos e historiadores, *Fly and Fly-Bottle* [A mosca e o frasco], visitou Gellner somente alguns anos mais tarde e descreveu o homem de 34 anos como "moreno, de altura mediana e vestido informalmente. O cabelo não estava penteado, e ele dava a impressão de um intelectual excêntrico". (O talentoso escritor Mehta era cego de nascença.)[49] Quando conheci Gellner na década de 1970, fiquei impressionado com a sensação de poder intelectual que parecia irradiar do homem. Posteriormente, Gellner tornou-se sociólogo e realizou trabalho de campo antropológico a respeito de santos berberes nas regiões montanhosas do Marrocos. Um crescente interesse pelo islã levou em termos mais gerais à publicação de um volume de ensaios, *Muslim Society* [Sociedade muçulmana], em 1981. Àquela altura ele era professor de antropologia social em Cambridge. Em 1992, publicou *Postmodernism, Reason and Religion* [Pós-modernismo, razão e religião]. Como diz a divulgação na quarta capa da edição em brochura: "Estamos vivendo num mundo pós-moderno? Se for esse o caso, como podemos explicar o extraordinário ressurgimento do fundamentalismo islâmico?"

Em 1993, ele voltou sua atenção malévola para Edward Said e, numa extensa crítica de *Culture and Imperialism* de Said, publicada no *Times Literary Supplement*, simplesmente arrasou o livro.[50] Tanto o livro como a crítica tratam principalmente da interação cultural conforme refletida na literatura ocidental, mas Gellner chegou a tocar na questão do orientalismo, com a observação de que "resta a Said um objetivismo que praticamente não se sustenta, sem apoio, mas que lhe permite explicar e censurar os 'orientalistas', reduzindo sua visão ao papel supostamente importante que desempenham no domínio do mundo". Gellner perguntava-se como, enquanto os orientalistas eram prisioneiros de uma formação discursiva, Said tinha confiança suficiente na objetividade de seus próprios julgamentos morais. Gellner prosseguiu denunciando as interpretações equivocadas que Said apresentou de Gide, Camus, Fanon e outros, antes de encerrar sua crítica com as seguintes palavras: "A verdade não está associada à virtude política (seja direta seja inversamente). Insinuar o contrário é incorrer naquele pecado que Said deseja denunciar. Como a chuva, a verdade cai sobre os justos e os injustos. Os problemas de poder e cultura e suas turbulentas relações durante a grande metamorfose de nosso mundo social são por demais importantes para serem relegadas à crítica literária."

Os amigos de Said uniram forças para defendê-lo e realmente conseguiram ressaltar que a crítica de Gellner continha uma série de erros factuais. O próprio Said, numa carta ao *Times Literary Supplement*, de modo nada convincente tentou apresentar Gellner como antimuçulmano. Gellner, ao longo de sua resposta a essa carta, referiu-se a *Orientalismo* como "bem interessante mas insignificante em termos intelectuais" e salientou que o livro de Said recomendava "discriminação cognitiva": "A desqualificação *ex officio* de 'orientalistas' anda de mãos dadas com um endosso ou tratamento preferencial dos privilegiados e iluminados que vêem o problema 'de dentro do tema'... Um status privilegiado como esse parece ser adquirido principalmente pela origem, ou às vezes por posicionamento político." Said, em mais uma carta, denunciou Gellner por fazer generalizações sobre os muçulmanos sem saber nenhuma das línguas islâmicas e por fazer pouco caso do alto status da crítica literária. Ele alegou que na página 322 negou explicitamente que "apenas alguém de dentro, um muçulmano, uma mulher, um negro, pode escrever de modo significativo sobre a experiência islâmica, das mulheres ou dos negros". Contudo, ao responder a apenas metade da acusação de Gellner, Said não conseguiu dar-lhe uma plena resposta, já que está evidente que em *Orientalismo* o "posicionamento político" poderia também privilegiar certos tipos de comentadores do islã, por exemplo. Ele ainda alegou que zombar da crítica literária, como Gellner tinha feito, era demonstrar "má-fé e cumplicidade com o poder imperial".[51] Em outro texto, Gellner referiu-se a Said como "um janota e um *bon vivant* de Manhattan". Foi um dos melhores entreveros intelectuais das últimas décadas. Creio que Gellner estava trabalhando num ataque a *Orientalismo* em formato de livro, quando morreu em 1995.

O RESTANTE DO CÂNONE SAIDIANO

Os outros livros de Edward Said podem ser examinados de modo mais sucinto. Em *The Question of Palestine* (1980), ele protestou contra a recusa por parte dos israelenses e seus aliados em reconhecer uma identidade palestina. É interessante que, para corroborar essa identidade, ele tenha se sentido obrigado a recorrer ao apoio dos infernais orientalistas: "Leia-se qualquer relato de viagens pelo Oriente dos séculos XVIII ou XIX — Chateaubriand, Mark Twain, Lamartine, Nerval, Disraeli — e lá serão encontradas descrições dos habitantes árabes da Palestina."[52] Embora desde o início árabes cristãos tenham desempenhado um papel importante na Organização para a Libertação da Palestina, a atitude de Said para com os árabes cristãos era militantemente hostil: "Creio também ser necessário dizer que minorias militantes no Oriente Médio quase sempre foram agressoras contra o que Hourani chamou de universalidade, segurança e sentido de responsabilidade do islã sunita, ou seja da maioria do islã." Na mesma página em que está essa citação, Said conseguiu confundir o polemista árabe cristão al-Kindi com o polímata muçulmano mais recente e muito mais famoso de mesmo nome.[53] É presumível que Said não tenha se incomodado de ler nenhum dos dois escritores em questão. (Para uma opinião diretamente contrastante a respeito do destino das comunidades cristãs no Oriente Médio, ver *From the Holy Mountain* [Do monte sagrado] de William Dalrymple.) Em *The Question of Palestine*, Said declarou cheio de confiança que a sorte do fundamentalismo islâmico entrou em forte queda depois de 1967.[54] Pelo resto de sua vida, ele encontraria dificuldade para reconhecer a contínua vitalidade dos movimentos fundamentalistas islâmicos.

Dali em diante, escreveu mais alguns livros sobre a questão palestina, aí incluídos *After the Last Sky: Palestinian Lives* [Depois do último céu: vidas palestinas] (1986) e *The End of the Peace Process: Oslo and After* [O fim do processo de paz: Oslo e depois] (2000), além de uma quantidade de artigos grande demais para enumerar. Ele suspeitou acertadamente que o acordo de Oslo seria usado como um mecanismo para oprimir e espoliar ainda mais os palestinos. Quando escrevia sobre a Palestina contemporânea e os sofrimentos de seu povo, sua argumentação era direta, e ele era claro e eloqüente. A partir de 1977, integrou o Conselho Nacional da Palestina, mas foi ficando cada vez mais insatisfeito com a forma pela qual Arafat o geria e pediu afastamento em 1991. Como Said continuou a denunciar a corrupção da administração palestina, Arafat proibiu a venda de seus livros na Cisjordânia e na Faixa de Gaza. Said também foi atacado por sionistas e direitistas nos Estados Unidos. Seu escritório foi alvo de bombas incendiárias, e ele recebeu ameaças de morte. Mesmo assim, apesar de ser chamado de "um professor do terror" pela publicação direitista *Commentary*, Said foi coerente em sua rejeição ao terrorismo ou à política da luta armada como forma de avanço. Em 2001, depois de ter sido fotografado atirando uma pedra numa guarita israelense na fronteira com o Líbano, houve esforços determinados embora malsucedidos para expulsá-lo do cargo na Columbia University.

Em 1981, foi publicado *Covering Islam: How the media and the experts determine how we see the rest of the world* [Cobrindo o islã: como a mídia e os especialistas determinam como vemos o resto do mundo]. Nesse livro, Said voltou ao ataque aos orientalistas, mas dedicou mais atenção (hostil) à imprensa e à televisão, principalmente à cobertura da crise dos reféns americanos no Irã e da decapitação de uma princesa na Arábia Saudita. Foi típico de seu estilo de pensamento ele parecer considerar a cobertura ocidental da decapitação mais repreensível que a decapitação em si. A tendência geral do livro era argumentar que a sociedade ocidental não enfrentava uma ameaça significativa por parte de terroristas de fé islâmica fundamentalista. O verdadeiro perigo no confronto entre o Oriente e o Ocidente decorria das deturpações ocidentais do islã. Malcolm Yapp, um especialista na história do Afeganistão e da Índia britânica, resenhou o livro no *Times Literary Supplement* (9 de outubro de 1981), tendo encontrado muito com que discordar, em especial o descuido de Said para com citações. Ele chamou atenção para a interpretação incorreta de Said de um artigo que Edmund Bosworth, um historiador do islã medieval, escreveu para o *Los Angeles Times*. Said afirmava que Bosworth teria escrito que toda a atividade política nos países muçulmanos em quase 1.200 anos "pode ser compreendida como algo que emana da conclamação muçulmana pela *jihad*". No entanto, Bosworth não tinha escrito nada semelhante, e Said devia ter conhecimento disso. A carta de Said em resposta à resenha foi candente e incoerente, mas Yapp voltou à carga numa carta posterior que começava como se segue: "Dá para entender por que Edward W. Said se sentiu ofendido(...) Um homem que tem a responsabilidade de orientar os estudos de outros deve se sentir constrangido quando é revelado que seus métodos não são adequados ao meio acadêmico. E essa demonstração não é alterada pelo alvoroço, pelas ofensas e afirmações enganosas com as quais ele procura confundir a questão em sua carta."[55]

Culture and Imperialism, que saiu em 1993, começava com uma afirmação evasiva a respeito da invasão do Iraque e da ocupação do Kuwait: "Como deduzida pelo partido iraquiano Ba'ath, a história árabe moderna revela a promessa não realizada, não cumprida, da independência árabe, uma promessa desvirtuada pelo 'Ocidente' e pelo sionismo. A sangrenta ocupação do Kuwait pelo Iraque estava portanto justificada por motivos bismarckianos, mas também em razão de se acreditar que os árabes tinham o direito de corrigir injustiças que tinham sido feitas contra eles e arrancar do imperialismo um de seus maiores troféus."[56] Entretanto, é claro que Said não estava de modo algum endossando o que Saddam Hussein tinha feito. *Culture and Imperialism* era essencialmente uma obra de crítica literária. Gellner não foi o único crítico a se sentir insatisfeito com a forma específica pela qual esse livro tinha conferido uma caráter político e exposto ao ridículo certas obras literárias. Em especial, a afirmação de Said de que as grandes fazendas coloniais deviam ser significativas em *Mansfield Park* de Jane Austen, por praticamente não serem mencionadas, foi amplamente ridicularizada. A argumentação geral de Said nesse livro foi a de que a literatura, ao representar ou descrever o colonialismo, fazia com que ele parecesse pertencer mais à ordem natural das coisas e, portanto, fosse mais aceitável.

Até 1999, a maioria dos leitores de Said tinha a impressão de que ele seria um exilado palestino, tendo sido criado em Jerusalém até que, aos 12 anos de idade, com o estabelecimento do Estado de Israel, a família e ele precisaram fugir para o Cairo. Entretanto, em 1999, o acadêmico judeu Justus Reid Weiner publicou um artigo em *Commentary* intitulado "'My Beautiful Old House' and Other Fabrications by Edward Said" ["'Minha bela casa do passado' e outras invenções de Edward Said"] em que, entre outros pontos, ele questionava as credenciais de Said como palestino.[57] Weiner passou alguns anos pesquisando a juventude de Said, e seu artigo foi baseado em 85 entrevistas. O relato do próprio Said sobre sua juventude, as memórias intituladas *Out of Place*, foi publicado cerca de apenas um mês depois do artigo de Weiner. Era um relato de sua vida até o ano de 1962. Uma obra franca, reflexiva, melancólica. Said apresentou a si mesmo como um exilado da felicidade, e a leitura de sua história causa depressão.

Durante toda a sua vida, Said foi um crítico constante de tudo o que os Estados Unidos fizessem no Oriente Médio. Como já foi ressaltado, ele também atacou com ferocidade aqueles árabes no Ocidente, como, por exemplo, Kanan Makiya e Fuad Ajami, que ousaram criticar Saddam Hussein. Depois da atrocidade das Torres Gêmeas em 11 de setembro de 2001, ele escreveu um longo artigo para o *Observer* no qual, embora de modo algum endossasse o que os terroristas tinham feito (pois isso ele nunca fazia), explicava por que eles tinham agido daquela forma (o que sempre fazia). Said apresentou as justificativas dos terroristas por eles, exatamente como tinha apresentado justificativas para Saddam Hussein. Ele jamais, em tempo algum, justificou a violência, o terror ou a tortura. Meramente elogiava essas atitudes com débeis condenações.

Ele não apreciava a música árabe e escreveu (em *Out of Place*) sobre sua aversão ao modo de cantar do egípcio Um Kulthum, que considerava "horrivelmente monótono em seu interminável lamento melancólico e desesperado, como os gemidos e uivos incessantes de alguém que estivesse sofrendo uma crise de cólica extremamente prolongada". Por outro lado, ele adorava a música clássica ocidental e, tarde na vida, fez amizade com o pianista israelense Daniel Barenboim. Juntos eles escreveram um livro, *Parallels and Paradoxes: Explorations in Music and Society* [Paralelos e paradoxos: explorações na música e na sociedade] (2002), em que eles principalmente debatiam questões musicais de modo civilizado e amável. O último livro de Said, *Freud and the Non-European* [Freud e o não-europeu] (2003), um extenso ensaio baseado numa palestra proferida na casa em Londres onde Freud passou seus últimos anos como exilado, girava em torno de *Moisés e o monoteísmo*. Nesse ensaio, Said chamou atenção para a visão eurocêntrica que Freud tinha da cultura, antes de prosseguir, com uma tolerância inusitada: "Mas por que não deveria ser assim? O mundo dele ainda não tinha sido atingido pela globalização, pelas viagens rápidas, nem pela descolonização, que haveriam de tornar culturas anteriormente desconhecidas ou reprimidas disponíveis à Europa."[58] (Muito bem, mas por que motivo Said não se dispôs a tratar com a mesma generosidade, Dante, que deveria ter tido muito menos informação sobre a Ásia e a África?) Mesmo assim, o ponto principal do ensaio consistia em realçar a disposição de Freud de reconhecer os "antecedentes e contemporâneos não judaicos do judaísmo", como no caso de "Moisés, o egípcio". O ensaio era principalmente um tratado sobre os tempos atuais, já que Said usou textos de Freud como pretexto para meditações sobre a fluidez tanto da identidade judaica quanto da palestina e sobre a conseqüente possibilidade de uma solução por meio de um único Estado em Israel/Palestina. A defesa por parte de Said da coexistência e da tolerância num único Estado pode ser louvada e admirada. Entretanto, atualmente, ela parece ter o mesmo grau de exeqüibilidade política de planos para a criação do Reino de Shangri-lá. Ainda assim, seria excelente se um dia essa sua visão se concretizasse.

Em 1991, foi diagnosticado que Said tinha leucemia. Em suas últimas aparições em público, ele dava a impressão de estar cansado e tenso. Morreu aos 67 anos, em 24 de setembro de 2003, sendo objeto de muitos obituários respeitosos e afetuosos.[59]

Contudo, é um escândalo e um desdouro para a qualidade da vida intelectual na Grã-Bretanha em décadas recentes que os argumentos de Said sobre o orientalismo tenham chegado a ser levados a sério. Obviamente, considero impossível acreditar que seu livro tenha sido escrito de boa-fé. Se o livro de Said é tão falho quanto eu creio que seja, por que ele atraiu tanta atenção e obteve tanto louvor em determinadas esferas? Não sei ao certo qual poderia ser a resposta correta. Talvez o motivo em parte seja um ressentimento diante da longa tradição de estabelecimento da "liga dos orientalistas", por parte de alguns adeptos de disciplinas mais recentes como, por exemplo, os estudos da cultura e a sociologia. Alguns autores juntaram-se à disputa ao lado de Said, não porque se importem um mínimo que seja com a verdadeira história do orientalismo, mas porque são anti-sionistas ou antiamericanos. Nesses casos, zombar dos orientalistas deve ter servido como uma tranqüilizadora atividade de deslocamento. O recurso de Said de exibir ostentosamente os nomes da moda, de Gramsci e Foucault, deve ter atraído alguns estudantes. Suas dúvidas superficiais e expressas em tom obscuro acerca da possibilidade da objetividade também se encaixaram em recentes modas intelectuais. A tese geral do livro valeu-se da culpa e das aflições do Ocidente quanto a seu passado imperialista. Há, sem dúvida, um fundo de verdade nas acusações que Said mencionou; e, por exemplo, alguns orientalistas, aí incluídos Snouck Hurgronje, Massignon e Berque, de fato trabalharam para as autoridades coloniais. No todo, porém, as qualidades positivas de *Orientalismo* são as de um bom romance. Ele é emocionante, está repleto de vilões sinistros, bem como de um número bastante menor de mocinhos, e o quadro que ele apresenta do mundo provém de uma rica imaginação, mas em sua essência é ficcional.

10
Inimigos do orientalismo

Se estão em conformidade com o livro de Deus, esses textos dos gregos são inúteis e não precisam ser preservados; se não estão, são perniciosos e deveriam ser destruídos.

Relato de Edward Gibbon, em *Declínio e queda do Império Romano*, de como supostamente o califa Umar teria mandado incendiar a biblioteca de Alexandria em 641, mas tanto o comentário como o incêndio são totalmente apócrifos. A biblioteca tinha sido destruída muito antes do surgimento do islã.

KURD 'ALI

A recusa da maioria dos orientalistas em aceitar o islã por sua própria avaliação como revelação do Divino fez com que muitos muçulmanos se sentissem ofendidos. O simples nível do ódio com que a cultura ocidental em geral e o orientalismo em particular foram e são encarados em certos círculos muçulmanos não é amplamente compreendido. Ao longo dos séculos mulás e "*ulamá*" (estudiosos religiosos muçulmanos) acostumaram-se a se engajar em polêmicas com estudiosos religiosos judeus e cristãos; e talvez seja por isso que com freqüência eles consideram difícil aceitar que reinterpretações orientalistas de assuntos como, por exemplo, a carreira do profeta ou a revelação do Corão nem sempre são motivadas pela rivalidade confessional cristã ou judaica para com o islã.

Kurd 'Ali (1876-1953), historiador e jornalista, foi por duas vezes ministro da Educação na Síria.[1] Ele foi também um dos primeiros a questionar a hegemonia intelectual dos orientalistas. Em 1931, ele compareceu a uma conferência internacional de orientalistas realizada em Leiden e ficou horrorizado com o que considerou uma revoltante representação enganosa do islã por parte de acadêmicos ocidentais. Seu *al-Islam wa al-Hadara al-'Arabiyya* ("O islã e a civilização árabe") (2 volumes, 1934-46) procurava explicar e corrigir equívocos dos orientalistas. Segundo Kurd 'Ali, a principal razão pela qual os orientalistas caíam em erro era sua crença de que o cristianismo era superior ao islã. Além disso, o menosprezo do Ocidente diante das realizações árabes era essencialmente uma forma de *Shu'ubiyya*. Ou seja, tratava-se de uma recriação na Europa moderna do movimento literário e cultural que floresceu nos séculos IX e X, no qual persas, nabateus e outros povos desfaziam da língua e da cultura dos árabes, enquanto alardeavam suas próprias histórias e feitos. Kurd 'Ali denunciou o triunfalismo do Ocidente e declarou que a conquista da América pela Europa foi um crime enorme. Da mesma forma que o filósofo e ativista político islâmico do século XIX al-Afghani, ele tentou refutar a tese de Ernest Renan de que os árabes, por conta de sua predisposição mental semítica, eram anticientíficos por natureza. Kurd 'Ali sugeriu que os únicos árabes que Renan conhecera eram pescadores sírios e que, com base nisso, ele decidira que os árabes eram inatamente avessos à ciência. Mesmo assim, Kurd 'Ali concluiu que Renan não era de todo mau, pois um dia ele teria expressado o desejo de ser um muçulmano que fazia suas orações numa mesquita.

Kurd 'Ali entrou em polêmica com missionários cristãos e estudiosos jesuítas como, por exemplo, Père Lammens, que ele caracterizou como "Pedro, o Eremita, do orientalismo". Como vimos, a hostilidade de Kurd 'Ali era perfeitamente compreensível, tendo em vista que a maior parte do que Lammens escrevia era de fato dominada por uma hostilidade feroz, de motivação religiosa, para com o islã. Embora Kurd 'Ali se ressentisse da maior parte do que os orientalistas escreveram sobre sua cultura, sua tendência era a de defender aquela cultura e rebater descrições hostis do Corão, da poligamia, das realizações culturais árabes e assim por diante, com citações de julgamentos mais positivos por parte de outros ocidentais. Tinha uma predileção especial por colher citações da descrição favorável ao islã na história popularizante de autoria de Gustave Le Bon, *La Civilization des Arabes* (1884). Nesse livro, a mente árabe era apresentada como tendo sido moldada por suas realizações culturais. Le Bon era um escritor por encomenda, sem nada de acadêmico, que não sabia árabe, mas Kurd 'Ali considerou que isso tinha menos importância do que a atitude positiva de Le Bon para com o islã e os árabes.[2] Embora Le Bon fosse racista, ele aparentava ser um racista pró-árabe; mas o que Kurd 'Ali e outros muçulmanos entusiastas pelo trabalho de Le Bon deixaram de detectar foi que, apesar de Le Bon ter escrito com empolgação sobre os feitos da civilização árabe, esses feitos estavam todos no passado, e Le Bon acreditava que a cultura árabe era incapaz de maiores avanços. (Essa linha de raciocínio haveria de ter um enorme impacto nos historiadores árabes da civilização islâmica nos séculos XIX e XX, que costumavam apresentar aquela civilização como uma glória que tinha passado.) Ao contrário de muitos que vieram depois dele, Kurd 'Ali também se impressionou com a *Encyclopaedia of Islam*, bem como com edições eruditas ocidentais dos dicionários biográficos medievais de Ibn Hajar e al-Safadi.

UM GÊNIO DIVIDIDO ENTRE DOIS MUNDOS

Uma visão mais conspiratória do orientalismo foi apresentada por um importante intelectual iraniano, Jalal Al-i Ahmad (1923-69).[3] Al-i Ahmad era ensaísta, escritor de contos e romancista vigoroso, elegante, espirituoso. Era também amigo do grande escritor iraniano, Sadeq Hedayat, e comentador brilhante do extraordinário romance de Hedayat, *A coruja cega*. Embora Al-i Ahmad tivesse flertado com o comunismo, ele se desiludiu com o sistema e com a vida em geral. Sua obra mais interessante, *Gharbzadegi* (mais tarde traduzida como *Occidentosis: A Plague from the West* [Ocidentose: uma peste vinda do oeste], 1984), circulou como publicação clandestina a partir de 1962. *Gharbzadegi* pode ser traduzido (de modo deselegante) como "ocidentose", "euromania", "ocidentoxicação" ou "deslumbramento pelo Ocidente". "Falo de 'Ocidentose' como de tuberculose. Mas talvez a doença se assemelhe mais a uma infestação de gorgulhos. Já viu como eles atacam o trigo? É de dentro. A casca permanece intacta, mas é só um invólucro, como um casulo deixado para trás numa árvore."[4] A obra polêmica e revoltada de Al-i Ahmad jamais poderia ter sido publicada no Irã durante o regime do Xá; pois, embora ele atacasse o Ocidente, sua condenação ao regime do Xá não era menos candente, tendo em vista que ele considerava tanto as políticas de modernização como as extravagantes importações da família imperial Pahlavi fatores importantes, subjacentes à perniciosa ocidentalização do Irã. *Gharbzadegi* apresentava a história como um conflito milenar entre o Ocidente, de um lado, e o Irã e o resto do mundo, do outro. Tudo de importante que acontecia no Irã e no mundo em geral era arquitetado pelo Ocidente: "É preciso que se veja o que supostos colonizadores empresariais e governos que os apóiam estão tramando em segredo, por trás de cada tumulto, golpe de Estado ou insurreição em Zanzibar, na Síria ou no Uruguai."[5] No caso do Irã, foi o petróleo que atraiu o interesse predatório da Grã-Bretanha e outras potências.

Deixando de lado a política, Al-i Ahmad ficava perturbado com o que percebia estar acontecendo com a cultura iraniana. A ocidentose, um entusiasmo incondicional por tudo o que fosse ocidental, tinha reduzido os iranianos a um povo que perdera sua tradição e continuidade histórica, "restando-lhe apenas o que a máquina lhes trouxesse". Ele denunciou o tratamento que os orientalistas dispensavam aos asiáticos como se estes fossem nada mais que matéria-prima para um laboratório: "Isso explica por que dentre todas as enciclopédias escritas no Ocidente a que se sobressai é a *Encyclopaedia of Islam*. Nós continuamos adormecidos, mas o ocidental já nos carregou para o laboratório nessa enciclopédia."[6] Em outra passagem de *Gharbzadegi*, ele lamentou que seus concidadãos tivessem se tornado "joguetes de orientalistas".[7] A prática de citar obras de autores ocidentais como se fossem fontes absolutamente confiáveis parecia-lhe bastante tola: "Mesmo quando (o oriental) quer aprender algo sobre o

Oriente, ele recorre a fontes ocidentais. É por esse motivo que o orientalismo (quase com certeza um parasita que brota da raiz do imperialismo) domina o pensamento e a opinião das nações ocidentóticas."[8] O Ocidente havia se tornado um repositório de relíquias e manuscritos saqueados do Oriente. A conspiração orientalista andava de mãos dadas com a vitória da tecnologia ocidental, pois "o orientalista cantarola uma bela melodia iraniana, enquanto seu colega vende peças de máquinas". Até mesmo alguns intelectuais ocidentais preocupavam-se com a mecanização do espírito, e Al-i Ahmad, culto poliglota como era, citou *A peste*, de Camus, *O rinoceronte*, de Ionesco, e *O sétimo selo*, de Ingmar Bergman, para corroborar essa afirmação.

Gharbzadegi é uma obra original e cheia de paixão, e por isso uma leitura fascinante. Al-i Ahmad não conseguia ser monótono. Ele fazia muito mais perguntas do que poderia responder, e em sua polêmica hostil ao Ocidente havia ambigüidades dolorosas, pois mesmo em *Gharbzadegi* ele usou fontes ocidentais para sustentar sua argumentação. Embora desse ao islã crédito por ser aquele elemento na cultura iraniana que estava menos infectado pela ocidentose, ainda assim atacava os mulás por sua rigidez, hipocrisia e superstição. Embora detestasse as máquinas e conferisse à mecanização um significado apocalíptico, ele ainda assim temia que o triunfo da mecanização fosse inevitável.

Al-i Ahmad era um *bon vivant* impregnado da cultura ocidental. Bebia à vontade e raramente fazia suas orações. Quando fez a peregrinação do hádji, ele se enfureceu com os peregrinos seus companheiros e com as autoridades sauditas. À primeira vista, parece ser pouco provável que ele figurasse como arauto da revolução islâmica no Irã. E, no entanto, foi o que aconteceu, pois seu tratado contra a ocidentoxicação foi lido por 'Ali Shariati e pelo aiatolá Khomeini, bem como por outras importantes autoridades espirituais na cidade sagrada de Qum, tendo influenciado todos eles de modo crucial. Mais tarde, Khomeini denunciaria os orientalistas em termos semelhantes aos de Al-i Ahmad: "Eles enviaram missionários para as cidades muçulmanas e ali encontraram cúmplices dentro de universidades e de vários centros de informação e de publicação, mobilizaram seus acadêmicos orientalistas a serviço do imperialismo — tudo isso apenas para deturpar as verdades islâmicas."⁹ No que dissesse respeito a Khomeini e a seus seguidores, o Ocidente estava apenas colhendo conhecimento acerca do Irã para poder controlá-lo.

MUÇULMANOS CONVERTIDOS CRITICAM O ORIENTALISMO

A influência da crítica ao orientalismo por parte de Al-i Ahmad foi sentida apenas no Irã. Uma tradição separada de antiorientalismo desenvolveu-se no mundo falante do árabe, e convertidos não-árabes ao islã desempenharam papel significativo em seu desenvolvimento. Muhammad Asad (1900-1992) ficou famoso ainda em vida pelos livros *Islam at the Crossroads* [O islã na encruzilhada] (1934) e *The Road to Mecca* [A estrada para Meca] (1954), bem como por sua tradução do Corão para o inglês.[10] Ao nascer, como judeu polonês, recebeu o nome de Leopold Weiss. Viajou muito e teve uma vida cheia de aventuras, sobre a qual escreveu de modo pouco confiável. Converteu-se ao islã em 1926. *Islam at the Crossroads*, em sua versão árabe *Al-Islam 'ala muftariq al-turuq*, exerceu enorme influência sobre Sayyid Qutb (sobre quem falaremos mais adiante). Nesse livro, Asad defendia o islã contra o Ocidente. A seus olhos, a Europa moderna, com seu monstruoso racismo, imperialismo e orientalismo, nasceu do espírito das cruzadas. "Com muito poucas exceções, até mesmo os mais eminentes orientalistas europeus são culpados de uma parcialidade nada científica em seus escritos sobre o islã." Asad remontava a hostilidade dos orientalistas ao tempo das cruzadas. (Em geral, os historiadores e comentadores culturais muçulmanos tiveram a tendência a exagerar a importância das cruzadas, e com freqüência tentam demonstrar um elo bastante duvidoso entre as cruzadas e o imperialismo moderno.)

Outro convertido ao islã, René Guénon (1886-1951) foi criado como católico e se envolveu superficialmente com diversos grupos maçônicos e de ocultismo, mas logo se decepcionou. Embarcou então numa busca por uma tradição primordial que estivesse livre da contaminação da era moderna.[11] (Guénon detestava a democracia, a ciência, o feminismo e qualquer outra coisa que não fizesse parte de uma antiga tradição elitista.) Guénon acreditou ter encontrado no vedanta hindu essa tradição primordial, mas, de modo até certo ponto curioso, decidiu converter-se ao islã e tornar-se sufi, já que isso era mais "conveniente". No islã, havia um volume suficiente de autêntica tradição primordial para a religião ser-lhe aceitável. Converteu-se em 1912, instalando-se no Egito, onde produziu um fluxo ininterrupto de tratados sobre o vedanta, o sufismo, o ocultismo e os horrores da cultura de massa.

Suas opiniões elitistas resultaram em que seus livros fossem procurados por fascistas e neonazistas. Como Guénon desprezava tanto a pesquisa acadêmica quanto o bom senso, era inevitável que ele criticasse os métodos e as conclusões dos orientalistas. Em *Orient et Occident* (1924), condenou o que via como as fantasias e erros dos orientalistas. Tradutores ingleses de textos orientais não se empenhavam a fundo para entender os textos que traduziam. Os orientalistas sofriam de miopia intelectual. Era uma vergonha o fato de não procurarem aconselhar-se com os representantes autorizados das civilizações que estudavam. Os orientalistas alemães eram piores que os ingleses; e os orientalistas alemães tinham praticamente um monopólio na interpretação de doutrinas orientais. Invariavelmente eles reduziam essas doutrinas a algo sistemático que pudessem entender. Guénon acreditava que os alemães exageraram enormemente a importância do budismo na história da cultura indiana e considerava a noção de um grupo de línguas indo-arianas um absurdo. O orientalismo alemão era um "instrumento a serviço da ambição nacional alemã". Segundo Guénon, o Ocidente estava interessado em filosofias orientais "não para aprender com elas(...) mas para empenhar-se, por meios brutais ou insidiosos, em convertê-las a seu próprio modo de pensar e para fazer-lhes exortações".[12] A ironia está em suas idéias acerca da natureza primordial do vedanta terem sido derivadas em última análise das teorias de orientalistas alemães.

OUTRAS CRÍTICAS MUÇULMANAS

Há alguma coincidência entre o pensamento de René Guénon e o do acadêmico iraniano e sufi, Hossein Nasr (nascido em 1933).[13] Nasr, que estudou em Harvard e no MIT, mesmo assim desdenha o aparato da modernidade e repudia as premissas seculares do pensamento acadêmico. É assim que, por exemplo, ele rejeita teorias científicas ortodoxas sobre a evolução da vida na Terra. Ele apóia a poligamia porque quatro esposas simbolizam a estabilidade. Nasr escreve como membro de uma elite moral e intelectual que tem certeza de conhecer a grande verdade por trás de todas as religiões exotéricas. Nasr admite que os orientalistas consideraram problemáticos certos aspectos do Corão, mas sustenta que os problemas "decorrem não do conhecimento acadêmico, mas de uma determinada posição teológica e filosófica que costuma estar oculta sob o disfarce da racionalidade e os estudos acadêmicos objetivos. Para os muçulmanos, nunca houve necessidade de tratar desses 'problemas' porque os muçulmanos aceitam a natureza revelada do Corão, à luz da qual esses problemas simplesmente deixam de existir".[14] O uso de técnicas de crítica de fonte por parte de orientalistas para atribuir uma data e verificar a autenticidade de *hadiths* também foi denunciada por Nasr como "um dos ataques mais diabólicos empreendidos contra toda a estrutura do islã".

A versão de Nasr do islã é uma versão gnóstica, na qual a religião exotérica é um veículo para uma verdade interior que é revelada apenas aos iniciados. Nem todos os muçulmanos estão satisfeitos com a interpretação particular que Nasr tem do islã. Encontra-se uma corrente mais ortodoxa da crítica religiosa muçulmana ao orientalismo nos textos de Sayyid Qutb, um escritor e ativista religioso egípcio (1906-66).[15] Nas décadas de 1930 e 1940, Qutb trabalhava para o Ministério da Educação do Egito e levava uma segunda vida como um literato de presença indefectível. Tudo mudou, porém, quando, em 1948, ele foi enviado aos Estados Unidos para estudar educação. Ficou revoltado com o racismo contra os árabes e os costumes dissolutos que encontrou: "Durante os anos que passei nos Estados Unidos, alguns muçulmanos como eu recorriam a uma atitude defensiva como se fossem réus em julgamento. Eu,

INIMIGOS DO ORIENTALISMO 369

pelo contrário, adotei uma atitude ofensiva, denunciando em tom cáustico a *jahiliyya* [paganismo] ocidental, fosse em suas crenças religiosas tão proclamadas, fosse em suas condições morais e socioeconômicas dissolutas e depravadas: essa idolatria cristã da Trindade e sua noção de pecado e redenção que absolutamente não fazem sentido; esse capitalismo, fundamentado como é no monopólio e na cobrança de juros, na ganância e na exploração; esse individualismo ao qual falta toda noção de solidariedade e responsabilidade social além daquela imposta pela lei; essa percepção materialista, obtusa e vazia da vida, essa liberdade animal que se chama permissividade, esse mercado de escravas rotulado de 'liberação da mulher'."[16] Entre outros pontos, ele denunciou as igrejas como "centros de diversão e *playgrounds* sexuais".

Ao voltar para o Egito, Qutb uniu-se à Fraternidade Muçulmana, tornando-se um ativista religioso. Em 1954, ele e outros membros da Fraternidade foram recolhidos pelo regime de Nasser, e Qutb haveria de passar dez anos no cárcere. Foi libertado em 1964, sendo então novamente detido em 1965 por sua suposta participação num complô para assassinar Nasser. Foi enforcado em 1966. Qutb foi um escritor prolífico, particularmente quanto à necessidade de uma nova *jihad* contra todas as formas de infidelidade. Sua obra principal foi um comentário de muitos volumes acerca do Corão, *Fi Zilal al-Qur'an* ("À sombra do Corão"). Nesse comentário, ele voltava repetidamente ao argumento de que os muçulmanos modernos estavam vivendo numa era de *jahiliyya*, ou seja, que para todos os efeitos eles eram pagãos e que sua profissão do islã da boca para fora não os absolvia da acusação de infidelidade. Como salientado anteriormente, Qutb tinha lido Muhammad Asad e compartilhava a visão hostil que Asad tinha dos orientalistas: "Centenas e milhares foram infiltrados no mundo muçulmano, e ainda o fazem sob o disfarce de que são orientalistas." Qutb também mencionou que "seria extremamente míope de nossa parte deixarmo-nos cair na ilusão de que, quando judeus e cristãos estudam com afinco as crenças islâmicas ou a história islâmica, ou ainda quando apresentam propostas que dizem respeito à sociedade muçulmana, à política ou à economia muçulmanas, eles estejam agindo com boas intenções".[17] Em outro nítido eco de Asad, Qutb escreveu: "Desse modo, o preconceito do orientalista contra o islã é um instinto herdado e uma característica natural, baseada nos efeitos gerados pelas cruzadas, com todas as seqüelas que deixou nas mentes dos antigos europeus." Em termos mais gerais, os textos de Qutb tiveram enorme influência sobre o ativismo fundamentalista muçulmano em décadas recentes.

A absoluta autenticidade da revelação divina do Corão e a veracidade categórica da missão do profeta são tão evidentes para alguns muçulmanos que eles consideram impossível aceitar que essas questões possam um dia ser criticadas de boa-fé. Críticas com fundamentos históricos ou filológicos apresentadas por orientalistas acerca do tradicional relato muçulmano sobre as origens do islã foram descartadas por serem a expressão de algo sinistro — talvez uma conspiração sionista, ou uma recrudescência do espírito das cruzadas. A paquistanesa Maryam Jameelah, em *Islam Versus the West* [O islã contra o Ocidente] (1962), escolheu para vítima Wilfred Cantwell Smith, que tinha ensinado em Lahore antes de se transferir para a McGill University em Montreal, e acusou seu *Islam in Modern History* [O islã na história moderna] por uma suposta hostilidade para com a Palestina (embora eu não tenha encontrado nenhuma hostilidade semelhante em qualquer parte do livro). Em termos mais razoáveis, ela o criticou por expressar o desejo de que os muçulmanos tornassem sua religião mais compatível com idéias ocidentais.[18] Esse tipo de atitude era muito comum entre autoridades ocidentais sobre o islã que escreviam nas décadas de 1950 e 1960. Cantwell Smith considerava que a incapacidade dos árabes para produzir um Paine ou um Voltaire indicava a inexistência de alguma alternativa secular provida de princípios para o islã na sociedade árabe, ao passo que Jameelah não acreditava que devesse haver uma alternativa secular ao islã. Ela também voltou a mira para o intelectual egípcio Taha Husayn, que, afirmava ela, teria se esquecido de que os cristãos tinham perdido o verdadeiro evangelho: "Tudo o que os cristãos possuem são quatro biografias apócrifas de Jesus que foram incluídas no cânone bíblico séculos depois de sua morte." Em outro livro, *Islam and Orientalism*, Jameelah descreveu o orientalismo como "uma conspiração organizada(...) tendo como base o darwinismo social, destinada a incitar nossa juventude a revoltar-se contra sua fé e a desprezar como obsoleta toda a herança da história e da cultura islâmicas".[19]

Num artigo intitulado "The Problems of Orientalists", publicado em 1971, Hamid Algar, catedrático de estudos persas e islâmicos em Berkeley, na Califórnia, denunciou o retrato desfavorável do islã que Grunebaum apresentou em *Medieval Islam*. Com perfeita razão, ele criticou Arberry por querer se estender demais. A seu ver, era extraordinário que alguns muçulmanos considerassem o infiel Schacht um grande conhecedor de *hadiths* com quase tanta autoridade quanto os célebres peritos muçulmanos medievais, al-Bukhari e Muslim ibn al-Hajjaj. Em termos mais gerais, Algar ressaltou que os orientalistas tinham uma obsessão estranha por questões relacionadas com falsificações e com influências estrangeiras sobre o islã. E do modo mais radical possível, ele questionou o status especial da racionalidade ao estilo ocidental.[20]

A. L. TIBAWI

Os ferozes textos polêmicos de autoria de A. L. Tibawi, "Orientalistas anglófonos: uma crítica a sua abordagem ao islã e ao nacionalismo árabe", "Uma segunda crítica aos orientalistas anglófonos e sua abordagem ao islã e aos árabes" e "Mais uma vez sobre os orientalistas", publicados em 1964, 1979 e 1980, respectivamente, fornecem exemplos surpreendentes de uma rancorosa reação muçulmana ao orientalismo.[21] Tibawi, um muçulmano de origem palestina que lecionou no Instituto de Educação da London University, não apreciava o modo pelo qual os tópicos islâmicos eram ensinados na Escola de Estudos Orientais e Africanos, bem ao lado. Ele também tinha lido Kurd 'Ali e sido influenciado por ele. Na "Segunda Crítica" chegou a citar a opinião de Kurd 'Ali de que a maioria dos orientalistas tinha "objetivos políticos, contrários a nossos interesses; que alguns deles são sacerdotes, missionários ou espiões que usam o orientalismo como um meio para atingir um fim".

Ele prefaciou sua violenta investida em "Orientalistas anglófonos", declarando que seus comentários não foram "concebidos com qualquer espírito de controvérsia. Não se deveria confundir [o texto] com uma apologia de qualquer credo, fosse religioso, fosse nacional". Entretanto, o que se seguia era feroz (e os dois artigos posteriores a "Orientalistas anglófonos" eram ainda mais veementes, com os ataques cada vez mais pessoais). Em conjunto, os três artigos constituem um glossário de insultos acadêmicos: "especulação e adivinhação", "ofensivo", "especulativo", "muito pouco respeito pela inteligência do leitor", "audacioso e radical", "preferiu juntar-se às fileiras dos que denigrem o islã e o nacionalismo árabe", "confiança arrogante", "preconceito subjetivo", "escritor inconseqüente e aluno presunçoso", "uma tendência oculta de fanatismo", "famoso por nada em particular, a não ser por adaptar ou adotar idéias bem conhecidas", "prolífico numa área em que pouco esforço é necessário", "erros factuais gritantes", "teoria fantástica", "desconexo, divagador e prolixo", "insidiosa campanha para deturpar a história islâmica", "anacronismos clamorosos", "afirmações tendenciosas", "asserções insustentáveis", "sectário e pouco científico", "tendenciosidade política sionista", "colcha de retalhos superficial e sobressaltada", "retórica afetada e hipérboles absurdas", "pseudo-historiadores", "preferência cega", "baboseira", "jornalês inútil", "ironia precipitada", "traço de vaidade", "veemência descontrolada", "citação tendenciosa de testemunhas", "autor descortês", "plágio", "fracassos colossais", "ditado desgastado", "uso excessivo de vocabulário polissilábico", "tolhido por um legado de preconceitos medievais", "promotores de 'simpatia ao ódio'", e assim por diante numa torrente de fel. A proposição de que os equívocos dos orientalistas são tão absurdos que não são dignos de uma refutação detalhada é recorrente nos três artigos de Tibawi como um *leitmotiv* predileto.

Como muçulmano devoto, Tibawi acreditava que somente os muçulmanos tinham competência para interpretar sua religião; e em diversos momentos sugeriu que os estudiosos não-muçulmanos deveriam evitar totalmente discutir questões de fé, pois, até onde lhe fosse dado saber, o "distanciamento científico" somente poderia ser atingido através da submissão ao islã. Não surpreende que poucos orientalistas na Grã-Bretanha concordassem. Ainda que Tibawi percebesse que os cristãos estavam condenados a equivocar-se acerca do islã, ele não imaginava que o inverso fosse possível. A recusa cristã em aceitar Maomé como o último e o mais importante dos profetas de Deus era para ele um insulto. Parece nunca lhe ter ocorrido, porém, que qualquer cristão pudesse se ofender com sua recusa em aceitar os Evangelhos e sua mensagem de que Jesus era o Filho de Deus.

Além de muçulmano, Tibawi era também um árabe de origem palestina, que acreditava fervorosamente no nacionalismo árabe e tinha uma forte identificação com os sofrimentos dos árabes palestinos. Ele acreditava que o orientalismo tinha objetivos políticos bem como religiosos, e que grande parte do que os orientalistas escreviam tinha como intenção prejudicar a causa árabe ou ocultar os crimes dos colonialistas no passado. Ademais, sua tendência era identificar o nacionalismo árabe com o islã, de tal modo que quem atacasse um estaria atacando o outro. Tendo em vista seu anti-sionismo, era inevitável que ele escolhesse especificamente estudiosos judeus para serem vilões orientalistas: "Existem provas em abundância de que o antigo espírito de ódio ainda anima uma boa parte das obras que admitem o rótulo acadêmico." O "escritor judeu" Bernard Lewis, em *The Arabs in History* (1950), recusou-se a aceitar o Corão como a Palavra de Deus e sugeriu que os ensinamentos do profeta teriam sido influenciados por doutrinas judaicas e cristãs. O fato de Lewis não aceitar a origem divina do islã era um insulto para Tibawi, que considerava Lewis "audacioso e radical". Lewis também foi atacado por um artigo que escreveu em *The Cambridge History of Islam*, artigo em que citava alguns historiadores árabes medievais que descreveram Saladino como um "aventureiro militar, cheio de ambição". É fácil adivinhar que o apoio, freqüentemente manifestado por Lewis, ao Estado de Israel tenha provocado os ataques de Tibawi à sua produção acadêmica.

Tibawi, totalmente desprovido de tato, acusou Elie Kedourie (mais um judeu) de ter escrito um livro orientalista equivalente ao manual nazista, *Der Weg zum Reich*. Tibawi não chega a dar nome ao livro em questão, mas parece estar se referindo ao volume de ensaios eruditos de autoria de Elie Kedourie intitulado *The Chatham House Version and Other Middle Eastern Essays* [A versão de Chatham House e outros ensaios sobre o Oriente Médio] (1970). Kedourie também foi acusado de não ser "cortês com predecessores com os quais não concordava". (Seria agradável acreditar que Tibawi estava fazendo piada consigo mesmo nesse caso.) Um dos muitos pecados de Kedourie foi ter apresentado provas de que dois dos principais intelectuais e agitadores sociais no Oriente Médio no século XIX, Jamal al-Din al-Afghani e Muhammad 'Abduh, não eram fiéis muçulmanos. Tibawi não questionou as provas, mas alegou que, depois daquela ocasião, os dois tinham sido "reabilitados, tornando-se reconhecidos como líderes do pensamento islâmico moderno".

Tibawi afirmou que judeus e cristãos tinham desempenhado um papel importante demais em suas contribuições para o *Bulletin of the School of Oriental and African Studies*, bem como para a *Encyclopaedia of Islam*. Como era esse mesmo o caso, a *Encyclopaedia* deveria ser submetida a censura pelos muçulmanos. Quanto ao *Bulletin of the School of Oriental and African Studies*, Tibawi citou a brincadeira de um amigo de que o apelido da publicação seria "*Boletim da Universidade Hebraica*". Dois volumes de ensaios, *The Legacy of Islam* [O legado do islã] (1974) e *The World of Islam* [O mundo do islã] (1976), foram condenados de modo semelhante por serem seus colaboradores em sua maioria cristãos e judeus. Os arabistas de Oxford também foram atacados. R. B. Serjeant, alvo de tratamento favorável no primeiro ensaio, foi posteriormente criticado por ter escrito a *The Times* a respeito da tortura de um iemenita pelas mãos de oficiais do serviço secreto egípcio. O interesse de Serjeant pelo árabe coloquial foi misteriosamente considerado um desastre. Patricia Crone foi desprezada por ser uma "mulher especialista em arte". (Bem, a parte da "mulher" está certa.) Hourani foi culpado por conseguir que Patricia Crone fosse nomeada para um cargo em Oxford. Tibawi considerava que os árabes e muçulmanos que trabalhavam dentro do contexto orientalista eram "indivíduos alienados, desnacionalizados e desculturados, que tentam viver em dois mundos ao mesmo tempo, mas que não estão em paz em nenhum deles". Além dos pecados cometidos, os orientalistas eram coletivamente culpados por não denunciarem o que vinha acontecendo ao povo palestino. Conheço alguns orientalistas que guardam cópias de artigos de Tibawi como obras-primas de uma comicidade involuntária. Mesmo assim, é claro que às vezes ele acertava em cheio, embora mais por sorte do que por intenção. Não cheguei a conhecê-lo, mas imagino que deva ter sido difícil para ele nutrir tanto rancor e ainda achar que viver valia a pena.

CRÍTICAS SECULARES DE ÁRABES

Tibawi, que criticou os orientalistas a partir de um posicionamento islâmico tradicional, ainda mantinha certo respeito por Hamilton Gibb. No entanto, para o romancista e historiador marroquino Abdallah Laroui (nascido em 1933) e outros críticos marxistas de mentalidade secular, Gibb era o inimigo por excelência. Laroui, escrevendo em *L'Idéologie arabe contemporaine* (1967), declarou que o orientalismo de Gibb era o da pior espécie, pois tinha rompido com a escola de erudição franco-germânica e se apresentava como empirismo, o que era um disfarce para doutrinação generalizada.[22] Ainda assim, Laroui na realidade não parece ter tido respeito maior pelo estilo mais antigo do orientalismo erudito, já que atacou Ignaz Goldziher e os que se seguiram a ele por dissecarem e analisarem eventos, como a Batalha de Badr (624), com tanta profundidade que acabaram por transformá-los em não-eventos. O tipo de história praticada por Goldziher era por demais negativo, da mesma forma que a abordagem de Joseph Schacht. Laroui sofreu forte influência dos escritos de Antonio Gramsci e, em particular, das idéias de Gramsci a respeito da fabricação por parte de intelectuais do consentimento para com a hegemonia da classe dominante. Aos olhos de Laroui, a produção e administração de um tipo especializado de conhecimento pelo orientalista fazia com que ele se tornasse um cúmplice do colonialista. Em *A crise do intelectual árabe. Tradicionalismo ou historicismo?* (publicado inicialmente em francês em 1974), Laroui voltou a investir contra Gibb, acusando-o de ser simpático demais ao islã tradicional e, por outro lado, deixar de lado forças progressistas e modernizadoras no Oriente Médio. (Cantwell Smith tinha culpa semelhante.)[23] Segundo Laroui, Gibb era decididamente hostil ao reformismo islâmico contemporâneo. Havia um estranho tipo de conivência entre orientalistas como Gibb e os fundamentalistas islâmicos, já que os dois lados podiam concordar acerca de proposições tais como "o islã e a democracia são incompatíveis". Tibawi, em seu "Mais uma vez sobre os orientalistas", tinha mencionado que "conhecia Von Grunebaum bastante bem e sempre se divertia ao observar sua confiança arrogante". Laroui encarou com mais seriedade a ameaça ideológica apresentada por

Grunebaum e, num capítulo intitulado "Os árabes e a antropologia cultural: Notas sobre o método de Gustave von Grunebaum", ele atacou o acadêmico, a quem descreveu como um filólogo e especialista em poesia clássica que tinha se transformado num antropólogo do islã. Von Grunebaum tinha repetidamente salientado o atomismo árabe na poesia, na filosofia natural e na ciência política — ou seja, que entidades tais como pequenas cidades islâmicas ou poemas islâmicos costumavam ser compostos de elementos separados, sem apresentar um todo coeso. Para Grunebaum, a cultura do islã era uma essência atemporal postulada em termos misteriosos. Ele impôs seu próprio modelo em vez de aceitar qualquer descrição da cultura por parte dos próprios muçulmanos. Costumava também descrever a cultura islâmica em termos do que lhe faltava, como, por exemplo, os gêneros do teatro e da arte dramática. Considerava o islã hostil ao humanismo "na medida em que a religião não se interessava pelo desdobramento e evolução de maior riqueza possível das potencialidades humanas". Também afirmou que seu desenvolvimento cultural tinha sido interrompido no século XI (algo repetido por Bernard Lewis em seu *The Arabs in History*). A ciência islâmica estava fadada a desaparecer aos poucos porque estava fundamentada numa teoria do conhecimento inadequada. Von Grunebaum enfureceu Laroui ao insistir que o islã teria de se modernizar à moda ocidental, pois o islã "não tem como passar por uma modernização a menos que se reinterprete a partir do ponto de vista ocidental e aceite a idéia ocidental do homem e a definição ocidental da verdade".[24]

Uma crítica menos impressionante do orientalismo de uma perspectiva marxista tinha sido publicada anteriormente por um egípcio de origem cristã copta, Anouar Abdel-Malek. Em "O orientalismo em crise", publicado em 1963, ele acusava os orientalistas de postularem "uma essência que constitui a base comum e inalienável de todos os seres orientais em questão".[25] O islã era visto por eles como um objeto passivo. Abdel-Malek, que ensinou em Paris no Centre Nationale de la Recherche Scientifique, exigia que os orientalistas adotassem metodologias orientais. Suas opiniões sobre acadêmicos ocidentais que postulavam um "Outro" oriental haveriam de ser retomadas mais tarde por Said, mas o conhecimento de Abdel-Malek da história do orientalismo era frágil. Ele acreditava, por exemplo, que o orientalismo tradicional foi estabelecido por uma decisão do Concílio de Viena (*sic*) em 1245 (*sic*). Como Said mais tarde, Abdel-Malek afirmou que o orientalismo era uma cria da época da hegemonia européia, mas seu argumento carecia de detalhes que o corroborassem. Ele também afirmou que o orientalismo tradicional estava condenado pela ascensão dos movimentos de liberação nacional e pelo fim da era do colonialismo. Os orientalistas enfrentavam uma crise visto que seus compatriotas já não controlavam os territórios que os acadêmicos estudavam. Os orientais estavam, portanto, destinados a assumir a interpretação de sua própria cultura. Não surpreende a total ausência de referências tanto ao domínio soviético sobre territórios muçulmanos na Ásia Central, como ao orientalismo soviético. Ao contrário de Said, Abdel-Malek considerava Massignon um racista mal orientado que tinha defendido a noção de que os árabes seriam semitas inferiores em comparação com os judeus. Não obstante, como Said, Abdel-Malek preferia o orientalismo francês ao britânico.

Em "Apologia ao orientalismo", ensaio publicado em *Diogenes* em 1965, um importante orientalista italiano, Francesco Gabrieli, respondeu a Abdel-Malek. Gabrieli tinha supervisionado uma tradução completa de *As mil e uma noites* para o italiano. Posteriormente, publicou uma antologia de fontes primárias em árabe sobre a história das cruzadas bem como várias introduções gerais a aspectos da cultura e da política árabe. Gabrieli encarava o orientalismo como um fenômeno essencialmente inofensivo do Iluminismo. Ele negou que os orientalistas fossem invariavelmente cúmplices do colonialismo, citando os exemplos contrários a essa noção de Browne, Massignon e "Caetani, que era alvo de zombaria na Itália, sendo chamado de 'turco' por ter se oposto à conquista da Líbia". A resposta de Gabrieli foi bastante agressiva. Ele via o Oriente como um deserto metodológico: "Porque, no que diz respeito a concepções *modernas*, idéias magistrais, interpretações da história ou da vida que tenham sido desenvolvidas no Oriente, confessamos que ainda estamos esperando por notícias delas." Os orientais não tinham escolha a não ser trabalhar com os métodos e os materiais do orientalista. Ao adotar uma perspectiva marxista, Abdel-Malek não estava de modo algum se emancipando do estilo ocidental de pensar.[26]

Até aqui, este capítulo examinou os precursores islamistas e marxistas de Said. Em seu livro, Said parece ter recorrido significativamente a Abdel-Malek, Laroui e Tibawi, sem reconhecer totalmente o quanto devia a eles. A publicação de *Orientalismo* em 1978 também alimentou mais ataques islamistas ao orientalismo — isso apesar da hostilidade de Said ao islamismo e à religião em geral. Somente alguns desses ataques serão mencionados aqui para sugerir o tom da polêmica.

MUÇULMANOS QUE ESCREVERAM DEPOIS DE SAID

Em 1984, num volume intitulado *Orientalism, Islam and Islamists*, o professor Ziya-ul-Hasan Faruqi, escritor e editor indiano, acusou Hamilton Gibb do crime de escrever sobre o islã apesar de não ser muçulmano: "Parece estar acima de sua compreensão ver em Maomé um profeta de inspiração divina, com ordens de transmitir à humanidade uma mensagem de esperança e felicidade em todas as classes sociais."[27] Gibb tinha dado uma orientação econômica e política à história antiga do islã, quando essa história somente poderia ser compreendida de fato em termos religiosos. Gibb também foi culpado por duvidar da confiabilidade de *hadiths* como fontes. No mesmo volume, Suleyman Nyang e Samir Abed-Rabbo tentaram defender o islã contra todas as infâmias que tinham detectado nos textos de Bernard Lewis. Nem todas as alegações em defesa foram totalmente convincentes. Lewis tinha apresentado claras provas documentais de que muçulmanos se dedicavam ao tráfico de escravos no Mediterrâneo (e em escala bastante considerável), mas, de acordo com Abed-Rabbo, Lewis, em sua ignorância, deixou de perceber que "alguém que age em oposição aos ensinamentos do islã atuando como traficante de escravos não pode ser considerado um muçulmano".[28]

Não existe a probabilidade de orientalistas ocidentais adotarem esse tipo de abordagem devocional à história do islã. Essa abordagem faz com que eu me lembre de um amigo meu muçulmano que, em Oxford na década de 1960, era aluno do professor Beeston, que lhe passou a tarefa de escrever um ensaio em que deveria explicar a vitória de Maomé e dos medinenses sobre a tribo politeísta coraixita. Ele apresentou um ensaio em que afirmava que Maomé teria vencido porque, segundo as fontes mais antigas, mil anjos lutaram a seu lado. A oitava sura do Corão referia-se a esse incidente. O ensaio de meu amigo não recebeu nota.

O dr. Ahmad Ghorab, um acadêmico religioso saudita, expressou uma hostilidade extraordinária contra o orientalismo. Num panfleto publicado em 1995, ele escreveu o seguinte: "Quem conhecer sua longa história há de reconhecer nela a influência da mentalidade das cruzadas e o rancor dos judeus contra o islã. Logo torna-se claro que os orientalistas formam redes de cristãos e judeus, que, por trás da fachada de instituições acadêmicas e do pretexto de objetividade e curiosidade acadêmicas, sempre se engajaram num esforço implacável para desvirtuar o islã em todos os seus aspectos."[29] A colaboração com orientalistas era proibida pelo Corão. No Antigo e no Novo Testamento, os judeus e os cristãos tinham recebido revelações falhas e corrompidas. É por esse motivo que os críticos textuais orientalistas estão estimulando os muçulmanos a ter o mesmo tipo de dúvida intelectual que os cristãos e os judeus costumam ter a respeito da Bíblia. O que causa mais impacto no polêmico panfleto de Ghorab é a mera dimensão do ódio que ele demonstra por cristãos e judeus, assim como pelo mundo acadêmico.

Ziauddin Sardar também é um muçulmano fiel, mas atacou o orientalismo de um ponto de vista mais sofisticado. Ele é jornalista especializado em ciência e colunista para *New Statesman*, que publicou muitos livros sobre o modernismo e o islã.[30] Seu pequeno livro, *Orientalism*, foi publicado em 1999.[31] A influência da obra anterior de Said está onipresente, embora Sardar tenha acrescentado alguns erros factuais que são exclusivamente seus. É peculiarmente insatisfatório o tratamento que dá ao que decide classificar como orientalismo medieval. Ele afirma que as "fundações do orientalismo foram assentadas por João Damasceno" e acrescenta que o livro de João se tornou a "fonte clássica de todos os escritos cristãos sobre o islã". Entretanto, João escreveu em grego, e em sua maioria os cristãos que escreveram sobre o islã nos séculos seguintes não sabiam grego. Sardar diz que o papa Urbano pregou em prol da primeira cruzada em Clermont em 1096. A data correta é 1095. Ao escrever sobre as cruzadas, ele alega que "a própria Jerusalém somente voltou a cair nas mãos de muçulmanos em 1244". Na realidade, Saladino a ocupou em 1187. Ele cita Norman Daniels a respeito da hostilidade dos cruzados ao islã, mas devia estar se referindo a Norman Daniel.

Sardar afirma que a *Canção de Rolando* foi escrita por Cretien de Troyes *circa* 1130. Na verdade, o nome do autor da obra é desconhecido, e Chrétien de Troyes, cujo apogeu foi *c.* 1166-85, nada escreveu sobre Roland. Sardar afirma que a *Canção* descreve os muçulmanos adorando "Mohomme", assim como uma trindade de deuses, Tergavent, Apolin e Jupiter. Mas a *Canção* não menciona "Mohomme" e chama a trindade de ídolos de Termagant, Mahound e Apollyon. A questão não é importante, a não ser talvez para demonstrar que Sardar não se deu ao trabalho de ler a obra de literatura que deseja atacar.

Uma página depois, ele diz aos leitores que os europeus tomaram emprestado o conceito de universidade a partir das "*madrasas* por terem estas se desenvolvido no mundo muçulmano do século VIII em diante". No entanto, não existiam *madrasas* no mundo muçulmano no século VIII. A instituição espalhou-se lentamente a partir do Oriente em séculos posteriores. As primeiras *madrasas* egípcias foram fundadas nas últimas décadas do século XII; e as primeiras marroquinas, no século XIV. Mais abaixo na mesma página, ele afirma que santo Tomás de Aquino sentenciou que muçulmanos e judeus eram de uma "ignorância invencível". Não é verdade. Na *Summa Theologica*, Tomás de Aquino especificamente prevê a conversão de muçulmanos ao cristianismo. Sua única restrição é a de que eles não deveriam ser forçados à conversão. O principal objetivo de outro de seus livros, a *Summa contra Gentiles*, foi precisamente o de fornecer munição teológica para debates com muçulmanos, judeus e cristãos heterodoxos.[32]

Ocasionalmente, Sardar consegue ser fiel aos fatos, em particular quando segue a bela obra de Richard Southern, *Western Views of Islam in the Middle Ages* [Visões ocidentais do islã na Idade Média] (1962). Às vezes ele acompanha Southern com excesso de fidelidade. Por exemplo, Southern, ao tratar da tradução do Corão por João de Segóvia, no século XV, escreveu as seguintes palavras: "Mas a única pergunta de verdadeira importância é a seguinte: o Corão é a palavra de Deus ou não? Se, por meio de um mero exame do texto, for possível demonstrar que ele contém contradições, confusões, erros, traços de diversos autores, esses deveriam — ao que lhe parecia — convencer qualquer pessoa de que o texto não era o que alegava ser." Sardar concorda: "A pergunta fundamental era se o Corão é a palavra de Deus ou não. Se, por meio de um exame do texto, for possível demonstrar que ele contém contradições, confusões, erros, traços de diversos autores, esses deveriam convencer qualquer pessoa de que o texto não era o que alegava ser."[33] Por vezes, ele segue o texto de Southern menos de perto. É assim que, por exemplo, enquanto Southern faz referência ao Concílio de Vienne (1312), Sardar decide deslocar esse famoso concílio da igreja, do sul da França para a cidade de Viena. Afirma, então, que esse Concílio teria decidido que, como era impossível converter os muçulmanos porque todos eles rejeitavam a argumentação racional, acadêmicos treinados para falar árabe deveriam atacar o islã. Contudo, ao escrever isso, ele devia ter sabido que se tratava de uma declarada deturpação da verdade. De fato, o Concílio decidiu criar cátedras de línguas orientais para propagar a fé entre os infiéis, aí incluídos os muçulmanos e os judeus. Na página seguinte, Sardar alega que Ricoldo da Monte Croce, que foi a Bagdá em 1291, "era totalmente cego quanto à erudição muçulmana e aos feitos intelectuais daquele povo, que na época representava o zênite da civilização". É uma calúnia contra um morto. Presume-se que Sardar tenha lido Ricoldo antes de escrever sobre ele. Por que então suprimir o fato de Ricoldo ter especificamente elogiado os "sarracenos" por sua "atenção ao estudo"? Ricoldo acrescentou que "eles têm em Bagdá muitos lugares dedicados exclusivamente ao estudo e à contemplação, no estilo de nossos grandes mosteiros..."[34] E assim o livro segue aos trambolhões de erros factuais a erros de ortografia, de citações incorretas a erros de datas. Sardar teria imaginado que ninguém verificaria seu trabalho? O livro foi publicado pela Open University Press.

Said e seus aliados em estudos culturais popularizaram a idéia de que é mais importante destruir o orientalismo do que apresentar sua história com precisão. Entretanto, apesar de sua dívida de gratidão para com Said, Sardar não é nem de longe fã de seu predecessor nesse campo, tendo em vista que, por ser muçulmano devoto, ele rejeita a perspectiva humanista secular de Said. A posição de Said "no cosmopolita mundo acadêmico do Ocidente e [n]o elegante gênero da crítica literária" significava que ele não estava devidamente equipado para defender o islã das difamações reais ou imaginadas dos orientalistas.[35] Como vimos no capítulo anterior, no que interessava a Sardar, o humanismo de Said deriva da mesma cultura que produziu o orientalismo e o racismo.

Naturalmente, houve críticas ao orientalismo mais bem pesquisadas e mais ponderadas de autoria de muçulmanos. Fazlur Rahman (1911-88), professor na University of Chicago e autor de numerosos livros sobre o islã, protestou diante das abordagens reducionistas do Ocidente para com sua religião, como, por exemplo, "a tentativa de 'explicar' a gênese do islã e até mesmo sua natureza com referência a 'influências' judaicas, cristãs ou outras". Esse era um aspecto da arrogância cultural do Ocidente.[36] Ele também sugeriu que, para que uma afirmação sobre uma religião fosse válida, ela devia ser aceitável por no mínimo alguns integrantes daquela religião, muito embora não explicitasse as razões que sustentariam esse ponto de vista. Ele ofendeu-se principalmente com a estratégia de John Wansbrough de tratar a história dos primórdios do islã não como uma peça de história documentada, mas como uma narrativa compilada a partir de chavões literários. Também questionou a ênfase que Wansbrough dera a temas judaicos (como, por exemplo, o da aliança e o do exílio) no Corão. Rahman perguntou por que, se esses temas eram realmente assim tão importantes, os muçulmanos que estudavam o Corão não os tinham considerado tão importantes.

O artigo de Muhsin Mahdi, "Orientalism and the Study of Islamic Philosophy" [Orientalismo e o estudo da filosofia islâmica], também foi escrito no interior do "mundo acadêmico do Ocidente", já que na ocasião ele era professor de árabe em Harvard.[37] Mahdi escreveu muitos estudos sobre a filosofia islâmica, além de ter produzido uma excelente edição crítica de *As mil e uma noites*. Suas restrições ao orientalismo foram duras, mas não injustas: "Os estudos orientais há muito tempo sofrem de uma complacência indigesta e da crença de que a dedicação ao trabalho e os floreios retóricos são suficientes para tornar o acadêmico uma celebridade num campo em que não é comum que outros tenham acesso às fontes de cada um e estejam em condições de avaliar o trabalho do colega independentemente da impressão que ele cause." Ele criticou Grunebaum por escrever e ensinar de um modo que tornava seu pensamento acerca do islã inacessível aos estudantes comuns e expôs suas reservas quanto à abordagem de Gibb a Ibn Khaldun e ao islã em termos mais gerais. Mahdi ressalta o ressentimento disseminado entre os muçulmanos diante da arrogância do Ocidente ao produzir uma alentada obra de referência, a *Encyclopaedia of Islam*, que não era nem de autoria de muçulmanos nem destinada a ser lida por eles, e pelo fato de ter sido ela escrita por ocidentais ou por aqueles que estavam em conformidade com os modelos acadêmicos ocidentais. "Não fazia diferença o que os muçulmanos pensavam de uma enciclopédia dessas, se era de seu agrado ou não, se ela estava de acordo com suas opiniões sobre o islã ou não, se eles se viam refletidos nela ou não." Mahdi também tem coisas interessantes a dizer sobre o papel do romantismo alemão na formação do orientalismo alemão e sobre aqueles orientalistas alemães, como Schaeder, que afirmaram que não havia algo que se pudesse chamar de filosofia islâmica, porque no mundo muçulmano os filósofos eram todos na realidade infiéis.

Mahdi pelo menos estava perfeitamente familiarizado com o tema sobre o qual escrevia — algo que não se aplica à maioria dos autores examinados neste capítulo. A atitude estridente e defensiva da maioria dos ataques aos orientalistas é ao mesmo tempo deprimente e desnecessária. As realizações passadas e presentes da cultura árabe são tão significativas que não precisam ser exageradas nem defendidas de toda e qualquer espécie de crítica possível. Quanto ao islã, uma religião que encarna verdades essenciais sobre a natureza do universo e a relação do homem com Deus não tem nada a temer das mais avançadas técnicas de crítica textual ocidental.

Notas

1. O conflito entre civilizações antigas

1. Aziz S. Atiya, *Crusade, Commerce and Culture* (Bloomington, Ind., 1962), pp. 19, 23.
2. Edward Said, *Orientalism* (Londres, 1978), p. 56.
3. Robert Drews, *The Greek Accounts of Eastern History* (Cambridge, Mass., 1973), pp. 5-6.
4. Roberto Calasso, *The Marriage of Cadmus and Harmony* (Londres, 1993), p. 240.
5. Bernard Lewis, *The Middle East: 2000 Years of History from the Rise of Christianity to the Present Day* (Londres, 1995), p. 32.
6. Said, *Orientalism*, pp. 56-7.
7. Aeschylus, *Prometheus Bound, The Suppliants, Seven Against Thebes, The Persians*, tradução de Philip Vellacott (Londres, 1961). Minha interpretação de *Os persas* foi baseada na leitura dessa tradução na série de clássicos da editora Penguin. É preciso porém ressaltar que alguns estudiosos dos clássicos forneceram uma leitura muito diferente (e a meu ver um pouco forçada) dessa peça. Ver Edith Hall, *Inventing the Barbarian: Greek Self-Definition through Tragedy* (Oxford, 1989), especialmente pp. 76-86; Thomas Harrison, *The Emptiness of Asia: Aeschylus's Persians and the History of the Fifth Century* (Londres, 2000); Neal Ascherson, *Black Sea: The Birthplace of Civilization and Barbarism* (Londres, 1996), pp. 61-2.
8. Herodotus, *Histories*, tradução de Aubrey de Sélincourt (Harmondsworth, 1954), pp. 69-70. A respeito desse historiador, ver também John Gould, *Herodotus* (Londres, 1989). Mais uma vez, para uma interpretação do texto diferente da minha, ver Hall, *Inventing the Barbarian*, bem como François Hartog, *The Mirror of Herodotus: The Representation of the Other in the Writing of History* (Berkeley, Los Angeles e Londres, 1998); Ascherson, *Black Sea*, pp. 51-5, 77-9.
9. Said, *Orientalism*, p. 58.
10. Euripides, *The Bacchae and Other Plays*, tradução de Philip Vellacott (Londres, 1954).
11. Said, *Orientalism*, pp. 56-7.

12. E. R. Dodds, *The Greeks and the Irrational* (Berkeley e Los Angeles, 1951), p. 273.
13. Said, *Orientalism*, p. 57.
14. E. H. Gombrich, *Aby Warburg: An Intellectual Biography* (Londres, 1970), p. 243.
15. Drews, *Greek Accounts*, pp. 119-21.
16. Italo Calvino, *Why Read the Classics?* (Londres, 1999), p. 23.
17. Aristotle, *The Politics*, tradução de T. A. Sinclair (Harmondsworth, 1962), p. 225.
18. Ibid., p. 136.
19. Ibid., p. 269.
20. Franco Cardini, *Europe and Islam* (Londres, 1999), p. 2.
21. Sobre as atitudes dos romanos para com os árabes e persas, e sobre árabes estabelecidos no interior do império romano, ver Irfan Shahid, *Roma and the Arabs: A Prolegomena to the Study of Byzantium and the Arabs* (Washington, 1984); Kevin Butcher, *Roman Syria and the Near East* (Londres, 2003). Em "Il Petrarca e gli Arabi", *Rivista di Cultura Classica e Medioevale*, 7 (1965), pp. 331-6, Enrico Cerulli fornece um relato revelador do estereótipo do árabe como aparecia em Virgílio, Catulo e outros autores romanos.

2. Uma antiga heresia ou um novo paganismo

1. Patricia Crone, "The Rise of Islam in the World", in Francis Robinson (org.), *The Cambridge Illustrated History of the Islamic World* (Cambridge, 1996), p. 2.
2. Richard Southern, *The Making of the Middle Ages* (Londres, 1953), p. 40.
3. Armand Abel, "Bahira" in *Encyclopaedia of Islam*, 2ª ed. (Leiden, 1960-2002); Norman Daniel, *Islam and the West: The Making of an Image* (Edimburgo, 1960), pp. 4-5, 88-9, 93, 235-7, 241, 281, 286, 290, 344, 345, 347.
4. Para exemplos da polêmica contrária ao cristianismo, ver *The Sea of Precious Virtues (Bahr al-Fava'id): A Medieval Islamic Mirror for Princes*, tradução e organização de Julie Scott Meisami (Salt Lake City, 1991), pp. 232-4; Richard Gottheil, "An Answer to the Dhimmis", *Journal of the American Oriental Society*, v. 41 (1921), pp. 383-457; Aziz al-Azmeh, 'Mortal Enemies, Invisible Neighbours: Northerners in Andalusi Eyes", in Salma Khadra Jayyusi (org.), *The Legacy of Muslim Spain* (Leiden, 1992), pp. 259-72.
5. Para resenhas estimulantes e profundas dos ataques medievais dos cristãos ao islã, ver Dana Carlton Munro, "The Western Attitude towards Islam during the Period of the Crusades", *Speculum*, v. 6 (1931), pp. 329-43; Richard Southern, *Western Views of Islam in the Middle Ages* (Cambridge, Mass., 1962); Daniel, *Islam and the West;* Daniel, *The Arabs and Medieval Europe*, 2ª ed. (Londres, 1979); John V. Tolan, *Saracens: Islam in the Medieval European Imagination* (Nova York, 2002).
6. Daniel 7:7.
7. "The Travels of Bishop Arculf in the Holy Land, towards A.D. 700", in Thomas Wright (org. e trad.), *Early Travels in Palestine* (Londres, 1848), pp. 1-2.

8. *The Koran Interpreted*, tradução de A. J. Arberry, 2 v. (Londres, 1955), v. 2, pp. 125-6 (Sura 33, versos 36-9).
9. A respeito de João Damasceno, ver Daniel J. Sahas, *John of Damascus on Islam: The 'Heresy of the Ishmaelites'* (Leiden, 1972); Sahas, "John of Damascus on Islam Revisited", *Abr Nahrain*, v. 23 (1984-5), pp. 104-18; Tolan, *Saracens*, pp. 50-55, 58-9; Peter Brown, *The Rise of Western Christendom*, 2ª ed. (Oxford, 2003), pp. 307-8, 397-9.
10. Sobre 'Abd al-Masih al-Kindi, ver Daniel, *Islam and the West*, pp. 239, 235; Tolan, *Saracens*, pp. 60-64.
11. Southern, *Western Views of Islam*, p. 21; Robert Hillenbrand, "'The Ornament of the World': Medieval Córdoba as a Cultural Centre", in Salma Khadra Jayyusi (org.), *The Legacy of Muslim Spain* (Leiden, 1992), p. 115; Tolan, *Saracens*, pp. 86-97.
12. Jessica A. Coope, *The Martyrs of Córdoba: Community and Family Conflict in an Age of Mass Conversion* (Lincoln, Nebr., 1995); Benjamin Z. Kedar, *Crusade and Mission: European Approaches towards the Muslims* (Princeton, 1984), pp. 15-18; Tolan, *Saracens*, pp. 85-98, 100-102.
13. A respeito da tolerância na Espanha muçulmana e seus limites, ver Anwar G. Chejne, *Muslim Spain: Its History and Culture* (Minneapolis, 1974), pp. 115-20; Richard Fletcher, *Moorish Spain* (Londres, 1992), especialmente o capítulo 7; Mikel de Epalza, "Mozarabs: An Emblematic Christian Minority in Islamic Andalus", in Jayyusi (org.), *The Legacy of Muslim Spain*, pp. 148-70; Bernard Lewis, "An Ode Against the Jews", *in Islam in History: Ideas, People and Events in the Middle East*, 2ª ed. (Chicago e La Salle, Ill., 1993), pp. 167-74.
14. Bernard Lewis, *The Jews of Islam* (Londres, 1984), pp. 45, 54, 197; Fletcher, *Moorish Spain*, pp. 96-7; Raymond P. Scheindlin, "The Jews in Muslim Spain", in Jayyusi (org.), *The Legacy of Muslim Spain*, pp. 195-6, 199.
15. E. Lévi-Provençal, *Séville musulmane au début du XIIe siecle: Traité d'Ibn 'Abdun sur la vie urbaine et les corps de métiers* (Paris, 1947), p. 128.
16. Charles Burnett, "The Translating Activity in Mediaeval Spain", in Jayyusi (org.), *The Legacy of Muslim Spain*, pp. 1036-58.
17. James Kritzek, *Peter the Venerable and Islam* (Princeton, 1964), p. 30.
18. M. T. d'Alverny, "Deux traductions latines du Coran au Moyen Age", *Archives d'histoire doctrinale et littéraire du moyen-âge*, v. 22-23 (1947-8), pp. 69-131; Kritzek, *Peter the Venerable and Islam, passim*; Thomas E. Burman, "*Tafsir* and Translation: Traditional Arabic Qur'an in Exegesis and the Latin Qur'ans of Robert of Ketton and Robert of Toledo", *Speculum*, v. 73 (1998), pp. 703-32.
19. Kritzek, *Peter the Venerable*, pp. 45-6.
20. Ibid., pp. 155-99, 220-91.
21. D'Alverny, "Deux traductions", pp. 113-19; D' Alverny e G. Vajda, "Marc de Tolède, traducteur d'Ibn Tumart", *Al-Andalus*, v. 16 (1951), pp. 99-140, 259-308; v. 17, pp. 1-56.

22. A respeito de traduções medievais do árabe de obras científicas, matemáticas e filosóficas em geral, ver Burnett, "The Translating Activity"; Burnett, *Adelard of Bath: An English Scientist and Arabist of the Early Twelfth Century*, Warburg Institute Surveys and Texts, v. 14 (Londres, 1987); Burnett, *The Introduction of Arabic Learning into England* (Londres, 1996); W. Montgomery Watt, *The influence of Islam on Medieval Europe* (Edimburgo, 1972), pp. 58-71; Donald R. Hill, *Islamic Science and Engineering* (Edimburgo, 1993), pp. 220-35.
23. Quanto ao impacto da matemática árabe na Europa, ver George Gheverghese Joseph, *The Crest of the Peacock: Non-European Roots of Mathematics* (Londres, 1991), pp. 301-47; Alexander Murray, *Reason and Society in the Middle Ages* (Oxford, 1978), pp. 167-75.
24. Bertrand Russell, *A History of Western Philosophy* (Londres, 1961), p. 417.
25. Sobre a filosofia de Avicena e sua transmissão ao Ocidente, ver Salvador Gómez Nogales, "Ibn Sina", in M. L. J. Young, J. D. Latham e R. B. Serjeant (orgs.), *The Cambridge History of Arabic Literature: Religion, Learning and Science during the 'Abbasid Period* (Cambridge, 1990), pp. 398-404; Gordon Leff, *Medieval Thought: St Augustine to Ockham* (Harmondsworth, 1958), pp. 148-55.
26. Burnett, "Translating Activity", pp. 1038-9.
27. Paul Kraus, *Jabir ibn Hayyan: Contribution à l'histoire des idées scientifiques dans l'Islam*, 2 v. (Cairo, 1942-3).
28. [Pseudo-]al-Majriti, *Ghayat al-Hakim*, org. H. Ritter (Leipzig e Berlim, 1933); David Pingree (org.), *Picatrix: The Latin Version of the Ghayat al-Hakim* (Londres, 1986); David Pingree, "Some of the Sources of the Ghayat al-Hakim", *Journal of the Warburg and Courtauld Institutes*, v. 43 (1980), pp. 1-15; Vittore Perrone Compagni, "Picatrix Latinus: concezioni filosofico-religiose e prassi magica", *Medioévo, Rivista di storia della filosofia medievale*, 1 (1975), pp. 237-337.
29. G. N. Atiyeh, *Al-Kindi: The Philosopher of the Arabs* (Rawalpindi, 1966); M. T. d'Alverny e F. Hudry, *"De Radiis"*, Archives d'histoire doctrinale et littéraire du moyen-âge, 41 (1975), pp. 139-60, reproduzido *in* Sylvie Matton (org.), *La Magie arabe traditionelle* (Paris, 1977), pp. 77-128; Fritz W. Zimmerman, "Al-Kindi", *in* Young, Latham e Serjeant (orgs.), *The Cambridge History of Arabic Literature: Religion, Learning and Science in the 'Abbasid Period*, pp. 364-9.
30. Acerca dos textos apócrifos de Aristóteles, ver Lynn Thorndike, *A History of Magic and Experimental Science During the First Thirteen Centuries of Our Era* (Nova York, 1923), v. 2, pp. 246-78; A. F. L. Beeston, "An Arabic Hermetic Manuscript", *Bodleian Library Record*, 7 (1962), pp. 11-23; Dorothy Metzlitzki, *The Matter of Araby in Medieval England* (New Haven e Londres, 1977), pp. 86-92, 106-11; Norman Penzer, *Poison Damsels and Other Essays in Folklore and Anthropology* (Londres, 1952), pp. 113-71; J. Kraye, W. F. Ryan e C. B. Schmidt (orgs.), *Pseudo-Aristotle in the Middle Ages*, Warburg Institute Surveys and Texts v. II (Londres, 1987).

31. Dag Nikolaus Hasse, *Avicenna's De Anima in the Latin West: The Formation of a Peripatetic Philosophy of the Soul 1160-1300* (Londres e Turim, 2000), pp. 168-9, 172.
32. Charles Homer Haskins, *Studies in the History of Medieval Science*, 2ª ed. (Cambridge, Mass., 1927), p. 19.
33. Oswei Temkin, *Galenism: The Rise and Decline of Medical Philosophy* (Ithaca, NY, 1973); Manfred Ullman, *Islamic Medicine* (Edimburgo, 1978), pp. 33-8; Franz Rosenthal, *The Classical Heritage in Islam* (Londres, 1975), pp. 182-3, 192-4; Michael Dols, *Majnun: The madman in medieval Islamic society* (Oxford, 1992), pp. 17-47.
34. Ullman, *Islamic Medicine*, pp. 45-6; Haskell D. Isaacs, "Arabic Medical Literature", in Young, Latham e Serjeant (orgs.), *The Cambridge History of Arabic Literature: Religion, Learning and Science in the 'Abbasid Period*, pp. 356-8; Ursula Weiser, "Ibn Sina und die Medzin des arabisch-islamischen Mittelalters-Alte und Neue Urteile und Vorurteile", *Medizinhistorisches Journal*, 18 (1983), pp. 283-305; Nancy G. Siraisi, *Avicenna in Renaissance Italy: The Canon and Medical Teaching in Italian Universities after 1500* (Princeton, NJ, 1987); Dols, *Majnun*, pp. 73-103.
35. A respeito da astronomia e astrologia ptolemaicas nos países árabes e sua transmissão para o Ocidente, ver Thorndike, *A History of Magic and Experimental Science*, v. 1, pp. 697-719; v. 2, pp. 66-98; David King, "Astronomy", in Young, Latham e Serjeant (orgs.), *The Cambridge History of Arabic Literature: Religion, Learning and Science during the 'Abbasid Period*, pp. 274-89; David Pingree, "Astrology", in ibid., pp. 290-300; F. J. Carmody, *Arabic Astronomical and Astrological Sciences in Translation* (Berkeley e Los Angeles, 1956); Hill, *Islamic Science and Engineering*, pp. 42-6; Joseph F. O'Callaghan, *The Learned King: The Reign of Alfonso X of Castile* (Filadélfia, 1993), pp. 141-3.
36. A obra pouco confiável e obsoleta de Ernest Renan *Averroès et l'Averroïsme* (Paris, 1861) está examinada e criticada no capítulo 6. Exposições mais confiáveis do pensamento de Averroes podem ser encontradas em Oliver Leaman, *Averroes and His Philosophy*, ed. rev. (Richmond, Surrey, 1998); Majid Fakhry, *Averroes (Ibn Rushd), His Life, Works and Influence* (Oxford, 2001). Para seu impacto sobre o Ocidente, ver Leff, *Medieval Thought*, pp. 155-62; Paul Oscar Kristeller, "Paduan Averroism and Alexandrism in the Light of Recent Studies", in Kristeller, *Renaissance Thought II, Papers on Humanism and the Arts* (Nova York, 1965), pp. 111-18; Kristeller, "Petrarch's 'Averroists': A note on the history of Averroism in Venice, Padua and Bologna", *Bibliothèque d'Humanisme et Renaissance*, 14 (1952.), pp. 59-65.
37. Leff, *Medieval Thought*, p. 218; Daniel, *The Arabs and Medieval Europe*, pp. 250, 281-3.
38. Southern, *Western Views of Islam*, pp. 30-31; Daniel, *The Arabs and Medieval Europe*, pp. 236, 238; John France, "The First Crusade and Islam", *Muslim World*, v. 67 (1977), pp. 247-57; Tolan, *Saracens*, pp. 135-47.
39. Jacques de Vitry, *Lettres de la Cinquième Croisade: 1160/1170-1240, évêque de Saint-Jean d'Acre*, R. C. Huygens (org.) (Leiden, 1960); Kedar, *Crusade and Mission*, pp. 112-31.

40. Southern, *Western Views of Islam*, pp. 62-3; Kedar, *Crusade and Mission*, pp. 180-82; Daniel, *The Arabs and Medieval Europe*, pp. 211-12, 243; Tolan, *Saracens*, pp. 203-9.
41. Ricoldo de Monte Croce, *Pérégrination en Terre Sainte et au proche Orient. Texte latin et traduction. Lettres sur la chute de Saint-Jean d'Acre*, organização e tradução de René Kappler (Paris, 1997); Southern, *Western Views of Islam*, pp. 69-70; Daniel, *The Arabs and Medieval Europe*, pp. 201-2, 218-20, 247-9; Tolan, *Saracens*, pp. 245-54.
42. *Encyclopaedia of Islam*, 2ª ed. (Leiden, 1954-2002), s.v. "Ibn Hazm" [Arnaldez]; Anwar G. Chejne, *Muslim Spain: Its History and Culture* (Minneapolis, 1974), pp. 306-7; William Montgomery Watt, *Muslim-Christian Encounters, Perceptions and Misperceptions* (Londres, 1991), pp. 33, 65-7; Jacques Waardenburg, "Muslim Studies of Other Religions: The Medieval Period", *in* Geert van Gelder e Ed de Moor, *Orientations. The Middle East and Europe: Encounters and Exchanges* (Amsterdã, 1992), pp. 21-4.
43. Nancy N. Roberts, "Reopening the Muslim-Christian Dialogue of the 13th-14th Centuries: Critical Reflections on Ibn Taymiyyah's Response to Christianity in *al-Jawab al-Sahih li-man Baddala Din al-Masih*", *Muslim World*, 86 (1996), pp. 432-66; S. M. Stern, "The Oxford Manuscript of Ibn Taymiyya's Anti-Christian Polemics", *Bulletin of the School of Oriental and African Studies*, 22 (1959), pp. 124-8.
44. Aziz al-Azmeh, "Mortal Enemies, Invisible Neighbours: Northerners in Andalusi Eyes", in Jayyusi (org.), *The Legacy of Muslim Spain*, pp. 267-8.
45. Meisami, *The Sea of Precious Virtues*, pp. 231-2.
46. Lévi-Provençal, *Séville Musulmane*, pp. 108-9.
47. A respeito de poemas épicos populares em árabe, ver Wolfdietrich Fischer, "Die Nachwirkung der Kreuzzüge in der arabischen Volksliteratur", *in* Wolfdietrich Fischer e Jürgen Schneider (orgs.), *Das Heilige Land im Mittelalter: Begegnungsraum zwischen Orient und Okzident* (Neustadt an der Aisch, 1982), pp. 145-54; M. C. Lyons, *The Arabian Epic: Heroic and oral story-telling*, 3 v. (Cambridge, 1995).
48. *The Song of Roland*, tradução de Dorothy L. Sayers (Harmondsworth, 1957), p. 87; cf. p. 21.
49. Norman Daniel, *Heroes and Saracens: A Re-interpretation of the Chansons de Geste* (Edimburgo, 1984).
50. Dante, *Inferno*, Canto XXVIII.
51. Dante, *Purgatorio*, Canto IV.
52. Sobre Dante e o islã, ver a obra ainda extremamente controversa de Miguel Asin Palacios *Islam and the Divine Comedy* (Londres, 1926). Ver também Southern, *Western Views of Islam*, pp. 55-6; Southern, "Dante and Islam", in Derek Baker (org.), *Relations between East and West in the Middle Ages* (Edimburgo, 1973), pp. 133-45; Philip F. Kennedy, "Muslim Sources of Dante", in Dionysius A. Agius e Richard Hitchcock (orgs.), *The Arab Influence in Medieval Europe; Folia Scholastica Mediterranea* (Reading, 1994), pp. 63-82.

53. A. C. Lee, *The Decameron: Its Sources and Analogues* (Londres, 1909), p. 171; cf. p. 312; Robert Irwin, *The Arabian Nights: A Companion* (Londres, 1994), pp. 64, 96-7.
54. Ramon Lull, *Selected Works of Ramon Lull*, organização de A. Bonner (Princeton, 1985); E. Allison Peers, *Ramon Lull: A Bibliography* (Londres, 1929); J. N. Hillgarth, *Lull and Lullism in Fourteenth-Century France* (Oxford, 1972); Frances Yates, *Lull and Bruno: Collected Essays* (Londres, 1982). A respeito de Lúlio e do islã, ver Aziz Suriyal Atiya, *The Crusade in the Later Middle Ages* (Londres, 1938), pp. 74-94; Southern, *Western Views of Islam*, pp. 68, 72n; Kedar, *Crusade and Mission*, pp. 188-99; Tolan, *Saracens*, pp. 256-74.
55. Lull, *Blanquerna*, tradução de E. A. Peers (Londres, 1925).
56. Southern, *Western Views of Islam*, p. 72n; Louis Massignon, *Opera Minora*, organização de Y. Moubarac (Beirute, 1963), v. 1, p. 12.
57. Edward Said, *Orientalism* (Londres, 1978), pp. 49-50.
58. Southern, *Western Views of Islam*, pp. 72-3, 88; Roberto Weiss, "England and the Decree of the Council of Vienne on the Teaching of Greek, Arabic, Hebrew and Syriac", *Bibliothèque d'Humanisme et Renaissance*, 14 (1952.), pp. 1-9.
59. Southern, *Western Views of Islam*, p. 78.
60. Ibid., pp. 86-93; Robert Schwoebel, *The Shadow of the Crescent: The Renaissance Image of the Turk (1453-1517)* (Nieuwkoop, 1967), pp. 223-5; John Robert Jones, *Learning Arabic in Renaissance Europe (1505-1624)*, tese de doutorado (School of Oriental and African Studies, London University, July 1988), pp. 20-21.
61. Southern, *Western Views of Islam*, pp. 77-83.
62. Metzlitzki, *The Matter of Araby in Medieval England*, pp. 197-203, 205-7.
63. Robert Bartlett, *England under the Norman and Angevin Kings* (Oxford, 2000), pp. 660-61.
64. A respeito de Mandeville, ver Malcolm Letts, *Sir John Mandeville: The Man and His Book* (Londres, 1949); Robert Fazy, "Jehan de Mandeville. Ses voyages et son séjour discuté en Egypte", *Etudes Asiatiques*, 3 (1949), pp. 30-54; Donald R. Howard, *Writers and Pilgrims: Medieval Pilgrimage Narratives and Their Posterity* (Berkeley e Los Angeles, 1980); Metzlitzki, *The Matter of Araby in Medieval England*, pp. 220-39; Mary B. Campbell, *The Witness and the Other World: Exotic European Travel Writing 400-1600* (Ithaca, 1988), pp. 122-61.
65. *The Travels of Sir John Mandeville*, organização e tradução de C. W. R. D. Mosley (Harmondsworth, 1983), p. 107.
66. Letts, *Sir John Mandeville*, pp. 50-51.
67. Ibid., p. 49.
68. Ziauddin Sardar, *Orientalism* (Buckingham, 1999), p. 25.
69. Campbell, *The Witness and the Other World*, p. 122.

3. O orientalismo no Renascimento

1. Charles Burnett, "The Second Revelation of Arabic Philosophy and Science: 1492-1562", in Charles Burnett e Anna Contadini (orgs.), *Islam and the Italian Renaissance* (Warburg Institute Colloquia, 5), pp. 185-98.
2. Ibid., p. 186.
3. "Petrarca's Aversion to Arab Science" (carta a Giovanni de Dondi), in Ernst Cassirer, Paul Otto Kristeller e John Herman Randall, Jr. (orgs. e trads.), *The Renaissance Philosophy of Man* (Chicago e Londres, 1948), p. 142. A respeito de Petrarca e os árabes em termos mais gerais, ver H. A. R. Gibb, "Literature", *in* Sir Thomas Arnold e Alfred Guillaume (orgs.), *The Legacy of Islam*, 1ª ed. (Oxford, 1931), p. 192; Enrico Cerulli, "Petrarca e gli Arabi", *Rivista di Cultura Classica e Medioevale*, 7 (1965), pp. 331-6; Francesco Gabrieli, "Il Petrarca e gli Arabi", *Rivista di Cultura Classica e Medioevale*, 7 (1965), pp. 487-94; Paul Otto Kristeller, "Petrarch's 'Averroists': A Note on the History of Averroism in Venice, Padua and Bologna", *Bibliothèque d'Humanisme et Renaissance*, 14 (1952), pp. 59-65; Charles Burnett, "Learned Knowledge of Arabic Poetry, Rhymed Prose, and Didactic Verse from Petrus Alfonsi to Petrarch", *in* John Marenbon (org.), *Poetry and Philosophy in the Middle Ages: A Festschrift for Peter Dronke* (Leiden, 2001), pp. 29-62; Charles Burnett, "Petrarch and Averroes: An Episode in the History of Poetics", *in* Ian Macpherson e Ralph Penny (orgs.), *The Medieval Mind: Hispanic Studies in Honour of Alan Deyermond* (Woodbridge, 1997), pp. 49-56.
4. "An Averroist Visits Petrarca", in Cassirer et al., *Renaissance Philosophy of Man*, p. 140.
5. "A Request to Take Up the Fight Against Averroes", in Cassirer et al., *Renaissance Philosophy of Man*, p. 144.
6. "Petrarca on his own Ignorance", *in* Cassirer et al., *Renaissance Philosophy of Man*, p. 77.
7. Lynn Thorndike, A *History of Magic and Experimental Science*, v. 2 (Nova York, 1923), p. 633.
8. John Edwin Sandys, *A History of Classical Scholarship*, 3 v. (Cambridge, 1908), v. 2, p. 67.
9. F. Pall, "Ciriaco d'Ancona e la crociata contro i Turchi", *Bulletin de la section historique de l'Académie roumaine*, 20 (1938), pp. 9-68; Franz Babinger, "Notes on Cyriac of Ancona and Some of his Friends", *Journal of the Warburg and Courtauld Institutes*, 25 (1962), pp. 321-3; E. W. Bodnar, *Cyriacus of Ancona and Athens* (Bruxelas, 1960).
10. E. Borsook, "The Travels of Bernardo Michelozzi and Bonsignore Bonsignori in the Levant (1497-8)", *Journal of the Warburg and Courtauld Institutes*, 36 (1973), pp. 145-97.
11. George Ghevergheseloseph, *The Crest of the Peacock: Non-European Roots of Mathematics* (Londres, 1991), pp. 17, 308, 331; Richard Mankiewicz, *The Story of Mathematics* (Londres, 2000), p. 49; G. J. Toomer, *Eastern Wisedome and Learning: The Study of Arabic in Seventeenth-Century England* (Oxford, 1996), pp. 233-42; George Molland, "The Limited Lure of Arabic Mathematics", in G. A. Russell (org.), *The*

"Arabick" Interest of the Natural Philosophers in Seventeenth-Century England (Leiden, 1994), pp. 218-21.
12. Sobre Nicolau de Cusa, ver E. F. Jacob, "Cusanus the Theologian", in Essays in the Conciliar Epoch, 2ª ed. (Manchester, 1953), pp. 154-69; Norman Daniel, Islam and the West: The Making of an Image (Edimburgo, 1960), pp. 276-8; R. W. Southern, Western Views of Islam in the Middle Ages (Cambridge, Mass., 1962), pp. 92-4.
13. Sobre Pico della Mirandola, ver E. Garin, Giovanni Pico della Mirandola: Vita e dottrina (Florença, 1937); P. Kibre, The Library of Pico della Mirandola (Nova York, 1936); Cassirer et al., Renaissance Philosophy of Man, pp. 215-54; Joseph L. Blau, The Christian Interpretation of the Cabala in the Renaissance (Nova York, 1944); K. H. Dannenfeldt, "Renaissance Humanists and the Knowledge of Arabic", Studies in the Renaissance, 2 (1955), p. 101.
14. J.D. Bernal, Black Athena: The Afroasiatic Roots of Classical Civilization (Londres, 1987).
15. Erik Iversen, The Myth of Egypt and its Hieroglyphs in European Tradition (Princeton, 1993), pp. 59-74; Umberto Eco, The Search for the Perfect Language (Londres, 1997), pp. 146-54.
16. Sobre o esoterismo no Renascimento, ver, entre muitas outras obras, Paul Otto Kristeller, The Philosophy of Marsilio Ficino (Nova York, 1943); Wayne Shumaker, The Occult Sciences in the Renaissance: A Study in Intellectual Patterns (Berkeley e Los Angeles, 1972); D. P. Walker, Spiritual and Demonic Magic from Ficino to Campanella (Londres, 1958); Blau, The Christian Interpretation of the Cabala; François Secret, Les Kabbalistes Chrétiens de la Renaissance (Paris, 1964); Frances Yates, Giordano Bruno and the Hermetic Tradition (Londres, 1964).
17. Sobre cativos cristãos nas terras islâmicas, especialmente no norte da África, ver Samuel C. Chew, The Crescent and the Rose: Islam and England during the Renaissance (Nova York, 1937), pp. 340-46, 373-85; Nabil Matar, Islam in Britain 1558-1685 (Cambridge, 1998), passim; Nabil Matar, Turks, Moors and Englishmen in the Age of Discovery (Nova York, 1998), pp. 71-82; Linda Colley, Captives: Britain, Empire and the World, 1600-1850 (Londres, 2002), pp. 23-134; Bartolomé Bennassar e Lucile Bennassar, Les Chrétiens d'Allah: L'histoire extraordinaire des renégats, XVIe-XVIIe siècles (Paris, 1989); Robert C. Davis, Christian Slaves, Muslim Masters: White Slavery in the Mediterranean, the Barbary Coast and Italy, 1500-1800 (Londres, 2004).
18. Aziz S. Atiya, The Crusade in the Later Middle Ages (Nova York, 1938), pp. 258-9; cf. Norman Housley (org. e trad.), Documents on the Later Crusades, 1274-1580 (Basingstoke, 1986), pp. 169-73.
19. B. Rekers, Benito Arias Montano (1527-1598) (Londres, 1972); Alastair Hamilton, Arab Culture and Ottoman Magnificence in Antwerp's Golden Age (Oxford, 2001), p. 65.
20. Busbecq, The Turkish Letters of Ogier Ghiselin de Busbecq, Imperial Ambassador at Constantinople 1554-1562, tradução de Edward Seymour Forster (Oxford, 1927), p. 40.
21. Bernard Lewis, The Emergence of Modern Turkey (Oxford, 1961), p. 27.

22. Matar, *Turks, Moors and Englishmen*, pp. 100-127.
23. Sobre a literatura de viagens nesse período, ver, entre muitos outros, Margaret T. Hodges, *Early Anthropology in the Sixteenth and Seventeenth Centuries* (Filadélfia, 1964); Hamilton, *Arab Culture and Ottoman Magnificence*, pp. 26-39; Ulrich Haarmann, "The Mamluk System of Rule in the Eyes of Western Travellers", *Mamluk Studies Review*, 5 (2001), pp. 1-24; Anne Wolf, *How Many Miles to Babylon? Travels to Egypt and Beyond from 1300 to 1640* (Liverpool, 2003).
24. Jean Thenaud, *Le Voyage d'Outremer*, organização de Charles Schefer (Paris, 1884).
25. Hamilton, *Arab Culture and Ottoman Magnificence*, pp. 40-41.
26. *The Turkish Letters of Ogier Ghiselin de Busbecq;* cf. Hamilton, *Arab Culture and Ottoman Magnificence*, pp. 41-5.
27. Nicolas de Nicolay, *Les Navigations et Voyages, faicts en la Turquie* (Antuérpia, 1576); cf. Julian Raby, *Venice, Dürer and the Oriental Mode* (Londres, 1982), p. 95n; Yvelie Bernard, *L'Orient du XVIe siècle: Une société musulmane florissante* (Paris, 1988), *passim;* Alastair Hamilton, *Europe and the Arab World: Five Centuries of books by European scholars and travellers from the libraries of the Arcadian Group* (Oxford, 1994), pp. 9-10.
28. Peter Burke, *A Social History of Knowledge* (Londres, 2002), p. 109.
29. Jean Léon l'Africain, *Description de l'Afrique*, tradução de Alexis Epaulard, 2 v. (Paris, 1956). A respeito de Leão, ver Louis Massignon, *Le Maroc dans les premières années du XVIe siècle* (Argel, 1906); Toomer, *Eastern Wisdome and Learning*, pp. 21-2; John Robert Jones, *Learning Arabic in Renaissance Europe* (1505-1624), tese de doutorado (School of Oriental and African Studies, London University, July 1988), pp. 65-72, 144-5.
30. A respeito dos maronitas na Itália e do interesse ocidental pelos cristãos orientais em termos mais gerais, ver o próximo capítulo.
31. Sobre Postel, ver William Bousma, *Concordia Mundi, The career and thought of Guillaume Postel (1510-1580)*, (Cambridge, Mass., 1957); Bousma, "Postel and the Significance of Renaissance Cabalism", in Paul O. Kristeller e Philip P. Wiener (orgs.), *Renaissance Essays* (Nova York, 1968), pp. 252-66; Johann Fück, *Die Arabischen Studien in Europa bis in den Anfang des 20. Jahrhunderts* (Leipzig, 1955), pp. 36-44; Secret, *Les Kabbalistes Chrétiens de la Renaissance;* F. Secret, "Guillaume Postel et les Etudes Arabes à la Renaissance", *Arabica*, v. 9 (1962), pp. 21-36; Hamilton, *Europe and the Arab World*, pp. 44-9; Hamilton, *Arab Culture and Ottoman Magnificence*, pp. 48-54; Marjorie Reeves, *The Influence of Prophecy in the Later Middle Ages* (Oxford, 1969), pp. 382-5, 479-81; Umberto Eco, *The Search for the Perfect Language* (Londres, 1995), pp. 75-80; Francine de Nave (org), *Philologia Arabica: Arabische studiën en drukken Nederlanden in 16de en 17de eeuw* (Antuérpia, 1986), pp. 81-7; Georges Weill e François Secret, *Vie et caractère de Guillaume Postel* (Milão, 1987); Lucien Febvre, *Le Problème de l'incroyance au 16e siècle, La religion de Rabelais*, 2ª ed. (Paris, 1968), pp. 107-19; Jones, *Learning Arabic*, pp. 149-58; Josée Balagna, *L'Imprimerie arabe en occident (XVIe, XVIIe et XVIIIe siècles)* (Paris, 1984), pp. 23-7.

32. Quanto ao Corão impresso por Bibliander, ver Fück, *Die Arabischen Studien in Europa*, pp. 6-8; James Kritzek, *Peter the Venerable and Islam* (Princeton, NJ, 1964), pp. vii-ix; Hamilton, *Europe and the Arab World*, pp. 38-41; De Nave (org.), *Philologia Arabica*, pp. 92-4.
33. Chew, *The Crescent and the Rose*, pp. 101-2.
34. Southern, *Western Views of Islam*, pp. 104-7.
35. Errol F. Rhodes, "Polyglot Bibles", in Bruce M. Metzger e Michael D. Coogan (orgs.), *The Oxford Companion to the Bible* (Nova York e Oxford, 1993), pp. 601-3.
36. Rhodes, "Polyglot Bibles", pp. 601-2; Hamilton, *Arab Culture and Ottoman Magnificence*, pp. 61-6.
37. Hamilton, *Arab Culture and Ottoman Magnificence*, pp. 65-6.
38. Fück, *Die Arabischen Studien*, pp. 57, 63-4; Hamilton, *Arab Culture and Ottoman Magnificence*, pp. 71-6, 79-87; De Nave, *Philologia Arabica*, pp. 124-36; Toomer, *Eastern Wisdome*, pp. 41-2.; Jones, *Learning Arabic*, pp. 185-6; Balagna, *L'imprimerie arabe*, pp. 41-3.
39. Sobre a Gráfica Medici, ver Jones, *Learning Arabic*, pp. 85-90, 167, 169-83; John Robert Jones, *The Medici Oriental Press (Rome 1584-1614) and Renaissance Arabic Studies*, Folheto da Mostra na SOAS, Londres, 1983; Jones, "The Medici Oriental Press (Rome 1584-1614) and the Impact of its Arabic Publications on Europe", in Russell (org.), *The "Arabick" Interest*, pp. 88-108; Balagna, *L'Imprimerie arabe*, pp. 34-41, 51; Hamilton, *Europe and the Arab World*, pp. 58-63; Toomer, *Eastern Wisdome*, pp. 22-4; De Nave, *Philologia Arabica*, pp. 73-5.
40. Jonathan M. Bloom, *Paper Before Print: The History and Impact of Paper in the Islamic World* (New Haven e Londres, 2001), pp. 214-26.
41. Sobre a vida e obra de Scaliger, ver Fück, *Die Arabischen Studien*, pp. 47-53; Dannenfeldt, "Renaissance Humanists", p. 112; Jones, *Learning Arabic*, pp. 184-5; Anthony Grafton, *Joseph Scaliger: A Study in the History of Classical Scholarship*, 2. v. (Oxford, 1983 e 1993); De Nave, *Philologia arabica*, pp. 116-22; Toomer, *Eastern Wisedome*, pp. 42-3; Alastair Hamilton, *William Bedwell, the Arabist, 1563-1632* (Leiden, 1985), pp. 83-5; Sandys, *History of Classical Scholarship*, v. 2, p. 199.
42. Hamilton, *William Bedwell*, p. 84.
43. Sobre a vida e obra de Casaubon, *Oxford Dictionary of National Biography*, organizado por H. C. G. Matthew e Brian Harrison (Oxford, 2004), s.v.; Fück, *Die Arabischen Studien*, pp. 60-61; Dannenfeldt, "Renaissance Humanists", p. 112.; Mark Pattison, *Isaac Casaubon* (Oxford, 1892.); Hamilton, *William Bedwell*, passim.

4. A santidade dos estudos orientais

1. Sobre a onipresença de uma cultura latinizada no início do período moderno, ver H. von Wilamowitz-Mollendorff, *History of Classical Scholarship*, tradução de Alan Harris (Londres, 1982); John Edwyn Sandys, *A History of Classical Scholarship*, v. 2. (Cambridge, 1908); Rudolf Pfeiffer, *History of Classical Scholarship from 1300 to 1850*

(Oxford, 1976); Françoise Waquet, *Latin or the Empire of a Sign from the Sixteenth to the Twentieth Century* (Londres, 2001); Bill Bryson, *Mother Tongue* (Londres, 1990), pp. 58, 128-9.
2. David C. Douglas, *English Scholars* (Londres, 1939), p. 352.
3. Alastair Hamilton, *William Bedwell, the Arabist, 1563-1632* (Leiden, 1985), p. 79.
4. Nabil Matar, *Islam in Britain 1558-1685* (Cambridge, 1988), p. 76.
5. Para a vida e obra de Bedwell, ver o exemplar estudo de Alastair Hamilton, *William Bedwell;* cf. *Oxford Dictionary of National Biography (ODNB)*, organização de H. C. G. Matthew e Brian Harrison (Oxford, 2004) s.v.; G. J. Toomer, *Eastern Wisedome and Learning: The Study of Arabic in Seventeenth-Century England* (Oxford, 1996), pp. 56-64.
6. Sobre a vida e a obra de Andrewes, ver John Aubrey, *Brief Lives*, organização de John Buchanan-Brown (Londres, 2000), pp. 6-8; T. S. Eliot, *Essays Ancient and Modern* (Londres, 1936), pp. 11-29; Robert L. Otley, *Lancelot Andrewes* (Londres, 1894); *ODNB*, s.v.; G. Lloyd Jones, *The Discovery of Hebrew in Tudor England: A Third Language* (Manchester, 1983), p. 147.
7. Toomer, *Eastern Wisedome*, pp. 55-6.
8. Sobre a carreira de Laud e seu interesse pelo Oriente, ver H. R. Trevor-Roper, *Archbishop Laud 1573-1645* (Londres, 1940); *ODNB*, s.v.; Mordechai Feingold, "Patrons and Professors: The Origins and Motives for the Endowment of University Chairs — in Particular the Laudian Chair of Arabic", in G. A. Russell (org.), *The "Arabick" Interest of the Natural Philosophers in Seventeenth-Century England* (Leiden, 1994), pp. 109-27. Sobre a cátedra laudiana, ver também Mordechai Feingold, "Oriental Studies", in Nicholas Tyacke (org.), *The History of the University of Oxford*, v. 4, *The Seventeenth Century* (Oxford, 1997), pp. 449-503, esp. pp. 487-8.
9. Alastair Hamilton, "An Egyptian Traveller in the Republic of Letters: Joseph Barbatus or Abudacnus the Copt", *Journal of the Warburg and Courtauld Institutes*, 57 (1994), pp. 123-50.
10. Sobre Pasor, ver Toomer, *Eastern Wisedome*, pp. 98-101; Feingold, "Patrons and Professors", in Russell (org.), *The "Arabick" Interest*, pp. 120-21.
11. Mordechai Feingold, "Decline and Fall: Arabic Science in Seventeenth-Century England", in *Tradition, Transmission, Transformation: Proceedings of Two Conferences on Pre-Modern Science Held at the University of Oklahoma*, organização de F. Jamil Ragep e Sally Ragep com Steven Livesey (Leiden, 1996), pp. 442-3; cf. Matar, *Islam in Britain*, p. 87.
12. John Aubrey, *Brief Lives*, pp. 280-82.; *ODNB*, s.v.; G. H. Martin e J. R. L. Highfield, *A History of Merton College* (Oxford, 1997), pp. 159-98; Feingold, "Patrons and Professors", in Russell (org), *The "Arabick" Interest*, pp. 110-17.
13. Sobre John Greaves, ver *ODNB*, s.v.; Martin e Highfield, *A History of Merton College*, pp. 204-7; Geoffrey Roper, "Arabic Printing and Publishing in England before 1820", *British Society for Middle Eastern Studies Bulletin*, 12 (1985), pp. 15-16.

14. Sobre a vida e obra de Pococke, *ODNB*, s.v.; Johann Fück, *Die Arabischen Studien in Europa bis in den Anfang des 20. Jahrhunderts* (Leipzig, 1955), pp. 85-90; Peter Holt, "An Oxford Arabist: Edward Pococke", in Holt, *Studies in the History of the Near East*, (Londres, 1973), pp. 1-26; Holt, "The Study of Arabic Historians in Seventeenth-Century England", in *Studies in the History of the Near East*, pp. 27-49; Feingold, "Patrons and Professors", pp. 123-5; Toomer, *Eastern Wisedome*, pp. 116-26, 131-6, 155-67, 212-26; G. A. Russell, "The Impact of Philosophus Autodidactus: Pococke, John Locke and the Society of Friends", in Russell (org.), *The "Arabick" Interest*, pp. 224-66; John B. Pearson, *A Biographical Sketch of the Chaplains to the Levant Company Maintained at Constantinople, Aleppo and Smyrna 1611-76* (Cambridge, 1883), pp. 19-21.
15. Errol Rogers, "Polyglot Bibles", in Bruce M. Metzger e Michael D. Coogan (orgs.), *The Oxford Companion to the Bible* (Nova York e Oxford, 1993), pp. 602-3; Henry John Todd, *Memoirs of the Life and Writings of the Right Rev. Brian Walton*, v. I (Londres, 1821); Holt, "An Oxford Arabist", pp. 14-16; Toomer, *Eastern Wisedome*, pp. 202-10.
16. H. T. Norris, "Edmund Castell (1606-86) and his Lexicon Heptaglotton' (1669)", in Russell (org.), *The "Arabick" Interest*, pp. 70-71.
17. Sobre o café, ver Matar, *Islam in Britain*, pp. 110-17; Samuel C. Chew, *The Crescent and the Rose: Islam and England during the Renaissance* (Nova York, 1937), pp. 183-6, 407; Alexandrine N. St Clair, *The Image of the Turk in Europe* (Nova York, 1973), pp. 16-17.
18. Norris, "Edmund Castell", p. 78.
19. Toomer, *Eastern Wisedome*, p. 89. Sobre a vida e obra de Wheelocke em geral, ver Toomer, *Eastern Wisedome*, pp. 86-93; *ODNB*, s.v.
20. Sobre a triste carreira de Castell, ver *ODNB*, s.v.; Norris, "Edmund Castell", pp. 70-87; Toomer, *Eastern Wisedome*, pp. 255-65; Roper, "Arabic Printing", p. 19.
21. Feingold, "Oriental Studies", p. 495. Sobre a vida de Hyde em termos mais gerais, ver *ODNB*, s.v.; P. J. Marshall, "Oriental Studies", in L. S. Sutherland e L. G. Mitchell (orgs.), *The History of the University of Oxford*, v. 5, *The Eighteenth Century* (Oxford, 1986), pp. 556-8; Toomer, *Eastern Wisedome*, pp. 248-50, 295-8; Roper, "Arabic Printing", p. 17; P. J. Marshall e Glyndwr Williams, *The Great Map of Mankind: British Perceptions of the World in the Age of the Enlightenment* (Londres, 1982), pp. 11-12, 17, 102-3. Ver também Dominic Parviz Brookshaw, "The Study of Persian in Oxford in the Seventeenth Century", no prelo, in Ada Adamova, Bert Fragner e Michael Rogers (orgs.), *The Study of Persian Culture in the West: Sixteenth to Early Twentieth Century* (Londres, 2006).
22. Sobre a vida e obra de Prideaux, ver *ODNB*, s.v.; Peter Holt, "The Treatment of Arab History by Prideaux, Ockley and Sale", in Holt, *Studies in the History of the Near East*, pp. 50-54; Toomer, *Eastern Wisedome*, pp. 289-92.
23. Citação de Prideaux in Holt, "The Treatment of Arab History", p. 51.
24. Sobre a vida e obra de Raphelengius, ver Alastair Hamilton, "'Nam Tirones Sumus': Franciscus Raphelengius' *Lexicon Arabico-Latinum* (Leiden, 1613)", in Marcus de

Schepper e Francine de Nave (orgs.), *Ex Officina Plantiniana. Studia in memoriam Christophori Plantini (c. 1520-1589)* (Antuérpia, 1989), pp. 557-89; Alastair Hamilton, "Arabic Studies in the Netherlands in the Sixteenth and Seventeenth Centuries", in Francine de Nave (org.), *Philologia Arabica: Arabische Studiën en drukken Nederlanden in 16de en 17de eeuw* (Antuérpia, 1986), pp. xcvii-xcviii e De Nave, *Philologia Arabica*, pp. 124-35; Alastair Hamilton, *Arab Culture and Ottoman Magnificence in Antwerp's Golden Age* (Oxford, 2001); Josée Balagna, *L'Imprimerie arabe en occident (XVIe, XVIIe et XVIIIe siècles)* (Paris, 1984), pp. 41-3; J. Brugman e F. Schröder, *Arabic Studies in the Netherlands* (Leiden, 1979), p. 4.

25. Sobre Erpenius, ver Fück, *Die Arabischen Studien*, pp. 59-73; John Robert Jones, *Learning Arabic in Renaissance Europe (1505-1624)*, tese de doutorado (School of Oriental and African Studies, London University, July 1988), pp. 13-14, 187-212; Brugman e Schröder, *Arabic Studies in the Netherlands*, pp. 4-10, 12-13, 16; Balagna, *L'Imprimerie arabe en occident*, pp. 53-4, 58; Hamilton, "Arabic Studies in the Netherlands", pp. xcix-ciii; De Nave, *Philologia Arabica*, pp. 139-69; Hamilton, *Arab Culture and Ottoman Magnificence*, pp. 87, 94.

26. Sobre Golius, ver Fück, *Die Arabischen Studien*, pp. 79-84; Brugman e Schröder, *Arabic Studies in the Netherlands*, pp. 10, 13-14, 17-20; Hamilton, "Arabic Studies in the Netherlands", pp. ciii-cv; De Nave, *Philologia Arabica*, pp. 169-80; Hamilton, *Arab Culture and Ottoman Magnificence*, pp. 91, 94.

27. Sobre os estudiosos maronitas na Itália, ver Toomer, *Eastern Wisedome*, pp. 15, 30-31, 76; Balagna, *L'Imprimerie arabe en occident*, pp. 33, 34. Quanto ao interesse ocidental pelos cristãos orientais em termos mais gerais, ver Alastair Hamilton, "The English Interest in Arabic-Speaking Christians", in Russell (org.), *The "Arabick" Interest*, pp. 30-53.

28. Alastair Hamilton e Francis Richard, *André du Ryer and Oriental Studies in Seventeenth-Century France* (Oxford, 2004).

29. Sobre Marracci, ver E. Dennison Ross, "Ludovico Marracci", *Bulletin of the School of Oriental Studies*, 2 (1921), pp. 117-23; Hamilton, *Europe and the Arab World*, pp. 104-5; Hamilton e Richard, *André du Ryer*, pp. 97-103, 105-6.

30. A respeito de Kircher, ver Joscelyn Godwin, *Athanasius Kircher: A Renaissance Man and the Quest for Lost Knowledge* (Londres, 1979); Daniel Stolzenberg, *The Great Art of Knowing: The Baroque Encyclopedia of Athanasius Kircher* (Fiesole, 2001); Brian L. Merrill (org.), *Athanasius Kircher (1602-1680) Jesuit Scholar. An Exhibition of His Works in the Harold B. Lee Library Collections at Brigham Young University* (Provo, Utah, 1989); Erik Iversen, *The Myth of Egypt and Its Hieroglyphs* (Princeton, NJ, 1961), pp. 92-102; Umberto Eco, *The Search for the Perfect Language* (Londres, 1997), pp. 83-5, 154-65; David Kahn, *The Codebreakers: The Story of Secret Writing* (Londres, 1966), pp. 864, 904-5; Enrichetta Leospo, "Athanasius Kircher und das Museo Kircheriano", in Gereon Sieverich e Hendrik Budde (orgs.), *Europa und der Orient 800-1900* (Berlim, 1989), pp.

56-71; Paula Findlen (org.), *Athanasius Kircher: The Last Man Who Knew Everything* (Londres, 2004). Para a perdida tradução do árabe de Kircher, ver Stolzenberg, *The Great Art of Knowing*, p. 20.

31. Sobre a egiptologia do século XVII, ver Iversen, *The Myth of Egypt*, pp. 88-102; Alberto Silotti, *Egypt Lost and Found: Explorers and Travellers on the Nile* (Londres, 1998), pp. 26-35.
32. Martin Bernal, *Black Athena: The Afroasiatic Roots of Classical Civilization* (Londres, 1987); para reações (em sua maioria hostis) à tese de Bernal, ver Mary Lefkowitz, *Not Out of Africa: How Afrocentrism Became an Excuse to Teach Myth as History* (Nova York, 1996); Lefkowitz e Guy Maclean Rogers (orgs.), *Black Athena Revisited* (Chapel Hill, NC, 1996); Matar, *Islam in Britain*, p. 88.

5. Iluminismo por assim dizer

1. Citação de Knolles em Bernard Lewis, *From Babel to Dragomans: Interpreting the Middle East* (Londres, 2004), p. 115. Em termos mais gerais, sobre a ameaça turca a Viena e a Europa como um todo, ver Richard Schwoebel, *The Shadow of the Crescent (1453-1517)* (Nieuwkoop, 1967); Dorothy M. Vaughan, *Europe and the Turk: A Pattern of Alliances 1350-1700* (Liverpool, 1954); Paul Coles, *The Ottoman Impact on Europe* (Londres, 1968); Halil Inalcik, "Ottoman Methods of Conquest", *Studia Islamica*, 3 (1954), pp. 103-29.
2. Busbecq, *The Turkish Letters of Ogier Ghiselin de Busbecq, Imperial Ambassador at Constantinople 1554-1562*, tradução de Edward Seymour Forster (Oxford, 1927), p. 112; cf. p. 40.
3. Citação de Thévenot em Alastair Hamilton, *Europe and the Arab World* (Oxford, 1994), p. 82.
4. Harold Bowen, *British Contributions to Turkish Studies* (Londres, 1945).
5. Bernard Lewis, "From Babel to Dragomans", *Proceedings of the British Academy*, 101 (1998), pp. 37-54; reproduzido em Lewis, *From Babel to Dragomans*, pp. 18-32.
6. A respeito da Companhia do Levante, ver A. C. Wood, *A History of the Levant Company* (Londres, 1964); John B. Pearson, *A Biographical Sketch of the Chaplains to the Levant Company* (Londres, 1964); Ralph Davis, *Aleppo and Devonshire Square: English Traders in the Levant in the Eighteenth Century* (Londres, 1967).
7. B. B. Misra, *The Central Administration of the East India Company 1773-1834* (Manchester, 1959), pp. 387-400.
8. Sobre d'Herbelot e a *Bibliothèque orientale*, ver Henri Laurens, *Aux Sources de l'orientalisme: La Bibliothèque orientale de Barthélémi d'Herbelot* (Paris, 1978); Ahmad Gunny, *Images of Islam in Eighteenth-Century Writings* (Londres, 1996), pp. 45-54. Sobre a aversão de Gibbon pela ordem alfabética, Edward Gibbon, *The History of the Decline and Fall of the Roman Empire*, 3 v., organização de David Womersley (Londres, 1994), v. 3, p. 238n; cf. Peter Burke, *A Social History of Knowledge* (Londres, 2000), p. 185.
9. Gibbon, *Decline and Fall*, v. 3, p. 238n.

10. Hajji Khalifa, *Bibliographicum et Encyclopaedicum = Kashf al-zunun 'an asami al-kutub wa-al-funun*, organização e tradução de Gustav Flugel, 7 v. (Londres e Leipzig, 1853-8); cf. *Encyclopaedia of Islam*, 2ª ed., s.v. "Katib Celebi"; Mohamed Abdel-Halim, *Antoine Galland: sa vie et son oeuvre* (Paris, 1964), pp. 76, 163-5; Gunny, *Images of Islam in Eighteenth-Century Writings*, pp. 44, 47.
11. Sobre a vida e a obra de Galland, ver, principalmente, Abdel-Halim, *Antoine Galland*. Ver também Georges May, *Les Mille et une nuits d'Antoine Galland* (Paris, 1986); Raymond Schwab, *L'Auteur des Mille et Une Nuits. Vie d'Antoine Galland* (Paris, 1964); Robert Irwin, *The Arabian Nights: A Companion* (Harmondsworth, 1994), pp. 14-19; Gunny, *Images of Islam in Eighteenth-Century Writings*, pp. 37-47; Ulrich Marzolph e Richard Van Leeuwen (orgs.), *Encyclopaedia of the Arabian Nights* (Santa Barbara, Calif., 2004), v. 2, pp. 556-60.
12. Byron Porter Smith, *Islam in English Literature*, 2ª ed. (Nova York, 1975), pp. 79-81; Ahmad Gunny, *Perceptions of Islam in European Writings* (Markfield, Leicestershire, 2004), pp. 62-7.
13. Smith, *Islam in English Literature*, pp. 102-4; Gunny, *Images of Islam*, pp. 132-62.
14. Sobre a tendência soporífica da intelectualidade em Oxford, ver G. J. Toomer, *Eastern Wisedome and Learning: The Study of Arabic in Seventeenth-Century England* (Oxford, 1996), pp. 306, 313. Para o estudo do árabe e do islã naquela universidade, ver P. J. Marshall, "Oriental Studies", *in* L. S. Sutherland e L. G. Mitchell (orgs.), *The History of the University of Oxford*, v. 5, *The Eighteenth Century* (Oxford, 1986), pp. 551-63.
15. Edward Gibbon, *Autobiography*, organização de lorde Sheffield (Londres, 1907), pp. 36-42. Para o entusiasmo de Gibbon por assuntos orientais, ver Smith, *Islam in English Literature*, pp. 114-18; Bernard Lewis, "Gibbon on Muhammad", in *Islam and the West* (Nova York e Oxford), pp. 85-98; D. O. Morgan, "Edward Gibbon and the East", *Iran*, 33 (1995), pp. 85-92.
16. John Sparrow, *Mark Pattison and the Idea of a University* (Cambridge, 1967), p. 67.
17. *Oxford Dictionary of National Biography [ODNB]*, organização de H. C. G. Matthew e Brian Harrison (Oxford, 2004), s.v.; Alastair Hamilton, "Western Attitudes to Islam in the Enlightenment", *Middle Eastern Lectures*, 3 (1999), p. 81; Gunny, *Images of Islam*, pp. 81-2, 145-7; Marshall, "Oriental Studies", pp. 553, 560.
18. Para a vida e a obra de Ockley, ver A. J. Arberry, *Oriental Essays: Portraits of Seven Scholars* (Londres, 1960), pp. 13-47; P. M. Holt, "The Treatment of Arabic History by Prideaux, Ockley and Sale", in Peter Holt, *Studies in the History of the Near East* (Londres, 1973), pp. 54-7; *ODNB*, s.v.; Paul Hazard, *The European Mind* (Londres, 1953), p. 32-3; Smith, *Islam in English Literature*, pp. 37, 64-8; P. J. Marshall e Glyndwr Williams, *The Great Map of Mankind* (Londres, 1982), pp. 71-2. Gunny, *Images of Islam*, pp. 57-63; Isaac Disraeli, *The Curiosities of Literature* (Londres, 1867), pp. 12-13.
19. Gibbon, *Decline and Fall*, v. 3; p. 248n.

20. Ibid., p. 173n. Sobre Sale em termos mais gerais, *ODNB*, s.v.; Johann Fück, *Die Arabischen Studien in Europa bis in den Anfang des 20 Jahrhunderts* (Leipzig, 1955), pp. 104-5; Smith, *Islam in English Literature*, pp. 68-71; Holt, "The Treatment of Arabic History", pp. 57-60; Gunny, *Images of Islam*, pp. 134-5; Alastair Hamilton, *Europe and the Arab World: Five Centuries of books by European scholars and travellers from the libraries of the Arcadian Group* (Oxford, 1994), pp. 9-10, 106-7.

21. Sobre os Russells, ver Smith, *Islam in English Literature*, pp. 108-10; Hamilton, *Europe and the Arab World*, p. 132.

22. Edward William Lane, *Manners and Customs of the Modem Egyptians*, 3ª ed. (Londres, 1842), p. x.

23. Sobre a vida e a obra de Jones, ver Fück, *Die Arabischen Studien*, pp. 129-35; Arberry, *Oriental Essays*, pp. 48-86; Garland Cannon, *The Life and Mind of Oriental Jones*, 2ª ed. (Cambridge, 1990); R. K. Kaul, *Studies in William Jones: An Interpreter of Oriental Literature* (Simla, 1995); Fatma Moussa Mahmoud, *Sir William Jones and the Romantics* (Cairo, 1962); Alexander Murray (org.), *Sir William Jones, 1746-1794* (Oxford, 1998); Nigel Leask, *British Romantic Writers and the East: Anxieties of Empire* (Cambridge, 1992); Hans Arsleff, *The Study of Language in England, 1780-1860* (Minneapolis, 1983), pp. 115-61; Marzieh Gail, *Persia and the Victorians* (Londres, 1952), pp. 13-34; O. P. Kejariwal, *The Asiatic Society of Bengal and the Discovery of India's Past, 1784-1838* (Nova Délhi, 1988), pp. 27-75; Charles Allen, *The Buddha and the Sahibs: The men who discovered India's lost religion* (Londres, 2002), *passim*.

24. William Jones, "An Essay on the Poetry of the Eastern Nations", *The Works of Sir William Jones*, organização de lorde Teignmouth (Londres, 1807), v. 10, pp. 329-38.

25. William Jones, *A Grammar of the Persian Language*, 4ª ed. (Londres, 1797), p. 126.

26. Edward Said, *Orientalism* (Londres, 1978), p. 127; cf. p. 98. Ver também Raymond Schwab, *The Oriental Renaissance: Europe's Rediscovery of India and the East, 1680-1880*, tradução de Gene Patterson Black e Viktor Reinking (Nova York, 1984), p. 41; Marshall e Williams, *The Great Map of Mankind*, p. 136; Allen, *The Buddha and the Sahibs*, p. 63. A divulgação da hipótese indo-ariana de Jones está em seu "Third Discourse": ver *Works*, v. 2, pp. 34-6.

27. Kejariwal, *The Asiatic Society of Bengal*; Leili Anvar, "L'Asiatick Society of Bengal", *Qantara*, nº. 44 (Summer 2002), pp. 39-42.

28. Schwab, *The Oriental Renaissance, passim*.

29. Francesco Venturi, "Despotismo Orientale", *Rivista di Studia Islamica*, 72 (1960), pp. 121-4; Schwab, *The Oriental Renaissance, passim*.

30. Johnson citado por James Boswell em *Journal of a Tour of the Hebrides with Samuel Johnson, LLD. 1773*, organização de Frederick E. Pottle e Charles H. Bennett (Londres, 1963), p. 168.

31. A respeito da decadência de Leiden depois de Golius, ver Toomer, *Eastern Wisedome*, pp. 52, 301; J. Brugmann e F. Schröder, *Arabic Studies in the Netherlands* (Leiden, 1979), pp. 20-21.
32. Fück, *Die Arabischen Studien*, pp. 102-3; Brugman e Schröder, *Arabic Studies*, pp. 23-5; Hamilton, "Western Attitudes to Islam in the Enlightenment", pp. 75-7.
33. Fück, *Die Arabischen Studien*, pp. 124-5; Brugman e Schröder, *Arabic Studies*, pp. 26-7; Toomer, *Eastern Wisedome*, p. 313.
34. Fück, *Die Arabischen Studien*, pp. 108-24; Toomer, *Eastern Wisedome*, p. 113. Sobre Reiske como classicista, ver Rudolf Pfeiffer, *History of Classical Scholarship from 1300 to 1850* (Oxford, 1976), p. 172.
35. Citação de Reiske em I. Y. Kratchkovsky, *Among Arabic Manuscripts: Memories of Libraries and Men* (Leiden, 1953), p. 166.
36. A respeito da febre pela cultura chinesa, ver Paul Hazard, *The European Mind 1680-1715*, tradução de J. Lewis May (Harmondsworth, 1964), pp. 36-40; Charles MacKerras, *Western Images of China* (Hong Kong, 1989), pp. 28-45; Marshall e Williams, *The Great Map*, pp. 20-23, 80-87, 107-10. Entretanto, sobre a falta de interesse acadêmico britânico pela China, ver T. H. Barrett, *Singular Listlessness: A Short History of Chinese Books and Scholars* (Londres, 1989).
37. A respeito do Gabinete de Curiosidades de Pedro, o Grande, ver Robert K. Massie, *Peter the Great: His Life and World* (Londres, 1981), pp. 814-15. A respeito de gabinetes de curiosidades em termos mais gerais, ver Peter Burke, *A Social History of Knowledge: From Gutenberg to Diderot* (Cambridge, 2000), p. 106; Alvar González-Palacios, *Objects for a Wunder Kammer* (Londres, 1981); Oliver Impey e Arthur MacGregor, *The Origins of Museums: the cabinet of curiosities in sixteenth -and seventeenth-century Europe* (Oxford, 1985); Patrick Mauriès, *Cabinets of Curiosities* (Londres, 2002). Sobre o interesse de Pedro pelos estudos orientais, I. J. Kratschkowski [= I. Y. Kratchkovsky], *Die Russische Arabistik: Umrisse ihrer Entwicklung* (Leipzig, 1955), pp. 37-43; Richard N. Frye, "Oriental Studies in Russia", *in* Wayne S. Vucinich (org.), *Russia and Asia: Essays on the Influence of Russia on the Asian Peoples* (Stanford, Calif., 1972), pp. 35-6.
38. Quanto à expansão da Rússia para a Ásia e ao orientalismo russo, Kratschkowski, *Die Russische Arabistik*, pp. 37-66; Kalpan Sahni, *Crucifying the Orient: Russian Orientalism and the Colonization of the Caucasus and Central Asia* (Bangcoc, 1997); Frye, "Oriental Studies in Russia", pp. 30-51.
39. Fück, *Die Arabischen Studien*, pp. 119-20; Thorkild Hansen, *Arabia Felix: The Danish Expedition of 1761-1767*, tradução de James e Kathleen McFarlane (Londres, 1964).
40. Stig T. Rasmussen, "Journeys to Persia and Arabia in the 17th and 18th centuries", *in The Arabian Journey: Danish connections with the Islamic world over a thousand years* (Århus, 1996), pp. 47-54.
41. Rasmussen, "Journeys to Persia and Arabia", pp. 55-7.

42. Hansen, *Arabia Felix*; Rasmussen, "Journeys to Persia and Arabia", pp. 57-64; Hamilton, *Europe and the Arab World*, pp. 140-41.
43. Henry Laurens, *Les Origines intellectuelles de l'Expédition d'Egypte: l'orientalisme islamisant en France (1698-1798)* (Istambul e Paris, 1987), pp. 108-12, 116-17.
44. Laurens, *Les Origines*, pp. 63-5; Jean Gaulmier, *Un grand témoin de la révolution et de l'Empire: Volney* (Paris, 1959), p. 37.
45. Nora Crook e Derek Guiton, *Shelley's Venomed Melody* (Cambridge, 1986), p. 99.
46. Constantin-François de Chasseboeuf, comte de Volney, *Voyage en Egypte et en Syrie pendant les années 1783, 1784 et 1785 suivi de considérations sur la Guerre des Russes et des Turcs*, 2 v., 5ª ed. (Paris, 1822); Volney, *Les Ruines, ou Méditations sur les révolutions des empires* (Paris, 1791); Gaulmier, *Un grand témoin*; Laurens, *Les Origines*, pp. 67-82, 95-6, 123-9, 176-7. Para Volney sobre ruínas, ver Daniel Reig, *Homo orientaliste* (Paris, 1988), esp. pp. 43-4; Gaulmier, *Un grand témoin*, pp. 112-28; Albert Hourani, "Volney and the Ruins of Empire" in Hourani, *Europe and the Middle East* (Londres, 1980), pp. 81-6. Sobre ruínas em termos mais gerais e sua capacidade de provocar o pensamento, ver Rose Macaulay, *The Pleasure of Ruins* (Londres, 1953); Christopher Woodward, *In Ruins* (Londres, 2001).
47. Sobre as limitações de De Sacy como arabista, ver Gaulmier, *Un grand témoin*, p. 279; Reig, *Homo orientaliste*, pp. 81, 102. Em termos mais gerais, a vida e a obra de Silvestre de Sacy constituem uma parte importante do próximo capítulo.
48. J. Christopher Herold, *Bonaparte in Egypt* (Londres, 1963); Henry Laurens et al., *L'Expédition d'Egypte: 1798-1801* (Paris, 1989); Laure Murat e Nicola Weill, *L'Expédition d'Egypte: Le rêve oriental de Bonaparte* (Paris, 1998); Darrell Dykstra, "The French Occupation of Egypt, 1798-1801", in M. W. Daly (org.), *The Cambridge History of Egypt*, v. 2, *Modern Egypt, from 1517 to the end of the twentieth century*, pp. 113-38; Irene Bierman (org.), *Napoleon in Egypt* (Ithaca, 2004). Para os antecedentes intelectuais, ver Laurens, *Les Origines*.
49. Said, *Orientalism*, p. 81. Mas, para a opinião contrária, ver Gaulmier, *Un grand témoin*, pp. 39-40; Zachary Lockman, *Contending Visions of the Middle East: The History and Politics of Orientalism* (Cambridge, 2004), p. 71.
50. Al-Jabarti, *'Abd al-Rahman al-Jabarti's History of Egypt: Aja'ib al-Athar fi'l-Tarajim wa'l-Akhbar*, Thomas Philipp e Moshe Perlmann (orgs.), 4 v. (Stuttgart, 1994), v. 3, pp. 4-8; cf. Herold, *Bonaparte in Egypt*, pp. 69-70.
51. Sobre Venture de Paradis, ver Jean Gaulmier, "Introduction" à tradução de Venture de Paradis de *La Zubda Kachf al-Mamalik de Khalil az-Zahiri* (Beirute, 1950), pp. vii-li; Laurens, *Les Origines*, pp. 181-2; Reig, *Homo orientaliste*, pp. 72.-7.
52. Yves Lassius, *L'Egypte, une aventure savante, 1798-1801* (Paris, 1998), passim; Reig, *Homo orientaliste*, pp. 97-8, 155.
53. Lassius, *L'Egypte*, p. 30.

54. Herold, *Bonaparte in Egypt*, p. 171.
55. Sobre o manifesto de Jones de 1784 "A Discourse on the Institution of a Society for Inquiry into the History, Civil and Natural, the Antiquities, Arts, Sciences and Literature of Asia", Jones, *Works*, 10 v. (Londres, 1807), v. 3, pp. 1-9; ver também Cannon, *The Life and Mind of Oriental Jones*, pp. 203-4.
56. Gast Mannes, *Le grand ouvrage. Description de l'Egypte* (Luxemburgo, 2003); Lassius, *L'Egypte*; Patrice Bret (org.), *L'Expédition d'Egypte, une entreprise des Lumières, 1798-1801. Actes du colloque international* (Paris, 1997).

6. Estudos orientais na era do vapor e da hipocrisia

1. Sobre a vida e a obra de Silvestre de Sacy, ver J. Reinaud, "Notice historique et littéraire sur M. le baron Silvestre de Sacy", *Journal Asiatique*, 3ª série, v. 6 (1838), pp. 113-95; Pierre Claude-François Daunou, "Notice historique sur la vie et les ouvrages de M. le Baron Silvestre de Sacy', *Mémoires de l'Académie des Inscriptions et Belles-Lettres*, v. 12., pt. 1 (1839), pp. 507-31; Hartwig Derenbourg, *Silvestre de Sacy* (1758-1838) (Paris, 1895); Henri Dehérain, *Silvestre de Sacy: ses contemporains et ses disciples* (Paris, 1938); Johann Fück, *Die Arabischen Studien in Europa bis in den Anfang des 20. Jahrhunderts* (Leipzig, 1955), pp. 140-52; Raymond Schwab, *The Oriental Renaissance: Europe's Rediscovery of India and the East, 1680-1880*, tradução de Gene Patterson-Black e Viktor Reinking (Nova York, 1984), passim, mas especialmente pp. 295-8; Robert Irwin, "Oriental Discourses in Orientalism", *Middle Eastern Lectures*, 3 (1999), pp. 92-6; Farhad Daftary, *The Assassin Legends: Myths of the Isma'ilis* (Londres, 1994), pp. 6, 122, 131-5.
2. Sobre a gramática do árabe medieval, ver o excelente artigo de M. G. Carter, "Arabic Grammar", in M. J. L. Young, J. D. Latham e R. B. Serjeant (orgs.), *The Cambridge History of Arabic Literature. Religion, Learning and Science in the 'Abbasid Period* (Cambridge, 1990), pp. 118-38.
3. Silvestre de Sacy, "Traité des monnaies musulmanes traduit de l'Arabe du Makrizi", reproduzido em *Bibliothèque des Arabisants Français*, IFAO (Cairo, 1905), p. 9; cf. p. 37n.
4. Daniel Reig, *Homo orientaliste* (Paris, 1988), p. 12.
5. Maxime Rodinson, *Europe and the Mystique of Islam*, tradução de Roger Veinus (Seattle e Londres, 1987), pp. 56-7; Baber Johansen, "Politics, Paradigms and the Progress of Oriental Studies. The German Oriental Society (Deutsche Morgenländische Gesellschaft) 1845-1989", *MARS. Le Monde Arabe dans la Recherche Scientifique*, 4 (Winter 1994), pp. 79-94; Zachary Lockman, *Contending Visions of the Middle East: The History and Politics of Orientalism* (Cambridge, 2004), pp. 68-9.
6. Quanto ao teor aristocrático da RAS [Royal Asiatic Society], ver C. F. Beckingham, "A History of the Royal Asiatic Society, 1823-1973", *in* Stuart Simmonds e Simon Digby (orgs.), *The Royal Asiatic Society: Its History and Treasures* (Leiden, 1979), pp. 1-12.

7. Sobre Muir, ver mais adiante.
8. Schwab, *The Oriental Renaissance*, passim; J. J. Clarke, *Oriental Enlightenment: The Encounter Between Asia and Western Thought* (Londres, 1997), esp. pp. 61-70; Sheldon Pollock, "Deep Orientalism? Notes on Sanskrit and Power Beyond the Raj", in Carol A. Buckeridge e Peter Van der Veer, *Orientalism and the Postcolonial Predicament* (Filadélfia, 1993), pp. 76-133.
9. O. P. Kejariwal, *The Asiatic Society of Bengal and the Discovery of India's Past, 1784-1838* (Nova Délhi, 1988); David Kopf, *British Orientalism and the Bengal Renaissance. The Dynamics of Modernization, 1773-1835* (Berkeley e Los Angeles, 1969).
10. Sobre a vida e a obra de Quatremère, ver Gignault, "Quatremère", in *Memoires de l'Académie des Inscriptions et Belles-Lettres* (Paris, 1877), pp. 195-218; *Biographie Universelle*, 45 v. (Paris, 1854-7), v. 34, pp. 604-8; Fück, *Die Arabischen Studien*, pp. 152-3. Robert Irwin, "Orientalism and the Early Development of Crusader Studies", in Peter Edbury e Jonathan Phillips (orgs.), *The Experience of Crusading*, v. 2, *Defining the Crusader Kingdom* (Cambridge, 2003), pp. 224-5.
11. Franz Rosenthal, "Translator's Introduction", in Ibn Khaldun, *The Muqaddimah: An Introduction to History*, tradução de Franz Rosenthal, v. I, 2ª ed. (Londres, 1967), p. cii.
12. Ibid., p. c.
13. A literatura sobre Ibn Khaldun é vasta. Para uma bibliografia que merece ser atualizada, ver Aziz al-Azmeh, *Ibn Khaldun in Modern Scholarship: A Study in Orientalism* (Londres, 1981), pp. 231-318. (A bibliografia de Al-Azmeh relaciona mais de 850 itens.)
14. Ernest Gellner, *Muslim Society* (Cambridge, 1981), especialmente pp. 16-98. Ver também mais adiante o capítulo 8, para um exame do papel de Gellner como defensor do orientalismo.
15. Sobre a vida e a obra de von Hammer-Purgstall, ver Fück, *Die Arabischen Studien*, pp. 158-66; Sepp Reichl, *Hammer-Purgstall: Auf den romantischen Pfaden eines osterreichischen Orientforschers* (Graz, 1973); Irwin, "Orientalism and the Early Development of Crusader Studies", pp. 223-4.
16. R. A. Nicholson, *Studies in Islamic Mysticism* (Londres, 1929), p. 189.
17. Joseph Freiherr von Hammer-Purgstall, "Mysterium Baphometis Revelatum seu fraters militiae templi, qua Gnostici et quidem Ophiani apostasie et impuritatis convicti per ipsa eorum monumenta", *Fundgruben des Orients*, 6 (1818), pp. 1-120, 455-99; Hammer-Purgstal, "Die Schuld der Templer", *Denkschriften der kaiserlichen Akademie der Wissenschaften, Philosophische-historische Classe*, 6 (1835). Ver também Norman Cohn, *Europe's Inner Demons: An Enquiry Inspired by the Great Witch Hunt* (Londres, 1975); pp. 87-8; Peter Partner, *The Murdered Magicians: The Templars and Their Myth* (Londres, 1981), pp. 138-45, 156-7.
18. Von Hammer-Purgstall, *The History of the Assassins*, tradução inglesa (Londres, 1835), pp. 36-7. Ver também von Hammer-Purgstall, "Sur le paradis du Vieux de la Montagne",

Fundgruben des Orients, 3 (1813), pp. 201-6; cf. Bernard Lewis, *The Assassins, A Radical Sect in Islam* (Londres, 1967), pp. 12-13; Farhad Daftary, *The Assassin Legends: Myths of the Isma'ilis* (Londres, 1994), pp. 118-20.

19. Fück, *Die Arabischen Studien*, pp. 167-8; Herbert Prang, *Friedrich Rückert: Geist und Form der Sprache* (Wiesbaden, 1963).
20. Gustave Dugat, *Histoire des orientalistes de l'Europe du XIIe au XIXe siècles*, 2 v. (Paris, 1868), v. 2, pp. 74-90; Fück, *Die Arabischen Studien*, pp. 170-73.
21. A respeito de Göttingen e do orientalismo alemão, em termos mais gerais, ver Ulrich Haarmann, "L'Orientalisme allemand", *MARS.: Le Monde Arabe dans la Recherche Scientifique*, 4 (Winter 1994), pp. 69-78; Rudi Paret, *The Study of Arabic and Islam at German Universities: German Orientalists since Theodor Nöldecke* (Wiesbaden, 1968).
22. Fück, *Die Arabischen Studien*, p. 160; John Rogerson, *Old Testament Criticism in the Nineteenth Century: England and Germany* (Londres, 1984), pp. 15-17.
23. Christopher Stray, *Classics Transformed. Schools, Universities and Society in England, 1830-1960* (Oxford, 1988), p. 26.
24. Fück, *Die Arabischen Studien*, pp. 174-5; Jacob Lassner, "Abraham Geiger: A Nineteenth-Century Jewish Reformer on the Origins of Islam", in Martin Kramer (org.), *The Jewish Discovery of Islam: Studies in Honour of Bernard Lewis* (Tel Aviv, 1999), pp. 103-35.
25. Sobre Weil, ver Dugat, *Histoire des orientalistes*, v. I, pp. 42-8; Fück, *Die Arabischen Studien*, pp. 175-6; D. M. Dunlop, "Some Remarks on Weil's History of the Caliphs", in Bernard Lewis e P. M. Holt (orgs.), *Historians of the Middle East* (Londres, 1962), pp. 315-29; Bernard Lewis, "The Pro-Islamic Jews", in Lewis, *Islam in History: Ideas, People, and Events in the Middle East*, 2ª ed. (Chicago e La Salle, 1993), p. 142.
26. Fück, "Islam as an Historical Problem in European Historiography since 1800", in Lewis e Holt, *Historians of the Middle East*, p. 307; Baber Johansen, "Politics and Scholarship: The Development of Islamic Scholarship in the Federal Republic of Germany", in Tareq Y. Ismael (org.), *Middle East Studies. International Perspectives on the State of the Art* (Nova York, 1990), pp. 79-83.
27. Dugat, *Histoire des orientalistes*, v. 2, pp. 91-100; Fück, *Die Arabischen Studien*, p. 157.
28. Schlegel citado em Schwab, *The Oriental Renaissance*, p. 71.
29. Schwab, *Oriental Renaissance*, passim, mas especialmente pp. 177-80.
30. T. H. Barrett, *Singular Listlessness. A Short History of Chinese Books and Scholars* (Londres, 1989), p. 78.
31. Ibid., pp. 98-9.
32. Quanto ao orientalismo russo em geral, ver I. J. Kratschkowski, *Die Russische Arabistik, Umrisse ihrer Entwicklung* (Leipzig, 1959); Wayne S. Vucinich (org.), *Russia and Asia: essays on the influence of Russia on the Asian peoples* (Stanford, Calif., 1972); Kalpana Sahni, *Crucifying the Orient: Russian Orientalism and the Colonization of the Caucasus and Central Asia* (Bangcoc, 1997); Susan Layton, *Russian Literature and Empire*

(Cambridge, 1994). Quanto ao papel de Silvestre de Sacy como patrono intelectual do orientalismo russo, ver o índice de *Die Russische Arabistik* de Kratschkowski. Sobre Dorn, ver Kratschkowski, *Die Russische Arabistik*, pp. 71-2, 118-20.
33. Sobre Frähn, ver Kratschkowski, *Die Russische Arabistik*, pp. 72-104.
34. Sobre Tantawi, ver ibid., pp. 110-12; I. Y. Kratchkovsky, *Among Arabic Manuscripts* (Leiden, 1953), pp. 115-23.
35. Sobre Rosen, ver Kratschkowski, *Die Russische Arabistik*, pp. 134-43; *The Great Soviet Encyclopedia*, 32 v., traduzida da terceira edição de Moscou (Nova York e Londres, 1973-83), v. 22, p. 307.
36. Richard Jenkyns, *The Victorians and Ancient Greece* (Oxford, 1980), p. 16.
37. William Dalrymple, *White Mughals: Love and Betrayal in Eighteenth-Century India* (Londres, 2002), pp. xl-xli.
38. Sobre os "orientalistas" indianos e seus críticos evangélicos e utilitaristas, ver David Kopf, *British Orientalism and the Bengal Renaissance: The Dynamics of Indian Modernization 1773-1835* (Berkeley e Los Angeles, 1969); cf. Schwab, *Oriental Renaissance*, pp. 192-4.
39. Fück, *Die Arabischen Studien*, pp. 135-40; Sisir Kumar Das, *Sahibs and Muslims. An Account of the College of Fort William* (Nova Délhi, 1978); Kopf, *British Orientalism*, pp. 45-126.
40. *Oxford Dictionary of National Biography [ODNB]*, organização de H. C. G. Matthew e Brian Harrison (Oxford, 2004) s.v.; Ulrich Marzolph e Richard Van Leeuwen (orgs.), *Encyclopedia of the Arabian Nights* (Santa Barbara, Calif., 2004), v. 2, p. 629.
41. James Mill, *The History of British India* (Londres, 1820); cf. Kopf, *British Orientalism*, p. 236.
42. Sobre o desprezo de Macaulay pela cultura indiana, ver David Kopf, "The Historiography of British Orientalism, 1772-1992", in Garland Cannon e Kevin R. Brine (orgs.), *Objects of Enquiry. The Life, Contributions, and Influences of Sir William Jones (1746-1794)* (Nova York, 1995), pp. 146-9; Kopf, *British Orientalism*, p. 244; Schwab, *Oriental Renaissance*, p. 194.
43. Citação de Macaulay em Stray, *Classics Transformed*, p. 53.
44. George Cowell, *Life and Letters of Edward Byles Cowell* (Londres, 1904), p. 83; cf. Marzieh Gail, *Persia and the Victorians* (Londres, 1951), pp. 35-7, 133-6.
45. Cowell, *Life and Letters; ODNB*, s.v.
46. Obituário em *The Times*, 12 de julho de 1905; obituário de Muir escrito por Charles Lyall no *Journal of the Royal Asiatic Society* (1905), pp. 875-9; *ODNB*, s.v.; D. M. Dunlop, "Some Remarks on Weil's History of the Caliphs", in *Historians of the Middle East*, organização de Bernard Lewis e P. M. Holt (Londres, 1962), pp. 327-9; Jabal Muhammad Buaben, *Image of the Prophet Muhammad in the West: A Study or Muir, Margoliouth and Watt* (Leicester, 1996), pp. 21-47.

47. Edward William Lane, *Description of Egypt*, organização de Jason Thompson (Cairo, 2000), p. 3. Para a vida e a obra de Lane, ver a introdução de Jason Thompson à *Description* (pp. i-xxxii) e Thompson, "Edward William Lane's 'Description of Egypt'", *International Journal of Middle Eastern Studies*, 28 (1996), pp. 545-83. Ver também Fück, *Die Arabischen Studien*, pp. 168-70; A. J. Arberry, *Oriental Essays: Portraits of Seven Scholars* (Londres, 1960), pp. 87-121; Leila Ahmed, *Edward W. Lane: A Study of his life and works and of British ideas of the Middle East in the nineteenth century* (Londres, 1978); John Rodenbeck, "Edward Said and Edward William Lane", in Paul e Janet Starkey (orgs.), *Travellers in Egypt* (Londres, 1998), pp. 233-43; Geoffrey Roper, "Texts from nineteenth-century Egypt: The Role of E. W. Lane", in Starkey e Starkey (orgs.), *Travellers in Egypt*, pp. 244-54.
48. Robert Irwin, *The Arabian Nights: A Companion* (Harmondsworth, 1994), pp. 23-5; Marzolph e Van Leeuwen, *Encyclopedia of the Arabian Nights*, v. 2, pp. 618-20.
49. J. Heyworth-Dunne, "Printing and translations under Muhammad 'Ali of Egypt: the foundation of modern Arabic", *Journal of the Royal Asiatic Society* (1940), pp. 325-49; Peter Colvin, "Muhammad Ali Pasha, the Great Exhibition of 1851 and the School of Oriental and African Studies", *Library Culture*, 33 (1998), pp. 249-59.
50. E. W. Lane, *An Arabic-English Lexicon, Derived from the Best and Most Copious Eastern Sources* (Londres, 1863), reimpresso em 2 v (Cambridge, 1984); cf. Robert Irwin, "The Garden of the Forking Paths", *Times Literary Supplement*, 26 de abril de 1985, p. 474.
51. Sobre a vida e a obra de Renan, ver J. M. Robertson, *Ernest Renan* (Londres, 1924); Jean Pommier, *La Pensée religieuse de Renan* (Paris, 1925); David C. J. Lee, *Ernest Renan: In the Shadow of Faith* (Londres, 1966); Charles Chauvin, *Renan* (Paris, 2000); Schwab, *The Oriental Renaissance* passim. Sobre as modestas realizações de Renan como arabista, ver Renan, *Souvenirs d'enfance et de jeunesse* (Paris, 1881), p. 288; cf. Fück, *Die Arabischen Studien*, pp. 201-2.
52. Quanto aos equívocos de Renan acerca de Averroes, ver Paul Otto Kristeller, "Petrarch's 'Averroists': A Note on the History of Averroism in Venice, Padua and Bologna", *Bibliothèque d'Humanisme et Renaissance*, 14 (1952), pp. 59-65; Jean-Paul Charnay, "Le dernier surgeon de l'averroïsme en Occident: Averroès et l'Averroïsme de Renan", in J. Jolivet (org.), *Multiple Averroès* (Paris, 1978), pp. 333-48.
53. A citação dos Goncourts está em Lee, *Ernest Renan*, p. 3.
54. Ernest Renan, "Mahomet and the Origins of Islam" in *Studies of Religious History and Criticism*, tradução de O. B. Fotheringham (Nova York, 1864), p. 247.
55. Albert Hourani, *Arabic Thought in the Liberal Age 1798-1939* (Londres, 1962), pp. 110-12, 120-23, 135; Edward Said, *The World, the Text and the Critic* (Londres, 1983), pp. 279-81; Zachary Lockman, *Contending Visions of the Middle East: The History and Politics of Orientalism* (Cambridge, 2004), pp. 78-83.
56. Lawrence I. Conrad, "The Pilgrim from Pest: Goldziher's Study Tour to the Near East (1873-4)", in Ian Richard Netton (org.), *Golden Roads: Migration, Pilgrimage and Travel*

in *Mediaeval and Modern Islam* (Londres, 1993), pp. 143-5; Lawrence I. Conrad, "Ignaz Goldziher on Ernest Renan: From Orientalist Philology to the Study of Islam", in Kramer (org.), *The Jewish Discovery of Islam*, pp. 137-80; cf. Maurice Olender, *The Languages of Paradise: Race, Religion and Philology in the Nineteenth Century* (Cambridge, Mass., 1992), p. 121.

57. Citação em Chauvin, *Renan*, p. 24; Edmond e Jules Goncourt, *Pages from the Goncourt Journal*, organização e tradução de Robert Baldick (Londres, 1962), p. 170. Ver também Robertson, *Ernest Renan*, p. 23.

58. Sobre a vida e a obra de Gobineau, ver, principalmente, a introdução de Jean Gaulmier ao volume 2 da edição da Pléiade das obras de Gobineau (Paris, 1983). Ver também Robert Dreyfus, *La Vie et prophéties du comte de Gobineau* (Paris, 1909), pp. ix-lx; Maurice Lange, *Le Comte Arthur de Gobineau. Etude biographique et critique* (Estrasburgo, 1924); Pierre Louis Rey, *L'Univers romanesque de Gobineau* (Paris, 1981); Gail, *Persia and the Victorians*, pp. 56-8; Michael D. Biddis, *Father of Racist Ideology: The social and political thought of Count Gobineau* (Londres, 1970). Ahmad Gunny, "Gobineau's Perspective on the World of Islam", *International Journal of Islamic and Arabic Studies*, 9 (1992), pp. 17-30; Ahmad Gunny, *Perceptions of Islam in European Writings* (Markfield, Leicestershire, 2004), pp. 262-77; J. Calmard, "Gobineau", in *Encyclopaedia Iranica*, organização de Ehsan Yarshater (Londres, 1985-), v. 11, pp. 20-24.

59. As principais obras de Gobineau sobre a Pérsia e a Ásia Central são *Trois ans en Asie* (Paris, 1859), *Les Religions et les philosophies dans l'Asie Centrale* (Paris, 1865) e *Histoire des Perses*, 2 v. (Paris, 1869). Ver também Robert Irwin, "Gobineau Versus the Orientalists", no prelo in Adel Adamova, Bert Fragner e Michael Rogers (orgs.), *The Study of Persian Culture in the West* (Londres, 2006).

60. As principais obras de Gobineau sobre a escrita cuneiforme são *Lectures des textes cunéiformes* e *Traité des écritures cunéiformes*, 2 v. (Paris, 1864). Ver também Irwin, "Gobineau Versus the Orientalists".

61. Para diferentes aspectos do racismo do século XIX, ver Léon Poliakov, *Le Mythe aryen: Essai sur les sources du racisme et des nationalismes* (Paris, 1971); Olender, *The Languages of Paradise*; Tzvetan Todorov, *On Human Diversity: Nationalism, Racism and Exoticism in French Thought* (Cambridge, Mass., 1993).

62. Sobre a vida e a obra de Dozy, ver Dugat, *Histoire des orientalistes*, v. 2, pp. 44-65; Fück, *Die Arabischen Studien*, pp. 181-5; M. J. de Goeje, *Biographie de Reinhardt Dozy*, tradução de V. Chauvin (Leiden, 1883); J. Brugman e F. Schröder, *Arabic Studies in the Netherlands* (Leiden, 1979), pp. 36-9; J. Brugman, "Dozy. A Scholarly Life According to Plan", in Willem Otterspeer (org.), *Leiden Oriental Connections, 1850-1940* (Leiden, 1989), pp. 62-81.

63. G. M. Young, *Victorian England: Portrait of an Age* (Oxford, 1960), p. 14.

64. Ibid., p. 74.

65. Richard Burton, *A Plain and Literal Translation of the Arabian Nights Entertainments, Now Entitled the Book of a Thousand Nights and a Night*, 10 v. (Benares e Stoke Newington, Londres, 1885), v. 1, p. xxiii; cf. Gail, *Persia and the Victorians*, pp. 36-7.
66. A respeito dos primeiros esforços de Burton para aprender o árabe, ver Fawn M. Brodie, *The Devil Drives: A Life of Sir Richard Burton* (Nova York, 1967), pp. 43-4; Edward Rice, *Captain Sir Richard Francis Burton* (Nova York, 1990), pp. 21-2.
67. John Sparrow, *Mark Pattison and the Idea of University Reform* (Cambridge, 1967), pp. 110-12.
68. Sobre a vida e a obra de William Wright, ver Fück, *Die Arabischen Studien*, pp. 206-9; *ODNB*, s.v.
69. William Wright, *A Grammar of the Arabic Language*, 2ª ed. (Cambridge, 1874), p. vi.
70. Sobre a vida e a obra de Palmer, ver Walter Besant, *The Life and Achievements of Edward Henry Palmer* (Londres, 1883); A. J. Arberry, *Oriental Essays: Portraits of Seven Scholars* (Londres, 1960), pp. 122-59; *ODNB*, s.v.
71. Sobre a vida e a obra de Robertson Smith, ver John Sutherland Black e George Chrystal, *The Life of William Robertson Smith* (Londres, 1912); Fück, *Die Arabischen Studien*, pp. 210-11; Rogerson, *Old Testament Criticism*, pp. 275-80; T. O. Beidelman, *W. Robertson Smith and the Sociological Study of Religion* (Chicago, 1974); *ODNB*, s.v.
72. A respeito de Wellhausen, ver Fück, *Die Arabischen Studien*, pp. 223-6; R. C. Ostle, prefácio para Julius Wellhausen, *The Religio-Political Factions in Early Islam*, organização de R. C. Ostle (Amsterdã, 1975), pp. ix-xi ("Introduction"); G. R. Hawting, *The First Dynasty of Islam; The Umayyad Caliphate AD 661-750* (Beckenham, Kent, 1986), pp. 123-5; Josef Van Ess, "From Wellhausen to Becker: The Emergence of *Kulturgeschichte* in Islamic Studies", in Malcolm Kerr (org.), *Islamic Studies: A Tradition and Its Problems* (Cambridge, 1980), pp. 42-4; Robert Morgan e John Barton, *Biblical Interpretation* (Oxford, 1988), pp. 76-88, 92-7, 334; Rogerson, *Old Testament Criticism*, pp. 2, 257-74.
73. Albert Hourani, *Europe and the Middle East* (Londres, 1980), p. 14.
74. Citação de Wellhausen por Kurt Rudolph, "Wellhausen as an Arabist", *Semeia*, 23 (1983), pp. 111-12.
75. Fück, *Die Arabischen Studien*, pp. 176-9.
76. Ibid., pp. 187-9.

7. Uma casa dividida contra si mesma

1. *The Encyclopaedia of Islam*, 2ª ed., organização de H. A R. Gibb, E. Lévi-Provençal e J. Schacht, 11 v. (Leiden, 1960-2002).
2. R. Stephen Humphreys, *Islamic History: A Framework for Inquiry*, 2ª ed. (Londres, 1991), p. 4.
3. Johann Fück, *Die Arabischen Studien in Europa bis in den Anfang des 20. Jahrhunderts* (Leipzig, 1955), pp. 211-16; J. Brugman e F. Schröder, *Arabic Studies in the Netherlands* (Leiden, 1979), pp. 39-41.

4. Arminius Vámbéry, "The Future of Continental Turkey", *The Nineteenth Century and After* (March 1901), pp. 361-2 (citado em Martin Kramer, "Introduction" in Kramer (org.), *The Jewish Discovery of Islam: Studies in Honor of Bernard Lewis* (Tel-Aviv, 1999), p. 9).
5. A respeito de Vámbéry em geral, ver L. Adler e R. Dalby, *The Dervish of Windsor Castle* (Londres, 1979). Quanto ao antagonismo entre Vámbéry e Goldziher, ver Lawrence I. Conrad, "The Dervish's Disciple: On the Personality and Intellectual Milieu of the Young Ignaz Goldziher", *Journal of the Royal Asiatic Society* (1990), pp. 225-66.
6. Lawrence I. Conrad, "Ignaz Goldziher on Ernest Renan: From Orientalist Philology to the Study of Islam", in Kramer, *The Jewish Discovery*, p. 147.
7. Fück, *Die Arabischen Studien*, pp. 187-9.
8. Sobre a vida e a obra de Goldziher, ver Fück, *Die Arabischen Studien*, pp. 226-31; Jean-Jacques Waardenburg, *L'Islam dans le miroir de l'Occident* (Paris, 1963), pp. 11-18, 71-5, 97-104, 111-15, 125-7, 239-45, 265-70, 291-2, 304-6; Raphael Patai, *Ignaz Goldziher, and His Oriental Diary: A Translation and Psychological Portrait* (Detroit, 1987); Conrad, "The Dervish's Disciple"; Conrad, "The Near East Study Tour Diary of Ignaz Goldziher", *Journal of the Royal Asiatic Society* (1990), pp. 105-26 (esse artigo e o precedente de autoria de Conrad fazem numerosas associações com *Oriental Diary*, a obra de Patai sobre Goldziher); Conrad, "The Pilgrim from Pest: Goldziher's Study Tour to the Near East (1873-1874)", in Ian Richard Netton (org.), *Golden Roads: Migration, Pilgrimage and Travel in Mediaeval and Modern Islam* (Londres, 1993), pp. 110-59; Conrad, "Ignaz Goldziher on Ernest Renan", in Kramer (org.), *The Jewish Discovery*, pp. 137-80; Robert Simon, *Ignaz Goldziher. His Life and Scholarship as Reflected in His Works and Correspondence* (Leiden, 1986); Shalom Goldman, "Ignaz Goldziher (1850-1921), Nestor of Islamic Studies in the West", *Al-'Usur al-Wusta*, 10 (1998), pp. 49-51.
9. Conrad, "The Dervish's Disciple", p. 6.
10. Entrevista com Albert Hourani in Nancy Elizabeth Gallagher (org.), *Approaches to the History of the Middle East: Interviews with Leading Middle East Historians* (Reading, 1994), p. 42.
11. Louis Massignon, "Ignaz Goldziher (1850-1921)", in *Opera Minora*, 3 v. (Beirute, 1963), pp. 391-9.
12. Bernard Lewis, "The Pro-Islamic Jews" in *Islam in History: Ideas, People, and Events in the Middle East*, 2ª ed. (Chicago e La Salle, Illinois, 1993), p. 144.
13. I. Y. Kratchkowsky, *Among Arabic Manuscripts: Memories of Libraries and Men*, tradução de Tatiana Minorsky (Leiden, 1953), p. 134; cf. p. 124.
14. Waardenburg, *L'Islam dans le miroir de l'Occident*, p. 244.
15. Citação de Nöldeke *in* Simon, *Ignaz Goldziher*, p. 30. Para sua vida e sua obra em termos mais gerais, ver Fück, *Die Arabischen Studien*, pp. 217-20; Jaroslav Stetkevych, "Arabic Poetry and Assorted Poetics", organização de Malcolm H. Kerr, *Islamic Studies: A*

Tradition and its Problems (Malibu, 1980), pp. 111, 113-14; Ulrich Haarmann, "L'Orientalisme allemand", *MARS. Le Monde Arabe dans la Recherche Scientifique*, 4 (inverno, 1994), pp. 75-6.

16. Citação de Nöldecke in Baber Johansen, "Politics, Paradigms and the Progress of Oriental Studies. The German Oriental Society (Deutschen Morgenländischen Gesellschaft) 1845-1989", *MARS. Le Monde Arabe dans la Recherche Scientifique*, 4 (inverno, 1994), p. 82.

17. Citação de Becker em Albert Hourani, "Islam and the Philosophers of History" in Hourani, *Europe and the Middle East* (Londres, 1980), p. 60. Sobre a carreira de Becker, ver Fück, *Die Arabischen Studien*, pp. 318-19; Haarmann, "L'Orientalisme allemand", pp. 70-73; Josef van Ess, "The Emergence of *Kulturgeschichte* in Islamic Studies", in Kerr (org.), *Islamic Studies*, pp. 27-51; Johansen, "Politics, Paradigms and the Progress of Oriental Studies", pp. 84-6; Johansen, "Politics and Scholarship: The Development of Islamic Studies in the Federal Republic of Germany", in Tareq Y. Ismael (org.), *Middle East Studies: International Perspectives on the State of the Art* (Nova York, 1990), pp. 84-6, 88-9.

18. Sobre Snouck Hurgronje, ver Fück, *Die Arabischen Studien*, pp. 231-3; Brugman e Schröder, *Arabic Studies*, pp. 44-7; Brugman, "Snouck Hurgronje's Study of Islamic Law", in Willem Otterspeer (org.), *Leiden Oriental Connections, 1850-1940* (Leiden, 1989), pp. 82-93.

19. Kurd 'Ali, *Memoirs of Kurd 'Ali: A Selection*, tradução de Khalil Totah (Washington, 1954), p. 70.

20. Sobre a vida e a obra de Lammens, ver Fück, *Die Arabischen Studien*, pp. 292-4; K. S. Salibi, "Islam and Syria in the Writings of Henri Lammens", in Bernard Lewis e P. M. Holt (orgs.), *Historians of the Middle East* (Londres, 1962), pp. 330-42.

21. Patricia Crone, *Meccan Trade and the Rise of Islam* (Oxford, 1987), p. 3.

22. Fück, *Die Arabischen Studien*, pp. 297-99; Fück, "Islam as a Historical Problem", *in* Lewis e Holt (orgs.), *Historians of the Middle East*, pp. 310-11; Hourani, "Islam and the Philosophers of History", p. 59; Humphreys, *Islamic History: A Framework for Inquiry*, pp. 71-2. Kurd 'Ali, em suas *Memoirs*, pp. 68-9, escreveu sobre ele com admiração.

23. Sobre a vida e a obra de Browne, ver Fück, *Die Arabischen Studien*, pp. 280-81; Marzieh Gail, *Persia and the Victorians* (Londres, 1951), pp. 97-104; Edward Denison Ross, "A Memoir", um prefácio para Edward Granville Browne, *A Year Among the Persians*, 3ª ed. (Londres, 1950), pp. vii-xxii; A. J. Arberry, *Oriental Essays: Portraits of Seven Scholars* (Londres, 1960), pp. 160-96; C. Edmund Bosworth, "E. G. Browne and His *A Year Among the Persians*", Iran, *Journal of the British Institute of Persian Studies*, 33 (1995), pp. 115-22. Bosworth, "Edward Granville Browne", in Bosworth (org.), *A Century of British Orientalists 1902-2001* (Oxford, 2001), pp. 74-86. Uma biografia completa de autoria de John Gurney está em andamento.

24. Browne, *A Year Among the Persians*, pp. 3-4.
25. Ibid., pp. 16-17.
26. Laurence Graffety-Smith, *Bright Levant* (Londres, 1970), pp. 6-7.
27. Reader Bullard, *The Camels Must Go* (Londres, 1961), pp. 47-8.
28. Edward Denison Ross, *Both Ends of the Candle* (Londres, 1943), p. 55.
29. Andrew Ryan, *The Last of the Dragomans* (Londres, 1951), p. 23.
30. Edward Granville Browne, *A Literary History of Persia*, v. 2, *From Firdawsí to Sa'dí* (Londres, 1906), p. x.
31. A. K. S. Lambton, *Persian Grammar*, ed. rev. (Cambridge, 1974), p. 181.
32. Fück, *Die Arabischen Studien*, pp. 281-3; *Oxford Dictionary of National Biography [ODNB]*, organização de H. C. G. Matthew e Brian Harrison (Oxford, 2004), s.v.; Arberry, *Oriental Essays*, pp. 198-232.; Franklin D. Lewis, *Rumi: Past and Present, East and West: The Life, Teachings and Poetry of Jalal al-Din Rumi* (Oxford, 2000), passim, mas especialmente pp. 531-3, 578-9.
33. R. A. Nicholson, *A Literary History of the Arabs* (Londres, 1907), p. x.
34. Ibid., p. 161.
35. Lewis, *Rumi: Past and Present, East and West*, p. 578.
36. Sobre a vida e a obra de Margoliouth, ver o obituário em *The Times*, 23 de março de 1940, p. 8; obituário de autoria de Arthur Jeffrey em *Muslim World*, 30 (1940), pp. 295-8; obituário de autoria de Gilbert Murray em *Proceedings of the British Academy*, 26 (1940), pp. 389-97; *ODNB*, s.v.; Jabal Muhammad Buaben, *Image of the Prophet in the West: A Study of Muir, Margoliouth and Watt* (Leicester, 1996), pp. 49-128; Fück, *Die Arabischen Studien*, pp. 273-8.
37. Gertrude Bell, *The Letters of Gertrude Bell*, 2 v. (Londres, 1927), v. 2., p. 453; H. V. F. Winstone, *Gertrude Bell* (Londres, 1978), p. 205.
38. Hamilton Gibb no obituário de Margoliouth, de sua autoria, em *Journal of the Royal Asiatic Society* (1940), p. 393.
39. Citação de Lyall por R. A. Nicholson em seu obituário de Lyall em *Proceedings of the British Academy*, 9 (1919-20), p. 495.
40. Sobre a vida e a obra de Lyall, ver o obituário anônimo em *Bulletin of the School of Oriental Studies*, 2 (1921), pp. 175-6; Fück, *Die Arabischen Studien*, pp. 279-80; obituário de autoria de Nicholson em *Proceedings of the British Academy*, 9 (1919-20), pp. 492-6; *ODNB*, s.v.
41. Sobre a vida e a obra de Stanley Lane-Poole, *ODNB*, s.v.; M. Mansoor, *The Story of Irish Orientalism* (Dublin, 1944), pp. 44-6.
42. Sobre Salisbury, ver Benjamin R. Foster, "Edward R. Foster: America's First Arabist", *Al-'Usur al-Wusta*, 9 (1997), pp. 15-17.
43. Sobre Torrey, ver Benjamin R. Foster, "Charles Cutler Torrey (1863-1956), Nobody's Pet Chicken: Theodor Noeldecke and Charles Cutler Torrey", *Al-'Usur al-Wusta*, 11 (1999), pp. 12-15.

44. Sobre Duncan Black MacDonald, ver William Douglas Mackenzie, "Duncan Black MacDonald, scholar, teacher and author", in W. G. Shellbear et al. (orgs.), *The MacDonald Presentation Volume* (Princeton, Londres e Oxford, 1933), pp. 3-10; Fück, *Die Arabischen Studien*, pp. 285-6; Waardenburg, *L'Islam dans le miroir, passim;* Gordon E. Pruett, "Duncan Black MacDonald: Christian Islamist", in Asaf Hussain, Robert Olson e Jamil Qureishi (orgs.), *Orientalism, Islam and Islamists* (Vermont, 1984), pp. 125-76; Robert Irwin, *The Arabian Nights: A Companion* (Harmondsworth, 1994), pp. 51-2, 113.
45. Citação de Tolkien, em T. A. Shippey, *The Road to Middle-Earth* (Londres, 1982), p. 7.
46. Fück, *Die Arabischen Studien*, pp. 290-92; Michael Rogers, *The Spread of Islam* (Londres, 1976), pp. 16-17; Robert Hillenbrand, "Cresswell and Contemporary European Scholarship", *Muqarnas*, 8 (1991), pp. 23-35; Stephen Vernoit, "The Rise of Islamic Archaeology", *Muqarnas*, 14 (1997), pp. 3-6; Vernoit, "Islamic Art and Architecture: An Overview of Scholarship and Collecting, c. 1850-1950", in Vernoit (org.), *Discovering Islamic Art: Scholars, Collectors and Collections* (Londres, 2000), pp. 32-5, 37.
47. *Islamic Urban Studies, Historical Reviews and Perspectives*, organização de Masashi Haneda e Toru Miura (Londres, 1994), é um exaustivo levantamento bibliográfico de estudos acadêmicos sobre a cidade islâmica. Ver também Ira M. Lapidus (org.), *Middle Eastern Cities: A Symposium on Ancient, Medieval and Modern Middle Eastern Urbanism* (Berkeley e Los Angeles, 1969); A. H. Hourani and S. M. Stern (orgs.), *The Islamic City: A Colloqium* (Oxford, 1970); Humphreys, *Islamic History*, pp. 228-30.
48. *Muqarnas*, 8 (1991) é dedicada à vida e ao legado de Cresswell.
49. Haneda e Miura (orgs.), *Islamic Urban Studies, passim;* Humphreys, *Islamic History*, pp. 234-8, 243, 245-6.
50. Sobre os primórdios da Escola de Estudos Orientais, ver C. H. Philips, *The School of Oriental and African Studies, University of London, 19171967: An Introduction* (Londres, 1967); Philips, *Beyond the Ivory Tower: The Autobiography of Sir Cyril Philips* (Londres, 1995).
51. Ross, *Both Ends of the Candle;* ver também Fück, *Die Arabischen Studien*, p. 284; obituário de autoria de Ralph Turner em *Bulletin of the School of Oriental and African Studies*, v. 10 (1940-42), pp. 831-6; *ODNB*, s.v.
52. Sobre Thomas Arnold, ver seu obituário de autoria de Aurel Stein em *Proceedings of the British Academy*, 16 (1930), pp. 439-74; Fück, *Die Arabischen Studien*, pp. 284-5; Vernoit, "Islamic Art and Architecture", pp. 44-5.
53. Para a incapacidade de Bailey para troca de amenidades, Philips, *Beyond the Ivory Tower*, p. 42. Quanto à erudição de Bailey, ver Roland Eric Emmerick in Bosworth, *A Century of British Orientalists*, pp. 10-48.
54. Philips, *Beyond the Ivory Tower*, p. 41.
55. Philips, *The School of Oriental and African Studies*, p. 18.

56. É muito extensa a literatura sobre Massignon, e boa parte dela tem uma tendência à hagiografia. Ver J. Morillon, *Massignon* (Paris, 1964); *Cahiers de l'Herne (Massignon)*, 12 (1970); Herbert Mason, *Memoir of a Friend, Louis Massignon* (Notre Dame, Indiana, 1981); Christian Destremau e Jean Moncelon, *Massignon* (Paris, 1994); Mary Louise Gude, *Louis Massignon. The Crucible of Compassion* (Notre Dame, Indiana, 1996); Jacques Keryell (org.), *Louis Massignon au coeur de notre temps* (Paris, 1999). Para uma bibliografia completa das obras de Massignon, ver Youakim Moubarak, *L'Oeuvre de Louis Massignon* (Beirute, 1986). Jean-Jacques Waardenburg oferece o melhor guia das realizações acadêmicas de Massignon em *L'Islam dans le miroir de l'Occident*, e ver também o artigo de Waardenburg, "Massignon: Notes for Further Research", *Muslim World*, 56 (1996), pp. 157-62. Ver também Pierre Rocalve, *Louis Massignon et L'Islam* (Damasco, 1993); Albert Hourani, "Islam in European Thought" e "T. E. Lawrence and Louis Massignon" in Hourani, *Islam and European Thought* (Cambridge, 1991), pp. 43-8 e 116-28; Robert Irwin, "Louis Massignon and the Esoteric Interpretation of Islamic Art", in Vernoit (org.), *Discovering Islamic Art*, pp. 163-70.

57. Citação de De Maistre, traduzida por Isaiah Berlin em sua introdução a Joseph de Maistre, *Considerations on France*, organização e tradução de Richard A. Lebrun (Cambridge, 1994), pp. xvii-xviii.

58. Gude, *Louis Massignon*, p. 65.

59. Sobre o serviço de Massignon no Oriente Próximo durante a guerra, ver especialmente Hourani, "T. E. Lawrence and Louis Massignon".

60. Humphreys, *Islamic History: A Framework for Inquiry*, p. 194.

61. Julian Baldick, "The Substitute as Saint", *Times Literary Supplement*, 23 September 1983, p. 1023.

62. Destremau e Moncelon, *Massignon*, p. 102.

63. Maxime Rodinson não era totalmente fascinado pela abordagem intensamente espiritual de Massignon aos estudos islâmicos, e suas memórias baseadas em entrevistas lançam uma luz interessante sobre a personalidade e os ensinamentos de Massignon. Rodinson, *Entre Islam et Occident: Entretiens avec Gérard D. Khoury* (Paris, 1998).

64. André Miquel, *L'Orient d'une vie* (Paris, 1990), p. 39.

65. Austin Flannery (org.), *The Basic Sixteen Documents. Vatican Council II. Constitutions, Decrees, Declarations* (Nova York, 1996), pp. 570-71.

66. Edward W. Said, "Islam, Philology and French Culture", in Said, *The World, the Text and the Critic* (Londres, 1984), p. 285.

67. Sobre Bartold, ver *The Great Soviet Encyclopedia* (uma tradução da terceira edição), 32 v. (Nova York e Londres, 1973-83), v. 3, pp. 39-40; I. M. Smilyanskaya, *History and Economy of the Arab Countries* (Moscou, 1986), pp. 8-9; E. A. Belyaev, *Arabs, Islam and the Arab Caliphate in the Early Middle Ages* (Nova York, 1969), passim; Kalpana Sahni, *Crucifying the Orient: Russian Orientalism and the Colonization of the Caucasus and Central Asia* (Bangcoc, 1977), pp. 233-4.

68. Bernard Lewis, "The Mongols, the Turks and the Muslim Polity" in Lewis, *Islam in History: Ideas, People, and Events in the Middle East*, 2ª ed. (Chicago e La Salle, Illinois, 1993), pp. 190-91.
69. I. Y. Kratchkovsky, traduzido por Minorsky com o título de *Among Arabic Manuscripts: Memories of Libraries and Men*. Ele também passa informações sobre alguns de seus professores em I. J. Kratschkowski [*sic*], *Die Russische Arabistik: Umrisse ihrer Entwicklung* (Leipzig, 1957). A seu respeito, ver também Belyaev, *Arabs, Islam and the Arab Caliphate*, passim.
70. Kratchkovsky, *Among Arabic Manuscripts*, p. 123.
71. Ibid., p. 185.
72. I. Y. Kratchkovsky, *Istoria Arabskoi Geograficheskoi Literatury* (Moscou e Leningrado, 1957), tradução para o árabe de Salah al-Din Uthman Hashim com o título de *Tarikh al-Adab al-jughrafi al-'Arabi* (Cairo, 1965).
73. Acerca da opressão russa aos muçulmanos e do orientalismo soviético em geral, ver "Arabic Studies", *The Great Soviet Encyclopedia*, v. 2, pp. 221-2; N. A. Smirnov, *Islam and Russia: A Detailed Analysis of an Outline of the History of Islamic Studies in the USSR*, com introdução de Ann K. S. Lambton (Oxford, 1956); R. N. Frye, "Soviet Historiography on the Islamic Orient", in Lewis e Holt (orgs.), *Historians of the Middle East*, pp. 367-74; G. E. Wheeler, "Soviet Writing on Persia from 1906 to 1946", in Lewis e Holt (orgs.), *Historians of the Middle East*, pp. 375-87; Wayne S. Vucinich (org.), *Russia and Asia: essays on the Influence of Russia on the Asian peoples* (Stanford, Calif., 1972), passim; Sahni, *Crucifying the Orient*, passim.
74. Belyaev, *Arabs, Islam and the Arab Caliphate*, passim.
75. Ibid., p. 86; Ibn Warraq, *The Quest for the Historical Muhammad* (Nova York, 2000), p. 49; Smirnov, *Islam and Russia*, pp. 43, 48; Dimitri Mikoulski, "The Study of Islam in Russia and the Former Soviet Union: An Overview", in Azim Nanji (org.), *Mapping Islamic Studies: Genealogy, Continuity and Change* (Berlim, 1997), p. 102.
76. Belyaev, *Arabs, Islam and the Arab Caliphate*, p. 86; Ibn Warraq, *The Quest for the Historical Muhammad*, p. 49; Smirnov, *Islam and Russia*, p. 48.
77. Sobre a obsessão nazista pela Índia, Tibete e pela Ásia Central, ver Sven Hedin, *German Diary* (Dublin, 1951); Karl Meyer e Shareen Brysac, *Tournament of Shadows: The Great Game and the Race for Empire in Asia* (Londres, 2001), pp. 509-28; J. J. Clarke, *Oriental Enlightenment: The Encounter Between Asia and Western Thought* (Londres, 1997), p. 196; Christopher Hale, *Himmler's Crusade: The True Story of the 1938 Nazi Expedition into Tibet* (Londres, 2003).
78. Adolf Hitler, *Mein Kampf*, tradução para o inglês e condensação anônimas (Londres, 1933), pp. 258-9.
79. Haarmann, "L'Orientalisme allemand", p. 71.

80. Sobre a vida e a obra de Brockelmann, ver Carl Brockelmann, "Autobiographische Aufzeichnungen und Erinnerung von Carl Brockelmann, als Manuskript herausgeben von H. H. Biesterfeld", *Oriens*, 27-8 (1986), pp. 1-101; Van Ess, "The Emergence of *Kulturgeschichte*", pp. 28-9.
81. Sobre a vida e a obra de Schaeder, ver O. Pritsak, "Hans Heinrich Schaeder", *Zeitschrift der Deutschen Morgenländischen Gesellschaft*, 33 (1958), pp. 24-5; Martin Kramer, "Introduction" in Kramer (org.), *The Jewish Discovery of Islam*, pp. 20-21; Annemarie Schimmel, *Morgenland und Abendland: mein west-östliches Leben* (Munique, 2002.), pp. 46-50; Johansen, "Politics and Scholarship", pp. 84-6, 88-9.
82. Schimmel, *Morgenland und Abendland*, p. 47.

8. O apogeu por demais efêmero do orientalismo

1. A respeito da SOAS em tempos de guerra, ver Cyril Philips, *The School of Oriental and African Studies, University of London, 1917-1967* (Londres, 1967), pp. 33-9; Lesley McLoughlin, *In a Sea of Knowledge: British Arabists in the Twentieth Century* (Reading, 2002), pp. 99-101, 105-6. Sobre a história do MECAS, ver Lesley McLoughlin, *A Nest of Spies...?* (Londres, 1994); McLoughlin, *In a Sea of Knowledge*, pp. 120-22, 134-44, 151-63, 212-15, 242.-9; James Craig, *Shemlan: A History of the Middle East Centre for Arab Studies* (Basingstoke, 1998).
2. A. J. Arberry, *Oriental Essays: Portraits of Seven Scholars* (Londres, 1960), p. 241. A respeito do Relatório Scarborough, ver Philips, *The School of Oriental and African Studies*, pp. 38-51; McLoughlin, *In a Sea of Knowledge*, pp. 128-9.
3. Craig, *Shemlan*, pp. 52, 82-3.
4. Stephan Conermann em sua resenha de *Al-'Asr al-Mamluki* de N. Mahmud Mustafa in *Mamluk Studies Review*, 4 (2000), p. 259.
5. Albert Hourani, "Patterns of the Past", in Thomas Naff (org.), *Paths to the Middle East: Ten Scholars Look Back* (Nova York, 1993), p. 54.
6. Sobre a SOAS depois da guerra, ver Philips, *The School of Oriental and African Studies*, pp. 43-8. Sobre o MECAS, ver nota 1, anterior.
7. Sobre a vida e a obra de Hamilton Gibb, ver Albert Hourani, "H. A. R. Gibb: The Vocation of an Orientalist", in Hourani, *Europe and the Middle East* (Londres, 1980), pp. 104-34; Muhsin Mahdi, "Orientalism and the Study of Islamic Philosophy", *Journal of Islamic Studies*, 1 (1990), pp. 84-90; William R. Polk, "Islam and the West, I. Sir Hamilton Gibb between Orientalism and History", *International Journal of Middle Eastern Studies*, 6 (1975), pp. 131-9; Robert Irwin, "Saladin and the Third Crusade: A Case Study in Historiography and the Historical Novel", in Michael Bentley (org.), *Companion to Historiography* (Londres, 1997), pp. 144-5; McLoughlin, *In a Sea of Knowledge*, pp. 99-101; Zachary Lockman, *Contending Visions of the Middle East: The History and Politics of*

Orientalism (Cambridge, 2004), pp. 105-10; *Oxford Dictionary of National Biography* *[ODNB]*, organização de H. C. G. Matthew e Brian Harrison (Oxford, 2004), s.v. Gibb é atacado em *Orientalismo* de Said, passim. Há também uma séria crítica à obra de Gibb de um ponto de vista muçulmano radical: Ziya-ul-Hasan al-Faruqi, "Sir Hamilton Alexander Roskeen Gibb", in Asaf Hussain, Robert Olson e Jamil Qureishi (orgs.), *Orientalism, Islam and Islamists* (Vermont, 1984), pp. 177-89.

8. Obituário de Gibb de autoria de Anne Lambton, *Bulletin of the School of Oriental and African Studies*, 35 (1972), p. 341.
9. Arberry, "The Disciple", in *Oriental Essays*, p. 234. Sobre a vida e a obra de Arberry em termos mais gerais, ver "The Disciple", que é um ensaio autobiográfico. Ver também o obituário redigido por Susan Skilliter em *Bulletin of the School of Oriental and African Studies*, 33 (1970), pp. 364-7; *ODNB*, s.v.
10. Obituário de Arberry de autoria de G. M. Wickens, *Proceedings of the British Academy*, 58 (1972), pp. 355-66.
11. Sobre o orientalismo americano na segunda metade do século XX, Martin Kramer, *Ivory Towers on Sand: The Failure of Middle Eastern Studies in America* (Washington, 2001) e Lockman, *Contending Visions*, apresentam perspectivas fortemente contrastantes.
12. A respeito de Gustave von Grunebaum, ver Brian S. Turner, "Gustave E. von Grunebaum and the Mimesis of Islam", in Asaf et al. (orgs.), *Orientalism, Islam and Islamists*, pp. 193-201; Muhsin Mahdi, "Orientalism and the Study of Islamic Philosophy", pp. 83-4; Amin Banami, "Islam and the West. G. E. von Grunebaum: Towards Relating Islamic Studies to Universal Cultural History", *International Journal for Middle Eastern History*, 6 (1975), pp. 140-47.
13. Sobre Richard Ettinghausen, ver Robert Hillenbrand, "Richard Ettinghausen and the Iconography of Islamic Art", in Stephen Vernoit (org.), *Discovering Islamic Art: Scholars, Collectors and Collections* (Londres, 2000), pp. 171-81.
14. Sobre Oleg Grabar, ver *Muqarnas*, 10 (1993) [= *Essays in Honor of Oleg Grabar*], pp. vii-xiii. Sheila S. Blair e Jonathan M. Bloom, "The Mirage of Islamic Art: Reflections on the Study of an Unwieldy Field", *Art Bulletin*, 85 (março de 2003), pp. 172-3.
15. Sobre S. D. Goitein, ver R. Stephen Humphreys, *Islamic History: A Framework for Inquiry* (Londres, 1991), pp. 262-3, 268-73; Martin Kramer, "Introduction" in Kramer (org.), *The Jewish Discovery of Islam: Studies in Honor of Bernard Lewis* (Tel-Aviv, 1999), pp. 30-32; Hava Lazarus-Yafeh, "The Transplantation of Islamic Studies from Europe to the Yishuv and Israel", in Kramer (org.), *The Jewish Discovery of Islam*, pp. 254-6.
16. As obras mais importantes de Rosenthal incluem *Das Fortleben der Antike in Islam* (Zurique, 1965); *A History of Muslim Historiography*, 2ª ed. (Leiden, 1968); *The Herb: Hashish Versus Medieval Muslim Society* (Leiden, 1971), e principalmente sua tradução comentada de Ibn Khaldun, *The Muqaddimah: An Introduction to History*, 3 v., 2ª ed. (Londres, 1967).

17. Citação in Robert Hillenbrand, "Richard Ettinghausen", p. 175.
18. A respeito de Schacht, ver o obituário composto por Bernard Lewis para ele em *Bulletin of the School of Oriental and African Studies*, 33 (1970), pp. 378-81; Humphreys, *Islamic History*, esp. pp. 212-18; Ibn Warraq, *The Quest for the Historical Muhammad* (Nova York, 2000), pp. 49-51.
19. Patricia Crone, *Roman, Provincial and Islamic Law: The Origins of the Islamic Patronate* (Cambridge, 1987), p. 7.
20. Edmund Burke III, "Introduction" e "Islamic History as World History", in Marshall G. S. Hodgson, *Rethinking World History: Essays on Europe, Islam and World History* (Cambridge, 1993), pp. ix-xxi e 301-28.
21. Saul Bellow, *To Jerusalem and Back* (Harmondsworth, 1976), p. 118.
22. Albert Hourani, "Marshall Hodgson and the Venture of Islam", *Journal of Near Eastern Studies*, 37 (1978), pp. 53-62. Hourani concedeu duas longas entrevistas sobre sua carreira e sua obra in Naff (org.), *Paths to the Middle East*, pp. 27-56 e in Nancy Elizabeth Gallagher (org.), *Approaches to the History of the Middle East: Interviews with Leading Middle East Historians* (Reading, 1994), pp. 19-45. Há também uma biografia intelectual, Abdulaziz A. Sudairi, A *Vision of the Middle East: An Intellectual Biography of Albert Hourani* (Londres, 1999). Ver outras resenhas desse livro de autoria de Malcolm Yapp no *Times Literary Supplement*, 11 de março de 2000, e de Robert Irwin na *London Review of Books*, 25 de janeiro de 2001, pp. 30-31. Ver também Donald M. Reid, "*Arabic Thought in the Liberal Age* Twenty Years After", *International Journal of Middle Eastern Studies*, 14 (1982), pp. 541-57; Malcolm Yapp, "Two Great British Historians of the Modern Middle East", *Bulletin of the School of Oriental and African Studies*, 58 (1995), pp. 41-5.
23. Hourani in Gallagher (org.), *Approaches to the History of the Middle East*, p. 42.
24. Hourani in Naff (org.), *Paths to the Middle East*, p. 38.
25. Hourani apresentou uma crítica de *Orientalismo* de Said, na *New York Review of Books*, 8 de março de 1979, pp. 27-30.
26. Sobre a vida e a obra de Claude Cahen, ver *Arabica*, 43 (1996) (dedicado às obras de Cahen); Raoul Curiel e Rike Gyselen, *Itinéraires d'Orient: Hommages à Claude Cahen* (Bares-sur-Yvette, 1994), bem como a crítica desse livro de autoria de Ira Lapidus in *Journal of the Social and Economic History of the Orient*, 39 (1996), pp. 189-90; Thierry Bianquis, "Claude Cahen, historien d'Orient médiévale, analyse et perspective", *Journal Asiatique*, 281 (1993), pp. 1-18.
27. Rodinson produziu uma autobiografia baseada em entrevistas in *Entre Islam et Occident: Entretiens avec Gérard D. Khoury* (Paris, 1998). Também foi entrevistado in Gallagher (org.), *Approaches to the History of the Middle East*, pp. 109-27. Ver Adam Schatz, "The Interpreters of Maladies", *The Nation*, 13 de dezembro de 2004, pp. 55-9.
28. Rodinson in Gallagher (org.), *Approaches to the History of the Middle East*, p. 119.

29. Sobre Jacques Berque, ver sua autobiografia *Mémoires de deux rives* (Paris, 1989); Berque, *Andalousies* (Paris, 1981); Albert Hourani, *The Arab Cultural Scene. The Literary Review Supplement* (1982), pp. 7-11.
30. André Miquel, *L'Orient d'une vie* (Paris, 1990).
31. Malcom Yapp no prefácio da edição em memória a Wansbrough do *Bulletin of the School of Oriental and African Studies*, 57 (1994), p. 1.
32. Bernard Lewis forneceu um relato muito breve de sua carreira na introdução de seu volume de ensaios, *From Babel to Dragomans: Interpreting the Middle East* (Londres, 2004), pp. 1-11. Uma bibliografia de sua obra prefacia C. E. Bosworth et al., *Essays in Honor of Bernard Lewis: The Islamic World from Classical to Modern Times* (Princeton, NJ, 1989), pp. xii-xxv. Mais sobre Lewis in Lockman, *Contending Visions*, pp. 130-32, 173-6, 190-92, 216-18.
33. Sobre Elie Kedourie, ver Sylvia Kedourie (org.), *Elie Kedourie CBE, FBA 1926-1992* (Londres, 1998); Moshe Gammer (org.), *Political Thought and Political History: Studies in Memory of Elie Kedourie* (Londres, 2003); Nissim Rejwan, *Elie Kedourie and His Work: An Interim Appraisal* (Jerusalém, 1997); Yapp, "Two Great British Historians", pp. 45-9.
34. Quanto ao choque entre Kedourie e Gibb, e ao subseqüente ataque de Kedourie aos valores de Chatham House, ver Kedourie, *The Chatham House Version and Other Middle Eastern Studies*, 3ª edição com uma introdução de David Pryce-Jones (Londres, 2004).
35. Bellow, *To Jerusalem and Back*, p. 142.
36. P. J. Vatikiotis, *Among Arabs and Jews: A Personal Experience (1936-1990)* (Londres, 1991).
37. P. J. Vatikiotis (org.), *Revolution in the Middle East, and Other Case Studies; Proceedings of a Seminar* (Londres, 1972), pp. 8-9; cf. Edward Said, *Orientalism* (Londres, 1978), p. 313.
38. Sobre o Relatório Hayter, ver Philips, *The School of Oriental and African Studies*, pp. 57-8; McLoughlin, *In a Sea of Knowledge*, pp. 147-9.
39. Edward Ullendorff, "Alfred Felix Landon Beeston", in C. E. Bosworth (org.), *A Century of British Orientalists* 1902-2001 (Oxford, 2001), pp. 50-71; Michael Gilsenan, "A Personal Introduction", in Alan Jones (org.), *Arabicus Felix: Luminosus Britannicus: Essays in Honour of A. F. L. Beeston* (Reading, 1991), pp. xv-xx.
40. Conhecimento pessoal.
41. Sobre Montgomery Watt, ver Jabal Muhammad Buaben, *Image of the Prophet Muhammad in the West. A Study of Muir, Margoliouth and Watt* (Leicester, 1996).
42. Patricia Crone, *The Meccan Trade and the Rise of Islam* (Oxford, 1987).
43. J. Wansbrough, *The Sectarian Milieu: Content and Composition of Islamic Salvation History* (Oxford, 1978), p. 25.
44. Sobre a vida e a obra de Wansbrough, ver *Bulletin of the School of Oriental and African Studies*, 57, pt. I (1994) *(In Honour of J. E. Wansbrough)*; Andrew Rippin, "Literary Analysis of *Qur'an, Tafsir* and *Sira*: The Methodologies of John Wansbrough", in Richard C. Martin (org.), *Approaches to Islam in Religious Studies* (Tucson, 1985), pp. 151-63;

Herbert Berg, "The Implications of, and Opposition to, the Methods and Theories of John Wansbrough", *Method and Theory in the Study of Religion*, 9 (1997), pp. 3-22; G. R. Hawting, "John Wansbrough, Islam, and Monotheism", *Method and Theory in the Study of Religion*, 9 (1997), pp. 23-38. Ver também a segunda edição de *Quranic Studies* (Nova York, 2004), de Wansbrough, com prefácio, comentários e um glossário decididamente necessário de autoria de Andrew Rippin. O conto "Let Not the Lord Speak" foi publicado em *Encounter*, 54, pt. 5 (1980), pp. 3-7.

45. Humphreys, *Islamic History*, p. 84.
46. Yehuda D. Nevo e Judith Koren, *Crossroads to Islam: The Origins of the Arab Religion and the Arab State* (Nova York, 2004). Ver também a crítica desse livro de autoria de Chase Robinson no *Times Literary Supplement*, 28 de janeiro de 2005, p. 7.
47. Sobre a atividade acadêmica israelense em geral, ver artigos de autoria de Kramer e Lazarus Yafeh in Kramer (org.), *The Jewish Discovery of Islam*.
48. Sobre Ayalon, ver Reuven Amitai, "David Ayalon, 1914-1998", *Mamluk Studies Review*, 3 (1999), pp. 1-10; Robert Irwin, "Under Western Eyes: A History of Mamluk Studies", *Mamluk Studies Review*, 4 (2000), pp. 37-9; Humphreys, *Islamic History*, pp. 181, 207.
49. Sobre Ashtor, ver Irwin, "Under Western Eyes", pp. 35-7; Humphreys, *Islamic History*, pp. 269, 303-4; Kramer, *The Jewish Discovery of Islam*, p. 31; Masashi Haneda e Toru Miura, *Islamic Urban Studies: Historical Review and Perspectives* (Nova York, 1994).
50. Alguns dos artigos de Emmanuel Sivan estão incluídos em Sivan, *Interpretations of Islam, Past and Present* (Princeton, NJ, 1985). Ver também Sivan, *Radical Islam: Medieval Theology and Modern Politics* (New Haven, 1985) e Sivan, "Islamic Radicalism: Sunni and Shi'ite", in Sivan e Menachem Friedman (orgs.), *Religious Radicalism and Politics in the Middle East* (Nova York, 1990), pp. 39-75.
51. Ver nota 11.
52. Sobre Paul Kraus, ver Joel L. Kraemer, "The Death of an Orientalist: Paul Kraus from Prague to Cairo", in Kramer (org.), *The Jewish Discovery*, pp. 181-223; Rodinson, *Entre Islam et Occident*, pp. 148-51.
53. Sobre Stern, ver o obituário de autoria de John Wansbrough em *Bulletin of the School of Oriental and African Studies*, 33 (1970), pp. 599-602, bem como o de autoria de Walzer em *Israel Oriental Studies*, 2 (1972), pp. 1-14; Shulamit Sela, "The Interaction of Judaic and Islamic Studies in the Scholarship of S. M. Stern", in Kramer (org.), *The Jewish Discovery*, pp. 261-71; Hourani, in Gallagher (org.), *Approaches to the History of the Middle East*, p. 35.
54. Annemarie Schimmel, *Morgenland und Abendland: Mein west-östliches Leben* (Munique, 2002.); o obituário de Schimmel por Shusha Guppy foi publicado no *Independent*, 30 de janeiro de 2003. O obituário anônimo do *Times* saiu em 6 de fevereiro de 2003. Ver também o obituário de autoria de Burzine Waghmar em *Journal of the Royal Asiatic Society*, 3ª série, v. 13 (2003), pp. 377-9.

55. Stephan Conermann, "Ulrich Haarmann, 1942-1999", *Mamluk Studies Review*, 4 (2000), pp. 1-25 (bibliografia incluída); Irwin, "Under Western Eyes", p. 41.
56. A respeito de desdobramentos no orientalismo alemão no pós-guerra, ver Ulrich Haarmann, "L'Orientalisme allemand", in *MARS Le Monde Arabe dans la Recherche Scientifique*, nº 4 (1994), pp. 69-78; Baber Johansen, "Politics, Paradigms and the Progress of Oriental Studies: The German Oriental Society (Deutsche Morgenländische Gesellschaft) 1845-1989", in MARS, nº 4 (1994), pp. 79-94.

9. Uma investigação sobre a natureza de uma determinada polêmica do século XX

1. Edward Said, *Out of Place* (Londres, 1999). Ele também aparece como menino levado na autobiografia da irmã: ver Jean Said Makdisi, *Teta, Mother and Me* (Londres, 1994), pp. 49-51. "Between Two Worlds" de autoria de Said, que foi publicado na *London Review of Books*, 7 de maio de 1998, pp. 3-7 e "On Writing a Memoir" na *London Review of Books*, 29 de abril de 1999, pp. 8-11, são dois textos que tratam de pensamentos despertados pelo ato de escrever sua autobiografia. Gary Lockman fornece um breve relato da vida e da obra de Said em *Contending Visions of the Middle East: The History and Politics of Orientalism* (Cambridge, 2004), pp. 182-214. Ver também o exame de *Orientalismo* de Said e as reações que ele provocou in A. L. MacFie, *Orientalism* (Londres, 2002).
2. Said, *Out of Place*, p. 187.
3. Edward Said, "Literary Theory at the Crossroads of Public Life" in Said, *Power, Politics and Culture: Interviews with Edward Said*, organização de Gaury Viswanathan (Nova York, 2001), p. 79. Ver também Said, "Vico on the Discipline of Bodies and Texts", in Said, *Reflections on Exile and Other Essays* (Cambridge, Mass., 2002.), pp. 83-92.
4. Edward Said, *Beginnings: Intention and Method* (Londres, 1975), p. 81.
5. John Allen Paulos, *Once Upon a Number: The Wider Mathematical Logic of Number* (Nova York, c. 1998), p. 28.
6. Edward Said, *Orientalism* (Londres, 1978), p. 71.
7. Bernard Lewis, "The Question of Orientalism", *New York Review of Books*, 24 de junho de 1982, p. 53. "The Question of Orientalism" foi publicado novamente in Lewis, *Islam and the West* (Londres, 1993), pp. 99-118. Said respondeu à crítica de Lewis, e Lewis tratou da réplica de Said na *New York Review of Books* em 12 de agosto de 1982. Além disso, "The Question of Orientalism" e vários outros documentos relacionados com a controvérsia entre Said e Lewis estão reproduzidos in A. L. Macfie, *Orientalism: A Reader* (Edimburgo, 2000).
8. Said, *Orientalism*, p. 160 e cf. pp. 95 e 208, onde fica evidente que Said criou um orientalista imaginário composto em parte pelo historiador suíço Jacob Burkhardt

(1818-97) e em parte por John Lewis Burkhardt (1784-1817), o explorador do Oriente Médio. *Arabic Proverbs*, de autoria deste último, foi publicado em 1837.
9. Shelley Walia, *Edward Said and the Writing of History* (Cambridge, 2001), p. 8.
10. Edward Said, "Orientalism Reconsidered", in Said, *Reflections on Exile*, p. 199. "Orientalism Reconsidered" foi publicado anteriormente, pela primeira vez, in Francis Barker et al. (orgs.), *Europe and Its Others*, vol. I (Colchester, Essex, 1985), pp. 14-27. Também está incluído in Macfie, *Orientalism: A Reader*.
11. Robert Bolt, *Three Plays* (Londres, 1967), p. 147.
12. Sadik Jalal al-'Azm, "Orientalism and Orientalism in Reverse", *Khamsin*, 8 (1981), p. 6.
13. Said, *Orientalism*, pp. 62-3.
14. Ibid., p. 68.
15. Ibid., p. 210.
16. Ibid., p. 19.
17. Alan Sokal e Jean Bricmont, *Intellectual Impostures* (Londres, 2003), p. 179. (O livro foi publicado originalmente em Paris em 1997 como *Impostures intellectuelles*.)
18. Ibid., p. 176.
19. Said, *Orientalism*, p. 23.
20. Ibid., p. 94.
21. Entre as principais obras de Michel Foucault estão *Folie et déraison. Histoire de la folie à l'âge classique* (Paris, 1961); *Les Mots et les choses* (Paris, 1966); *L'Archéologie du savoir* (Paris, 1969); *L'Ordre du discours* (Paris, 1971); *Histoire de la sexualité*, 3 v. (Paris, 1976-84). Todos foram traduzidos para o inglês.
22. Antonio Gramsci, *Selections from the Prison Notebooks* (Londres, 1971), p. 447.
23. Said, *Orientalism*, p. 204.
24. Ibid., p. 104.
25. Said, *Power, Politics and Culture*, p. 381.
26. Said, *Orientalism*, "Afterword", pp. 346-7; cf. Said, "Diary", *London Review of Books*, 17 de abril de 2002., p. 39.
27. Said, *Orientalism*, p. 98.
28. Edward Said, *After the Last Sky: Palestinian Lives* (Nova York, 1986), p. 152.
29. Said, *Orientalism*, p. 99.
30. Ibid., p. 127.
31. Ibid., p. 63. Para as diversas formas pelas quais Said denegriu Lane, ver John Rodenbeck, "Edward Said and Edward William Lane", in Paul e Janet Starkey (orgs.), *Travellers in Egypt* (Londres, 1998), pp. 233-43.
32. O principal exame que Said fez de Marx está nas pp. 153-6 de *Orientalism*. Para ataques à interpretação equivocada de Marx por parte de Said, ver especificamente Al-'Azm, "Orientalism and Orientalism in Reverse", pp. 5-26, e Aijaz Ahmad, "Between Orientalism and Historicism", *Studies in History*, 7 (1991), pp. 135-63. Ambos estão re-

produzidos in Macfie, *An Orientalist Reader*. Ver também Aijaz Ahmad's "*Orientalism and After: Ambivalence and Metropolitan Location in the Work of Edward Said*", in Ahmad, *In Theory: Classes, Nations, Literatures* (Londres, 1992), no qual Ahmad sugere, entre outras coisas, que a posição de Marx a respeito de indianos do meio rural não era significativamente diferente de sua posição a respeito de alemães do meio rural.

33. Al-'Azm, "Orientalism and Orientalism in Reverse", p. 15.
34. Said, *Orientalism*, p. 224.
35. Said, "Orientalism, an Afterword", *Raritan*, 14 (1995), p. 40. Esse artigo foi subseqüentemente acrescentado a edições posteriores de *Orientalismo*.
36. Said, *Orientalism*, p. 275.
37. Al-'Azm, "Orientalism and Orientalism in Reverse", p. 15.
38. Said, *Orientalism*, p. 326.
39. Said, "Orientalism Reconsidered", in *Reflections on Exile*, p. 203.
40. As críticas de Geertz a *Covering Islam* apareceram na *New York Review of Books*, 27 de maio de 1982, p. 28.
41. Albert Hourani, "The Road to Morocco", *New York Times Review*, 8 de março de 1979, pp. 27-9. Jacques Berque, "Au-delà de *l'Orientalisme*: Entretien avec Jacques Berque", *Qantara*, 13 (1994), pp. 27-8; Maxime Rodinson, *Europe and the Mystique of Islam*, tradução de Roger Veinus (Seattle, 1987), pp. 130-31n. Ver também Hourani, entrevistado in Nancy Elizabeth Gallagher (org.), *Approaches to the History of the Middle East* (Reading, 1994), pp. 40-41.
42. As opiniões de Nadim al-Bitar e de outros críticos árabes estão resumidas em Emmanuel Sivan, "Edward Said and his Arab Reviewers", in Sivan, *Interpretations of Islam, Past and Present* (Princeton, NJ, 1985), pp. 133-54. Ver também Donald P. Little, "Three Arab Critiques of *Orientalism*", *Muslim World*, 69 (1979), pp. 110-31.
43. Ver nota 32 anterior.
44. Ziauddin Sardar, *Orientalism* (Buckingham, 1999), pp. 65-76.
45. Gayatri Chakravorty Spivak, "Psychoanalysis in Left Field and Fieldworking: Examples to Fit the Title", in Sonu Shamdasani e Michael Münchow (orgs.), *Speculations after Freud: Psychoanalysis, Philosophy and Culture* (Londres, 1994), p. 63. *Postmodern Pooh* (Londres, 2003) de Frederick Crews coloca o pensamento de Spivak num contexto adequado.
46. Sheldon Pollock, "Deep Orientalism? Notes on Sanskrit and Power Beyond the Raj", in Carol A. Breckenridge e Peter van den Veer (orgs.), *Orientalism and the Postcolonial Predicament* (Filadélfia, 1993), p. 113.
47. A transcrição desse debate foi publicada em "Scholars, Media and the Middle East", in Edward Said, *Power, Politics and Culture*, pp. 291-312.
48. Ibid.
49. Sobre Ernest Gellner, ver Ved Mehta, *Fly and the Fly-Bottle* (Londres, 1963), pp. 11-21, 35-40; Michael Lessnoff, *Ernest Gellner and Modernity* (Cardiff, 2002).

50. Ernest Gellner, "The Mightier Pen? Edward Said and the Double Standards of Inside-out Colonialism", *Times Literary Supplement*, 19 de fevereiro de 1993, pp. 3-4.
51. A carta de Edward Said que atacava a crítica de Gellner a seu livro apareceu no *Times Literary Supplement* em 19 de março de 1993. A resposta de Gellner a ela foi publicada em 9 de abril. Said voltou à refrega em 4 de junho. Outras cartas favoráveis ou contrárias a Gellner saíram nas páginas de cartas do *Times Literary Supplement* em 10 de fevereiro, 17 de fevereiro e 2 de abril de 1993.
52. Edward Said, *The Question of Palestine* (Londres, 1980), p. 9.
53. Ibid., p. 146.
54. Ibid., p. 218.
55. M. E. Yapp criticou *Covering Islam* no *Times Literary Supplement* de 9 de outubro de 1981. A carta de Said que atacava a crítica saiu em 27 de novembro; e a réplica de Yapp, em 4 de dezembro.
56. Said, *Culture and Imperialism* (Londres, 1993), p. 3.
57. Justus Reid Weiner, "'My Beautiful Old House" and Other Fabrications by Edward Said', *Commentary*, setembro de 1999. O texto do artigo de Weiner pode ser lido *online* em <http//ngng.co.il/CommentarySaid.html>.
58. Edward Said, *Freud and the Non-European* (Londres, 2003), p. 16.
59. Os obituários e avaliações póstumas (em sua grande maioria, elogiosos) na Grã-Bretanha incluíram o anônimo em *The Times*, 26 de setembro de 2003; anônimo no *Daily Telegraph*, 26 de setembro; de Robert Fisk no *Independent*, 26 de setembro; Malise Ruthven no *Guardian*, 26 de setembro; Gabriel Pieterberg no *Independent*, 27 de setembro; Christopher Hitchens no *Observer*, 28 de setembro; Joan Smith no *Independent on Sunday*, 28 de setembro.

10. Inimigos do orientalismo

1. Sobre a disputa de Kurd 'Ali com os orientalistas, ver, acima de tudo, Joseph Escovitz, "Orientalists and Orientalism in the Writings of Kurd 'Ali", *International Journal of Middle Eastern Studies*, 15 (1983), pp. 95-109. Sobre Kurd 'Ali em termos mais gerais, ver Albert Hourani, *Arabic Thought in the Liberal Age, 1798-1939*, ed. rev. (Londres, 1967), pp. 223-4; Hourani, "Islam and the Philosophers of History", in Hourani, *Europe and the Middle East* (Londres, 1980), pp. 65-6; *Memoirs of Kurd 'Ali: A Selection*, tradução de Khalil Totah (Washington, 1954).
2. J. W. Fück, "Islam as an Historical Problem in European Historiography since 1800", in Bernard Lewis e P. M. Holt (orgs.), *Historians of the Middle East* (Londres, 1962), pp. 308-9; Hourani, *Arabic Thought*, p. 173; Hourani, "Islam and the Philosophers of History", pp. 65-6.

3. A respeito de Jalal Al-i Ahmad, ver a introdução de Hamid Algar em Jalal Al-i Ahmad, *Occidentosis: A Plague from the West*, tradução de R. Campbell (Berkeley, Calif., 1984). Ver também a introdução de Michael C. Hillman à obra de Al-i Ahmad, *Lost in the Crowd*, tradução de John Green (Washington, 1985); Michael C. Hillman, *Iranian Culture: A Persianist View* (Lanham, Md., 1990), pp. 119-44; Homa Katouzian, *Sadeq Hedayat: The Life and Legend of an Iranian Writer* (Londres, 1991), passim; Roy Mottahedeh, *The Mantle of the Prophet: Religion and Politics in Iran* (Londres, 1986), p. 287 et seq., passim.
4. Ahmad, *Occidentosis*, p. 27.
5. Ibid., p. 29.
6. Ibid., p. 33.
7. Ibid., p. 75.
8. Ibid., p. 98.
9. Khomeini, *Sayings of the Ayatollah Khomeini: Political, Philosophical, Social and Religious*, tradução de Harold J. Salemson (Nova York, 1980), p. 9.
10. Sobre a vida e a obra de Muhammad Asad, ver Martin Kramer, "The Road from Mecca: Muhammad Asad (born Leopold Weiss)", in Kramer (org.), *The Jewish Discovery of Islam* (Tel-Aviv, 1999), pp. 225-47.
11. Sobre René Guénon, *Cahiers de l'Herne*, 49 (1985), contém avaliações do homem e de sua obra por vários autores. Ver também Robin Waterfield, *René Guénon and the Future of the West* (s.l., 1987); Mircea Eliade, *Occultism, Witchcraft and Cultural Fashions* (Chicago, 1976), pp. 65-7; D. Gril, "Espace sacré et spiritualité, trois approches: Massignon, Corbin, Guénon", in *D'un Orient à l'autre*, 2 v. (Paris, 1991), vol. 2, pp. 56-63.
12. René Guénon, *Orient et Occident* (Paris, 1924), pp. 147-54.
13. A respeito de Hossein Nasr, ver June I. Smith, "Sayyed Hossein Nasr: Defender of the Sacred and Islamic Traditionalism", in Y. Z. Haddad (org.), *The Muslims of America* (Nova York, 1991).
14. Hossein Nasr, *Islamic Spirituality* (Londres, 1991), v. I, p. 9, n. 1.
15. A respeito de Sayyid Qutb, ver Emmanuel Sivan, *Radical Islam: Medieval Theology and Modern Politics* (New Haven e Londres, 1985); Sivan, "Ibn Taymiyya: Father of the Islamic Revolution", *Encounter*, 60, n. 5 (maio de 1983), pp. 41-50; Gilles Kepel, *The Prophet and Pharaoh: Muslim Extremism in Egypt* (Londres, 1985).
16. Sivan, *Radical Islam*, p. 68.
17. Qutb citado em Daniel Pipes, *The Hidden Hand: Middle East Fears of Conspiracy* (Basingstoke, 1996), p. 174.
18. Maryam Jameelah, *Islam Versus the West* (Lahore, 1962).
19. Citação de Jameelah in Ziauddin Sardar, *Orientalism* (Buckingham, 1999), p. 51.
20. Hamid Algar, "The Problems of Orientalists", *Islamic Literature*, 17 (1971), pp. 31-42.

21. A. L. Tibawi, "English-Speaking Orientalists: a Critique of Their Approach to Islam and Arab Nationalism", *Islamic Quarterly*, 8 (1964), pp. 25-45 e 73-88; "A Second Critique of English-Speaking Orientalists and Their Approach to Islam and the Arabs", *Islamic Quarterly*, 23 (1979), pp. 3-43, e "On the Orientalists Again", *Muslim World*, 70 (1980), pp. 56-61. Esses ensaios estão reproduzidos em A. L. Macfie, *Orientalism: A Reader* (Edimburgo, 2000).
22. Abdallah Laroui, *L'Idéologie arabe contemporaine* (Paris, 1967), p. 119.
23. Abdallah Laroui, *The Crisis of the Arab Intellectual. Traditionalism or Historicism?* (Berkeley e Los Angeles, 1976). O original em francês foi publicado em Paris em 1974.
24. Ibid., p. 61.
25. Anouar Abdel-Malek, "Orientalism in Crisis", *Diogenes*, n. 44 (1963), pp. 104-12. Esse ensaio foi reproduzido em Macfie, *Orientalism: A Reader*.
26. Francesco Gabrieli, "Apology for Orientalism", *Diogenes*, n. 50 (1965), pp. 128-36.
27. Ziya-ul-Hasan Faruqi, "Sir Hamilton Alexander Roskeen Gibb", in Asaf Hussain, Robert Olson e Jamil Qureishi (orgs.), *Orientalism, Islam and Islamists* (Vermont, 1984), pp. 177-91.
28. Suleyman Nyang e Abed-Rabbo, "Bernard Lewis and Islamic Studies: An Assessment", in Hussain et al. (orgs.), *Orientalism, Islam and Islamists*, pp. 259-84.
29. Ahmad Ghorab, *Subverting Islam: The Role of Orientalist Centres* (Londres, 1995).
30. Para a vida e a obra de Sardar, ver *Ziauddin Sardar: A Reader* (Londres, 2004) e Sardar, *Desperately Seeking Paradise: Journeys of a Sceptical Muslim* (Londres, 2004).
31. Sardar, *Orientalism*.
32. Ibid., pp. 17-26.
33. Ibid., p. 23; cf. a página correspondente em R. W. Southern, *Western Views of Islam in the Middle Ages* (Harvard, Mass., 1962), p. 89.
34. Sardar, *Orientalism*, pp. 23-4.
35. Ibid., pp. 65-76.
36. Algumas críticas de Fazlur Rahman ao orientalismo podem ser encontradas em Rahman, "Islamic Studies and the Future of Islam", in Malcolm H. Kerr (org.), *Islamic Studies: A Tradition and Its Problems* (Malibu, Calif., 1980), pp. 125-33 e em Rahman, "Approaches to Islam in Religious Studies: Review Essay", in Richard C. Martin (org.), *Approaches to Islam in Religious Studies* (Tucson, Arizona, 1985), pp. 189-202.
37. Muhsin Mahdi, "Orientalism and the Study of Islamic Philosophy", *Journal of Islamic Studies*, 1 (1990), pp. 73-98.

Índice

abássida, califado, 219, 221, 237, 244, 288, 333
   como período áureo, 283, 302
Abbas, Ihsan, 340
Abbott, Nabia, 340
'Abd al-Malek, califa omíada, 33
Abdel-Malek, Anouar, 11, 340, 377, 378
'Abduh, Muhammad, 374
Abed-Rabbo, Samir, 378
Abominável heresia ou seita dos sarracenos (Pedro, o Venerável), 38
Aboukir, batalha da baía de (1798), 165
Abraão, Massignon a respeito de, 264
ab-rogação, doutrina muçulmana da, 34
Abu al-Faraj, *ver* Bar Hebraeus
Abu al-Fida, 88, 113, 120, 143, 154
Abu Muslim, 244
Abu Tammam, 218
Abudacnus (Joseph Barbatus), 110-111
Abu-Lughod, Ibrahim, 340
Action Française, 266
Adams, Thomas, 118
Adelardo de Bath, 48, 67
After the Last Sky: Palestinian Lives (Said), 342, 355
agarenos, 30, 32
Agostinho, santo, 70
Ahmad, Aziz, 348

Aja'ib al-Maqdur, 125
Ajami, Fuad, 287, 340, 358
Ajurrumiyya, 98
al-Afghani, Jamal al-Din, 119, 227, 362, 374
al-Andalus, 36
al-Ashraf Khalil, sultão mameluco, 50
alauitas, 173
al-Azm, Sadik Jalal, 332, 344, 346, 348
al-Azmeh, Aziz, 340
al-Baydawi, 182, 247
al-Bitar, Nadim, 348
al-Bukhari, 371
Alcorani seu legis Mahometi et Evangelistum concordiae liber (Postel), 87
Alcorani textus universus (Marracci), 127
al-Dasuqi, Ibrahim, 195
Alemanha
   década de 1930, 273-275, 318-320
   orientalismo da, 153, 233
   romantismo da, 382
   século XIX, 175-176, 177, 179, 182, 186, 211, 218-220, 221
   século XVIII, 157
   século XX, 233, 236
   tradição da, 211, 233, 274, 274, 316, 334, 367, 383
   universidades da, 182

Alepo, 136, 252
Alexandre I, czar, 187
al-Farabi, 48, 74
Algar, Hamid, 370-371
álgebra, tratados árabes de, 39
al-Ghazali, 40, 57, 59, 197
al-Ghuri, Qansuh, sultão do Egito, 79
al-Hallaj, 258-262, 264
al-Hariri, 154, 171
Alhazen, *ver* al-Haytham, Ibn (Alhazen)
al-Hussaini, Hajj Amin, mufti de Jerusalém, 266
Al-i Ahmad, Jalal, 363
'Ali ibn Abi Talib, 103, 154
'Ali, Kurd, *ver* Kurd 'Ali
al-Idrisi, 81, 93
al-Islam wa al-Hadara al-'Arabiyya ('Ali), 362
al-Jabarti, 166
al-Kamil (al-Mubarrad), 211
al-Khalili, Samir, *ver* Makiya, Kanan
al-Khwarizmi, Muhammad ibn Musa, 39, 40
al-Kindi, 'Abd al-Masih ibn Ishaq, 34, 37, 193, 355
al-Kindi, Abu Yusuf Yaqub ibn Ishaq, 42, 74, 355
al-Ma'arri, 188, 243, 247
Almagest (Ptolomeu), 45, 112
al-Majriti, 42
al-Makin, 124, 154
al-Maqqari, 269
al-Maqrizi, 174, 177, 253
al-Mas'udi, 81, 244
almorávidas, 36, 206
al-Mubarrad, 211
al-Mutanabbi, 48, 154
al-Niffari, 285
al-Qanun fi al-Tibb (Avicena), 44, 92, 155
al-Qazwini, 52

al-Safadi, 363
al-Tabari, 184, 219, 225
al-Tantawi, Muhammad 'Ayyad, xeique, 188, 195
al-Tanukhi, 247
al-Tughrai, 154
Álvaro, Paulo, 35
al-Waqidi, 144
al-Yaqut, 247
al-Zahiri, Khalil, *ver* Khalil al-Zahiri
al-Zamakhshari, 140, 182
América, descobrimento da, 77-78
Amis du Gandhi, Les, 265
Among Arabic Manuscripts (Kratchkovsky), 270
Anábase (Xenofonte), 25
Analecta Orientalia ad Poeticam Aristoteleam (Margoliouth), 246
Andrewes, Lancelot, 94, 104, 107, 108
Annales Veteris et Novi Testamenti (Ussher), 95
Annali dell'Islam (Caetani), 239
Anquetil-Duperron, Abraham Hyacinthe, 137, 151-152
Antigo Testamento
    histórias do, evolução das, 228
    língua hebraica, 110
Antuérpia, Bíblia poliglota de, 77, 91, 98-99, 116, 122
Antuérpia, declínio da posição de, 98
Apologia (al-Kindi), 193
"Apologia ao orientalismo" (Gabrieli), 377
Apolônio de Perga, 72
Arab Predicament, The (Ajami), 340
árabe, escrita, uso na Rússia Soviética da, 271
árabe, língua
    aprendida a partir do Corão, 96
    coloquial, 161, 1620163, 278, 279

ÍNDICE

dicionários, 103
escassez de manuscritos, 92, 95
estudo da, 91-92, 93, 143-144
gramáticas, 103
latim como pré-requisito para estudo da, 102-103
transliterações em hebraico, 103
árabe, literatura, 57-58, 137, 154, 232-233, 248-249
árabe, mundo acadêmico, Said a respeito do, 340-341
árabe, poesia, 171, 228, 232-233, 288
árabe, sociedade
  Becker a respeito da, 234
  evolução da, 283
  matriarcal e matrilocal, 216
  primórdios da, 203
árabes, acadêmicos,
  acesso a publicações ocidentais, 280-281
  no orientalismo americano, 286, 340
  obras de, 280
árabes, estudos, 60-61, 104, 151
  monarquismo e os, 112, 114
  patrocinadores nos, 104-105, 144-145
  teologia e os, 105, 114, 133
árabes, universidades, estrutura hierárquica nas, 281
Arabi Pasha, 214, 230
"Arabia Felix", 149
  expedição dinamarquesa (1761), 158, 182
Arabian Medicine (Browne), 242
Arabian Nights, The, 186, 191, 195, 209, ver também Mil e uma noites
Arabic Grammar (Wright), 334
Arabic Thought in the Liberal Age (Hourani), 294
Arabic-English Dictionary (Cowan), 334
Arabic-English Lexicon (Lane), 196
arábicos, algarismos, 39

Arabische Reich und sein Surz, Das (Wellhausen), 220
Arabisches Wörterbuch (Wehr), 279, 309, 320
"arabismo", 71
Arabs in History, The (Lewis), 288, 303, 306, 373, 376
Arafat, Yasser, 324
Arberry, Arthur John, 12, 245, 278, 284-285, 339, 370
  obituário, 285
Arculfo, bispo de Périgueux, 31
Ares, águas e lugares (Hipócrates), 26
Argel, conferência de orientalistas em (1905), 258
Argélia, política francesa para a, 266
ariana, raça
  contaminação da, por povos semitas, 202
  origens asiáticas da, 273
  superioridade da, 201
arianismo, 30 33, 339
Arias Montano, Benito, 77, 91
Ário, 30
Aristóteles, 25
  comentários em árabe, 40, 43, 46, 69-71
  traduções para o latim de, 70
Arkoun, Mohammed, 340
Arnold, Matthew, 342
Arnold, Thomas, 255, 344
Ars Magna (Lúlio), 60
Artin, Yaqub Pasha, 196
'*asabiyya*, 178
Asad, Muhammad, 366, 369
Ascalon, guarnição fatímida de, 49
Ashtor, Eliahu, 317
Asia and Western Dominance (Panikkar), 341
Ásia
  expansão russa na, 225
  romantismo da, 63-64

Asiatick Researches (periódico), 175
Assassins, The (Lewis), 304
Associação de Línguas Modernas [Modern Language Association] (MLA), 345
astrologia, 74
astronomia
  tabelas de, 39
  transmissão da, pelos árabes, 46
Astronomica (Manilius), 94
Atiya, Aziz Suriyal, 18, 287
Atjeh, região de, Sumatra, 235
Atlantic Monthly, 306
Auerbach, Eric, 325, 332, 337
Avempace, 74
Averroes, 47, 55, 70, 74, 197
  e Aristóteles, 47, 70
averroísmo, 47, 55, 59, 70, 71, 72, 73
Avicena, 40-41, 44, 45, 55, 70, 75, 92, 154
Avignon, universidade de, e o ensino do árabe, 60-61
Ayalon, David, 179, 316

babista, movimento messiânico, 203, 241
bacantes, As (Eurípides), 23
Bacon, Roger, 49, 60, 69-71
Badawi, Mustafa, 340
Badr, batalha de (624), 244, 312, 375
Baer, Gabriel, 317
Baha' al-Din Zuhayr, 213
bahaístas, 241
Bahira, 30, 50
Bailey, Harold, 256
Bálcãs, avanços otomanos nos, 87, 89, 133
Baldwin, Stanley, 256
Balfour, Arthur, 328
Bar Hebraeus, 116
"bárbaro", emprego do termo, 18
Barbatus, Joseph, *ver* Abudacnus
Barenboim, Daniel, 358

Barthélémy, Abbé, 161
Bartlett, Robert, 63
Bartold, Vasili Vladimirovich, 267-268
Basiléia
  Concílio da (1341), 61
  detenção de Herbst na, 89
Basra, Iraque, gramática, 172
Batávia, 235
Baudrillard, Jean, 339
Becker, Carl Heinrich, 224, 233-234, 236, 273, 289, 334
  influências sobre, 179
  islã como herdeiro do helenismo, 233, 238, 274
Beckford, William, 15
Beckingham, Charles, 278
Beda, o Venerável, 32
beduínos, percepção de conservadorismo natural nos, 217
Bedwell, William, 105, 107, 113, 114, 123
Beeston, Alfred Felix Landon ("Freddie"), 278, 310, 378
Beginnings, intention and method (Said), 326
Belgrado, captura de (1521), 76
Bell, Gertrude, 246
Bellow, Saul, 293-294
Belon, Pierre, 79
Belyaev, E. A., 268, 271
Belzoni, Giovanni Battista, 193
Bentley, Richard, 94
Berchem, Max van, 252
Bernal, Martin, 12, 18, 75, 130
Bernanos, Georges, 263
Bernardo de Claraval, 38
Berque, Jacques, 266, 300, 346, 347, 359
Berthereau, Dom, 170
Besant, Walter, 213
"Between Orientalism and Historicism" (Ahmad), 348

Bevan, Anthony, 344
Bhaba, Homi, 349
Bíblia Poliglota Complutense, 91
Bíblia Poliglota de Londres, 116, 118
Biblia Sacra Arabica, 127
Bíblia
   Antigo Testamento, 110, 229
   como fonte, 202
   como revelação corrompida, 52, 379
   cronologia da, 90, 96, 217
   estudos árabes e a, 104
   estudos, 182, 183, 189
   Êxodo, veracidade do, 213
   Génese, verdade literal do, 183
   interesse do século XIX pela, 212
   línguas vernáculas, 62
   Livro de Daniel, 247
   Novo Testamento, 52, 145, 213
   poliglota, 90-91, 116
   significados ocultos, 74
   Versão Autorizada, 109, 112
   Vulgata em latim, 90-91, 117
Bibliander, Theodor, 88, 89
Biblioteca Bodleiana, Oxford, 110, 144
Biblioteca do Vaticano, coleção de manuscritos árabes, 82, 92, 98
Bibliotheca Geographorum Arabicorum (de Goeje), 335
Bibliothèque Nationale, Paris, 186
Bibliothèque orientale (D'Herbelot), 103, 138-141, 144, 331
Blachère, Régis, 266
Black Athena: The Afroasiatic Roots of Classical Civilisation (Bernal), 12, 18, 130
Blanquerna (Lúlio), 57-58
Bloy, Léon, 263
Boccaccio, Giovanni, e o islã, 55
Bodley, Sir Thomas, 104, 110

Bolonha, universidade de, e o ensino do árabe, 60-61
Bonaparte, Napoleão, 171
Bonn, Centro de Estudos do Oriente Médio, 319
Bonsignori, Bonsignore, 71
Bopp, Franz, 182, 186, 198, 250
Bosworth, Edmund, 356
Boulainvilliers, Henri, comte de, 141-142, 143
Boullan, Abbé, 257
Bowen, Harold, 148
brâmanes, divisão entre arianos e não-arianos, 177
Braudel, Fernand, 301
Bricmont, Jean, 336
Brockelmann, Carl, 224, 273, 319, 330
Brown, Peter, 32
Browne, Edward Granville, 192, 203, 239-243, 245, 254, 377
   aparência física, 241-242
   campanha pela liberdade da Pérsia, 240, 242-243, 344
   Said a respeito de, 344
Bryson, Bill, 102
Buchan, John, 235
budismo, importância do, na cultura indiana, 367
Bullard, Reader, 241
Bulletin of the School of Oriental and African Studies, 374
Burckhardt, Jacob, 329
Burlington House, Mostra Persa (1931), 255
Burnett, Charles, 351
Burnouf, Eugène, 151, 179
Burton, Sir Richard, 191, 196, 209, 213, 214
Busbecq, Ogier Ghiselin de, 77, 79, 134
Byron, lorde, 150

Caaba, Meca, 63
Cabala, 74, 83, 85
cabalismo cristão, 74, 83
Cachia, Pierre, 340
Cadernos do cárcere (Gramsci), 337
Caetani, Leone, príncipe de Teano e duque de Sermoneta, 238, 239, 377
café, o hábito de beber, 118
Cahen, Claude, 253, 266, 297-298, 346
Calamities of Authors (Disraeli), 145
Calasso, Roberto, 18
Cálculos indianos, Sobre os (Al-Khwarizmi), 39
califado árabe, história antiga do, 219-220
California University, Centro do Oriente Próximo, 287
Caliphate, its rise, decline and fall, The (Muir), 192
Calvino, Italo, 25
Cambridge History of Islam, The, 333, 373
Cambridge, Congresso Orientalista de (1954), 297
Cambridge, universidade de, 239, 240
  cátedra de árabe, 118, 144, 210-211, 213, 215, 227, 242, 245, 284, 310, 320
  cátedra de chinês, 187
  decadência no século XVIII, 142-143
  estudos orientais, 210, 242
Campbell, Mary B., 6
Cânone (Avicena), ver al-Qanun fi al- Tibb
Capitulações, 135
carijitas, 230
Carlowitz, Tratado de (1699), 134
carmatianos, cisma dos, 230
Carmen Tograi (Pococke org.), 117
Cartesian Linguistics (Chomsky), 172
Cartum, terrorismo em (1973), 327
Casaubon, Isaac, 94, 97, 109, 129
Caspari, Karl Paul, 124, 182, 211

Castell, Edmund, 117, 119-120
cavalaria andante, origem da, 249-250
cavaleiros templários, 180-181
Caxton, William, 88
Centro do Oriente Médio para Estudos Árabes [Middle East Centre for Arab Studies] (MECAS), 278, 281
Cesário de Heisterbach, 65
Chamberlain, Houston, 201
Champollion, Jean François, 171, 179
Canção de Rolando, 53, 380
Chardin, Jean (joalheiro), 86
Chateaubriand, François René, vicomte de, 143
Chatham House Version and Other Middle Eastern Essays, The (Kedourie), 307
Chatham House, instituto, 307
Chechênia, guerra santa da (década de 1820), 188
China Monumentis (Kircher), 155
China
  atitude para com estrangeiros, 204
  estudos da, 155, 186
  ideogramas, 129
  missões jesuítas na, 130
chinesa, imitações da arte, 155
Chipre, turcos invadem (1571), 76
Chrestomathie arabe (Silvestre de Sacy), 171, 178
Christ (Morozov), 272
ciência islâmica, 39-41, 70
Ciríaco de Ancona, 71
Ciropédia (Xenofonte), 24
Cisjordânia, ocupação israelense da (1967), 327
Civilisation des Arabes, La (Le Bon), 363
clássicos
  conhecimento dos, 243-244, 245
  estudos dos, 188-189

ÍNDICE 435

textos, tradução árabe de, 40, 43, 46-47, 69-72
Claudel, Paul, 262, 263
Cleland, John, 121
Colar da pomba, O (Ibn Hazm), 52
Colbert, Jean-Baptiste, 136, 138, 145
Coleridge, Samuel Taylor, 78, 183
Collège de France, 138, 177, 266, 300
   cátedra de árabe, 84
   cátedra de hebraico, 199
   ensino do árabe, 161
Colombo, Cristóvão, 77
Columbia University, New York, 291, 292, 325, 345, 355
Commentary, periódico, 355, 357
Companhia Britânica das Índias Orientais, 137, 151, 211
Companhia do Levante (britânica), 136
   capelães, 114
Companhia do Levante (francesa), 136
Compêndio da lógica de al-Ghazali, O (Lúlio), 57
Comte, Auguste, 238
comunismo, orientalistas franceses, 297-301
Concordantiae Corani Arabicae (Flügel), 335
Conde, José Antonio, 206
Conermann, Stephan, 280
Cônicos (Apolônio), 72
Coningsby (Disraeli), 184
Connection (Prideaux), 122
Conrad, Joseph, Said a respeito de, 325, 326
Conrad, Lawrence, 230
Considérations sur la guerre actuelle des Turcs, 163
Constantino I, imperador, 72
Constantinopla, queda de (1453), 76
constitucional, governo, 226
Conteúdo do Corão, O (Klimovich), 272
Cook, Michael, 287, 315

Cook, Walter, 291
Copenhague, universidade de, 158
coptas, 92
Coração das Trevas, O (Conrad), 326
Corão
   al-Kindi a respeito do, 34
   aprendizado do árabe a partir do, 96
   beleza do, 59
   comentários medievais, 182
   como revelação divina, 36-37, 361, 368, 370, 373, 380-381
   conhecimento do, 137
   cópias medievais do, 61
   cronologia das suras, 232
   cruzados e, 48
   estudo crítico, 114
   impresso, 88-89, 92, 93, 107, 171
   influência judaica sobre o, 72-73, 184, 268, 314
   influência nestoriana, 72-73
   influências estrangeiras sobre o, 228
   Jesus no, 32, 50
   João Damasceno a respeito do, 33
   Paraíso no, 31
   percepção da dependência do, quanto à tradição bíblica, 312
   século XIX, interesse do, pelo, 212
   sobre a colaboração com orientalistas, 379
   sura de José, 263
   texto final, 313
   tradução francesa do, 126, 146
   tradução inglesa, 146, 213
   tradução latina do, 37-39, 87-88, 127-128, 146
   tradução russa do, 156-157, 270
   tradução, 37-39, 61, 87, 88, 126-128, 146
Córdova, califado de, 36
Corpus Hermeticum, 75

Coruja cega, A (Hedayat), 363
Cosmografia (al-Qazwini), 52
Covering Islam (Said), 342, 347, 355-356
Cowan, Milton, 309
Cowell, Edward Byles, 191-192, 212
Craig, James, 279
Creso, rei da Lídia, 21
Cresswell, Keppel Archibald Cameron, 253, 351
crestomatia, 170
Creta, turcos invadem (1669), 76
Cribratio Alcoran (Nicolau de Cusa), 72, 89
Crise do intelectual árabe, A (Laroui), 375
cristandade, assediada pelos turcos, 76, 77
cristãos
    ataques muçulmanos aos, 51-53
    conhecimento do islã dos, 50-51
    e o islã, 31, 49, 50, 72-73
cristãos árabes e a OLP, 355
cristãos orientais
    e a OLP, 355
    igreja católica e os, 126
    islã como punição aos, 105-106
    literatura dos, 105-106
    missionários aos, 92, 106, 126, 155
cristianismo nestoriano, 73, 92
Cristiano VI, rei da Dinamarca, 158
Cristiano VII, rei da Dinamarca, 148, 157
Cromer, lorde, 245, 254, 335
Crone, Patricia, 237, 287, 292, 312, 315, 374
cronologia, 90, 95, 103
Crusade, Commerce and Culture (Atiya), 18
Crusades in the Late Middle Ages, The (Atiya), 287
cruzadas, 18, 38, 283, 377
    barbárie, 250
    e o declínio cultural islâmico, 49
    principados, 48
    Voltaire a respeito das, 142

Cuadra, Luis de, 258, 263
cultura, religião na, 342
Culture and Imperialism (Said), 349, 353, 357
cuneiforme, Gobineau a respeito de, 203-204
Curzon, lorde, 254, 335
Daguestão, guerra santa do (década de 1820), 187
Dalrymple, William, 189
Daniel Deronda (Eliot), 333
Dante Alighieri
    e o averroísmo, 47, 54
    e o islã, 54, 333
    Said a respeito de, 329, 332, 338, 358
Dario, rei da Pérsia, 19, 20
Darwin, Charles, 296
De Diis Syriis (Selden), 115
De la république des Turcs... (Postel), 84, 85
De motu cordis (Harvey), 102
De Orbis Concordia Libri Quatuor (Postel), 87
De originibus seu de Hebraicae linguae et gentis antiquitate (Postel), 83
De Philosophia Peripatetico apud Syros (Renan), 197
De Radiis (al-Kindi), 42
De rebus sacris et ecclesiasticis exercitations... (Casaubon), 97
De Recta et Emendata Linguae Anglicae Scriptione Dialogus (Smith), 102
De religione Mohammedica (Reeland), 152
Debate (João Damasceno), 34
Debate com Hamar, o sarraceno, O (Lúlio), 59
Decamerão (Boccaccio), 55
Declínio e queda do Império Romano (Gibbon), 145

deísmo, 106
della Vale, Pietro, 130
Derbent, captura de (1722), 157
Derrida, Jacques, 349
Description de l'Egypte, 166, 167, 174, 193, 194, 343
Desert of the Exodus, The (Palmer), 213
Despotisme consideré dans les trois états, Le, 152
Deutsche Morgenländische Gesellschaft, 175, 182, 211
Zeitschrift, 175
Dialogus Miraculorum (Cesário de Heisterbach), 65
Dictionary of Modern Written Arabic, A (Cowan), 309
Dinamarca
   expedição ao Oriente Médio (1761), 158, 182
   orientalismo na, 158
Diodoro Sículo, 27
Diogenes, periódico, 377
Dioniso, Eurípides a respeito de, 23
diplomacia, linguagem da, 108
Discours de la méthode (Descartes), 202
Discurso sobre a dignidade do homem (Pico della Mirandola), 74
discurso, conceito de, 337
Disraeli, Benjamin, 15
Divina Comédia (Dante), 47, 54, 332
Doação de Constantino, 72
Doctrina Mahumet, 37
Dodds, E. R., 23
dominicanos, missionários, 48
Domo da Rocha, Jerusalém, 50
Don Quixote (Cervantes), 102
Donne, John, 109
Dorn, Bernhard, 187
Dostoievski, Fiodor, 342

Douglas, David C., 104
Dozy, Reinhart P., 178, 205-207, 211, 227
Drácula (Stoker), 226
dragomanos, 134-135
Dream Palace of the Arabs, The (Ajami), 340
drusos, 85, 173
Du Ryer, André, 126, 127, 146, 156
Durham University, departamento de árabe, 279, 321

École spéciale des langues orientales vivantes, 169, 170
Eden, Sir Anthony, 279
Edessa, reino de, 27
Edimburgo, universidade de, estudos árabes, 210, 311
egiptologia, 75, 167
Egito
   como fonte da cultura grega, 75
   conquista árabe do, 29
   controle britânico sobre o (década de 1880), 332
   do século XIX, 215
   expedição francesa ao (1798), 17, 160-165, 306, 330, 331
   herança islâmica do, 167
   hieróglifos do, 128, 129
   império mameluco, 76
Egito e Israel, guerra entre o (1973), 327
Egyptian Army in Politics, The (Vatikiotis), 308
Eichhorn, Johann Gottfried, 182, 183
Einleitung im Alte Testament (Eichhorn), 183
El Cid, 206
Elias de Medigo, 73
Eliot, George, 97
Eliot, T. S., 109, 274
Emergence of Modern Turkey, The (Lewis), 304

Emerson, Ralph Waldo, 180
Emesa, reino de, 27
Encounter (revista), 315
Encyclopaedia Biblica, 217, 223-224
Encyclopaedia Britannica, 213, 215, 217
Encyclopaedia of Islam, 14, 138, 217, 223-225, 231, 248, 363, 364, 374, 383
  colaboradores, 224
  crítica muçulmana à, 225, 363, 364, 373, 382
  línguas da, 224, 252
  revisão e ampliação, 282
End of the Peace Process: Oslo and After (Said), 355
épicos folclóricos, 53
Epistola Saraceni, 37
Erpenius, Thomas, 14, 98, 99, 103, 107, 108, 109, 116, 124, 130, 334
  influências sobre, 97
  obras, 124
Eschenbach, Wolfram von, 181
Escola de Estudos Orientais (posteriormente de Estudos Orientais e Africanos), London University (SOAS), 281, 302, 313, 371
  equipe, 254, 255-256, 282, 285, 304, 309
  estudantes, radicalização dos, 305
  origens, 254-257
Escola de Estudos Orientais, Jerusalém, 316
Escoto, Miguel, 46
Esopo, fábulas de, 103
Espanha
  colônias na América, 78
  conquista árabe, 29
  islã, cristãos e o, 35-37
Esposito, John L., 317
Esprit des Lois, L' (Montesquieu), 151, 152
Ésquilo, 19-20, 25
  atitude antioriental de, 332
  Said a respeito de, 19, 328

Ess, Josef van, 220
Essai sur l'histoire générale (Voltaire), 142
Essai sur l'inegalité des races humaines (Gobineau), 201
Essai sur les origines du lexique technique de la mystique musulmane (Massignon), 262
Estados Unidos
  Associação para Estudos do Oriente Médio [Middle East Studies Association] (MESA), 289, 320, 321
  Lei da Defesa Nacional (1958), 286
  orientalismo, 250-251, 285, 286-287, 340
  Oriente Médio, política para o, 357
Estrabão, 27
Ettinghausen, Richard, 255, 286, 289-290
Euclides, 39, 40
Eulógio, 36
Eurípides, 23, 25, 332
Europe and the Mystique of Islam (Rodinson), 299
Evans, Marian (George Eliot, *pseud.*), 208
Ewald, Heinrich, 173, 182, 200, 218
Expedição egípcia (1798), 17, 161, 163, 164, 165, 167, 330, 331
Exposé de la religion des Druzes (Silvestre de Sacy), 173

Fabre d'Olivet, Antoine, 205
Fabri de Peresc, Nicolas-Claude, 128
Fabulae Saracenorum, 37
Faiçal, príncipe da Síria, 260
Fanatisme, ou Mahomet le prophète, Le (Voltaire), 142
Faruqi, Ziya-ul-Hasan, 378
Fascination de l'Islam, La (Rodinson), 299
fatímida, califato, 174, 333
Feingold, Mordechai, 111
Fernando II, rei de Aragão, 76

Fi al-Shi'r al-Jahili (Husayn), 248
Fi Zilal al-Qur'an (Qutb), 369
Fibonacci, Lionardo, 39
Ficino, Marsílio, 75
Fihrist (Ibn al-Nadim), 185
Filipe II, rei da Espanha, 91, 98
Filipe IV, rei da França, 180
Filipe, imperador de Roma, 26
filologia
  alemã, 250, 319
  Primeira Guerra Mundial e a, 252
  século XIX, 177
Fisher, H. A. L., 245
FitzGerald, Edward, 191
Flaubert, Gustave, 15, 333
Fleischer, Heinrich Leberecht, 181-182, 206, 211, 227, 233, 274, 275, 334
Flügel, Gustav Leberecht, 139, 182, 185
Fonte do conhecimento, A (João Damasceno), 33, 34
Fort William College, Calcutá, 190, 191
Fortleben der Antike im Islam, Der (Rosenthal), 290
Foucauld, Charles de, 261, 263, 264
Foucault, Michel, 11
  discurso, conceito do, 337
  Said e, 326, 349, 359
Frähn, Christian Martin, 187
França
  e o Levante; 136
  e o Mediterrâneo oriental, 137
  expedição da, ao Egito (1798), 160-165, 306, 330, 331
  orientalismo da, 196-197, 265, 342-343, 346-347, 377
  século XIX, 170, 174, 177, 178
  século XVIII, 139-142, 154
  século XX, 265-266, 297-300
franciscanos, missionários, 49

Fraternidade Muçulmana, 369
Frazer, James, 217
Frederico V, rei da Dinamarca, 158
Free Church College, Edimburgo, 215
Free College, Aberdeen, 215
Freer Gallery, coleções islâmicas da, 289
Freud and the Non-European (Said), 358
Freytag, Georg Wilhelm, 178, 182, 184, 207
Fribourg, estudos do Oriente Médio, 320
From the Holy Mountain (Dalrymple), 355
Fuad, rei, 252
Fuller, Thomas, 109
Fundgruben des Orients (periódico), 179
Fustel du Coulanges, Numa Denis, 219

gabinetes de curiosidades, 80, 130, 156
Gagnier, Jean, 143, 154
Galeno, 44
Galland, Antoine, 126, 138, 140-141
Garcin de Tassy, Joseph, 179
Gattopardo, Il (Lampedusa), 238
Gayangos, Pascual de, 188, 206, 209
Gaza, ocupação israelense de (1967), 327
Geertz, Clifford, 347
Geiger, Abraham, 184, 226, 228
Gellner, Ernest, 179, 352
  a respeito de Said, 352-354, 357
  Said a respeito de, 351, 353-354
gematria, 74
General History of the Turks (Knolles), 133, 134
Geografia (Abu al-Fida), 113, 120, 124
Gerardo de Cremona, 40, 44, 45
Geschichte der Arabischen Literatur (Brockelmann), 273
Geschichte der Assassinen (Hammer-Purgstall), 181
Geschichte der herrschenden Ideen des Islams (Kremer), 220-221

Geschichte der schönen Redekünste (Hammer-Purgstall), 180
Geschichte des Korans (Nöldeke), 232
Geschichte des Osmanisches Reiches (Hammer-Purgstall), 180
Gesta Dei per Francos (Guibert de Nogent), 49
Gharbzadegi (Al-i Ahmad), 363-366
Ghayat al-Hakim, 42
Ghorab, Ahmad, 379
Gibb, Sir Hamilton Alexander Rosskeen, 15, 234, 247, 255, 278, 279, 282-284, 297
 em Harvard, 284, 286, 310
 em Oxford, 282, 284
 Faruqi a respeito de, 378
 influências sobre, 282, 296
 Kedourie e, 284, 307, 339, 346, 347
 Laroui a respeito de, 375
 Mahdi a respeito de, 382
 Said a respeito de, 328, 344, 345, 346
Gibbon, Edward, 139, 142-143, 145, 146
Giustiniani, Agostino, 92
Gladstone, W. E., 248
Gobineau, Joseph-Arthur, conde de, 200-205, 343
 racismo de, 200, 201, 202-203, 204
 Said a respeito de, 201
Goeje, Michael Jan de, 206, 227, 234, 243
 e *Encyclopaedia of Islam*, 224, 225
 e Renan, 200, 225
Goethe, J. W. von, 151, 180, 274, 319
Goitein, Shlomo Dov, 286, 290
Goldziher, Ignaz, 182, 225, 226-231, 233, 237, 238, 297, 314, 330, 334, 375
 e a *Encyclopaedia of Islam*, 224
 e Renan, 197, 200, 229, 339
 e Vámbéry, 225, 339
 hadiths, trabalho com, 229, 291
 importância de, 227, 231, 273
 influência de, 234-235, 282, 296

Golius, Jacob, 14, 99, 103, 125, 130
Gombrich, sir Ernst, 24
Goncourt, irmãos, 198
Göttingen, universidade de, 157, 183, 215, 218, 275
Grabar, Oleg, 290
Grã-Bretanha,
 conhecimento clássico na, 243-244, 245
 imperialismo da, 137, 333
 interesses intelectuais no século XVII, 98
 orientalismo da, 342, 377
 posição da, no Oriente Médio, 310
 século XIX, 189, 208, 212
 século XVII, 98, 114, 122
 século XX, 277-280, 281-282, 295, 301, 310
Graffety-Smith, Laurence, 241
Gráfica Bulaq, 195
Gráfica Oriental Medici, 92, 98, 126
gráfica, tipos árabes, 92, 93, 103, 113, 164
Grafton, Anthony, 95
Grammaire Arabe (Silvestre de Sacy), 172, 268
Grammar of the Arabic Language, A (Wright), 124, 211
Grammar of the Arabick Language, A (Richardson), 137
Grammar of the Persian Language (Jones), 148
Grammatica Arabica (Erpenius), 124, 173, 209
Grammatica Arabica (Postel), 84
Grammatica critica linguae Arabicae (Ewald), 218
Grammatica Linguae Anglicanae (Wallis), 102
Gramsci, Antonio, 11, 328, 337, 359, 375
Granada, reino násrida de, 76
Gray, Thomas, 142

Great Soviet Encyclopedia, 267, 268
Greaves, John, 113, 124, 154
Greaves, Thomas, 116
greco-persa, guerra (492-449 a.c.), 19
Greeks and the Irrational, The (Dodds), 23
grega, acadêmicos e a língua, 103
Gregori, Gregorio de', 92
Gregório XIII, papa, 92, 126
gregos, atitude para com os bárbaros, 18-19
gregos, versões árabes de textos, 69-71
Grosrichard, Alain, 11
Grunebaum, Gustav E. von, 275, 286-289, 292, 370
    Mahdi a respeito de, 382
    Tibawi a respeito de, 375
Guénon, René, 366-367
Guerra dos Seis Dias (1967), 327
Guibert de Nogent, 49
Guilherme de Newburgh, 63
Guilherme de Trípoli, 50, 65
Guilherme, arcebispo de Tiro, 48
Guilherme, cônego de Utrecht, 65

Haarmann, Ulrich, 320
hadiths, 87, 217, 229, 291, 378
Hafiz de Shiraz, 180, 274, 319
Hagarism (Cook e Crone), 315
Haggard, Rider, 249
Hakluyt, Richard, 78
Hall, Edith, 12
Halle, universidade de, 211
Halm, Heinz, 320
Hamilton, Alastair, 127
Hammer-Purgstall, Joseph Freiherr von, 135, 179-181, 184, 203, 275, 334
    conspiração, teoria da, 174, 180-181
Handbook of Diplomatic and Politic Arabic, A (Lewis), 303
Hardy, Thomas, 189

Harvard University, 325
    Centro do Oriente Médio, 284
Haskins, Charles Homer, 43
Hassan de Basra, 274
Hastings, Warren, 190
Hayter, Relatório (1961), 309
Hayter, sir William, 309
Hayy ibn Yaqzan (Ibn Tufayl), 144, 350
hebraica, língua
    Antigo Testamento, 110
    árabe, utilidade do, no estudo da, 123, 157
    como protolíngua, 83, 93, 128, 153
    estudo da, 169
    propriedades mágicas, 74
    transliterações do árabe, 103
hebreus
    politeísmo, 219, 227
    sociedade primitiva, 216-217, 227
Hedayat, Sadeq, 363
Hegel, G. W. F., 296
hegemonia, 9, 337
Henty, G. A., 249
Heráclio, imperador de Roma, 32
Herbelot, Barthélémy d', 139, 140, 141, 145, 332
Herbst, Johann, 89
Herder, Johann Gottfried, 233, 296
Hermann de Caríntia, 37, 39
Hermes Trismegisto, 75, 97, 129, 130
herméticos, escritos, 75, 97
Heródoto de Halicarnasso, 21-22, 25, 202, 245
Herzfeld, Ernst, 252, 255, 290
Heyworth-Dunne, J., 256
Himmler, Heinrich, 272
hindu, codificação do direito, 190
Hipócrates, 26, 44
Hisab al-Jahr wa almuqabala, 39
Histoire des Musulmans d'Espagne (Dozy), 206

Histoire des sultans mamlouks de l'Égypte (Quatremère), 177, 206
Histoire générale et système comparé des langues sémitiques (Renan), 198, 343
História (Beda), 32
História (Heródoto), 21-22
Historia compendiosa dynastiarum (Pococke), 117
História e descrição da África e das coisas extraordinárias ali contidas (Leão, o Africano), 81
Historia religionis veterum Persarum (Hyde), 121
Historia Saracenica (Erpenius), 124
History of British India (Mill), 190-191
History of English Poetry (Warton), 12
History of the Arab Peoples, A (Hourani), 230, 295
History of the Arabs, A (Hitti), 287
History of the Saracens (Ockley), 144, 145
Hitler, Adolf, 201, 234, 291
Hitti, Philip, 287, 295
Hodgson, Marshall, 179, 292-293, 295, 338
Hogarth, William, 137
Holt, P. M., 145
Homem que não vendeu sua alma, O (Bolt), 331
Homer of Aristotle, The (Margoliouth), 246
Homero, 18, 246, 332
Hourani, Albert, 218, 230, 281, 292, 293-296, 308, 309, 318, 374
 influências sobre, 179, 295
Hourani, George, 340
Housman, A. E., 94, 284
Houtsma, Martin Theodor, 224
Hughes, Thomas, 189
humanismo, 69, 71
Humphreys, R. Stephen, 224, 260, 315
Hungria, anti-semitismo na, 227

Huntington, Samuel, 306
Huntington, Robert, 114
Hurgronje, Christian Snouck, 231, 234-236, 359
Husayn, Taha, 248, 370
Hussein, Saddam, 357, 358
hussitas, 74
Huysmans, Joris-Karl, 257, 262
Hyde, Thomas, 116, 120-122, 242

I Ching, 155
Iâmblico, 26
Ibn 'Abdun, 36, 52
Ibn al-'Arabi, 261
Ibn al-Athir, 253
Ibn al-Farid, 180
ibn al-Hajjaj, Muslim, 371
Ibn al-Haytham (Alhazen), 39-40
Ibn al-Jawzi, 247
Ibn al-Muqaffa, 171
Ibn al-Nadim, 185
Ibn al-Raqiq al-Qayrawani, 81
Ibn Arabshah, 125, 154, 171
Ibn Bajja, 74
Ibn Battuta, 278
Ibn Hajar, 363
Ibn Hayyan, Jabir, *ver* Jabir ibn Hayyan
Ibn Hazm, 52
Ibn Hisham, 30
Ibn Jubayr, 211
Ibn Khaldun, 81, 243-244, 290, 383
 influência de, 178-179, 220, 282-283, 293, 296
Ibn Khallikan, 125
Ibn Nubata, 48
Ibn Qutayba, 273
Ibn Rushd, *ver* Averroes
Ibn Sina, *ver* Avicena
Ibn Taymiyya, 52

ÍNDICE

Ibn Tufayl, 117, 143
Ibrahim ibn Yaqub, 52
identidade ocidental, 339
Ideologie arabe contemporaine, L' (Laroui), 375
igreja ortodoxa grega, união com Roma, 73, 74, 81
Ilíada (Homero), 18, 183, 247
iluministas, 180, 181
Imperial Instituto Oriental, São Petersburgo, 267
imperialismo
　francês, 265-266, 267
　holandês, 267
　orientalismo e, 175-176, 239-240, 267
　Said a respeito do, 333
império mameluco, 59, 76, 160, 164
império mogol, 76, 137
império romano, árabes no, 26
Imposturas intelectuais (Sokal & Bricmont), 336
Improbatio alchorani (Ricoldo da Monte Croce), 51, 89
Improvement of Human Reason... (tradução de Ockley), 144
Índia
　domínio britânico, 137, 189-190, 249, 344
　emprego do termo "orientalista", 190
　estudos sobre a, predomínio alemão nos, 185
　império mogol, 76
　orientalistas na, 190-191, 192
indo-arianas, culturas, superioridade das, 185
indo-arianas, línguas, 150, 177, 367
　Said e, 341
Inquisição, 85
Instituto Egípcio, 166
Inventing the Barbarian: Greek Self-Definition through Tragedy (Hall), 12

Iqbal, Muhammad, 319
Irã, ocidentalização do, 364
Isaac, Massignon a respeito de, 264
Isabel I, rainha de Castela, 76
islã
　ambiente socioeconômico, 237
　ascensão e declínio cíclicos, 295
　ataques cristãos ao, 34, 35, 38, 88, 105, 237
　cisma no, 230
　como expressão do espírito semítico, 203
　como o "Outro", 185
　como religião urbana, 265
　como revelação divina, 37, 361, 368, 370, 373, 380-381
　como seita sensual, 31, 34
　como unitarismo, 339
　como variante arianista, 30, 33, 47
　compatibilidade com o cristianismo, 72
　conhecimento cristão do, 50-51
　convertidos cristãos ao, 76
　declínio no século IX, 292
　difamações medievais, 50
　direito do, 190, 229
　esquematização, 332-333
　estudos europeus medievais sobre, 66
　evolução, 229, 314
　expansão territorial, 76
　governo constitucional, 226
　história antiga, 220, 229
　história do, método histórico na, 220
　influência judaica, 382
　origens helenísticas do, 233, 238, 274
　protestantes e o, 98, 106
　Renan a respeito do, 199
　Said a respeito do, 342
　século VII, 26, 29
　século XVII, 105
　sociedade do, 216, 234, 283
　tradição mística, 260-261

versão do sudeste da Ásia do, 235
visto como heresia, 30, 32, 339
Islam and Capitalism (Rodinson), 299
Islam and Orientalism (Jameelah), 370
Islam Ansiklopedisi, 280
Islam at the Crossroads (Asad), 366
Islam et la Croisade, L'(Sivan), 317
Islam in Modern History (Cantwell Smith), 370
Islam Versus the West (Jameelah), 370
Islam, Der (revista), 231
Islamic Culture, periódico, 345
islâmica, cidade, 265
   natureza característica da, 252, 253, 342
islâmica, civilização, mimetismo, 287-288
islâmica, cultura
   declínio da, as cruzadas e o, 49
   Grunebaum a respeito da, 376
   herdeira da cultura helenística, 238
   vocabulário visual, 289-290
Islamisme et la Science, L' (Renan), 199
Ismaʿil, xá safávida, 254
Ismael, Massignon a respeito de, 264
ismaelismo, 85, 173, 230, 265, 303
Israel
   apoio dos EUA a, 327
   e a tradição orientalista alemã, 316
   Egito, guerra com, 327
   ocupação da Cisjordânia e Gaza (1967), 327
   orientalismo de, 316-318
Issawi, Charles, 340
Itália, orientalismo da, 238-239
Itinera Constantinopolitanum et Amasium (Busbecq), 79
Itinerarium (Wilhem von Bodensele), 66
Itinerarius (Ricoldo da Monte Croce), 50
Ivory Towers on Sand (Kramer), 317

Jabir ibn Hayyam (Kraus), 318
Jabir ibn Hayyan, 41
Jacques de Vitry, bispo de Acre, 49
Jalal al-Din Rumi, 180, 244
Jameelah, Maryam, 370
James I, rei da Inglaterra, 109, 110
jansenismo, 169, 172
Jaubert, Amedée, 166
Java, 235
Jean Germain, bispo de Nevers e Chalon, 61
Jenkyns, Richard, 189
Jerusalém
   conquista muçulmana de, 31
   peregrinação a, 78
   pilhagem de livros árabes, 49
   queda do reino de (1291), 59
   Universidade Hebraica, 316, 317
Jerusalem, A Short History... (Besant & Palmer), 213
Jerusalém, ida e volta (Bellow), 308
Jesus Cristo
   como testemunha histórica, 264
   negação da divindade de, 30, 31, 32
Jews of Islam, The (Lewis), 305
Joana d'Arc, 263, 264, 265
João Damasceno, são (Yuhanna ibn Mansur), 32-33, 379
João de Segóvia, 61, 380
Johanna, como Shekinah, 84, 87, 88
Johnson, Samuel, 66, 152, 174
Johnston, Sir Reginald, 256
Jones, Sir William, 102, 135, 137, 148-151, 157, 166, 192, 242, 341
Joseph Conrad and the Fiction of Autobiography (Said), 326
Journal Asiatique, 175
Journal of Near Eastern Studies, 294
Journal of Philology, 216
judaísmo ortodoxo, 227

judeus
  educação dos, 184
  emancipação dos, 184
  exclusivismo racial, 201
  massacre de, em Granada (1066), 36
  missionários cristãos aos, 81
  na Itália do século XV, 73
  orientalismo dos, 335
Julien, Charles André, 266
Júlio II, papa, 92
Jung, Carl Gustav, 264
Juvenal, 26
Juynboll, G. H. A., 320
Juynboll, Théodore-Guillaume-Jean, 206

Kalila wa-Dimna, 58, 171
Kashf al-Zunun (califa), 139
Kazan, universidade de, estudos orientais, 187
Kazem-Beg, Mirza, 188
Kedourie, Elie, 301, 307-308, 309
  Gibb e, 284, 307, 338, 346
  Said a respeito de, 351
  Tibawi a respeito de, 373
Khadduri, Majid, 287, 340
Khalifa, Hajji, 139, 185
Khalil al-Zahiri, 165
"Khawatir fi-Adab al-Arabi" (Gibb), 345
Khayyam, Omar, 72
Khitat (al-Maqrizi), 174
Khomeini, aiatolá, 365
Khoury, Philip, 287, 340
Kinship and Marriage in Early Arabia (Smith), 216
Kircher, Athanasius, 75, 128-130, 155
Kitab ai Fisal fi-al-Milal wa-al Ahwa' wa-al-Nihal (Ibn Hazm), 52
Kitab al-Suluk (al-Maqrizi), 177
Kitab salat al-sawa'i, 92

Klimovich, L. I., 271
Knolles, Richard, 133
Kojève, Alexandre, 318
Köprülü, Fuad, 224
Koran Interpreted, The (Arberry), 285
Koren, J., 316
Kramer, Martin, 307, 317
Kratchkovsky, Ignatius, 188, 231, 267, 268-271
Kraus, Paul, 290, 318
Kremer, Alfred von, 179, 220-221, 229, 233, 295
Kroeber, Alfred, 288-289
Kufa, Iraque, gramática de, 172
Kulturgeschichte des Orients unter den Chalifen (von Kremer), 221
Kurd 'Ali, Muhammad Farid, 361-363, 371

Lambton, Ann, 243, 302
Lamiyyat (al-Tughrai), 117, 154
Lammens, Henri, 200, 237, 330
  hostilidade para com o islã, 237, 346, 362
Lampedusa, Giuseppe di, 238, 239
Lane, Edward William, 188, 193-196, 207, 250
  Said a respeito de, 329, 343-344
Lane-Poole, Stanley, 250
Lang, David Marshall, 256
Langland, William, 62
Langlès, Louis Mathieu, 164, 169
Lapidus, Ira, 297
Laroui, Abdallah, 340, 375, 378
Last of the Dragomans, The (Ryan), 135
latim
  como língua acadêmica, 137
  como língua viva, 102
  como pré-requisito para o estudo do árabe, 102-104
  literatura orientalista escrita em, 334

Laud, William, arcebispo de Cantuária, 104, 110, 112, 113
Lawrence, T. E., 245, 254, 326
Le Bon, Gustave, 363
Le Grand, Etienne, 170
Le Hir, M., 197, 200
le Strange, Guy, 344
Leão X, papa, 80
Leão, o Africano, 80-81, 258
Leben Jesu, Das (Strauss), 183, 208
Leben und die Lehre des Mohammed, Das (Sprenger), 220
Lecture on the Comparative Grammar of the Semitic Languages (Wright), 212
Lectures on the Religion of the Semites (Smith), 217
Leff, Gordon, 41
Legacy of Islam, The, 374
Législation orientale (Anquetil-Duperron), 151
Leibniz, G. W., 130, 155
Leiden, como centro intelectual, 99
Leiden, universidade de, 211, 234, 243
   cátedra de árabe, 97, 107, 235
   conferência orientalista (1883), 200, 300
   declínio da, no século XVIII, 152
   estudos orientais, 122, 224
Leipzig, universidade de, 210, 226
Leningrado, cerco de (1941), 269
Levante, interesse francês pelo, 136
Lévi-Provençal, Evariste, 282
Lévi-Strauss, Claude, 217
Lewis, Bernard, 19, 20, 230, 263, 295, 301, 302-307, 308, 309, 313, 317, 319
   a respeito da escravidão muçulmana, 378
   a respeito de *Orientalismo*, 347-348, 350-351
   a respeito do Corão, 373
   debate com Said, 351-352
   em Princeton, 286, 302, 305
   influência sobre Said, 335
   islã, evolução no, 230
   na SOAS, 303
   Said a respeito de, 302, 306-307, 329, 338
   Segunda Guerra Mundial, 277, 278, 302
   sionismo de, 305, 307
   tradução para o árabe, 345-346
Lewis, Franklin D., 244
Lexicon Arabico-Latinum (Freytag), 207, 279
Lexicon Arabico-Latinum (Golius), 125, 207
Lexicon Arabico-Latinum (Raphelengius), 123, 125
Lexicon Heptaglotton, 119
Liber de Anima (Avicena), 43
Liber Generationis Mahumet, 37
Lídia, cidade da, 19
Life of Mahomet (Muir), 330
Light and the Dark, The (Snow), 256
Literary History of Persia, A (Browne), 242, 243
Literary History of the Arabs, A (Nicholson), 103, 243-244, 334
literatura de viagens, ascensão, 63-67, 78-80
Little, Donald, 348
Lívio, 72
Livro de contemplação, O (Lúlio), 57
Livro do gentio e dos três sábios, O (Lúlio), 57
Locke, John, 118
"Locksley Hall" (Tennyson), 150
Logonomia Anglicanae (Gil), 102
London University, 210, 211
   Escola de Estudos Eslavos e do Leste da Europa, 279
   Escola de Estudos Orientais & Africanos (*Ver* Escola de Estudos Orientais (posteriormente de Estudos Orientais e Africanos))
   Warburg Institute, 289

Los Angeles Times, 356
Luís IX, rei da França, 265, 297
Lúlio, Raimundo, 49, 55-58
   admiração pelo sufismo, 58
   ataca o averroísmo, 59
   estudos árabes, 57, 59
   viagens missionárias, 60
Luqman, 86, 103, 154, 171
Lutero, Martinho, 62, 89-90
Lyall, Sir Charles James, 176, 249, 254, 344
Lyautey, marechal, 258, 265, 345
Lyell, Sir Charles, 208
Lyons, Malcolm, 245, 311
Lysenko, T. D., 298

Macaulay, lorde, 12, 136, 191
MacDonald, Duncan Black, 251
Machumetis Saracenorum principis..., 88
Macnaghten, sir William Hay, 190
Maçons, origens orientais dos, 180
madrasa, 51
   universidades e, 380
magiar, língua, 226
Mahdi, Muhsin, 287, 289, 340, 383
Mahfouz, Naguib, 317
Maimônides, 114
"Mais uma vez sobre os orientalistas" (Tibawi), 371-372
Maistre, Joseph de, 257, 307
Makdisi, George, 340
Makiya, Kanan, 340
Mandeville, sir John, 51, 63-67, 78
Manners and Customs of the Modern Egyptians, The (Lane), 147, 194, 195, 330, 333, 345
Mansfield Park (Austen), 357
Maomé desmascarado (Bedwell), 107
"Maomé existiu?" (Klimovich), 271
Maomé, Profeta, 29, 217
   anjos ajudam, 379
   ataques ao, 88, 114, 140, 173, 192, 247, 370
   ataúde do, 63
   casamentos do, 33, 247
   como (suposto) herege ariano, 30, 33, 47-48
   como último dos profetas de Deus, 372
   cronologia, 232
   epilepsia (suposta), 192, 206, 247
   hadiths, 87, 217, 229, 291, 378
   influência judaica sobre o, 72, 373
   instruído por Bahira/Sergius, 30
   Postel a respeito de, 86, 87
   Renan a respeito de, 199, 200
   suna, 173
Maqamat (al-Hariri), 81, 154, 171, 248
Mar de virtudes, 52
Maratona, batalha de (490 a.C.), 19, 20
Marçais, Georges, 252
Marcel, Jean-Joseph, 135, 166
Marcos de Toledo, 38
Margoliouth, David Samuel, 245-249, 279, 294, 344
   aparência pessoal, 246
   cátedra laudiana, 196, 210-211, 246
   sobre Maomé, 247
Maritain, Jacques, 263
maronita, igreja, 82, 92, 126
Marracci, Ludovico, 98, 127, 130, 146
Marrocos, linguagem diplomática no, 108
Marsili, Luigi, 70
Marsot, Afaf Lutfi al-Sayyid, 340
Marx, Karl, 296, 343-344
Marzolph, Ulrich, 320
Maspero, Henry, 258
Massignon, Louis, 60, 230, 257-267, 269, 339, 359, 377
   antiimperialismo, 266, 298
   anti-semitismo, 263, 266, 298, 318, 377

catolicismo, 260, 263-264, 266-267
influência de, 274, 293, 299, 306, 319
no Collège de France, 260, 263, 302
patriotismo de, 261, 265
Said a respeito de, 264, 346, 347-348
Segunda Guerra Mundial, 266
matemática, tratados árabes de, 39-40
Mauriac, François, 259, 266
Mayer, Leo Ari, 316
McGuckin, William, barão de Slane, 178, 188, 351
MECAS, *ver* Centro do Oriente Médio para Estudos Árabes [Middle East Centre for Arab Studies]
Meccan Trade and the Rise of Islam (Crone), 237, 315
medicina, textos árabes de, 43-46, 70
Medieval Islam (Grunebaum), 370
Mediterranean Society (Goitein), 290
Mehmed II, sultão, 73, 76
Mehta, Ved, 352
Mein Kampf (Hitler), 273
Mekka (Hurgronje), 235
MESA, *ver* Estados Unidos, Associação para Estudos do Oriente Médio
métrica árabe, 171
Metropolitan Museum, Nova York, coleções islâmicas, 289
Metternich, príncipe, 180
Michaelis, Johann-David, 157-159, 160, 182
Michelozzi, Bernardo, 71
Middle East: 2000 Years of History ...(Lewis), 305
Middlemarch (Eliot), 97
Mil e uma noites, As, 58, 126, 138, 140, 171, 195, 251, 285, 287, 301
Calcutta I, 190
Mill, James, 190
Mimesis (Auerbach), 325

Mind, periódico, 352
Mines de l'Orient (periódico), 179
Miquel, André, 263, 301
Miskawayh, 247
missionários cristãos, 81, 106, 126, 251
Mitrídates, Flávio, 73
Mohacs, batalha de (1526), 76
Mohammed and the Rise of Islam (Margoliouth), 247
Mohammedanism (Margoliouth), 248, 330
Mohammedanism (Watt), 330
Monarquismo, e o interesse pelo idioma árabe, 112, 114
mongóis, 283
  conversão ao islã, 56, 59
  missões papais aos, 61
Monteil, Vincent, 266
Montenegro, 133
Montesquieu, Charles de Secondat, barão de, 161, 174
Moore, George, 150
Morgan, David, 287
Morozov, N. A., 272
Moses and Monotheism (Freud), 358
Mu'allaqat (Jones), 149, 150, 203
Muʻawiya, califa omíada, 237
muçulmanos, *ver também* islã
  conversão de, ao cristianismo, 81
  cristianismo atacado pelos, 30-31
  Jerusalém, captura de, 31
  missionários cristãos aos, 49-51
Muhammad at Mecca (Watt), 232, 237, 312
Muhammad at Medina (Watt), 232, 237, 312
Muhammad ibn Idris Shafiʻi, 291
Muhammedanische Studien (Goldziher), 229
Muir, Sir William, 176, 192-193, 220, 344
Müller, Friedrich Max, 151, 200, 228, 254
mundo, cronologia do, 95
Mundy, Talbot (*pseud.*), 235

Muqaddimah (Ibn Khaldun), 81, 178-179, 290
Murray, Gilbert, 246
Murray, John, 194
Museo Kircheriano, Vaticano, 130
Museu Britânico, 160
Musil, Alois, 252
Muslim Discovery of Europe, The (Lewis), 304
Muslim Society (Gellner), 352
Muslim World, periódico, 345
Mustansariyya, *madrasa*, 51
Muteferrika, Ibrahim, 93
Mutterecht, 216
Mysteries of Baphomet Revealed (Hammer-Purgstall), 180
Mythos bei den Hebräern und seine geschichtliche Entwicklung, Der (Goldziher), 227

Nabatéia, reino de, 27
Nadir Xá, 148, 157
Nafh al-Tibb (al-Maqqari), 269
nahw, gramática árabe, 173
Nasr, Hossein, 368
Nasser, Gamal Abdel, 308
Nationalism in Asia and Africa (Kedourie), 308
Natural History of Aleppo (Russell), 147, 194
Nature of Culture, The (Kroeber), 288-289
Natureza da bebida Kauhi, ou Coffe..., A (Pococke), 118
nazista, partido, 201, 273-275
Nazm al-Jawhar, 115
neoplatonismo, 85
Nevo, Y. D., 316
New York Review of Books, 347, 350
Newman, John Henry, cardeal, 189
Nicéia, Concílio de (325), 30
Nicholson, Reynold, 285

Nicholson, Roderick Alleyne, 102, 180, 243-245, 344
Nicolau de Cusa, 72, 73, 82, 89, 90
Nicolay, Nicolas de, 79
Niebuhr, Carsten, 159
Nietzsche, F. W., 178
Nizamiyya, *madrasa*, 51
Nöldeke, Theodor, 218, 232-233, 237, 243, 250, 254, 330, 334
    Corão, cronologia do, 232
    e a literatura árabe, 232-233, 248-249, 288
    nacionalismo prussiano, 232, 233
Norden, Frederick Ludwig, 158
norte da África,
    conquista árabe do, 29
    política colonialista francesa, 266
Noth, Albrecht, 20, 315, 319
Nouvelles asiatiques (Gobineau), 204
Nouvelles considérations sur le caractère général des peuples sémitiques (Renan), 198
Nova York, ataques a, em 11 de setembro, 358
Novo Testamento
    corrupção cristã do, 52, 379
    tradução árabe, 145
    tradução persa, 213
Novum Organum (Bacon), 102
Nyang, Suleyman, 378

Oakeshott, Michael, 307
Observations de plusieurs singularitez et choses memorables trouvées en Grèce ... (Belon), 79
Observer, The, 358
Ockley, Simon, 120, 143-145
Odisséia (Homero), 183, 245, 246
Oedipus Aegyptiacus (Kircher), 129
Olearius, Adam, 157
omíadas, califas, 32, 33, 36, 219, 220, 237, 244, 333

Onomasticon Arabicum (Caetani), 239
11 de setembro de 2001, ataques de, 358
óptica, tratados árabes de, 39-40
Opus de emendatione temporum (Scaliger), 95
Oratio pro linguae Arabicae professione (Pasor), 111
Orient d'une vie, L' (Miquel), 301
Orient et Occident (Guénon), 367
Orientalismo (Said), 152, 328
   crítica ao, 297, 299-300, 347-354, 359
   Gibb em, 328, 344, 345, 346
   Gobineau em, 201
   influência de, 321
   Lane em, 329, 343
   Lewis em, 302, 306-307, 329, 338
   obscuridade em, 337
   problemas de, 10, 329-333, 341-342
   Renan em, 197, 329, 334, 338
   resenha de Lewis de, 350-351
   sobre o principal centro para estudos do orientalismo, 334-336
   Vatikiotis em, 308
"Orientalism and the Study of Islamic Philosophy" (Mahdi), 382
"Orientalism in Crisis" (Abdel-Malek), 377, 378
"Orientalism Reconsidered" (Said), 330, 334
Orientalism, Islam and Islamists (Faruqi), 378
Orientalism (Sardar), 379-381
Orientalismo
   século XVI, 93, 98
   século XVII, 93, 98, 102
   Grã-Bretanha, 107-109, 114, 122
   Países Baixos, 103, 107, 122-125
   século XVIII, 102, 122, 143
   Alemanha, 153, 157
   declínio, 154-155
   França, 9-10, 139-142, 154
   Países Baixos, 152-153
   Rússia, 138, 156
   século XIX, 175, 212
   Alemanha, 175, 177, 179, 182, 185, 211, 218-220, 221
   França, 170, 173, 174, 175, 177, 179
   Grã-Bretanha, 189, 208, 212
   Países Baixos, 205
   Rússia, 179, 187
   século XX, 221, 231
   Alemanha, 233, 236, 273-275
   amador, 321
   anos de viagem e, 241
   anticolonialismo e o, 266
   católico, 126, 263-264, 266-267
   cluniacense, 329, 331
   como reificação do "Outro", 339
   conferência de Argel (1905), 258
   crítica árabe do, 361-374, 378-383
   crítica islâmica do, 361-374
   crítica islâmica marxista do, 375-378
   cronologia do, 331-332
   discurso do, 9-10, 296, 338
   formação do, 296
   França, 265, 266
   Grã-Bretanha, 9-10, 277-280, 281-282, 296, 301, 310
   imperialismo, 9-10, 176, 239-240, 267, 359, 377
   influências ocidentais sobre, 179
   Khomeini a respeito do, 365
   Leiden, 122, 125, 224
   Leiden, Conferência de (1883), 200, 300
   origens, 9, 13-14
   Países Baixos, 234-235
   Paris, Conferência de (1873), 175, 224
   periódicos, 175
   preconceitos contemporâneos no, 335
   Primeira Guerra Mundial e, 251-252, 254

protestante, 123
publicações em latim, 335
Said a respeito de, 9
significado do termo, 12
sociedades eruditas, 175
"orientalista", uso do termo em inglês, 12, 189
"Orientalistas anglófonos" [English-speaking Orientalists] (Tibawi), 371-372
orientalistas cluniacenses, 329, 331
Oriente Médio
   crise do (1973), 328
   domínio econômico ocidental no, 304, 332
   mídia americana e, 351
   missões protestantes ao, 251
   religião na vida do, 342
Oriente
   conflito com o Ocidente, 18
   romantismo do, 63-64
   superioridade do, 86
Oriente
   cultura do, 190-191
   esquematização do, 332-333
   existência objetiva do, 335
   hegemonia ocidental no, 341
   representação do, monopólio ocidental da, 9
Origin of Isma'ilism, The (Lewis), 303
Origins of Muhammadan Jurisprudence, The (Schacht), 291
ortodoxa, igreja
   movimento iconoclasta, 33
   união com Roma, 72, 74, 81
Os árabes, o islã e o califado árabe na Alta Idade Média (Belyaev), 271
Oslo, acordo de paz de, 355
otomano, império, 76, 333
   declínio do, 134, 136, 160
   desintegração do, 252
   imperialismo do, 332
   viajantes no, no século XVI, 134-135

Out of Place (Said), 324, 357, 358
"Outro", conceito do, 11, 18-19, 338-339, 377
Owen, Roger, 287
Oxford University
   cátedra laudiana, 113, 118, 120, 121, 209, 245, 246, 247, 310
   declínio da, 209-210
   ensino do árabe na, 60-61, 110-112, 113, 114, 209-210, 310
   estudos orientais na, 210-211

Pádua, Universidade de, e o averroísmo, 72
Paganini, Paganino de, 92
Pahlavi, família, 364
Painting in Islam (Arnold), 255
Países Baixos, imperialismo dos, 137
Países Baixos, orientalismo dos
   no século XIX, 205
   no século XVII, 103, 122-125
   no século XVIII, 152-154
   no século XX, 234-235
Palavra e as coisas, A (Foucault), 331
Palestina dos cruzados, 48
Palestina, Fundo de Exploração da, 212-213
Palestina, Organização para a Libertação da, 304, 308
   árabes cristãos na, 355
Palestino, Conselho Nacional, 356
Palmer, Edward, 192, 212-214, 215, 240, 245
   línguas, 212
   morte de, 214
Palmira, reino de, 27
papa, *ver também* papado
   como anticristo, 89
papado
   campanha medieval pela reforma do, 62
   comparado ao islã, 62
   e os árabes maronitas, 98
   patrocínio da impressão em árabe pelo, 92

Parallels and Paradoxes: Explorations in Music and Society (Barenboim & Said), 358
Paris
　Conferência Orientalista de (1873), 175, 224
　ensino do árabe em, 60-61
Parzival (Eschenbach), 181
Pasor, Matthias, 111, 113
Passion d'al-Hallaj martyr mystique de l'Islam (Massignon), 260-262
Pattison, Mark, 210
Paulo, são, 70
Pedro I, o Grande, imperador da Rússia, 156
Pedro, o Venerável, abade de Cluny, 27, 35, 37-39, 88, 329
Péguy, Charles, 263
Pensées morales des Arabes (Galland), 140
Pentateuco, 220
Perguntas de Abdallah ibn Salam, As, 37
persa, império, 19, 76, 87, 333
persa, língua, 120, 148, 192, 242
　elemento árabe na, 190, 243
　imperialismo e a, 137, 151, 190
persa, literatura, 137, 180
persas, atitude dos gregos para com os, 18, 19
Persas, Os (Ésquilo), 20
Persépolis, 20
Persian Grammar (Lambton), 243
Pest, Universidade de, 225
Peste, A (Camus), 365
Petra, cidade, 27
Petrarca, Francesco, 70
Petrushevsky, I. P., 268
Philips, Cyril, 255, 256
Philosophiae naturalis principia mathematica (Newton), 102
Philosophus Autodidactus (Pococke), 117-118, 144
Picatrix, 42

Pico della Mirandola, 74075, 83, 86, 97
Picot, Georges, 260
Piers Plowman (Langland), 62
Pilar de Pompeu, Alexandria, 193
Pilgrim's Progress (Bunyan), 102
Pio II, papa (Enéas Sílvio), 73, 76
Plantin, Christophe, 91, 98, 99
Platéia, batalha de (479 a.C.), 20
Pococke, Edward, 14, 99, 108, 113-118, 126, 130, 154
　como capelão da Companhia do Levante, 114
　como ocupante da cátedra laudiana, 114
　hábito de beber café, 118
　Said e, 328, 334
Poesas Asiaticae Commentarii (Jones), 192
poesia, *ver também* árabe, poesia
　aspectos mágicos, 228
poliglotas, Bíblias, 90-91, 116
Política, A (Aristóteles), 25
Pollock, Sheldon, 349
Pólo, Marco, 78
Port Royal, abadia, 169, 172
Porta Mosis (Maimônides), 114
Postel, Guillaume, 80, 82-88, 91, 96, 98, 123, 332
　a respeito do protestantismo, 87
　cabala, 82, 85, 88
　como primeiro orientalista, 13, 66, 82, 331
　insanidade de, 85
　orientalismo de, 86-88
　patriotismo de, 85
　viagens pelo Oriente, 84
Postmodernism, Reason and Religion (Gellner), 352
Preaching of Islam, The (Arnold), 255
Preste João, 63
Prideaux, Humphrey, 121, 144
Primeira Guerra Mundial (1914-18), 251-252, 254, 259-260, 332

Principi di una scienza nuova (Vico), 326
"Problems of Orientalists, The" (Algar), 370
Prodromus ad refutationem Alcorani (Marracci), 127
Prolegomena ad Homerum (Wolf), 183
Prolegomena zur Geschichte Israels (Ewald), 218
Prolégomènes d'Ebn Khaldun: texte arabe (edição de Quatremère), 178
protestantismo
　ascensão do, 87
　e o islã, 106
protolíngua, 83, 94, 128, 152, 153
Proverbia Arabica (Scaliger), 95
Provérbios ('Ali), 154
"pseudo-Waqidi", 144
Ptolomeu, Cláudio, 40, 45, 112
Purchas, Samuel, 78
Pyramidagraphia (Greaves), 112

Qadisiyya, conquista de, pelos árabes, 29
Qarafa, cemitério, Cairo, 263
qasidas, 249
Quatre premiers livres des navigations et peregrinations orientales (Nicolay), 79
Quatremère, Etienne-Marc, 177-178, 205, 208
Quellenkritische Studien zu Themen, Formen und Tendenzen frühislamischer Geschichtsüberlieferung (Noth), 315
Question of Palestine, The (Said), 349, 355
Quranic Studies: Sources and Methods of Scriptural Interpretation (Wansbrough), 313
Qutb, Sayyid, 366, 368-370

Rabat, Nasser, 340
Race and Color in Islam (Lewis), 304
Race and Slavery in the Middle East (Lewis), 304

racismo, na Europa do século XIX, 205
Racolta de Navigazioni et viaggi (Ramusio), 78
Rahman, Fazlur, 287, 340
Raimondi, Giovan Battista, 92, 99
Raimundo, arcebispo de Toledo, 36
Ramsés II, 160
Ramusio, Giambattista, 78
Ranke, Leopold von, 185, 221
Raphelengius, Franciscus, 88, 91, 96, 103, 122-123
Raymond, André, 346
Real Casa da Moeda, Paris, 170, 174
Real Sociedade Asiática, 150, 175, 176, 248, 320
Journal, 175, 176, 248
Recherches sur l'histoire politique et littéraire de l'Espagne... (Dozy), 206
Reeland, Adrian, 152
regime republicano (1649-60), 114-115
Reig, Daniel, 174
Reiske, Johann Jacob, 141, 153-154, 171, 338
Relation d'un Voyage fait au Levant (Thévenot), 134
religião
　estágio totêmico, 217
　na cultura, 342
Rémusat, Jean Pierre Abel, 151, 179
Renaissance orientale, La (Schwab), 151, 328
Renan, Ernest, 197-201, 203, 262, 298, 342, 362
　aparência pessoal, 198-199
　De Goeje a respeito de, 225, 314
　e a raça, 205
　Goldziger a respeito de, 198, 200, 228, 338
　línguas, 197, 198, 200, 206
　no Collège de France, 198
　racismo de, 197, 199, 201, 204, 228, 343-344

Said a respeito de, 196, 329, 334, 338, 343
sobre o orientalismo alemão, 334
Renascimento europeu, 69
Republic of Fear, The (al-Khalil), 341
République marchande de la Mecque vers l'an 600 de notre ère, La (Lammens), 237
Res Ipsa Loquitur: History and Mimesis (Wansbrough), 314
Revue des Deux Mondes, 200
Richard, Francis, 127
Ricoldo da Monte Croce, 27, 65
conhecimento do islã, 50-51, 58, 381
Rinoceronte, O (Ionesco), 365
Risala (al-Kindi), 34, 37
Road to Mecca, The (Asad), 366
Robert de Ketton, 37-39, 88, 146
Robinson Crusoe (Defoe), 118, 144
Rodes, turcos invadem (1522), 76
Rodinson, Maxime, 164, 232, 237, 298, 311, 330, 346
anticolonialismo, 266, 298
e Massignon, 263, 339
Roemer, Hans Robert, 320
Roma, como centro de estudo islâmico, 91
Roman, Provincial and Islamic Law (Crone), 291-292
romântico, movimento, 189
Romênia, turcos invadem a, 76
Römische Päpste im 16. und 17. Jahrhundert, Die (Ranke), 185
Rômulo, calendário de, 95
"Roots of the Muslim Rage, The" (Lewis), 306
Rosacruzes, origens orientais dos, 180
Rosen, barão Viktor Romanovich, 182, 188, 254, 267, 268
Rosenberg, Alfred, 201, 273
Rosenthal, Franz, 178, 275, 287, 290-291
Ross, sir Edward Denison, 242, 248, 254-255, 344

Rubáiyát of Omar Khayyám (FitzGerald), 192
Rückert, Friedrich, 151, 181, 233, 249
Ruines, Les, ou méditations sur les révolutions des empires (Volney), 162
Russell, Alexander, 147, 194
Russell, Bertrand, 40
Russell, Patrick, 147
Rússia
expansão da, 188
imperialismo da, 138
império asiático da, 156, 226, 267
orientalismo da, 156, 334
século XIX na, 179, 187, 188
século XVIII na, 137
soviética, 267-272
Tabriz, atrocidades em, 242
universidades, predomínio alemão nas, 187, 188
Ryan, Sir Andrew, 242
Ryle, Gilbert, 352

Sacy, *ver* Silvestre de Sacy, Antoine Isaac
safávida, império, 76, 87
Said ib Bitriq Eutychius, patriarca de Alexandria, 115
Said, Edward, 10, 11, 323-325, 377, *ver também Orientalismo* (Said)
debate com Lewis, 351-352
e a música, 323, 358
e a tradição canônica, 336
e as línguas indo-arianas, 150
e Massignon, 299
e o discurso, 9, 336
e *Orientalismo*, 9, 328
educação, 325
Hourani a respeito de, 297
humanismo secular, 342, 349
influências sobre, 325-326, 328-329, 336-337, 378

juventude de, 324-325, 357
na universidade de Columbia, 292, 325
rejeição ao terrorismo, 356
Rodinson a respeito de, 299-300
Sardar a respeito de, 381
sobre a fronteira européia, 18
sobre o circuito Oxford-Cambridge, 210
sobre o Concílio de Vienne, 61
sobre os intérpretes de Bonaparte, 164
Sailibi, Kamal, 340
Saint-Sulpice, seminário de, 196
Saladin and the Fall of the Kingdom of Jerusalem (Lane-Poole), 249
Saladino, sultão aiúbida, 54, 55, 249-250, 282, 283
Salamanca, universidade de, ensino do árabe, 60-61
Salamina, batalha de (480 a.C.), 20
Sale, George, 120, 121, 127, 128, 143, 145-146
Salisbury, Edward Eldbridge, 250
Saltério, poliglota, 92
sânscrita, cultura, 186
sânscrito, estudos do, 137, 151
  gramáticas, 185-186
  predomínio alemão nos, 137, 177, 185, 334, 341
sânscrito, idioma, 150, 191, 192
São José, universidade, Beirute, 236
São Petersburgo
  Instituto Oriental, 187
  manuscritos orientais, 156
  Museu Asiático, 187
São Sabas, mosteiro de, 34
Sardar, Ziauddin, 66, 349, 379-381
sarracenos, 30, 250
Sarre, Friedrich, 252
Sartre, Jean-Paul, 266
sassânidas, persas, 29, 202, 203
Sátiras (Juvenal), 26

Sauvaget, Jean, 252, 253
Savile, Sir Henry, 94, 104, 112
Scaliger, Joseph Justus, 88, 90, 93-97, 123
  e a cronologia, 95
  e Postel, 95
  em Leiden, 96, 122
  sobre a língua, 94
Scaliger, Julius Caesar, 94
Scarborough, Comitê (1944), 278, 309
Schacht, Joseph, 287, 291-292, 314, 371, 375
  e a *Encyclopaedia of Islam*, 224, 282
Said e, 292
Schaeder, Hans Heinrich, 274-275, 290, 319
Schefer, Charles, 254
Schimmel, Annemarie, 274, 275, 319
Schlegel, August Wilhelm, 151, 186, 233
Schlegel, Friedrich von, 186, 233, 341
Schultens, Albert, 125, 141, 152-153
Schwab, Raymond, 151, 201, 328
Scott, sir Walter, 249
Secreta Secretorum, 43
Sectarian Milieu: Content and Composition of Islamic Salvation History (Wansbrough), 313
"Segunda crítica aos orientalistas anglófonos" (Tibawi), 371-372
Segunda Guerra Mundial (1939-45),
  orientalismo britânico na, 277-280
Selden, John, 110, 115
semíticas, línguas, 262
Sentenças ('Ali), 103
Sergius, 30
seriedade, muçulmana, 51
Serjeant, R. B., 278, 374
Sete Anos, Guerra dos (1756-63), 136
Sete Pilares da sabedoria, Os (Lawrence), 253, 326
Sétimo selo (filme), 365
Severo, imperador de Roma, 26

Seymour, M. C., 64
shafiita, direito, 291
Shahnama (Firdawsi), 148
Shalhoub, Michael (Omar Sharif, *pseud.*), 324
Shariati, 'Ali, 365
Sharif, Omar *(pseud.)*, 324
Shelley, P. B., 160
Shu'ubiyya, movimento, 228, 362
Siger de Brabante, 47, 55
Silvestre de Sacy, Antoine Isaac, 14, 124, 154, 169-175, 178, 181-182, 203, 211, 233, 250, 330
  e o árabe coloquial, 162-163, 164, 169
  influência, 177, 179, 182, 187, 189, 226
  línguas, 162, 170
  Renan e, 197
  Said a respeito de, 328-329, 343
  sobre *As mil e uma noites*, 186
  teorias de conspiração, 174, 180
Sinai, deserto do, 327
Sinai, península do, levantamento topográfico, 212-213
sionismo
  Gibb denuncia, 345
  Said e o, 355-356
Síria
  conquista árabe, 29
  era hamdanida, 48
  império mameluco, 76
  nas cruzadas, 48
  omíada, 36, 253
  pós-Primeira Guerra Mundial, 260
Sistema ou condição da religião Maometana, O (Kantemir), 156
Sivan, Emmanuel, 317
Slane, barão de, *ver* McGuckin, William, barão de Slane
Sluglett, Peter, 287

Smith, Wilfred Cantwell, 370, 375
Smith, William Robertson, 200, 214-217, 219, 227, 233, 255
  e a *Encyclopaedia Biblica*, 217, 223-224
  e a *Encyclopaedia Britannica*, 217
  em Cambridge, 216, 245
  racismo, 204
SOAS, *ver* Escola de Estudos Orientais (posteriormente de Estudos Orientais e Africanos), London University
"Sobre o desenvolvimento do *hadith*" (Goldziher), 229
Sociedade Asiática de Bengala, 150, 166, 175, 190
Sociedade Britânica para Estudos do Oriente Médio, 321
Sociedade Oriental Americana, 175, 251
Sociedade pela Difusão do Conhecimento Útil, 195
Société Asiatique, 150, 170, 175
sociniana, seita, 106
Soirées de Saint-Petersbourg (Maistre), 258
Sokal, Alan, 336
Sourdel, Dominique, 252
Sourdel-Thoumine, Janine, 252
Southern, Richard, 30, 60, 61, 380-381
Southey, Robert, 150
Sparrow, John, 143
Specimen historiae Arabum (Pococke), 116
Speculum Historicum (Vicente de Beauvais), 65
Spivak, Gayatri, 349
Sprenger, Aloys, 179, 220
St Andrews, universidade, 210, 211
Standard, 214
Stark, Freya, 255
Stern, Samuel, 296, 318
Stoker, Bram, 226
Storrs, Sir Ronald, 245

Strauss, David Friedrich, 183
Study of History, A (Toynbee), 178
Suez, canal de, 214
sufismo, 58, 202, 235, 241, 262, 274, 283, 319, 339
Suleiman, o Magnífico, 76
Suleiman, Yasser, 340
Summa contra gentiles (Tomás de Aquino), 47, 380
Summa Theologica (Tomás de Aquino), 380
sunita, islã, 173
  direito shafiita no, 291
  evolução, 283
  superioridade do, 52
Supplément aux dictionnaires arabes, 207
Sykes, Mark, 260
Syrie du Nord à l'époque des Croisades, La (Cahen), 297

Tabriz, atrocidades russas, 242
Tácito, 245
Taj al-'Arus, 196
Talismã, O (Scott), 15, 282, 333
Tarikh al-Hind al-Garbi, 77
tarjumans, 135
Tartária, cordeiro vegetal da, 63
taxonomia, Said a respeito da, 341-342
Tel el-Kebir, batalha (1882), 214
teologia, estudos árabes e a, 105, 114, 133
Termópilas, batalha das (480 a.C.), 20
Terra Santa, peregrinação à, 78
Theatrum orbis terrarum (Ortelius), 91
Thenaud, Jean, 79
Thesaurus linguae arabicae (Raphelengius), 96, 109
Thévenot, Jean de, 134, 160
Tibawi, A. L., 312, 340, 371-374, 375, 378
Tibi, Bassam, 287
Times Literary Supplement, 353, 356

tipos árabes, 92, 93, 103, 113, 164
To the Finland Station (Wilson), 294
Tocqueville, Alexis de, 201
Toledo, como centro de estudos islâmicos, 36, 38-40, 43, 122
Tolkien, J. R. R., 251
Tomás de Aquino, santo, 47, 380
Tornberg, Johann, 188
Torrey, Charles Cutler, 250
Tott, François, barão de, 160, 161, 165
Toynbee, Arnold, 178-179
Tractatus de Statu Saracenorum (Guilherme de Trípoli), 50, 65
Três discursos contra os caluniadores das imagens sacras (João Damasceno), 34
tribo coraixita, Meca, 237, 244, 312, 379
Trinity College, Dublin, 211, 250
Tróia, guerra de, 21
True Nature of Imposture fully display'd in the Life of Mahomet (Hyde), 121
Tübingen, universidade de, 183
Tucídides, 245
turca, língua, 95-96, 123, 137-138, 148, 226
turcos acadêmicos, acesso a publicações ocidentais, 281
turcos, estudos, escassez de, 134
turcos, temor aos, 133-134
Turgot, Anne-Robert-Jacques, 159
Turner, Ralph, 256, 281
Turris Babel (Kircher), 129

Über die Sprache und Weisheit der Indien (Schlegel), 186
Ullmann, Manfred, 44, 320
Ulugh Beg, 112, 120, 154
Um Kulthum, 358
União Soviética, *ver também* Rússia
  territórios muçulmanos, 377
unitarismo, 106, 339

universidades
　contenção de despesas (década de 1970), 310
　e o ensino do árabe, 110-112, 118
　escocesas, 210
　estudos árabes, 60-61, 104
　reforma (década de 1870), 210
Untergang des Abendlandes, Der (Spengler), 274
Ussher, James, 90, 95
Uyun al-Akhbar (al-Qutayba), 273

Vale de Diamantes, 63
Valla, Lorenzo, 71
Vámbéry, Arminius, 225-226, 338
Vathek (Beckford), 15
Vaticano II (1962- 5), 263
Vatikiotis, Panayiotis J. (Taki), 301, 308-311
Veda, 273
Vedanta, natureza primordial, 367
Veneza, centro de estudo islâmico, 91
Venture de Paradis, Jean-Michel, 165
Venture of Islam, The (Hodgson), 292, 293
Verdi, Giuseppe, 15
Vergleichende Grammatik des Sanskrit, Zend Griechischen, Lateinischen... (Bopp), 186, 198
Verinnerlichung, 258
Viagens (Ibn Jubayr), 211
Vicente de Beauvais, 65
Vichy, regime de, 266
Vico, Giambattista, 326, 328
Victoria College, Cairo, 324
Vidas (Plutarco), 139
Vie de Jésus (Renan), 198
Vie de Mahomet (Boulainvilliers), 141-142, 143
Vie de Mahomet (Gagnier), 143
Viena, cerco de, pelos turcos, 76, 133

Vienne, Concílio de (1311-12), 13, 17, 60-61, 331, 377, 381
Virgílio, 55
Volney, Constantin-François de Chasseboeuf, comte de, 161-162, 163
Voltaire, Jean-Marie-Arouet, 21, 142, 146
Vorlesungen über den Islam (Goldziher), 229
Vossius, 113
Voyage en Egypte et en Syrie (Volney), 161, 163
Vulgata em latim, escrituras, 90-91, 116

Waardenburg, Jacques, 231
Wade, Thomas, 186
Waley, Arthur, 187
Wallis, John, 122
Walpole, Horace, 142
Walzer, Richard, 292, 296
Wansbrough, John, 292, 313-315, 382
Warburg, Aby, 24
Warton, Thomas, 12
Watson, major C. M., 209
Watt, William Montgomery, 232, 237, 312, 330
Weber, Max, 233
Wehr, Hans, 279, 309
Weijers, Hendrik, 206
Weil, Gustav, 182, 184, 193
Weiner, Justus Reid, 357
Weiss, Leopold (Muhammad Asad, *pseud.*), 366
Wellhausen, Julius, 218-220, 228, 229, 237, 255, 315, 330, 334
　e Gobineau, 203
　método histórico, 220
Wensink, Arent Jan, 224
Western Views of Islam in the Middle Ages (Southern), 60, 61, 380-381
West-östlicher Divan (Goethe), 274, 344

Wheelocke, Abraham, 116, 119, 120
White Mughals (Dalrymple), 189
Wickens, G. M., 286
Wiet, Gaston, 252
Wild, Stefan, 320
Wilhem von Bodensele, 66
Wilkinson, John Gardner, 194
Wilson, Horace Hayman, 191, 192
Wittek, Paul 313
Wolf, Friedrich August, 183
Words and Things (Gellner), 352
World of Islam, The (Bartold), 268, 374
Wright, William, 124, 211-212, 213, 214, 215, 240
   em Cambridge, 196, 210, 211, 240
Wüst, Walther, 272
Wyclif, John, 62

Xanadu, 78
Xenofonte, 24
Xerxes I, rei da Pérsia, 20
xiismo, 203, 241, 283
   importância política do, 304

ismaelismo, 265, 299, 302
   preconceito contra, 261

Yale University, cátedra de árabe e sânscrito, 250
Yapp, Malcolm, 295, 302, 356
Yazid II, califa omíada, 34
Year Amongst the Persians, A (Browne), 240, 241, 345
Young, Brigham, 247
Young, G. M., 208
Yuhanna ibn Mansur, *ver* João Damasceno, são
Yusuf ibn Abu Dhaqan, *ver* Abudacnus

za'irja, 80
Zeitschrift des Deutschen Morgenländischen Gesellschaft, 176
Zend-Avesta, 151
Zij (tabelas astronômicas), 39, 113
Zimmerman, Fritz, 42
Zohar, traduzido, 83
Zubda Kashf al-Asrar (Khalil al-Zahiri), 65

Este livro foi composto na tipologia Minion,
em corpo 11,5/15, e impresso em papel
off-white 80g/m² no Sistema Cameron da
Divisão Gráfica da Distribuidora Record.

Seja um Leitor Preferencial Record
e receba informações sobre nossos lançamentos.
Escreva para
RP Record
Caixa Postal 23.052
Rio de Janeiro, RJ – CEP 20922-970
dando seu nome e endereço
e tenha acesso a nossas ofertas especiais.

Válido somente no Brasil.

Ou visite a nossa *home page*:
http://www.record.com.br